应用型本科 经济管理类专业系列教材

市场营销学原理与实训

主　编　印富贵　彭荷芳

副主编　陆玉梅　李纪月　高　鹏

西安电子科技大学出版社

内 容 简 介

  本书以成熟的市场营销学理论体系为基本框架，吸收最新的理论成果和实践经验，进一步梳理了市场营销学原理。全书设市场营销绪论，市场营销战略，市场营销环境，购买者行为分析，市场细分、目标市场选择与市场定位，产品策略，价格策略，渠道策略，促销策略，市场营销管理，营销新模式，营销道德与社会责任共 12 章。

  本书理论体系完整，原理与实训并重，适用于应用型经济管理类专业教学，也可作为企业营销人员的基础读本。

图书在版编目(CIP)数据

市场营销学原理与实训/印富贵，彭荷芳主编. —西安：西安电子科技大学出版社，
2017.8(2021.7 重印)
ISBN 978-7-5606-4534-6

Ⅰ. ①市…　Ⅱ. ①印…　②彭…　Ⅲ. ①市场营销学　Ⅳ. ①F713.50

中国版本图书馆 CIP 数据核字(2017)第 150651 号

策划编辑　高　樱
责任编辑　王　妍　阎　彬
出版发行　西安电子科技大学出版社(西安市太白南路 2 号)
电　　话　(029)88202421　88201467　　　邮　编　710071
网　　址　www.xduph.com　　　　　　电子邮箱　xdupfxb001@163.con
经　　销　新华书店
印刷单位　咸阳华盛印务有限责任公司
版　　次　2017 年 8 月第 1 版　　2021 年 7 月第 3 次印刷
开　　本　787 毫米×1092 毫米　1/16　印　张　21
字　　数　496 千字
印　　数　3301～4300 册
定　　价　43.00 元
ISBN 978-7-5606-4534-6/F

XDUP 4826001-3

***** 如有印装问题可调换 *****

应用型本科　管理类专业系列教材
编审专家委员名单

主　任： 施　平(南京审计学院　审计与会计学院　院长/教授)

副主任： 范炳良(常熟理工学院　经济与管理学院　院长/教授)

王晓光(上海金融学院　工商管理学院　院长/教授)

左振华(江西科技学院　管理学院　院长/教授)

史修松(淮阴工学院　经济管理学院　副院长/副教授)

成　员： (按姓氏拼音排列)

蔡月祥(盐城工学院　管理学院　院长/教授)

陈丹萍(南京审计学院　国际商学院　院长/教授)

陈爱林(九江学院　经济与管理学院工商管理系　副教授/系主任)

池丽华(上海商学院　管理学院　副院长/副教授)

费湘军(苏州大学应用技术学院　经贸系　主任/副教授)

顾　艳(三江学院　商学院　副院长/副教授)

何　玉(南京财经大学　会计学院　副院长/教授)

胡乃静(上海金融学院　信息管理学院　院长/教授)

后小仙(南京审计学院　公共经济学院　院长/教授)

贾建军(上海金融学院　会计学院　副院长/副教授)

李　昆(南京审计学院　工商管理学院　院长/教授)

李　葵(常州工学院　经济与管理学院　院长/教授)

陆玉梅(江苏理工学院　商学院　副院长/教授)

马慧敏(徐州工程学院　管理学院　副院长/教授)

牛文琪(南京工程学院　经济与管理学院　副院长/副教授

邵　军(上海立信会计学院　会计与财务学院　院长/教授)

陶应虎(金陵科技学院　商学院　副院长/教授)

万绪才(南京财经大学　工商管理学院　副院长/教授)

万义平(南昌工程学院　经贸学院　院长/教授)

王卫平(南通大学　商学院　副院长/教授)

许忠荣(宿迁学院　商学院　副院长/副教授)

张林刚(上海应用技术学院　经济与管理学院　副院长/副教授)

庄玉良(南京审计学院　管理科学与工程学院　院长/教授)

应用型本科　经济类专业系列教材
编审专家委员名单

前　　言

市场营销学作为一门研究市场经济背景下企业经营方略的学科，已成为管理学领域的重要学科。本书立足于应用型人才培养目标，在遵循市场营销学理论体系的基础上，吸收了国内外近年来的研究成果和实践经验，并结合编者团队多年的教学感悟编写而成。本书重点加强实践环节的设计，每章由引例开篇，正文穿插小案例、知识链接、小贴士等内容，章末安排大案例分析、思考题以及实训环节，使读者在学习基础理论的同时，通过实训环节提高市场营销的实践能力。

本书由印富贵、彭荷芳共同拟定编写大纲，由印富贵统稿。本书具体的编写分工如下：印富贵编写第 5 章、第 9 章；彭荷芳编写第 1 章、第 3 章、第 6 章；陆玉梅编写第 10 章、第 12 章；李纪月编写第 2 章、第 4 章、第 11 章；高鹏编写第 7 章、第 8 章。

本书在编写过程中参阅了相关书籍和资料，在此向各位著作者表示感谢，同时也感谢西安电子科技大学出版社高樱老师的大力支持。

由于作者水平有限，书中可能存在疏漏之处，敬请读者谅解和斧正。

编　者
2017 年 4 月

目　录

第1章　市场营销绪论

引　例

把木梳卖给和尚

有一个营销经理想考考他的员工，于是他给员工出了一道题——把木梳卖给和尚。

第一个人出了门就骂，"什么狗经理，和尚都没有头发，还卖什么梳子！"于是他找了个酒馆喝起了闷酒，还睡了一觉，回去后他告诉经理，和尚没有头发，梳子无法卖！经理微微一笑，心想，和尚没有头发还需要你告诉我？

第二个人来到一个寺庙，找到了和尚，并对和尚说，"我想卖给你一把梳子。"和尚说："我没用。"那人便把经理的作业说了一遍，并央求道："如果卖不出去，我就会失业，你要发发慈悲啊！"和尚听罢便买了一把。

第三个人也来到一个寺庙卖梳子，和尚说他真的不需要。那人在庙里转了转，对和尚说，"拜佛是不是要心诚？"和尚说："是的。"那人继续说："心诚是不是需要心存敬意？"和尚说："要敬。"那人又说："你看，很多香客很远来到这里，他们十分虔诚，但是却风尘仆仆，蓬头垢面，如何对佛敬？如果庙里买些梳子，给这些香客把头发梳整齐了，把脸洗干净了，不是对佛的尊敬？"和尚觉得此话有理，就买了十把梳子。

第四个人也来到一个寺庙卖梳子，和尚说他真的不需要。那人对和尚说："如果庙里备些梳子作为礼物送给香客，既实用又有意义，香火会更旺的。"和尚想了想，觉得有道理，就买了100把梳子。

第五个人也来到一个寺庙卖梳子，和尚说他真的不需要。那人对和尚说："您是得道高僧，书法甚是有造诣，如果把您的字刻在梳子上送给香客，例如刻些"平安梳""积善梳"，是不是既弘扬了佛法，又弘扬了书法，老和尚微微一笑，"善哉！"于是买了1000把梳子。

随着生产力的发展，市场性质从卖方主导转变为买方主导，顾客的购买行为具有选择性；同时，市场需求又具有发展性和多元性，不同顾客的需求也不尽相同。企业要想在激烈的市场竞争中立于不败之地，就必须在经营中坚持以市场为导向，从顾客需求出发，以满足顾客需求为中心，进而在满足顾客需求的基础上实现自己的任务和目标。在这个充满机会和竞争风险的时代，全面、系统地掌握现代市场营销的理论和方法，对于营销人员及经济管理类专业大学生来说，极为重要。

1.1　市场与市场营销

1.1.1　市　场

各类组织(特别是企业)的营销活动是在市场中开展的。那么，什么是市场？从人类社会发展的历史来看，市场是社会分工和商品交换的产物，它属于商品经济的范畴。随着商品经济的发展，市场的内涵和外延都在不断扩大，人们对市场的认识也在不断发展。

1. 市场的含义

在人类社会初期，生产力水平很低，能进行交换的产品极少，交换关系也十分简单。当生产者的产品有剩余时，他们就会寻找一个适当的地点进行交换，这样就逐渐形成了市场。最初的市场，是指商品交换的场所。

随着生产和社会分工的发展，商品交换日益频繁，人们对交换的依赖程度也日益加深，从而"使他们各自的产品互相成为商品，互相成为等价物，使他们互相成为市场。"在这里，交换关系复杂化了，市场成为不同生产者通过买卖方式实现产品相互转让的商品交换关系的总和。在此背景下，人们对市场的界定拓展了——市场除了是商品交换的场所外，更重要的是商品交换关系的总和。

随着商品交换的发展和市场范围的进一步扩大，市场的时间概念变得越来越重要，及时生产和适时交换可以使商品生产者、经营者在市场上迅速实现商品的价值。从市场经营活动的角度出发，企业起初是以买方为侧重点来研究市场的。从这个意义来看，市场是"一种商品或劳务的所有潜在购买者的需求总和"。

通过上述市场概念的演变和发展，可将市场的定义归纳为以下三种。

(1) 市场是商品交换的场所。从这个定义来看，把市场作为商品买与卖的地方，实际上是从地理位置和交换形式的角度把市场理解为具体的、看得见、摸得着的场所，如农贸市场、百货市场、集市、商场、批发市场等，这是人们对市场最直观的认识，也是市场最早的形态。

(2) 市场是买方和卖方所构成的交换关系的总和。这是从生产关系的角度来看待市场。虽然从表面上看，市场是商品交换的场所，但是它体现了人与人之间的经济关系，即人们对商品的供求关系。在商品经济下，人们之间各种各样的需求与供给必须通过交换的方式来获得，这种交换实质上是交易双方为维持再生产而交换其劳动的活动，是整个经济社会各生产者之间、生产者与消费者之间经常性且内在的商品交换关系的总和。经济学家指出，市场是社会分工和商品生产的产物。哪里有社会分工和商品生产，哪里就有市场，市场是为完成商品形态变化，在商品所有者之间进行商品交换的总体表现。

(3) 市场是现实和潜在的购买者。这是从营销者的角度来看待市场，市场仅指需求一方，不包括供给一方，卖方构成行业，买方则构成市场。著名营销学家菲利普·科特勒(Philip Kotler)定义："市场是由一切具有特定的欲望和需求并且愿意和能够以交换来满足这些需求的潜在顾客所构成的。"因此，市场就是"一种商品或劳务的所有潜在购买者的需求的总和"。简单地说，可以把市场看作由人口、购买力和购买动机(欲望)三者有机组成的总和，它包含三个主要因素，即有某种需要的人、有满足这种需要的购买能力和购买欲望。市场用公式来表示就是：

$$市场 = 人口 + 购买力 + 购买欲望$$

市场容量的大小取决于上述三个因素，只有这三个因素有机结合，才能使观念中的市场变为现实的市场，才能决定市场的规模和容量。例如，一个国家或地区人口众多，但收入很低，购买能力有限，则不能构成容量很大的市场；如果产品不能满足需求，不能引起人们的购买欲望，则对销售者来说，仍然没有形成现实的市场。因此，市场是上述三个因素的统一。

 小 贴 士

中国市场的潜力

美国前总统里根曾经说过，"只有占领了中国市场，美国才能再繁荣十年"。随着中国经济实力的增强，中国的个人可支配收入也在不断提高，中国所拥有的近 14 亿人口以及由此所带来的巨大购买力已成为世界众多企业眼中最庞大的市场，因为他们知道——世界市场的最后一块大蛋糕就是中国市场。

2. 市场的类型

市场的含义非常广泛和复杂，现实社会经济生活中的市场更是无处不在，同时又错综多变。为了便于对市场的进一步分析研究，有必要从不同的角度对市场进行划分，这就产生了多种市场分类方法。如按市场范围不同，可以把市场分为区域市场、国内市场和国际市场；按照市场状况不同，可以把市场分为买方市场和卖方市场；按照商品流通环节不同，可以把市场分为批发市场和零售市场，等等。在营销中，最常见的就是按照顾客的购买目的或用途不同，将市场分为消费者市场和组织市场两大类。

(1) 消费者市场。消费者市场又称消费资料市场、消费品市场，是消费者个人或家庭为了生活消费而购买产品和服务所形成的市场。因为生活消费是产品和服务流通的终点，所以消费者市场也被称为最终产品市场。

(2) 组织市场。组织市场是指各类社会组织为了生产、销售、维持组织运作或履行组织职能而购买产品和服务所形成的市场。组织市场是企业的另一个重要市场和营销对象。

组织市场包括生产者市场、中间商市场、政府市场和非营利组织市场。

① 生产者市场指购买产品或服务用于制造其他产品或服务，然后销售或租赁给他人以获取利润的组织或个人。各类生产商或制造商构成了生产者市场的主体。

② 中间商市场也称转卖者市场，指购买产品用于转卖或租赁以获取利润的组织或个人，包括各类批发商和零售商。

③ 政府市场指各级政府机构为执行政府职能而购买或租借产品所形成的市场。各级政府通过税收掌握了相当部分的国民收入，形成了潜力巨大的政府采购市场。

④ 非营利组织市场指各类不以营利为目的，不从事营利性活动的组织为维持组织运作或履行组织职能而购买产品或服务所形成的市场。非营利组织包括除营利组织和政府机构以外的一切社会组织，如学校、慈善机构、宗教机构、社会团体等。

1.1.2　市场营销

市场营销是由英文单词 Marketing 翻译过来的，它产生于美国，原义是指市场上的买卖活动。随着市场经济的发展，人们对市场营销的认识不断深化，但由于考虑问题的角度不同，所以产生了对市场营销的不同理解，从而形成了不同的概念。

1. 市场营销的经典定义

市场营销是一门发展中的新兴学科,在其发展的不同阶段,营销学家们从不同角度对"市场营销"进行了界定。如:"市场营销是一个过程,在这个过程中一个组织对市场进行生产性的和营利性的活动";"市场营销是创新和满足顾客的艺术";"市场营销就是在适当的时间、适当的地点,以适当的价格、适当的信息沟通和促销手段,向适当的消费者提供适当的产品和服务"等。而在这些定义中,最有代表性、最能说明学科发展进程的是美国市场营销协会(AMA)于1960年和1985年所下的两个经典定义。

定义1(AMA,1960):"市场营销是引导货物和劳务从生产者流向消费者或用户所进行的一切企业活动。"这一定义将市场营销界定为商品流通过程中的企业活动。在此定义下,"营销"等同于"销售",它只是企业在产品生产出来以后,为产品的销售而做出的各种努力。

定义2(AMA,1985):"市场营销是计划和执行关于产品、服务和创意的观念、定价、促销和分销的过程,目的是完成交换并实现个人及组织的目标。"根据这一定义,市场营销活动已经超越了流通过程,是一个包含了分析、计划、执行与控制等活动的管理过程。

2. 市场营销的权威定义

除美国市场营销协会(AMA)的经典定义外,营销管理学派的代表人物——美国西北大学教授菲利普·科特勒、欧洲关系营销学派的代表人物——格隆罗斯于20世纪90年代对市场营销所下的定义也被世界各国市场营销学界广泛引用,成为两个学术流派的权威定义。

定义3(格隆罗斯,1990):"市场营销是在一种利益之下,通过相互交换和承诺,建立、维持、巩固与消费者及其他参与者的关系,实现各方的目的。"这一定义强调营销的目的是在共同的利益下,建立、维持、巩固"关系",实现双赢或多赢。

定义4(菲利普·科特勒,1994):"市场营销是个人或组织通过创造并同他人交换产品或价值以获得其所需所欲之物的一种社会和管理过程。"这个定义强调有效的市场营销包括三个方面的问题:第一,通过市场营销要达成满足个人和组织需求和欲望的目标;第二,交换是市场营销的核心;第三,交换是以产品和价值为基础的。

在上述各种定义中,最具广泛影响的是菲利普·科特勒对市场营销的定义,即把市场营销界定为以产品和价值为基础、以交换为核心、以满足需求和欲望为目标的过程。具体来说,市场营销就是在变化的市场环境中,旨在满足消费需要、实现企业目标的商务活动过程,包括市场调研、选择目标市场、产品开发、产品定价、渠道选择、产品促销、产品储存和运输、产品销售、提供服务等一系列与市场有关的企业业务经营活动。理解这一定义需要把握以下几点:

(1) 市场营销是一种企业活动,是企业有目的、有意识的行为。

(2) 满足和引导消费者的需求是市场营销活动的出发点和归宿。企业必须以消费者为中心,面对不断变化的环境做出正确的反应,以适应消费者不断变化的需求。

(3) 市场营销活动的主要内容包括分析环境,选择目标市场,确定和开发产品,产品定价,进行分销、促销和提供服务,以及协调以上各项活动并进行最佳组合。

(4) 实现企业目标是市场营销活动的目的。

(5) 市场营销活动的核心是交换。无论什么样的企业目标，都必须通过有效的市场营销活动来完成交换，即与顾客达成交易方能实现企业目标。

(6) 市场营销不同于推销、销售或促销。

1.1.3　市场营销的相关核心概念

为了深入理解市场营销的内涵，需要进一步认识与市场营销相关的一系列核心概念。

1. 需要、欲求和需求

需要(needs)是指消费者没有得到某些基本满足的感觉状态。人类在生存与发展中会产生各种生理和心理需要，如对食品、空气、水、衣服和住所等生理的需要，以及孤独时对归属感的心理需要等。需要是人类活动的原动力，因而是市场营销活动的出发点和落脚点。市场营销者不能创造这种需要，只能适应它。

欲望(wants)指人们希望得到更深层次的需要的满足，是得到上述需要的具体满足物的愿望，是个人受不同文化及社会环境影响表现出来的对基本需要的特定追求。比如中国人需要食物则欲望是想吃米饭，美国人需要食物则欲望是想吃汉堡，法国人需要食物则欲望是想吃烤肉和可口可乐，毛里求斯人需要食品则欲望是想吃芒果、大米、小扁豆和蚕豆。欲望决定着人们对具体需要满足品的选择。营销者不仅要了解顾客的需要，而且要开发并提供与顾客欲望相一致的产品，或者以创新产品影响顾客的欲望，从而创造商机。

需求(demand)是指人们有能力购买并愿意购买某个具体产品的欲望。人类的欲望是无限的，但可支配的资源是有限的，人们总是在购买能力的约束下选择能够满足其欲望的产品或服务，这就是现实的需求。比如许多人都梦想有一辆宝马或奔驰汽车，但是由于受到购买能力的限制，只有少数人可以真正拥有。因此，市场营销者不仅要了解有多少消费者希望拥有其产品，还要了解他们是否有能力购买。

综上所述，企业在制订产品计划、营销策略时，应当首先发现需要，并且根据需要和有限的资源开发适当的产品以满足人们不同的欲望，同时还应该了解有多少人真正愿意并且有能力购买，要使自己所提供的产品和服务与消费者的购买水平相适应。

2. 产品

产品指能够满足人的需要和欲望的任何东西，它不仅包括看得见、摸得着的有形产品，还包括那些能够使人的需要和欲望得到满足的服务。因此，产品可以分为有形产品和无形服务。对于消费者来说，重要的不是产品的形态、性能和对其的所有权，而是其所能解决人们因欲望和需要而产生的问题的能力。在企业的生产经营过程中，如果把产品仅仅局限于有形的物质产品，就会导致经营中的"营销近视症"。

3. 价值与满意

价值是营销中的一个重要概念，是指消费者对产品满足其各种需要的整体能力的评价。由于人们是为了满足某种需要而去购买产品，所以只有当产品具有某种价值而且能够满足人们的需要时，才可能被人们接受和购买。同时，人们在购买产品时必须支付相应的代价，因而人们还会对其在购买中所获得的价值与支付的成本进行比较。当其感到所获得的价值大于其所支付的成本时，就会感到满意；反之，就会感到不满意。顾客在消费产品或服务的过程中满意与否，不仅影响当前交换活动的成功与否，更重要的是会影响顾客今后的忠诚度。如果每次交易都能令消费者满意，那么就可能形成顾客忠诚，其意义通常比争取到一位新顾客更为重要。

4. 交换和交易

人们对满足需求或欲望之物，可以通过自产自用、强取豪夺、乞讨和交换等方式取得，但只有交换方式才会产生市场营销。因此，交换是市场营销的核心概念，是指以提供某物作为回报而与他人换取所需产品的行为。交易与交换既有联系又有区别，交易是交换的基本组成单位，是双方之间的价值交换。因此，交换不仅是一种现象，更是一种过程，只有当交换双方克服了各种交换障碍达成了交换协议，才能称其为交易。比如，支付 5000 元买回一台电脑，就是一次交易过程。

5. 关系和网络

在现代市场营销中，市场营销者的活动往往涉及顾客、分销商、经销商、供应商等各方的行为与利益，如果通过交易与交换过程能够与顾客建立起以价值、情感和社会利益为纽带的长期关系，则有利于达成企业的长期发展目标。因此，在这些经济主体之间建立一个和谐、稳定、长期的关系网络，通过互利交换及共同履行诺言实现各自目的，形成有效的"关系营销"，对企业而言是至关重要的。在这些各种各样的关系中，与顾客建立长期合作关系是关系营销的核心内容。

6. 市场营销与市场营销者

从一般意义上来说，市场交易是一种买卖双方处于平等条件下的交换活动，而市场营销则是从企业的角度研究如何同其顾客实现有效交换的学科，也是一种积极的市场交易活动。在交易中，积极主动的一方是市场营销者，而相对被动的一方则是营销者的目标市场。因此，市场营销者指希望从别人那里取得资源并愿意以某种有价值的东西作为交换物的人。市场营销者既可以指卖方，也可以指买方，当买卖双方都表现积极时，我们把双方都称为市场营销者，并将这种情况称为"相互市场营销"。一般来说，在传统的市场范围内，市场营销者一般是卖方。不过，随着信息经济的发展和电子商务的出现，消费者变得越来越主动，他们可以直接通过因特网对所需商品的款式、价格、功能等提出要求，并在网上进行讨价还价，而企业经营者也通过这种途径轻松掌握市场需求。因此，买卖双方都可以成为积极的市场营销者。在营销过程中，市场营销者更应采取积极主动的策略与手段来促进市场交易的实现。

1.2 市场营销学的产生与发展

1.2.1 市场营销学的产生与发展

人类的经营活动自出现市场就已开始，但作为一门独立的学科，市场营销学产生于 19 世纪末 20 世纪初的美国，至今已经有一百多年的历史，其发展大致可以分为以下几个阶段。

1. 市场营销学萌芽时期(1900—1920 年)

20 世纪初，随着生产的发展，商品供给增加，市场规模扩大，加上外来移民逐渐涌入美国，带来了技术、交通、物流等多方面的变化。许多企业面临着更激烈的市场竞争，广告、分销活动等在美国日渐活跃，连锁商店、邮购商店等新型商业形态的产生与发展给市场带来了新的经营观念。

在此形势下，美国高校一些学者们开始注意到交换领域发生的新问题，并分别开设了一些课程来研究这些新现象。最初，在美国多所大学开设的有关市场营销学的课程大多被称为分销学。例如，1902 年密执安大学开设的市场营销学相关课程名称为"美国分销管理行业"，而这门课程于 1906 年在俄亥俄州州立大学则以"产品分销"为名称而被开设。1915 年阿克·肖在《关于市场分销的若干问题》中，把商业分销活动从生产活动中分离出来，对其单独加以考察，系统地讨论了原料、中间商、广告、市场、价格政策及其他有关问题，第一次从整体上考察商业组织的分销职能。尽管阿克·肖当时没有使用"市场营销"一词，但事实上对于他来说，分销和市场营销实际上是一个意思。

1910 年，巴特勒在美国威斯康星大学讲授题为"市场营销方法"的课程，并出版了《市场营销方法》一书。韦尔德也于 1913 年在该校开设"农产品市场营销"课程，并于 1916 年出版了《农产品市场营销》一书。因此，他们被称为美国最早明确使用"市场营销"这一术语的学者。韦尔德从效用的观点出发，认为营销是创造时间、场所和特有效的活动。

1912 年，赫杰特齐(J.E.Hegertg)编著了《市场营销学》(Marketing)。至此，市场营销学作为一门独立的学科被建立起来。

这一阶段的营销理论大多是以生产观念为导向的，未能完全脱离经济学，但是这些研究第一次提出了营销概念，在生产观念和消费观念中间架起了一座桥梁，因而这一阶段可称之为萌芽时期。

萌芽时期的市场营销学有两个特点：

(1) 体系和概念都不成熟，现代市场营销学的原理和概念尚未形成，没有形成独立的科学体系，只着重研究推销方法的实用性，主要内容是产品分销和广告。

(2) 研究活动基本上是在大学里进行，没有涉及企业争夺市场的业务活动，因而未产生广泛的社会影响。

2. 市场营销学功能研究时期(1921—1945 年)

1929—1933 年，美国发生了严重的经济危机，生产严重大于需求，市场营销被提到日程上。这一阶段，市场营销学研究的重点转移到营销功能方面。1918 年，弗雷德·克拉克为自己所授课程准备的油印讲稿——《市场营销原理》，被他所任教的密执安大学采用。之后，其讲稿又被明尼苏达大学和西北大学用作教材，并于 1922 年出版成书。该书把市场营销的功能归纳为三类：交换职能——销售和采购；物流职能——运输和储存；辅助职能——融资、风险承担、市场信息沟通和标准化等。1932 年，克拉克和韦尔德在他们合著的《农产品市场营销》一书中，对美国的农产品营销进行了全面深入的论述。两位作者指出：市场营销系统的主要目标是使产品从种植者那里顺利地转移到使用者手中。

第二次世界大战后，社会主义国家纷纷诞生，殖民地国家相继独立，这导致资本主义世界的市场相对狭小，而战时膨胀起来的生产力又急需寻找新出路，因而市场竞争日趋激烈。为适应这种情况，市场营销学者除了继续从经济学中吸取养料外，开始转向社会科学等其他领域寻觅灵感。但这一时期，市场营销学的功能研究仍居主导地位。此间，有两部重要著作问世，即范利·格雷特、考克恩的《美国经济中的市场营销》，以及梅纳克和贝克曼的《市场营销原理》。范利等人认为，市场营销能够平衡供应和需求，他们把营销视作一种分配稀缺资源的指导力量；梅纳克和贝克曼把市场营销定义为"影响商品交换或商品所有权转移以及一切物流服务的一切必要的企业活动"。

功能研究时期的市场营销学有以下两个特点：

(1) 初步形成了理论体系，但其研究对象仍然局限于商品推销和广告，以及推销商品的组织机构和推销策略等，还没有超出商品流通的范围。

(2) 市场营销学获得推广，得到了全社会的重视。

3. 市场营销学变革时期(1946—1980 年)

这一阶段是现代市场营销学的形成与发展阶段。第二次世界大战后，随着现代科学技术的广泛应用，社会劳动生产率大幅度提高，产品得到了极大丰富，企业竞争也随之加剧。同时，西方国家普遍推行的高工资、高福利、高消费政策提高了顾客的消费层次，进一步加大了企业的销售压力。因此，市场营销实践的变革呼唤新的营销理论。在这一时期，市场营销学研究空前活跃，理论体系也日臻成熟。

在第二次世界大战结束后的 10 年时间里，市场营销学理论研究在围绕营销职能展开的同时，侧重于研究方法的探究。由梅纳克和贝克曼合著的《市场营销原理》一书将市场营销定义为：影响商品交换或商品所有权转移以及为物流服务的一切必要的企业活动。同时，该书提出了市场营销研究的五种方法，即产品研究法、机构研究法、历史研究法、成本研究法、职能研究法。这一成果表明，市场营销学的研究已经从单纯的商品流通领域向外扩展，市场营销活动在企业经营活动中受到了广泛重视。20 世纪五六十年代是市场营销理论快速发展的阶段，其间产生了一些市场营销学的基础理论，使得市场营销学理论日趋丰富，研究领域不断扩大，研究层次不断深入。在此期间，涌现出了一大批营销学者，如杰罗姆·麦卡锡、菲利普·科特勒、莱维·辛格等，他们对营销学理论的发展做出了重要贡献。其中，麦卡锡在 1960 年出版的《基础营销学》中指出，应把消费者看作一个特定的群体，称为目标市场。企业一方面要考虑企业的各种外部环境；另一方面应制定营销组合策略(产品、价格、分销、促销)。企业通过策略的实施来适应环境，满足目标市场的需要，实现企业的目标。菲利普·科特勒在1967 年出版的《营销管理：分析、设计与控制》一书中提出，营销管理就是通过创造、建立和保持与目标市场之间的有益交换和联系，以达到组织的各种目标而进行的分析、计划、执行和控制过程，其管理体系包括分析市场营销机会；确定营销战略；制定营销战术；组织营销活动；执行和控制营销活动。菲利普·科特勒还认为，营销管理的实质是需求管理，是影响需求的水平、时机和构成，并以此帮助企业达到自己的目标。

进入 70 年代后，以美国为代表的西方国家的产业结构发生了较大变化，新技术革命使企业的生产方式和居民的消费方式都发生了极大的改变。这为市场营销学理论的发展提供了良好的环境，使市场营销学逐步从经济学中分离出来，并广泛吸收行为科学、社会学、心理学、管理学等学科的精华，使自身的理论架构得到了进一步完善。菲利普·科特勒继承了以往的研究成果，全面发展了现代市场营销管理理论，其著作《市场营销管理》成为备受重视的现代市场营销学教材，它界定了营销管理的基本内涵，提出企业营销管理的重要活动包括分析营销机会、确定营销战略、制定营销策略、组织执行并控制营销活动。至此，现代市场营销学的理论体系基本形成，它不仅对企业的营销管理实践起到了不可替代的指导作用，而且逐渐从营利性组织扩展到非营利的政府事业组织，从微观企业组织扩展到宏观社会组织。可以说，市场营销已深入到社会经济生活的每一个角落。

变革时期的市场营销学的主要特点包括：

(1) 形成"以需定产"的经营思想。

(2) 对市场由静态研究转为动态研究，强调信息的传递与沟通。

(3) 由研究销售职能扩大到研究企业各个部门之间的整体协调活动，反映这些变革的相关市场营销理论成果相继问世。

4. 市场营销学扩展与创新时期(1981 至今)

上个世纪 80 年代以来，信息技术应用、知识经济兴起、经济全球化、冷战结束等一系列具有全球性影响的宏观政治经济环境新趋势的出现，导致市场营销学的扩展与创新。

首先，市场营销学理论开始向美国之外的其他国家传播，成为世界各国学术界和企业界所关注和接受的学说。

其次，随着市场环境的变化，越来越多的企业由单纯研究产品的宣传和销售开始转向对市场潜在需求的发现和研究，并着手研究如何以市场需求为导向指导企业的生产经营活动。如可口可乐公司、IBM 公司、通用电器公司等一些比较著名的企业都在实践中形成了自己的市场营销策略和技术，为进一步的理论研究奠定了基础。

1981 年，瑞典经济学院的克里斯琴·格罗路斯发表了论述"内部营销"的论文；科特勒也提出要在内部创造一种营销文化，即使企业营销化的观点；1983 年，西奥多·莱维特对"全球营销"问题进行了研究；1985 年，巴巴拉·本德·杰克逊提出了"关系营销""协商营销"等新观念；1986 年，菲利普·科特勒提出了"大营销"这一概念。

进入 20 世纪 90 年代后，科学和文明的发展给营销领域带来了更为复杂的概念和方法。尤其是随着信息技术应用、知识经济兴起、经济全球化、冷战结束等一系列具有全球性影响的宏观政治经济环境新趋势的出现，深刻影响和改变着全球经济结构、产业结构、企业组织结构、战略管理思维，为市场营销学的理论创新与实践探索提供了良好的环境条件。在此时期，市场营销学领域涌现出了一大批新理论、新概念，包括内部营销、全球营销、关系营销、大市场营销、直复营销、绿色营销、整合营销、定制营销、网络营销、体验营销、事件营销等，极大地丰富了营销学的理论体系。尽管这些新的营销思想尚未经历较长时间的实践检验，有些还处于初步探索阶段，但都已不同程度地应用于企业的营销管理实践，并在指导实践的同时不断得以充实和完善。本书将在后面的章节集中介绍上述营销新理念。

1.2.2　市场营销学在中国的传播与发展

市场营销学在 20 世纪初发端于美国，作为一门研究企业如何在市场中通过有效满足顾客需要来实现企业目标的学科，其存在和发展的基本前提应该是市场经济的客观环境。

因此，直到 20 世纪 70 年代末中国逐步实行改革开放后，市场营销学才由西方引入。三十多年来，伴随着中国社会主义市场经济体制的逐渐完善，市场营销学经历了思想启蒙、理论传播、全面借鉴与探索创新等多个阶段。

1978 年党的十一届三中全会拉开了中国改革开放的序幕，生产力逐步摆脱了计划经济体制的束缚，市场机制逐步在经济生活中发挥作用，竞争开始显现于部分产品市场。在抢先进入中国市场的国外知名企业的营销实践的影响下，率先进入竞争市场的企业开始思索如何有效地经营企业等问题。

满足企业经营实践对理论的需要是理论工作者的基本任务。在这一时期，一批具有洞察力的国内学者开始致力于市场营销学理论的引进与传播工作，通过翻译国外经典教材、出国访问交流、邀请国外专家开讲座等方式，较为系统地引进了现代市场营销的基本理论与方法。在此后的一段时间内，国内基本上是通过两个途径对市场营销的学科理论进行传播。一个途径是在各高校商科专业中开设"市场营销学"课程或设立市场营销学专业，通过系统规范的学院式教育培养市场营销专门人才，传播市场营销理论与思想。另一个途径是与工商企业管理实践相结合的培训方式，在 80 年代初至 90 年代中期这段长达 10 多年的时间里，最初由国家及地方各级相关政府部门(如经贸部门、人事部门、外经贸部门等)发起和组织，对各类工商企业管理人员进行现代企业管理理论和方法的系统培训。市场营销理论一直是这类培训的核心内容，这种培训对于现代市场营销理论在企业中的广泛传播起到了重要作用。如果这种培训只是一种基于外在要求而完成的理论学习，那么随着 90 年代中期中国社会主义市场经济体制的确立和宏观经济中买方市场特征的鲜明化，工商企业中的管理者甚至普通员工自主展开市场营销理论与方法的学习就源于竞争和生存的内在需要。通过各种渠道的学习与传播，现代市场营销意识不仅深入各类工商企业管理者的头脑，而且逐步为各类非营利组织所接受，并用以指导其职能活动。此时，"营销无处不在"已成为社会共识。

理论最终服务于社会实践。随着市场机制作用范围的扩大和各行业市场竞争的加剧，一些企业管理者开始深度在企业经营中运用市场营销理论和方法，价格、广告、人员推销、公共关系等手段一度成为本土企业在经济转型过程中有效的营销技巧，为一部分企业赢得竞争的阶段性胜利发挥了关键作用。然而，随着中国买方市场格局的全面形成，顾客需求理性程度的不断提高，以及企业之间动态竞争关系的出现，曾经屡试不爽的价格战、促销战、广告战的效用在实践中日趋下降。营销者的关注重点不再局限于营销技巧，而是开始注重对企业的市场营销环境及其变化趋势的把握、基于市场调研对顾客需求心理的深度剖析、对顾客价格的满足，以及以产品创新和品牌经营为核心的营销力竞争。我国一批优秀的本土企业建立了符合国情的营销理念，并以卓有成效的营销实践证明了中国现代市场营销理论的进步。

应该看到，现代市场营销学建立在成熟的市场经济基础之上，而正处于转型中的中国市场机制尚不完善，市场运作不够规范，市场监管还不到位，部分企业在营销活动中急功近利，注重技巧与短期利益，忽视整体运作与长期关系的构建，导致一部分在发达国家行之有效的营销理论与方法在中国本土市场的运用效果欠佳。

中国的改革开放已走过了 30 多年的历程，这条新路线不可逆转。各类企业及其他组织只有不断学习和掌握现代市场营销的新思想、新方法，才能在全面的开放竞争中掌握主动权。目前，全国已有数百所高校开设市场营销专业，千余所高校开设"市场营销"课程，为企业输送了大量市场营销人才，他们已成为企业推进市场营销活动的动力。客观现实让我们对这一学科充满信心，对中国企业的市场营销管理充满信心。

1.3　市场营销哲学的演进

哲学是人们认识问题和分析问题的基本角度和方法，市场营销哲学是指企业进行经营决策、组织和开展市场营销活动的基本指导思想，也就是企业的经营哲学。在市场营销活动中，从指导企业经营实践的思想观念的发展和变化来看，市场营销实质是一种新的经营思想和经营观念，是企业在其经营实践的发展中对自身经营哲学的调整。因此，在企业的经营活动中，其市场营销观念是否符合市场的客观实际，关系到企业经营的成败。市场营销观念是市场营销活动在经营者意识中的反映，它表明了人们与经营活动的关系，是企业决策者引导市场营销、实现销售、满足需求的一种经营指导思想。

按发展历程来看，市场营销哲学观念的演进大致经历了三个阶段，即传统观念阶段、市场营销观念阶段和社会市场营销观念阶段，其具体表现为五种观念的更替，即生产观念、产品观念、推销观念、市场营销观念和社会市场营销观念。其中生产观念、产品观念和推销观念是以企业为中心的传统经营观念，市场营销观念是以消费者为中心的现代营销观念，而社会营销观念强调在市场营销中要兼顾企业利润、消费者需要和社会利益三方面。

1.3.1　以企业为中心的传统经营观念

在企业早期的经营活动中，由于生产技术比较落后，生产力较低，产品在市场上主要表现为供不应求，产品销售基本上没有什么问题。在此背景下，企业之间的竞争主要表现为以成本为基础的价格竞争，企业经营观念的基本特征是以企业为中心，以资源和利润为导向。在以企业为中心的经营观念的发展中，按其发展顺序主要有下面三种：

1. 生产观念

生产观念是指导销售者行为的最古老的观念之一。生产观念认为：生产是最重要的，消费者喜欢那些可以随处买得到而且价格低廉的产品，企业应致力于扩大生产、增加产量、降低成本，以扩展市场。显然，生产观念是一种重生产、轻营销的商业哲学。

生产观念产生于 19 世纪末到 20 世纪初以卖方市场为主导的环境中，由于当时经济和技术比较落后，消费者并不富裕，而且国内市场和国际市场都在扩大，生产的发展不能满足消费需求的增长，多数商品处于供不应求的"卖方市场"。企业的基本着眼点是产品，企业生产什么，市场就销售什么。因此，企业的基本经营策略是通过生产数量多、物美价廉的商品而取得优势，基本经营的方法是等客上门，通过大量生产来取得利润，不研究产品的销售促进。比如，在 20 世纪初产品供不应求的条件下，美国福特汽车公司就是持这种指导思想的典型代表。亨利·福特曾傲慢地宣称："不管顾客需要什么颜色的汽车，我只有一种黑色的。"福特公司倾全力于 T 型汽车的大规模生产，降低成本，扩大市场，至于消费者对汽车颜色等方面的爱好，则不予考虑。不过在当时的市场条件下，应当说福特公司以此为指导思想还是相当成功的，由于采用了流水线生产技术，使汽车生产成本大幅度降低，产量迅速提高，从而使汽车价格大幅降低，汽车才得以开进千家万户。

具体来说，这种以生产观念为导向的营销活动具有以下特点：

(1) 企业经营活动的中心和基本出发点是生产，忽视市场需求。

(2) 经营思想是"我生产什么，商家就卖什么，消费者就买什么"。

(3) 企业发展的主要手段是降低成本、增加生产。

(4) 企业以追求短期利润为发展目标。

这种以生产为中心的营销理念虽然在当时的市场环境中起到了一定的积极作用，但是这只是一种适应于"卖方市场"的营销理念，营销手段单一，只片面追求短期的销售额和利润，忽视了企业的长期发展目标。随着市场的发展，以生产为中心的营销理念的局限性逐渐突显，已成为企业发展的桎梏。

2. 产品观念

产品观念存在于 1920—1929 年间，它与生产观念相同，也是产生在供不应求的"卖方市场"形势下，都是以生产为中心，把市场看作生产过程的终点，从生产者角度出发，忽视了市场需求的多样性和动态性。不过二者仍然有较为明显的差别，生产观念强调以量取胜，产品观念强调以产品为中心，以质取胜；产品观念认为消费者欢迎那些质量好、功能多和具有某种特色的产品，因而企业应致力于提高产品质量，只要物美价廉，顾客自然会找上门，无需大力推销。可见，以"产品观念"为营销理念的企业往往迷恋于自己的产品，这也会导致"营销近视症"，即把注意力过度放在产品上而不是放在市场需求上，在市场营销管理中缺乏远见，只看到自己的产品质量好，却看不到市场需求在变化，致使企业经营陷入困境。

具体来说，以产品观念为导向的营销活动具有以下特点：

(1) 产品质量是企业经营活动的中心，强调"质量第一"，而不是"顾客第一"。

(2) 经营思想是"拥有质量就拥有购买者"。

(3) 企业发展的主要手段是加强生产管理、提高产品质量。

(4) 以追求短期销售额和利润为目标。

在这种观念的指导下，一些企业只知道"我们提供最好的产品""酒香不怕巷子深""皇帝的女儿不愁嫁"，而不去考虑为什么这么好的产品仍然销量不畅。如美国爱琴钟表公司(Elgin Nation Watch Company)自 1869 年创立到 20 世纪 50 年代中，一直被认为是美国最好的钟表制造商之一，其产品以优质享有盛誉，销售额连年上升。但后来爱琴钟表的销售额开始下降，其原因是公司没有注意市场的变化，即消费者对手表的需求已由注重准确、名牌转变为方便、经济、式样新颖。结果，企业经营遭受重大挫折。再比如，我国一些小生产者死守"祖传秘方"，认为只要产品技术独到、质量好，就可以立于不败之地。

3. 推销观念

推销观念存在于 20 世纪 20 年代末到 40 年代之间经营观念由"卖方市场"向"买方市场"转变的过程中，它是被许多企业所采用的另一种经营观念。这种观念认为：消费者一般不会自觉地购买足够用的产品，因而企业应加强产后推销和大力促销，以刺激和诱导消费者大量购买本企业的产品，从而扩大销售，提高市场占有率，取得更多的利润。推销观念具体表现是，"企业卖什么，人们就买什么。"

从 20 世纪 20 年代末开始，随着生产力的发展，社会产品日益丰富，花色品种不断增加，市场上许多产品开始供过于求，企业竞争日益激烈。特别是 1929 年爆发的空前严重的经济危机，使得堆积如山的货物卖不出去，市场进入萧条期。面对如此严重的危机，许多企业认识到，即使有高质量的产品也未必能卖得出去，要在激烈的市场竞争中求得生存并不断发展，企业的中心工作必须由生产转移到促进销售，由此形成了以推销观念为核心的营销理念。与过去相比，这一阶段的企业开始把注意力转向市场，但仅停留在产品生产出来以后如何尽力推销的阶段上。

具体来说，以"推销观念"为导向的营销活动具有以下特点：

(1) 产品仍然是企业经营活动的中心和出发点。

(2) 企业经营的思想是"我卖什么，就设法让人们买什么"。

(3) 企业经营的主要手段是对顾客进行强力宣传和推销。

(4) 企业以追求短期利润为目标。

在推销观念的指导下，企业相信产品是"卖出去的"，而不是"被买去的"，因而致力于产品的推广和广告活动，以求说服，甚至强制消费者购买。企业收罗了大批推销专家，做大量广告宣传，夸大产品的"好处"，对消费者进行无孔不入的促销信息"轰炸"，诱使人们购买。如在 1930 年前后，美国皮尔斯堡面粉公司发现推销其产品的中间商里有的开始从其他厂家进货，为了寻求中间商，公司的口号由"本公司旨在制造面粉"改为"本公司旨在推销面粉"，并第一次在公司内部成立了市场调研部门，并派出了大量推销人员从事推销业务。再如，20 世纪 30 年代，美国汽车市场开始供过于求，每当顾客走进商店的汽车陈列室，推销人员就会笑脸相迎，主动介绍各种汽车的特色，有的企业甚至使用带有强迫性的推销手段来促成交易。

与前两种观念一样，推销观念也是建立在以企业为中心的基础上，即"以产定销"，而不是以满足消费者需求为中心。

1.3.2　市场营销观念

市场营销观念形成于 20 世纪 50 年代，它取代了传统经营观念，是企业经营思想上的一次深刻变革。市场营销观念认为，实现企业各项目标的关键在于正确确定目标市场的需要和欲望，并且比竞争者更有效地传送目标市场所期望的物品或服务，进而比竞争者更有效地满足目标市场的需要和欲望。

市场营销观念的产生实际上是在二次世界大战以后，随着第三次科学技术革命的深入，生产技术和生产效率大大提高，使商品市场的供应量急剧扩大，供给大于需求的现象日益突出，买方市场随即出现。在买方市场条件下，消费者有了充分选择商品的余地，可以在充裕的商品中通过，比较选择自己喜爱的商品。同时，随着社会的发展，消费者的收入水平和文化生活水平不断提高，其需求日益向着求便利、求时尚、求愉悦、求多变的方向发展。面对日益激烈的市场竞争，企业开始通过满足消费者需求来扩大市场份额，提高销售量，从而使市场营销理念进入第二个阶段，即现代市场营销观念阶段。

市场营销观念实际上是一种以顾客需要和欲望为导向的经营哲学，它把企业的生产经营活动看作一个不断满足顾客需要的过程，而不仅仅是制造或销售某种产品的过程。简言之，市场营销观念是"发现需要并设法满足它们"，而不是"制造产品并设法推销出去"；

是"制造能够销售出去的产品"，而不是"推销已经生产出来的产品"。因此，"顾客至上""顾客是上帝""顾客永远是正确的""爱你的顾客而非产品""顾客才是企业的真正主人"等口号成为现代企业家的座右铭。在这种观念的指导下，企业的一切活动都以顾客需求为中心，在满足消费者需求的基础上实现企业的利润。因此，人们也把这一观念称为"市场导向观念"。

具体来说，市场营销观念与传统经营观念的区别如表 1-1 所示。

表 1-1　传统经营观念与市场营销观念的区别

	起点	手段	中心	目标
传统经营观念	企业	推销和促销	卖方市场	通过增加销售量实现利润增长
市场营销观念	目标市场	整合营销	买方市场	通过使客户满意实现利润增长

从表 1-1 中可以看到，市场营销观念与传统经营观念的根本区别可以归纳为以下几点。

(1) 起点不同。按传统的经营观念，企业有什么就卖什么，因而工厂的生产是起点，市场销售是终点，即产品生产出来之后才开始进行经营活动。传统经营观念下的产销活动过程是：生产—销售—消费。市场营销观念则是以市场为出发点来组织生产经营活动，即顾客需要什么，就生产什么，就卖什么，需要多少就生产多少。市场营销观念下的经营过程转变为：需求—生产—销售—消费"，即使顾客需求由过去的被动地位转变为主动地位，使目标市场成为生产过程的起点和终点，而生产只是中间环节。

(2) 中心不同。传统观念都是以卖方产品为中心，着眼于卖出现有产品，即"以产定销"；市场营销观念则强调以顾客需求为中心，按需求组织生产，即"以销定产"。

(3) 手段不同。按传统观念，推销主要是以广告等促销手段千方百计扩大既定产品的销量；市场营销观念则主张通过整体营销的手段，充分满足顾客物质和精神上的需要，实实在在为顾客服务，处处为顾客着想。

(4) 目标(终点)不同。传统观念以销出产品取得利润为终点，关注短期利润目标；市场营销观念则强调通过顾客需要的满足来获得利润，因而不但关心产品销售，而且十分重视售后服务和顾客意见的反馈，更加注重追求长远利益和公司的长久发展。

除此以外，推销和营销的理论内容也是不同的。在营销观念下，市场营销是一个完整的理论体系，是一个从消费者到生产再到消费者的完整的循环过程，包含丰富的内容，而推销只是市场营销研究内容的组成部分之一，是市场营销的一个环节。

1.3.3　社会营销观念

社会营销观念产生于 20 世纪 70 年代以后，是对市场营销观念的补充、完善和发展。20 世纪 70 年代以来，西方国家的市场环境发生了许多变化，如能源短缺、通货膨胀、失业增加、消费者保护运动盛行等。在这种背景下，人们纷纷对单纯的市场营销观念提出了怀疑和指责，认为市场营销观念没有真正被付诸实施，即使某些企业真正实行了市场营销，但却忽视了满足消费者个人需要同社会长远利益之间的矛盾，从而造成了资源大量浪费和环境污染等社会弊端。例如，举世闻名的软饮料可口可乐和麦当劳汉堡包等畅销商品都曾受到美国消费者组织及环境保护组织的指责。针对这种情况，有些学者提出了一些新的观念来修正和代替单纯的市场营销观念。如 1971 年杰拉尔德•扎特曼(Gerald Zaltman)和菲利普·科特勒最早提出的"社会市场营销"概念，促使人们将市场营销原理运用于保护环境、计划生育、改善营养等具有重大推广意义的社会目标方面。除此以外，一些观念如"人类观念""理智消费观念""生态主宰观念"等，也都是暗含了"社会营销观念"的思想。

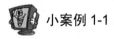 **小案例 1-1**

宝洁的营销观念

宝洁公司是全球最大的家用日化产品生产企业，也是美国十大最有价值的公司之一。这家企业成立于 1837 年，经过 170 多年的发展，在 2012 年全球销售额达到 840 亿美元，净利润超过 100 亿美元，其拥有 25 个价值 10 亿美元的品牌，而每个品牌每年能给公司带来 10～100 亿美元不等的营业收入。宝洁何以长盛不衰？了解并满足顾客价值诉求是其成功的根本所在。

宝洁公司每年都会对全球上百万名顾客进行调研，以便了解其价值诉求，然后根据调研数据对顾客进行分类(比如，公司将洗发用品顾客分为柔顺发质追求者、头皮屑关注者、敏感发质者、时尚追求者、经济价值者等)，为不同类型的顾客设计差异化的产品，使每类顾客对应一个品牌，并为每种产品制定整套的营销方案。同时，公司每年会动态关注不同类型顾客的比例变化，以便适时调整自己的产品定位。宝洁公司奉行"消费者是老板"的理念，认为企业最重要的利益相关者不是股东和员工，而是消费者，经营活动应始于消费者，终于消费者。

所谓社会市场营销观念，就是不仅要通过满足消费者的需要和欲望获得企业的利润，而且要符合消费者自身和整个社会的长远利益，要正确处理消费者欲望、企业利润和社会整体利益之间的矛盾，统筹兼顾，求得三者之间的平衡与协调。这显然有别于单纯的市场营销：一是不仅要迎合消费者已有的需要和欲望，而且还要发掘潜在需要，兼顾长远利益；二是要考虑社会的整体利益。因此，不能只顾满足消费者眼前的生理上或心理上的某种需要，还必须考虑个人和社会的长远利益，兼顾社会公众利益，奉行"可持续发展"战略。传统营销与社会营销观念中，各方利益之间的关系如图 1-1 所示。

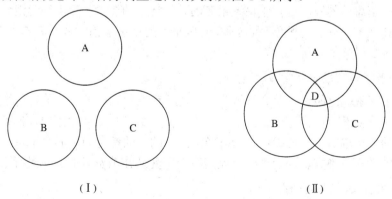

（Ⅰ）　　　　　　　　　　　　　　　　（Ⅱ）

A: 企业利益　B: 社会利益　C: 消费者利益　D: 三者利益的结合

图 1-1　传统营销与社会营销观念中各方利益关系图

图(Ⅰ)显示了传统营销观念中企业、顾客、社会三者利益的分离，企业所获利益中包含对社会利益、消费者利益的损害，其表现形式是环境污染、偷税漏税、假冒伪劣等。而随着社会营销观念的产生和发展，企业在追求利润的同时，还要考虑消费者和社会的利益，企业利润的获得建立在兼顾社会利益和顾客利益的基础之上。图(Ⅱ)中的 D 区域即是三者利益的结合区，属于社会营销活动的范围。

1.3.4　大市场营销观念

大市场营销观念是以市场需求为中心，以引导需求、创造需求为宗旨的营销哲学。20世纪 80 年代以来，世界经济的发展进入了滞缓发展、缺乏生气的时期，世界各国和各个地区采取封锁政策，贸易保护主义抬头。面对企业进入贸易保护主义严重的那些特定地区进行营销活动时所面临的各种政治壁垒和公众舆论方面的障碍，菲利浦·科特勒提出了大市场营销观念。

所谓大市场营销，是指企业为了成功地进入特定市场，并在那里从事业务经营，在策略上协调施用经济的、心理的、政治的和公共关系等手段，以博得各有关方面的支持与合作的活动过程。

大市场营销观念认为，由于贸易保护主义回潮、政府干预加强，企业营销中所面临的问题已不仅仅是如何满足现有目标市场的需求。企业在市场营销中，首先是运用政治权力(Political Power)和公共关系(Public Relations)，设法取得具有影响力的政府官员、立法部门、企业高层决策者等方面的合作与支持；启发和引导特定市场的需求，在该市场的消费者中树立良好的企业信誉和产品形象，以打开并进入市场；然后，运用传统的 4P(产品、价格、渠道、促销)组合去满足该市场的需求，进一步巩固市场地位。

1.4　市场营销学的理论来源

1.4.1　经济学与市场营销学

市场营销思想的发展过程中借鉴最多的是经济学的概念，除市场营销与人类经济活动天然的密切联系之外，一个重要原因是，一些早期的市场营销学者或者本身也是经济学家，或者接受过长时间的经济学教育。

1. 经济学与市场营销学

亚当·斯密提出的许多概念都被广泛地用于市场营销领域，如他给市场所下的定义被早期的市场营销理论广为采用。斯密认为，人类天生就有交换的倾向，市场机制的产生是不可抗拒的历史趋势。他还提出，所有经济活动的目的都是为了满足消费。赞同这一观点的市场营销学先驱都宣称，"消费者是上帝"，并站在消费者的立场进行市场营销分析。

2. 相关经济学科的贡献

其他经济学家也提出了许多有价值的概念。例如，边际学派的经济学家提出的效用概念，被用于解释消费者行为；福利经济学家有关市场营销的评价，对测定广告效果产生了重要影响。此外，市场营销学者还借用了金融理论中有关信用的概念、财政学中有关连锁店发展的税收概念等。

许多市场营销学者都致力于加强企业管理来提高市场营销效率，他们大量使用了经济学中与企业相关的概念。例如，用地租理论来解释各种市场营销机构的设置和布局；用价格和非价格竞争理论来解释市场营销决策；用竞争结构来解释完全竞争、垄断、买主独家垄断、两家卖主垄断、两家买主垄断、多家卖主垄断、多家买主垄断等；用产品差异化理论来解释定价、品牌、广告和服务策略；用恩格尔定律来进行市场分析和解释消费者行为。

3. 经济学概念对市场营销学的影响

经济学概念对市场营销理论的影响是十分显著的。在市场营销学文献中可以找到许多经济学概念，如零售中有关区位、地租、定价、一体化和经营规模的概念；广告中有关差异化生产、经营规模和转移成本的概念；批发中有关价格行为的概念；信用中有关商业周期、购买力、消费者支出和销售条件的概念等。事实上，经济学和市场营销学的密切联系从一些市场营销类图书的书名中就可以得到证明，如《零售经济学》《市场营销和广告经济学》《市场营销经济学》。

1.4.2　心理学与市场营销学

心理学概念对于市场营销思想发展的贡献很大，在所有社会科学各分支中仅次于经济学。心理学研究人的心理、意识和行为，以及个体如何与其周围的自然环境和社会环境发生关系，这些知识对于市场营销的重要性是显而易见的，因为心理学研究的对象即个体正是市场营销交易的主体或当事人。

1. 心理学各学派对市场营销学的贡献

与经济学一样，心理学在其发展过程中也出现了不同的思想学派及不同的行为解释。在市场营销学文献中，我们可以找到一些心理学学派的概念。由威廉·冯特(Wilhelm Wundt)于 1879 年创立的结构主义学派认为，人的心理由感觉、意象和情感三种基本的心理元素构成。市场营销学者利用了该学派的本能、欲望和感觉等术语。1900 年由约翰·杜威(John Dewey)创立的功能主义学派开始了对人类心理的第二次探索，他研究了个体在适应环境的调整中心里经验的重要性，其研究的重点是人的行为而不是意识。与此同时，奥地利心理学家西格蒙德·弗洛伊德(Sigmund Freud)创立了心理学的第三个学派，即精神分析学派。弗洛伊德对无意识的心理过程很感兴趣，并通过临床研究来探索精神病的原因。他提出的许多概念和方法被市场营销学者采纳，用于研究消费者的潜意识以解释市场行为。

当这三个学派蓬勃发展并吸引了全世界的学者时，约翰·B·华生(John B. Watson)抛弃了诸如感觉、知觉、意象等概念，于 1913 年提出了"行为主义"的新概念。"行为主义"概念的基础是：行为来自刺激，且可以学习并习惯化。根据行为主义者的说法，人可以像动物一样条件反射，并可以有意识地对某种刺激作出反应，消费者对销售刺激也有模式化的反应。第五个心理学学派是格式塔学派。该学派认为，行为是自然、生理和心理等各种因素综合作用的结果。

2. 心理学概念在市场营销领域的应用

被纳入市场营销思想的心理学概念可分为以下三类。

第一类是有关动机的，在市场营销中就是销售吸引力。动机概念本身就说明了加入市场是抱有某种目的的，并暗示了某些对市场行为产生影响的因素。早期的一些市场营销著作讨论了本能、欲望和冲动，并以此作为购买的基础，满意、舒适和方便则被解释为从感觉中产生的动机。市场动机被特定地称为购买动机，分为始发动机和选择动机、理性动机和感性动机、购买动机和惠顾动机，以及最终动机(或个人动机)和产业动机等。刺激的概念可用于解释"销售吸引力"，即产品和服务刺激满足欲望的特征，它们能激起购买动机。对刺激的无反应或冷淡称为"销售阻力"，但这可以通过适当的行为刺激来克服。

第二类心理学概念与沟通和教育的心理功能有关。某种想法通过知觉、顿悟和直觉被意识接受，通过思考、推理、联想得到理解和发展，通过记忆来保留和回忆，通过判断被应用。这样，功能心理学的概念就解释了学习的过程、对营销者希望传递的信息如何感兴趣的过程，以及沟通如何成功的过程。

第三类概念与市场营销信息通过何种方式才能有效地传递到消费者有关。例如，将消费者购买过程分为知晓、兴趣、欲望、确信和行动五个阶段。个性的概念也被应用于无生命的市场营销机构。另一个概念是意象，或者可以说仅仅由于心目中对某人的印象而形成的对其性格特征的认识。意象由暗示、教育和经历发展而来，它的存在仅仅是一种心理现象。

3. 心理学研究方法的贡献

市场营销学者不仅借鉴了心理学的概念，还借鉴了心理学的研究方法，如运用观察法、实验法、投射法、问卷调查法以及深度访谈法开展市场调查等。

1.4.3　社会学与市场营销学

社会学研究群体和社会环境下的人类行为。经济学家把人看作"经济人"，社会学家则认为人是社会人，是一个或多个群体的成员，是某种文化的代表，是他所处时代背景和文化环境的产物。人们不仅会由于心理学家所考虑的因素而发生变化，也会因其所处的社会环境及其在与他人的社会互动中所形成的习俗、制度和价值观的改变而改变。人们采取行动不仅是为了经济利益，往往还出于自尊、情感、满足欲望、愉悦及其他非理性目的。

1. 社会学家对市场营销学的贡献

在早期的市场营销学文献中，市场营销学者有意识借用社会学概念的情况较少。例如，市场营销先驱詹姆斯·海杰蒂就是一位社会学家，然而他除了对市场营销系统方面感兴趣之外，很少表现出其社会学背景对市场营销思想研究的影响。社会学概念在市场营销思想中不受重视，主要是因为市场营销被认为是一种商业系统的概念，而不是作为一种社会系统的概念。商业观念在市场营销领域占支配地位，因而掩盖了企业经营的社会环境。市场营销被看作企业满足社会需求的方式，而不是社会成员为实现自我满足所采取的途径和手段。在通过市场营销的商业运作来塑造个体和社会行为的进程中，社会价值经常被置于商业价值之下。

2. 社会学概念在市场营销领域的应用

市场营销学者曾依据社会历史的变迁来解释市场营销的发展，并将对这些变迁的反应称作市场营销系统的"应变"。随着市场营销学的发展，大量社会学概念被引入市场营销学的理论体系，如社会动机、社会群体、社会文化变迁。

(1) 社会动机。长久以来，所有社会科学家都对人类行为动机感兴趣，社会学家也不例外，但是他们更强调个体和群体的互相影响。社会变迁改变了人们的需要，也改变了奢侈品和必需品的判断标准。动机从复杂的社会事物中产生，它创造了接受、尊奉、创新和领导等需求。

(2) 社会群体。在社会学家提出社会结构和社会阶层的概念之前，消费者一直是按照经济基础分类的，分为高、中、低收入群体。然而，个人往往通过成员关系、社会交往和兴趣爱好等与很多群体交往，其中之一就是家庭。家庭作为一个消费单位，通常在市场中以一个统一体行动。社会阶级或阶层是另一个与经济状况无关的概念，它反映的是出身、教育、修养、社会领导地位等因素，还包括人们在诸如政府、教会等组织中结成的工作群体、娱乐群体和机构群体等。个人属于不同的群体这一现实加深了社会的复杂性。群体代表着地位，对于地位的渴望也是一种社会动机。

(3) 社会文化变迁。社会学家为描述社会发展趋势所做的努力，对市场营销思想的发展贡献颇大。例如，女性在社会中的角色转换这一大进步改变了市场营销研究中市场的概念，其他变迁因素还有家庭中领导权的转移、儿童消费市场的增长、个人和社会的新价值观、对信用的新态度、曾长期存在的风俗习惯的消失、禁欲、公益事业的商业化、流行时尚、休闲娱乐等，这些因素在市场营销学文献中被描述为影响消费的重要力量。为了适应这些变化，市场营销学者与时俱进，兼收并蓄，采纳了社会学家的分析方法和概念。

1.4.4 管理学与市场营销学

对市场营销学概念体系的发展起到重要作用的另一个学科就是管理学。通过泰勒(Taylor)、甘特(Gantt)、吉尔布雷思(Gilbreth)的开拓和创新，科学管理理论得到了很大发展，它对市场营销学的影响早就得到了公认。

从管理学引入市场营销领域的概念有：

(1) 科学管理。工作的形成、员工的挑选和培训、工人和监督者之间的合作、管理者和被管理者之间的责任分配等概念都被引入了市场营销职能和市场营销机构的管理。

(2) 任务。以最低浪费和最高效率完成一项工作的方法和观念被逐渐用于对销售人员的工作时间和责任的研究，包括访问路线、销售定额分配、培训、补偿、激励、监督和评估销售人员的业绩。

(3) 职能化管理。市场营销学引入了对采购、计划、检查、人力控制和产品保养实行职能化管理的观念。

(4) 科学方法。阐明问题、收集信息、整理分析后得出结论的步骤经修正用于市场调查，形成形势分析、信息调查、制定方案、收集信息等营销术语。

(5) 简单化。当一个既定目标可通过较少的工作投入得以实现时，就可以做到人均产出增加、闲置设备减少、监督简化和易于控制。产品线简化这一概念也作为一个市场营销术语而被接受。

(6) 多样化。多样化概念在尝试满足消费者的不同需要、保持灵活性和获取利润中产生，这一概念预示着产品线的增加。市场营销学中的差异营销即由此演变而来。

(7) 标准化。标准化用于市场领域中原材料、工具、设备、方法、检查和时间表的统一化，市场营销领域中的连锁店在经营、标准产品线、陈列、作业程序、控制方法、商品分类等方面的统一，以及统一的大规模生产和销售。

1.4.5　其他学科的贡献

其他学科也为市场营销思想的发展做出了贡献。例如，市场营销学中的很多概念来自法学、传播学、物理学、医学和人类学等。总而言之，市场营销思想的发展是一个兼收并蓄的过程。市场营销学作为一门独立的学科，具有综合性、边缘性和实践性等明显特征。

1.5　市场营销学的研究内容与研究方法

1.5.1　市场营销学的研究内容

市场营销学研究的是以消费者为中心展开的企业整体市场营销活动，因而涉及的内容极为广泛，如消费者的特征、购买商品的心理动机、行为、习惯、购买方式、潜在消费者的需要，以及价格的确定、渠道的选择、促销方式的采用等。具体来说，市场营销学研究的内容包括三大部分。

第一部分内容着重分析企业与市场的关系，分析影响和制约企业营销活动的各种环境因素，分析各类购买者的行为，进而提出企业进行市场细分和选择目标市场的理论和方法，并就市场调查和市场需求预测作出介绍。这部分内容具有市场营销基础的意义，主要包括营销观念、营销环境、消费者市场、组织市场、各种市场的购买行为、营销信息系统、市场细分与目标市场选择、市场竞争等理论。

第二部分内容是企业营销活动与营销策略研究，是市场营销学的核心内容，其任务在于论述企业如何运用各种市场营销手段实现企业的预期目标，因而主要围绕企业经营决策展开。市场营销活动中所包含的变数很多，美国学者尤金·麦卡锡从这些变数中提炼出四个基本变数，即产品、价格、渠道和促销，简称为"4P"。他对"4P"的研究，构成了营销活动研究的支柱。这部分内容不仅就每个基本变数可供选择的营销策略进行了分析，而且提出了"市场营销组合"这个十分重要的概念，强调四个基本变数不是彼此孤立、分割的，必须依据外部环境的动向进行产品、价格、渠道和促销的最佳组合，以保证从整体上满足顾客的要求。

第三部分关于市场营销计划、组织与控制的研究，主要包括企业为保证营销活动的成功而应在计划、组织与控制等方面采取的措施与方法。

1.5.2　市场营销学的研究方法

市场营销学的研究应贯彻理论联系实际的原则，注重调查研究，结合案例分析，掌握市场变化规律，指导市场营销活动，并在实践中不断总结和提高。针对不同的市场环境、不同的地理区域，市场营销活动具有不同的研究方法。

1. 商品研究法

商品研究法主要是以商品为主体，研究特定的商品或产品大类的生产问题，以及如何分销到中间商和最终消费者等市场营销问题。国外市场营销学一般将产品分为工业品与消费品两大类，主要产品按大类又可分为农产品、矿产品、制造品和劳务等，其着眼点是产品。

2. 组织研究法

组织研究法主要是研究市场营销系统中各种机构的特性、变革和功能，包括生产者、代理商、批发商、零售商及各种辅助机构，以商品流通的各个环节为主线研究营销活动。

3. 功能研究法

市场营销的基本功能一般可分为交换功能、供给功能和便利功能三大类，包括购、销、存、运、金融、信息等方面的内容。功能研究法主要是研究各种营销功能的特性及动态，着重研究不同的营销机构和不同的产品市场如何执行这些功能。

4. 管理研究法

管理研究法也叫决策研究法，即从管理决策的角度来研究市场营销。这种方法强调通过营销实现组织和产品的有效市场定位，并且特别重视市场营销分析、计划、组织、实施和控制。管理研究法把与卖方的市场营销活动有关的各种因素(变数)分为两大类：一是不可控因素，即营销本身不可控制的营销环境，包括微观环境和宏观环境；二是可控因素，即营销者自己可以控制的产品、商标、包装、价格、广告、渠道等。1960 年，美国著名营销学家尤金·麦卡锡把各种变数归纳为"4P"，本文主要运用这种管理决策法对市场营销学进行研究。

5. 社会研究法

社会研究法主要研究各种营销活动和营销机构对社会的贡献及其所付出的成本。这种方法提出的研究课题有市场效率、产品更新换代、广告真实性及市场营销对生态系统的影响等。

核 心 概 念

市场；市场营销；需求；产品；价值；满意；关系；生产观念；推销观念；市场营销观念；社会营销观念；市场营销组合

思 考 题

1. 什么是市场营销，与之相关的核心概念有哪些？
2. 在市场营销的研究内容中，4P 理论包括哪几方面的内容？
3. 市场营销哲学的几种主要观念是什么？
4. 营销观念和推销观念的主要区别是什么，请举例加以说明。
5. 试说明现阶段企业树立市场导向营销观的必要性？
6. 企业如何转变营销观念，树立新型营销观？

案例分析

回头客——品质升级，营销给力

　　作为食品生产企业，回头客在经历了欧式蛋糕市场的激烈竞争后，深切感受到休闲糕点品类众多，消费者选择宽泛，如果做不到独一无二，很难有大的发展。于是，在欧式蛋糕受到市场普遍认可之后，回头客在 2009 年又推出了铜锣烧这个新产品。铜锣烧获得成功之后，回头客再次推出重磅新品——海绵蛋糕。

　　从欧式蛋糕到铜锣烧再到海绵蛋糕，回头客的产品在市场上总是领先一步。是什么原因让回头客总能发现新品类，品质不断升级并长期占据消费者心智？

1. 以消费者心理认同创新品类

　　定位专家里斯先生认为，品类概念是消费者对品牌的标志性认知，占领消费者心智远比占领市场更为重要。

　　在一般人看来，有需求才会有市场。但回头客认为，在某些特定阶段，战略性地利用并"锁定"客户信息，寻求顾客的心理认同，制造并引导消费，就能发现消费者潜在的、隐含的需要和欲望。如果将之转化成明确的需求，就能把握市场的主动权。推出与消费者潜在需求紧密结合的产品与服务，是企业创新发展的捷径。在这方面，乔布斯领导下的苹果公司最为擅长。

　　铜锣烧就是回头客食品寻找到的自己能够把握市场主动权的品类。2009 年之前，铜锣烧产品市场散乱，只有一些区域性小企业在生产，而且市场规模很小，大企业认为这是个小众产品而不愿进入。于是，瞄准这个市场夹缝产品的回头客食品果断出击，提出"以质为根，以仁为本"的核心理念，全力打造出自己的明星产品。海绵蛋糕是回头客成为铜锣烧品类老大后，企业为避免"老大陷阱"而推出的品类多元化策略，同样以口感好、性价比高得到了消费者的认可。

2. 品质不断升级打造品牌楔形竞争力

　　在品类创立初期，占领消费者心智认知的品牌传播似乎更重要，而一旦作为品类第一品牌被消费者认知后，良好的产品品质在营销中的长远作用将胜过任何形式的广告。

　　产品永远是最有力的营销工具，卓越的产品能创造出全新的市场。依靠广告轰炸拉升的短期销量，如果没有过硬的产品品质做保证，注定只是昙花一现的灿烂。

　　回头客食品正是基于对产品品质重要性的认识，以安全为保证，从美味出发，以"严、实、细"的品质三字决为基点，不断进行品质升级，打造出以产品品质为顶点、以全产业链质控体系为中部、以"以质为根，以仁为本"的品牌理念为上端的楔形竞争力，从抓住消费者的胃，到进入消费者的心智，成为了一个消费者"买了又买，吃了又吃"的休闲食品领军品牌。

　　严：环环相扣的严密质量链条。

　　从生产到终端，食品企业有一个完整的流转链条，包括原料采购、生产流程、包装、运输、终端陈列等多个环节，任何一个环节掉了链子，都会损害消费者的利益。

无论是王牌单品铜锣烧，还是新推出的重磅产品海绵蛋糕，都有良好的口感和更强的嚼劲，让消费者回味无穷。这其中的秘密就在于，回头客食品始终坚持严把质量关，从原料采购到生产，每个环节都严加控制，将产品检验贯穿产前、产中、产后。

回头客使用优质纯净水，所有原材料均来自大品牌供应商，确保产品质量持续稳定。回头客还会根据原材料采购安排生产，避免长途运输和长期储藏影响产品品质。在生产的每一道环节，回头客都实行自检与他检，每一道工序的员工都是上一道工序的检验员，而专职检验、车间工艺主管、质量主管的三级质量管控，更有效预防了不合格品的发生。回头客的产品出库也有严格检验，每批次产品都有详细记录，以建立严格的质量回溯制度。

依托全产业链质控体系，回头客还建立健全了 ISO9000 质量管理体系、HACCP 食品安全管理体系，把生产过程标准化，保证产品质量的稳定性。

实：实实在在的先进设备与人文管理。

回头客公司高度重视生产工艺技术及研发水平的整体提升，不断引进各类先进设备及现代化生产流水线，并组建了一流的检测实验室，为企业发展夯实技术层面基础，从而促进企业战略布局稳步有序地实现。2012 年，公司又陆续引进二三十条生产线，扩大产能，完善品质控制，以满足日益增大的市场需求。同时，企业深刻认识到，决定食品质量的关键因素不只包含技术、设备、管理，人才是最重要的主观因素，企业主和从业人员的职业操守和道德水准才是食品质量的根本保证。

"一切为了人，也一切依靠人，二者合一"是回头客企业核心价值观的最终体现。回头客以高素质员工为中心，把员工自我价值的实现与企业的发展目标相融合，尊重员工，与员工全面沟通，这也是其企业管理的精髓。

回头客还请技术人员对生产员工就产品知识和操作技能等方面进行全面培训，做到质控、培训双管齐下。回头客对生产员工的要求是：认真做好每一件事，把质量要求落到实处，将"以质为根"细化为具体行为，而不是一句口号。

细：细节制胜的市场用心。

老子说："天下大事必作于细，天下难事必作于易"，意思是做大事必须从小事开始，做难事必定从容易的事做起。海尔总裁张瑞敏说，把简单的事做好就是不简单，伟大来自于平凡，往往每天需要做的事，就是重复平凡的小事。正所谓"积跬步以致千里，汇小溪以成江河"。一个企业没有严格、认真的细节执行，再英明、宏伟的战略决策也难以实现。毫不夸张地说，市场竞争已经到了细节制胜的阶段。

回头客食品非常重视消费群体对于品牌的口碑。通过密集的试吃活动，一方面让消费者直接感受回头客产品的口味、口感；另一方面则直接了解顾客对于回头客产品的偏好，并根据顾客的反馈及时提高产品品质。回头客精心研究馅料配方，使原来偏硬的馅料软化，更适合儿童口感，并与国际一流的供应商合作，不断创新口味，进行产品升级，引导消费习惯。细节制胜的市场用心，换来的是更多消费者的高度认可。

随着产品铺货率和市场占有率不断提升，回头客更加重视品牌形象建设，除了在各大卫视投放广告之外，还增加了对经销商的支持力度，比如垫付进场费、堆头费、条码费，增派促销员，增加试吃活动次数等，时时处处体现出企业对市场行为的细致入微。

海陆空结合，营销越来越给力

建立在对产品品质的极度自信上，回头客以高举高打的电视广告传播为引导，以扎扎实实的渠道网络建设为支撑，正在建立一个舌尖上的品牌。

在成为品类领军品牌的过程中，品牌建设至关重要。在打造品牌的过程中，回头客采取的是"空中+地面"的模式，一方面锁定全国排名前十的卫视频道如湖南卫视、浙江卫视、江苏卫视、山东卫视、广东卫视、金鹰卡通，做高密度的持续广告投放，同时结合网络媒体、户外媒体、车身车体等广告形式，整合传播，对消费者形成集中轰炸，为终端销售营造气氛，配合终端活动的进行；另一方面，在各个卖场增加促销人员和促销活动频率，保持终端活跃度，在全国各网点投入大量终端广告，如店招、POP、货柜等，提升产品知名度，实现终端拦截，扩大回头客食品的品牌影响力，配合当地经销商完成市场的快速扩张。

除实行"空中+地面"的模式拉动品牌力外，回头客于2012年在原有渠道基础上，开辟了团购、网购及千村万店等渠道。回头客还因地制宜成立分公司，发掘婚宴礼品等特通渠道。库存问题一直都令企业头痛不已，而食品企业因保质期问题对库存有更严格的要求，而回头客基本上实现了零库存，这充分证明了其渠道建设的成功，也证明了其团队的产品创新能力和市场把握能力都是超前的。

在风云变幻的市场中，适者为王。适者常在，强者却往往成为过客。回头客计划将华南、华中、华北等现有区域市场打造为样板，将西南、东北作为开拓区域市场，并通过在当地建设标准化的研发与生产基地，引进国内外最先进的生产流水线，提高生产力，缩短配送半径，意欲以板块崛起的方式快速抢占市场。

未来，回头客将继续加强品牌建设工作，力争将回头客打造成家喻户晓的明星品牌。2013年，回头客食品还将增加广告投入，在央视、网络、报刊等媒体加大广告传播力度，启动公益、公关营销，开展立体营销活动，将其"买了又买就是回头客，吃了又吃就是回头客"的品牌形象广泛传播；同时还将增加终端投入，加快终端形象建设步伐，提升品牌知名度和美誉度，最终实现回头客品牌家喻户晓的目标。

(资料来源：王巧贞. 回头客：品质升级，营销给力. 销售与市场(评论版), 2013(1).)

思考：

1. 本案例中体现出回头客的哪些营销哲学思想，请结合具体实例分析？

2. 有人说："回头客食品公司成功的核心是营销理念的成功。"请结合市场营销观念，谈谈你对这句话的理解。

实　训

一、实训目的

1. 通过对市场营销概念的学习，理解市场营销的核心概念，具备一定的分析市场营销基础问题的能力。

2. 通过对市场营销观念的学习，要求学生了解市场营销观念的演进过程，同时要求重点掌握现代市场营销观念。

3. 使学生理解如何在正确的市场营销观念下进行企业市场营销活动。

二、实训内容

(一) 实训资料

A. 一分钟的自我推销。

B. 通过多种途径收集资料，分别找到遵循生产观念、产品观念、推销观念、市场营销观念以及社会市场营销观念等的企业实例。

(二) 具体任务

1. 对于实训资料 A，要求每个同学做准备。

2. 对于实训资料 B，要求举例分析各个企业采用怎样的营销观念、对企业产生怎样的影响、企业应怎样做，并为企业提出相应对策。

(三) 任务要求

1. 对于实训资料 A，可以采用学习过的 SWOT 分析法对自身进行分析。

2. 对市场营销要全面认识和了解。

3. 对于实训资料 B，要进行行业与企业的背景资料的收集和整理分析。

4. 提出对策建议(主要是针对实训资料 B)。

三、实训组织

(一) 对于实训资料 A，可以按如表 1-2 所示的流程进行

表 1-2　一分钟的自我推销训练

实　训　内　容		
地点及用品要求	可在普通教室或实训室进行，可根据学生需要自备辅助用品	
训练准备	学生准备	事先拟定推销词，并进行自我演练
	教师准备	计时工具、自我推销案例等
训练目标	1. 使教师掌握学生的基本情况 2. 锻炼学生的口头表达能力、应变能力及自我控制能力	
训练内容	1. 问候语开场白 2. 自我推销(姓名、地区、个人兴趣爱好、家庭、学校及未来的展望等)	
训练流程	明确流程—上台—问候—自我介绍—致谢—返回	
操作要点	知识点	营销人员的素质、能力、胆量、勇气、口头表达能力
	能力点	普通话水平、行为礼仪、口头表达能力、应变能力
	控制点	时间及课堂气氛
	考核点	1. 演讲的神态、举止(语言、声调、表情、肢体动作) 2. 创新性、完整性、流畅性 3. 时间控制
备注		

(二) 对于实训资料 A, 可按下列要求进行组织

1. 按实训项目将班级成员以 3～6 人一组分成若干小组, 以小组为单位开展实训, 采用组长负责制, 组员合理分工, 团结协作。

2. 相关资料和数据的收集可以进行实地调查, 也可以采用二手资料, 由专人负责记录和整理。

3. 小组充分讨论, 认真分析, 形成小组的实训报告。

4. 各小组在班级进行实训作业展示。

四、实训步骤(本步骤针对实训资料 B)

1. 由指导教师介绍实训的目的和要求, 对"市场营销观念"的实践意义给予说明, 调动学生实训操作的积极性。

2. 分组, 每组 3～6 人, 选举组长一名, 由组长负责本组组员的分工。

3. 各组选定行业和企业, 明确实训任务, 制定执行方案, 指导教师通过之后执行。

4. 各组收集资料并进行讨论分析, 形成讨论稿, 完成实训报告。

5. 各组将设计好的市场调研报告制成 PPT, 并向教师和全班同学汇报, 由其他组的同学提问, 教师进行点评。

6. 每个小组上交一份设计好的纸质和电子版的市场调研报告。

第 2 章　市场营销战略

引　例

汇丰银行的战略转变

2012 年，汇丰银行(HSBC)放弃了自己的"环球金融，地方智慧"战略，转而支持"汇丰帮您开启世界潜力"战略。咨询公司 Interbrand London 的首席执行官格雷厄姆·黑尔斯(Graham Hales)说，作为一个品牌标语，后者可能没有前者那么有冲击力，但是更适合目前这样亚洲经济快速发展、欧洲品牌被迫放低姿态的时代。黑尔斯说："值得提醒的是，直到最近，全球市场严格标准化的信念已经在几乎所有的市场中实际展开，再没有地方性细微差别或文化理解的立锥之地。"他还说："过去人们常说，'因为我们是来自西方的品牌，他们会买我们的产品'，而现在大多数的出口商已经学会了放低身段。我希望傲慢的品牌霸权主义成为历史。"

黑尔斯认为全球性品牌"必须清楚自己该向哪里的市场进行扩张"，他相信这些品牌要取得成功，一定要评估当地的人口统计资料、市场动态、历史与文化，以及消费者的不同生活体验及信仰体系。

促使苹果、宝马和爱马仕等大量高端品牌特别关注中国消费者需求的中国制造潮流，显示出更强调同理心的全球本土化潮流正取得进展。

2.1　市场营销战略概述

2.1.1　企业战略概述

1. 企业战略的含义

"战略"(strategy)一词源于军事用语，本意是"将军的艺术"。一般意义上的战略，泛指重大的、带有全局性的和决定全局性的计谋。在企业管理中提到的"战略"则是事关全局的重大决策或方案。

市场营销战略是对企业市场营销工作做出的全局性、长期性、方向性的谋划。由于一个企业的市场营销战略受到企业战略计划的制约，所以在研究市场营销战略之前，必须先分析企业战略的制定过程。

策略是指在一定的环境条件下，根据具体情况所采取的措施和方式方法。战略侧重于全局和长远的谋划；策略侧重于微观、技术操作层面的谋划。两者的关系是：战略指导决定策略。

企业战略是指企业面对剧烈变化的外部环境，为求得长期生存和发展而进行的总体性谋划，是企业制定目标、部署和配置资源的基本形式，也是企业对市场、竞争者和其他环境因素的变化所作出的反应。因此，企业战略是指为保证企业长期的生存和发展，而对企业发展方向和经营领域作出的计划和决策。

2. 企业战略的特征

(1) 长远性。战略是关于企业未来发展的长远规划。一个战略周期往往要持续 10～15 年，甚至更长的时间。在 10～15 年的战略周期中，又进一步分解为短期(2～3 年)战略规划、中期(3～5 年)战略规划和长期(5～10 年)战略规划。

(2) 全局性。战略是从企业发展全局出发，以企业整体为对象，根据企业整体发展需要而制定，其规定的是企业整体的行动，追求的是企业整体效果。因此，企业的决策者必须具有全局观念，树立整体意识，抓住主要矛盾，统筹兼顾，立足全局，关注长远。

(3) 决定性。战略管理与一般日常事务管理的根本区别在于，它是关系企业盛衰兴亡和决定企业整体利益的管理，而不是一般的、局部利益的管理。作为一种高层次的决策，战略管理是最大限度地实现企业整体利益的根本保证。

(4) 抗争性。企业战略是企业在激烈的竞争中如何与对手抗衡的行动方案，也是连接各种冲击、威胁和困难的基本安排。与那些不考虑竞争、挑战，单纯为了改善企业现状、增加经济效益、提高管理水平等的计划不同，只有当这些工作与强化企业竞争能力和迎接挑战直接相关且具有战略意义时，才能构成企业战略的内容。

(5) 纲领性。战略规划的是企业整体的长远目标、发展方向和重点，应当采取的基本方针，重大措施和基本步骤，这些都是原则性的、概括性的规定，具有行动纲领的意义，必须通过制定和落实等过程，才能变为具体的行动计划。

2.1.2　企业战略的层次结构

典型的企业战略与战略管理可以分为三个层次，如图 2-1 所示。

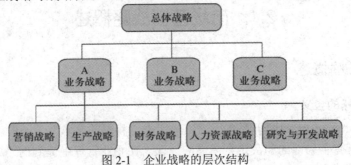

图 2-1　企业战略的层次结构

1. 总体战略

总体战略又称公司战略，是企业管理最高层次的战略。大企业特别是多种经营的企业，需要根据企业使命选择业务领域，合理配置资源，使各项业务之间相互支撑、协调。通常，总体战略是企业高层负责制定、落实的基本战略。

2. 经营战略

经营战略又称业务单位战略、竞争战略。大企业特别是企业集团，往往从组织形态上将一些具有共同战略因素的二级单位或其中的某些部分组成战略业务单位(也称战略业务单元，SBU)。企业的每一项战略业务都应有自己的经营战略。

3. 职能战略

职能战略又称取能层次战略，是企业各职能部门的战略，如营销部门的营销战略、生产部门的生产战略、财务部门的财务战略、人力资源部门的人类资源战略等。

2.1.3　企业战略规划

1. 企业战略规划的含义

企业战略规划是这样一种管理过程，即企业的最高管理层通过规划企业的基本任务、目标及业务(或产品)组合，使企业的资源和能力同不断变化着的市场营销环境之间保持和加强战略适应性的过程。换言之，战略规划是企业为了使自己的资源和能力同市场营销环境相适应，以加强自己的应变能力和竞争能力而制定的长期性、全局性、方向性的规划。这是一种覆盖企业活动各个方面的总体规划，它确定了企业的发展远景和基本战略，指明了企业在一段较长时间内的发展方向，是企业一切工作所必须遵循的总纲。

2. 企业战略规划的重要意义

企业战略规划关系着企业在市场竞争中的前途和命运，对企业具有头等重要的意义。企业战略规划是企业发展的总体规划，它确定了企业的发展远景和基本战略，对企业的生存和发展具有决定性的指导作用。在现代市场经济条件下，企业的战略规划正确与否是企业兴衰成败的关键。

3. 企业战略规划的步骤

企业战略规划的步骤如图 2-2 所示。首先，在整体层次上定义企业使命，规定企业的基本任务；其次，根据企业使命和基本任务的要求确定企业的目标；第三，规划企业的业务组合(或产品组合)，并确定企业的资源在各业务单位(或产品)之间的分配比例；第四，规划成长战略，在业务单位、产品和市场层次上制定营销计划及其他各项职能计划(如生产计划、人力资源计划等)，这些计划是企业的总体战略在各业务单位、产品和市场层次上的具体化。

图 2-2　企业战略规划的步骤

2.1.4　企业发展战略管理与市场营销战略管理的相互关系

一个企业不仅要制定与环境变化相适应的整体发展战略，其市场营销部还要根据企业的整体发展战略制定相应的市场营销战略。市场营销战略是企业发展战略中一个极为重要的组成部分，同时也是企业发展战略得以实现的重要保证。

在实际工作中，企业战略管理与市场营销管理是密不可分的，企业战略管理与市场营销管理都必须分析、评价外部环境变化带来的市场机会，其目的都是利用有利的市场机会使企业得到发展。但是这两者的任务有所不同，所以要分析、评价的问题的范围也不相同。

企业的发展战略管理是为了完成整个企业的市场定向，明确企业的总体业务范围，确定企业总的发展方向、发展途径、预期目标和资源调配。为此，企业战略计划人员一方面要分析、评价、比较宏观的经济环境和市场环境，明确地预测其未来的发展趋势，从中寻找出与企业发展总目标相匹配的各种市场机会；另一方面还要现实地、全面地分析企业的状况，包括相对优势和相对劣势，从而制定出企业的总体发展战略。

企业的市场营销战略管理则是在已经确定的整体业务经营范围内由企业的营销部门按照企业战略中已规定的使命和目标、增长策略和产品投资组合的特点，从外部环境去分析、评价各种产品业务增长的机会，结合企业经营各种产品的资源状况，综合考虑各种因素，制定出各种产品的市场营销战略。例如，某实力雄厚的洗衣机厂通过对客观环境的分析，认为存在着家用电器发展的广阔前景，确定今后五年内发展成为生产洗衣机、电冰箱、电视机、空调四种产品的家用电器公司，并根据自己的资源状况和这几种产品的市场状况确定企业的各项主要目标、增长策略和产品投资组合，这就是企业的战略计划过程或战略管理。而分别经营这四种家用电器的市场部门，则要根据企业战略的要求和给定的资源条件，分别分析、评价这四种产品的市场机会，为每一种产品选择目标市场，进行市场定位，确定市场营销组合和营销计划。

2.2　市场营销战略的类型

市场营销战略是为实现企业经营目标，对一定时期内市场营销发展的总体设想和规划。市场营销战略的类型主要有：创新战略、人才战略、文化战略、形象战略、产品战略。

2.2.1　创新战略

创新是知识经济时代的灵魂，知识经济时代为企业创新提供了极好的外部环境。创新作为企业营销的基本战略，主要包括以下几个方面。

1. 观念创新

知识经济对人类旧的传统观念是一种挑战，也对现代营销观念进行着挑战。为了适应新的经济时代，使创新战略卓有成效，必须树立新观念，即以观念创新为先导，带动其他各项创新齐头并进。

2. 组织创新

组织创新包括企业的组织形式、管理体制、机构设置、规章制度等广泛的内容，它是营销创新战略的保证。组织创新要做的工作还十分艰巨，例如在组织形式上，许多企业还没有完成现代公司制的改造，旧的组织形式在某种程度上成为企业创新的羁绊。另外，机构设置不合理、分工过细，都不利于创新。

3. 技术创新

技术创新是企业营销创新的核心。随着科技进步的加快，新技术不断涌现，技术的寿命期趋于缩短，因而大中型企业要不断开发新技术，满足顾客的新需求，即使是传统产品也要增加其技术含量。

4. 产品创新

技术创新最后要落实到产品创新上，因而产品创新是关键。由于技术创新的频率加快，所以新产品的市场寿命也越来越短。

5. 市场创新

市场是复杂多变的，消费者未满足的需求是客观存在的。营销者要善于捕捉市场机会，发现消费者新的需求，寻求最佳的目标市场。如果把全国各地都看成是自己的市场，就会在市场创新中缺乏针对性，导致营销效果和竞争力降低。在市场创新中，要在科学的细分市场的基础上，从对消费者不同需求的差异中找出创新点，这是至关重要的。

总之，在知识经济时代，创新战略是企业生存发展的生命线。观念创新是先导，组织创新是保证，技术创新是核心，产品创新是关键，市场创新是归宿。

2.2.2　人才战略

创新是知识经济时代的灵魂和核心，但创新需要高素质的人才。知识经济时代的竞争，其实质是人与人、群体与个人的高科技知识、智力、智能的竞争；是人的创新能力、应变能力、管理能力与技巧的综合素质的竞争。人才战略主要包括人本智源观念和终身学习观念。

1. 人本智源观念

营销者要牢固树立人才本位的思想。在知识经济时代下，知识和能力是主要资源，而知识和能力的生命载体是人。有人才，就能发财。北京大学方正集团就是极好的例子，其资产从创立至今增长了 7000 倍。方正集团的负责人王选说得好，他们的成功靠的就是解决"才和财"的关系。他们是用才发财，发了财，增长知识再发财。方正集团把学者的学术抱负和利润追求结合起来，形成了才和财的良性循环，这是一种真正的知识产业和高技术产业。

2. 终身学习观念

由于知识更新节奏的加快，一个大专毕业生工作五年后，将有 50%～60%的知识被更新。对于个人来说，要树立终身学习观念；对企业来说，要树立全员培训观念。

2.2.3　文化战略

企业文化包括企业经营观念、企业精神、价值观念、行为准则、道德规范、企业形象以及全体员工对企业的责任感、荣誉感等。企业文化不仅是提高企业凝聚力的重要手段，还能以企业精神为核心，把企业成员的思想和行为引导到企业既定的发展目标上来，同时又通过对企业所形成的价值观念、行为准则、道德规范等以文字或社会心理的方式对企业成员的思想、行为施加影响、控制。价值观是企业文化的基石，许多企业的成功都是由于全体员工能够接受并执行组织的价值观。

知识经济时代下企业文化战略的特殊重要性，主要在于知识经济时代所依赖的知识和智慧不同于传统经济所依赖的土地、劳动力与资本等资源。知识和智慧的分享是无法捉摸的活动，上级无法监督，也无法强制，只有员工自愿并采取合作态度，他们才会贡献智慧和知识。

2.2.4　形象战略

在信息爆炸的知识经济时代，产品广告、销售信息等很难引起消费者的注意和识别，更谈不上留下深刻印象。在此情形下，企业间竞争必然集中到形象竞争上。形象竞争，企业已经在应用，但很多企业并没有足够的重视。在知识经济时代，广告宣传也随之进入"印象时代"，企业用各种广告宣传和促销手段不断提高企业声誉，创立名牌产品，使消费者根据企业的"名声"和"形象"选购产品。正如广告专家大卫奥格威所说："广告是对品牌印象的长期投资"。

2.2.5　产品战略

产品战略基于企业战略，将公司愿景、使命和战略目标分解到产品群、产品线和产品，最后到各区域。产品战略通过产品的客户划分确定平台战略、产品线战略，并在产品的指导下确定资源配置计划。产品战略实施思路如下：① 理解总体市场；② 进行市场细分；③ 描述公司的产品地图；④ 公司总体产品规划和各产品/单品的发展规划；⑤ 制定公司总体产品策略及各产品/单品的总体策略；⑥ 制定产品/单品的区域策略。

2.3　市场营销战略的设计

2.3.1　定义企业使命

组织的存在就是为了完成某种使命。企业使命就是有关组织目标的陈述，反映企业的目的、特征、性质以及未来的发展方向，主要回答的是企业的业务是什么？谁是企业的客户？顾客重视什么？这些问题听起来很简单，但确是企业一直以来最难回答的。企业初始阶段的使命和意图很清晰，但是随着时间的推移，市场的发展和新产品的增加，以及环境的改变，企业使命就会变得模糊不清，这时候就需要对企业使命进行重新思考和界定。一份有效的企业使命说明书可以向公司的每一个成员阐明企业发展的方向和机会。

企业使命通常包括三个方面的内容：

(1) 企业的经营范围。明确规定企业的经营范围，包括产业范围、市场范围、产品范围、顾客范围、市场的地理范围等。

(2) 企业的经营政策。企业要遵循主要的经营政策和核心价值观，以及企业的优良传统和共同价值观。

(3) 企业的愿景。企业未来的愿望和希望的景象，指明了企业未来 10～20 年的发展方向。

企业使命是全局性的，也是长远性的，因而其具有预见性，同时也具有一定的弹性。企业使命一般都会以文字的形式表达出来，并应对企业员工起到鼓舞和激励的作用。一些组织以产品或技术定义他们的使命是不恰当的短视行为，如我们是一家服装制造厂，我们是一家生鲜超市等。正确的企业使命应该是以市场为导向，以顾客的需求来定义。部分知名企业的愿景、使命、价值观如表 2-1 所示。

表 2-1 知名企业的愿景、使命和价值观

企 业	愿 景	使 命	价 值 观
迪斯尼	成为全球的超级娱乐公司	使人们过得快活	极为注重一致性和细节刻画；通过创造性、梦幻和大胆的想象不断取得进步；严格控制并努力保持迪斯尼"魔力"的形象
联想集团	未来的联想应该是高科技的联想、服务的联想、国际化的联想。	为客户利益而努力创新	成就客户——致力于客户的满意与成功；创业创新——追求速度和效率，专注于对客户和公司有影响的创新；精准求实——基于事实的决策与业务管理；诚信正直——建立信任与负责任的人际关系
华为	丰富人们的沟通和生活	聚焦客户关注的挑战和压力，提供有竞争力的通信解决方案和服务，持续为客户创造最大价值	丰富人们的沟通和生活；创造世界最优秀、最具创新性的产品；像对待技术创新一样致力于成本创新；让更多的人获得更新、更好的技术；最低的总体拥有成本(TCO)，更高的工作效率
万科	成为中国房地产行业领跑者	建筑无限生活	创造健康丰满的人生；客户是我们永远的伙伴；人才是万科的资本；"阳光照亮的体制"；持续的增长和领跑

2.3.2 确定企业目标

企业使命确定后，还要将其具体化为企业各管理层的目标，形成一套完整的目标体系，使每个管理人员都有自己明确的目标，并负起实现这些目标的责任。企业目标是企业未来一段时间内所要达到的一系列具体目标的总称，它应尽量数量化，以便于企业编制具体计划和计划的实施与控制。企业目标具体包括：产品销售额和销售增长率、产品销售地区、市场占有率、利润率、投资收益率、产品质量与成本水平、劳动生产率、产品创新、顾客满意度、企业形象，等等。其中，投资收益率是企业的核心目标之一。

2.3.3 规划投资组合

在确定企业任务和目标的基础上，企业的决策层还要对业务(或产品)组合进行分析和安排，即确定哪些业务或产品最能使企业扬长避短，发挥竞争优势，从而能最有效地利用市场机会和占领市场。这项工作需分两步进行：一是分析现有的业务(或产品)组合，以确定对哪些业务(或产品)追加投入，对哪些减少投入；二是制定企业的增长战略，即增加哪些新业务和新产品，从而达到优化业务(或产品)组合的目的。

战略规划的主要活动就是业务组合分析。由于企业资源具有稀缺性，任何一个经营多项业务的企业，不论采取何种增长策略，其经营的多项业务的增长战略都各不相同。因此，企业想要在未来实现其目标，就必须在制定战略时对各项产品业务进行分析、评价，确认哪些应当发展，哪些应当维持，哪些应当淘汰，并确定相应的投资安排。

1. 区分战略业务单元

一个企业尤其是大的跨国企业所经营的业务庞繁复杂，涉及多个领域和行业，想要合

理配置企业资源，首先就要对自己的经营业务进行合理规划。因此，业务组合分析的第一步是识别企业的关键业务，这些关键业务也可以称之为战略业务单元。一个战略业务单元(SBU)有自己独立的使命和目标，可以独立于企业的其他业务单元。一个战略业务单元可以是企业的一个部门，也可以是部门内的一条产品线，也可以是一种产品或者一个品牌。

2. 规划业务组合

业务组合分析的第二步需要企业管理者评估各战略业务单元的吸引力，并决定对每一战略业务单元的投入和支持。企业可以借助一些工具对其经营的各项业务进行评析，并根据其经营绩效和发展潜力做出相应的决策。其中，波士顿咨询公司模型和通用电气公司模型是企业通常采用的两种分类评析方法。

1) 波士顿咨询公司模型

波士顿咨询公司模型(或称 BCG 模型)是由美国著名咨询公司——波士顿咨询集团(Boston Consulting Group)首创的一种规划企业产品组合的方法。该模型主要解决如何使企业的产品类型与结构适合市场需求的变化，以及如何将企业有限的资源有效地分配到合理的产品结构中，以保证企业收益并在激烈竞争中取胜的问题。BCG 模型通常借助销售增长率和相对市场占有率来分析和评价企业的所有产品业务(战略业务单位)，其中销售增长率是决定企业产品结构是否合理的外在因素，相对市场占有率是决定企业产品结构是否合理的内在要素。波士顿矩阵如图 2-3 所示。

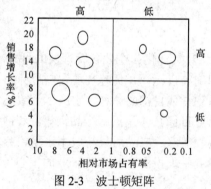

图 2-3　波士顿矩阵

说明：1. 相对市场占有率是指本企业产品的市场占有率与该企业最大竞争对手市场
　　　　占有率之比，如前者是 15%，后者是 30%，相对市场占有率为 0.5；前者是 30%，
　　　　后者是 10%，则相对市场占有率为 3。

　　　2. 图中的圆圈个数表示战略业务单位个数，圆圈的面积表示销售额的大小。

BCG 模型的基本原理：BCG 模型将企业所有产品从销售增长率和相对市场占有率的角度进行评析。在坐标图上，纵轴表示企业销售增长率，横轴表示相对市场占有率，其中销售增长率以 10% 为标准划分为高增长率和低增长率，而相对市场占有率则以 100% 作为评价企业产品竞争实力的标准。10% 和 100% 两条标准线将坐标图划分为四个象限，依次为明星类产品、现金牛类产品、问号类产品、瘦狗类产品。如果是市场占有率以 10% 的销售增长率和 200% 的市场占有率为高低标准分界线，将坐标图划分为四个象限，然后把企业全部产品按其销售增长率和市场占有率的大小在坐标图上标出相应位置(圆心)，再按每种产品当年销售额的多少绘成面积不等的圆。

　　第一类是明星类产品(stars)，它是指处于高增长率、高市场占有率象限内的产品群。这类产品可能成为企业的现金牛产品，需要加大投资以支持其迅速发展，采用的发展战略是积极扩大经济规模，捕捉市场机会，以长远利益为目标，提高市场占有率，加强竞争地位。

　　第二类是现金牛类产品(cash cows)，又称厚利产品，它是指处于低增长率、高市场占有率象限内的产品群，已进入成熟期。这类产品的财务特点是销售量大，产品利润率高，负债比率低，可以为企业提供资金。而且由于其增长率低，无须增大投资，所以能成为企业回收资金，支持其他产品尤其是明星类产品投资的后盾。对于这一象限内的大多数产品，市场占有率的下跌已成不可阻挡之势，因而可采用收获战略，即所投入资源以达到短期收益最大化为限。收获战略的具体做法包括：把设备投资和其他投资尽量压缩；采用榨油式方法，争取在短时间内获取更多利润，为其他产品提供资金。对于该象限内销售仍有所增长的产品，应进一步进行市场细分，维持现有市场增长率或延缓其下降速度。对于现金牛类产品，适合用事业部制进行管理，其经营者最好是市场营销型人物。

　　第三类是问号类产品(question marks)，它是指处于高增长率、低市场占有率象限内的产品群。高增长率说明产品的市场机会大，前景好，而低市场占有率则说明产品在市场营销上存在问题。问号类产品的财务特点是利润率较低，所需资金不足，负债比率高。对问号类产品应采取选择性投资战略，即首先确定该象限中那些经过改进可能会成为明星产品的产品进行重点投资，提高市场占有率，使之转变为"明星产品"，对其他将来有希望成为明星产品的产品则在一段时间内采取扶持的对策。因此，对问号类产品的改进与扶持方案一般均应列入企业的长期计划中，对问号类产品的管理组织最好采取智囊团或项目组织等形式，选拔有规划能力，敢于冒风险，有才干的人负责。

　　第四类是瘦狗类产品(dogs)，它是指处在低增长率、低市场占有率象限内的产品群。这类产品的财务特点是利润率低，处于保本或亏损状态，负债比率高，无法为企业带来收益。对瘦狗类产品应采取撤退战略，首先应减少批量，逐渐撤退，对那些销售增长率和市场占有率均极低的产品应立即淘汰；其次将剩余资源向其他产品转移；最后整顿产品系列，最好将瘦狗类产品与其他事业部合并，统一管理。

　　各个战略业务单元在矩阵中的位置会随着时间的推移和市场的变化而发生改变。每个战略业务单元都有一个生命周期，多数业务单元从问号类产品开始，如果运营成功就会转向明星类产品，然后随着市场发展变成现金牛类产品，最后逐渐变成瘦狗类产品，直至其生命周期结束。但是，也有的明星产品在整个生命周期内部不会变成现金牛类产品，而是直接变成瘦狗类产品。

　　2) 通用电气公司模型

　　通用电气公司模型也叫多因素业务组合矩阵法或 GE 矩阵法，是美国通用电气公司设计的一种投资组合分析方法。该模型是用由多种因素综合评价得出的指标——市场吸引力(包括市场增长率、市场容量、市场价格、利润率、竞争强度技术壁垒、环境等因素)和企业竞争能力(包括生产能力、技术能力、管理能力、产品差别化、竞争能力等因素)两个指标来建立矩阵，对企业目前业务组合进行分析的一种方法。这种方法是对 BCG 模型的一种改进，使分析因素从两个因素延伸为多个因素，从而使分析更加全面，结论更为可靠。

　　在建立 GE 矩阵时，横轴是企业竞争能力指标，表示经营业务的竞争地位，纵轴是市场吸引力指标，表示市场的发展潜力和增长趋势。GE 矩阵以 5 分分别表示市场吸引力和竞争能力的最大值，市场吸引力和竞争能力为 1 分以下的不予考虑，同时将 1～5 分的市场吸引力和竞争能力的大小分为三等份，建立一个由 9 部分或 9 象限表示的矩阵，再将企业不同业务的市场吸引力和竞争能力的综合评价值标在图中，如图 2-4 所示。

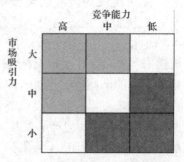

图 2-4　通用电气公司模型

根据企业不同业务单位的综合评分，结合该业务的市场规模及企业的市场占有率，就可以反映一个企业目前经营的业务组合状况。根据企业不同业务单位在 GE 矩阵中所处的不同位置，可以为企业的不同战略业务单位制定不同的投资对策。

灰色区域即处于左上方三个区的业务单位，其市场吸引力和竞争能力均较高，企业应加大投资，以促进其发展。

白色区域即处于左下角到右上角对角线上三个区的业务单位，其市场吸引力和竞争能力总体表现居中，企业应有选择地投资，以促进其发展，使其一部分业务能转向竞争能力较强的区域，或者继续为企业赚取更多的利润。

黑色区域即处于右下方三个区的业务单位，其市场吸引力和竞争能力均较低，在正常情况下应逐步缩减对其的投资，采取放弃策略。

2.3.4　规划成长战略

战略规划规定了企业的任务、目标、发展方向与增长战略，并对各业务单位作出安排。各业务单位为了实现企业的任务和目标，还要制定各项具体的职能计划，包括市场营销计划、财务计划、生产计划、人事计划等。在制定这些职能计划时，应明确市场营销在企业战略规划中的地位，协调好各种职能之间、各部门之间的关系，特别是营销部门同其他职能部门之间的关系，并正确处理各个职能部门之间的矛盾。

1. 密集性市场机会——密集性增长战略

密集性市场机会是指一个特定市场的全部潜力尚未达到极限时存在的市场机会，这就意味着企业仍然可以在现有的生产、经营范围内求得发展。企业这样决策时，就是在采用密集性增长战略。密集性增长战略可以进一步细分为市场渗透、市场开发、产品开发三种策略。

(1) 市场渗透。市场渗透指企业通过采取更加积极有效的、更富进取精神的市场营销措施，如增加销售网点、短期调低价格、加强广告宣传等促销活动，努力在现有市场上扩大现有产品的销售量，从而实现企业业务增长。企业实施市场渗透策略时通常会采取三种具体形式：① 刺激现有顾客更多地购买本企业现有的产品；② 设法吸引竞争对手的顾客，提高现有产品的市场占有率；③ 激发潜在顾客的购买动机，尝试说服潜在顾客，促使他们购买本企业的产品。

(2) 市场开发。市场开发指通过努力开拓新市场来扩大现有产品的销量，从而实现企业业务的增长，其主要形式是扩大现有产品的销售范围，直至进入国际市场。实施这种策略的关键是开辟新的销售渠道，以及大力开展广告宣传等促销活动。

(3) 产品开发。产品开发指通过向现有市场提供多种改型变异产品(如增加花色品种、规格档次，改进包装，提供增值服务等)，以满足不同顾客的需要，从而扩大销售，实现企业业务的增长。

实施产品开发策略的重点是改进产品设计，同时大力开展以新产品特色为主要内容的宣传促销活动。

2. 一体化市场机会——一体化增长战略

一体化市场机会是指一个企业把自己的营销活动延伸到供、产、销不同的环节，从而使自身获得市场机会。企业往往利用这种市场机会实行不同程度的一体化经营，纵向增强自身生产和销售的整体能力，从而拓展业务，扩大规模，提高效率，增加盈利。企业的一体化增长战略包括后向一体化增长、前向一体化增长、横向一体化增长三种策略。

(1) 后向一体化增长。后向一体化增长策略是指企业向后控制供应商，使供应和生产一体化的增长策略。该策略具体表现为企业通过自办、契约、收购、兼并或联营等形式，取得其供给来源的控制权或所有权。冶炼或加工企业向原材料供应或生产方向发展，实行供产一体化，就属于后向一体化增长，例如一家钢铁公司过去一直购买铁矿石，现在决定自办矿山，自行开采。商业企业向生产产品的方向发展，实行产销一体化，也属于后向一体化，例如一些大型超市自行设置加工车间或加工厂加工服装或食品，作为自有品牌销售。零售商向批发商方向发展，实行批零兼营，也是后向一体化的一种形式。

(2) 前向一体化增长。与后向一体化刚好相反，前向一体化是指企业按照价值链流程向前控制下游企业或分销系统(零售商、批发商)，从而实现发展的一种策略。该策略具体表现为企业通过收购、兼并等形式，对其产品的加工或销售单位取得了控制权或所有权，如制造商、批发商自办渠道，或者制造商将业务范围向前延伸。

(3) 横向一体化增长。横向一体化增长策略是指一家企业通过收购或接办竞争对手，或者与同类企业合资经营，或者用自身的力量扩大生产经营规模来寻求市场增长机会。

3. 多元化市场机会——多元化增长战略

多元化(或称多样化、多角化)的市场机会存在于一家企业常规的经营范围之外。也就是说，当企业的发展机会需要在现有业务之外寻找时，就适于采用多元化增长战略。通常是在利用密集性或一体化的市场机会争取进一步的增长受到了限制，或者遇到了不同的障碍时，企业才会打破行业界限，新增与现有产品业务有一定联系或毫无联系的产品业务，实行跨行业的多元化经营。多元化增长战略主要有同心性多元化增长、水平多元化增长、集团式多元化增长三种具体策略。

(1) 同心性多元化增长。同心性多元化增长是指企业以现有的物质技术力量、特长和经验为基础开发新产品，增加产品的门类和品种，犹如从同一圆心向外扩大业务范围，以寻求新的增长。例如，一家生产收音机的无线电厂，决定利用现有的设备和技术生产收录机、电视机；一家生产拖拉机的制造企业决定利用现有技术和经验，增加三轮车和农用四轮车的生产。20 世纪 80 年代以来，我国许多军工企业实行"军转民"，在继续生产军用品的同时，大步进入民用工业品市场，并且取得了很大成就，其采用的就是同心性多元化增长策略。同心性多元化经营有利于发挥企业原有的技术优势、品牌优势，风险较小，易于成功。

(2) 水平多元化增长(又称横向多元化增长)。水平多元化增长,即企业针对现有市场(顾客)的其他需要,增添新的物质技术力量开发新产品,以扩大业务经营范围,寻求新的增长。这意味着,企业向现有产品的顾客提供他们所需要的其他产品。例如一家农机生产企业本是为农民的农业生产服务的,现在决定投资开办一家化肥厂,实行跨行业经营,但新开设的化肥厂仍然为农民的农业生产服务。水平多元化增长策略意味着向其他行业投资,这是有一定风险的,企业应当具备一定的实力;但由于仍是为原有的顾客服务,所以易于开拓市场,有利于塑造强有力的企业形象。

(3) 集团式多元化增长。集团式多元化增长,即企业通过投资或兼并等形式,把经营范围扩展到多个新兴部门或其他部门,组成混合型企业集团,开展与现有产品、现有技术、现有市场毫无关联的新业务,吸引新顾客,开辟新市场,以寻求新的增长机会。发达国家的很多大公司,如美国的通用汽车、通用电气、杜邦,日本的三菱、伊藤忠等,早就开始实行多元化经营。海尔集团是我国实施集团式多元化经营比较成功的企业,其业务范围包括家用电器、IT产品、医药产品、家居产品等。实行集团式多元化增长策略的公司的特点是经营范围比较广,且重视开发尖端技术产品。

企业实施集团式多元化经营策略有财务上的原因,例如为了在现实的经营中抵消季节性或周期性的各种波动;但更多的是出于战略上的考虑,如合理调配资金,或者避免能源危机、行业退化、政局变动给企业造成的威胁等,是为了谋求企业的长期发展。然而在实践中,集团式多元化增长策略具有较大的风险,对于大多数企业,尤其是中小企业来说,一般不宜采用,或者只能在较低水平、较小范围内使用。采用集团式多元化增长策略的企业,一般都是实力雄厚、技术尖端、人才济济、有声望的大公司。

2.4　市场营销战略的管理

企业战略规划确定企业经营的业务种类以及每项业务的经营目标后,再对每个业务单元进行具体的规划,每个战略业务单元的具体规划又需要具体的营销策略。

市场营销战略管理过程是指企业在整体发展战略的指导下,通过评析客观环境和审视自身状况来识别、分析、选择和利用市场机会,进而制定和不断调整相应的市场营销组合来满足顾客需求,以实现企业使命和预期目标的动态管理过程。市场营销战略管理包括评析客观环境、审视自身资源、分析市场机会、选择目标市场、进行市场定位、动态设计并执行市场营销组合方案、管理营销活动等几个主要阶段,如图 2-5 所示。

1. 确认企业的主要任务

任何一个企业要进行营销活动,首先要确定其所属的行业和生意活动的范围及最终目标,这有助于营销人员认清自己工作的方向及

图 2-5　营销战略管理和营销组合

职责。营销人员应注重与本企业业务相关的市场营销策略与营销管理，以及有关的产品与生意。营销人员只有在了解企业任务的基础上，才能有效分配及使用企业有限的资源。一个企业在财力、人力、物力方面都是有限的，因而参与什么行业，做什么生意必须是有选择的。企业应确定自己在某一特定阶段最能成功的行业及机会，即使仅选择一个行业。

2. 分析市场机会

在企业目标和方向确立之后，营销人员就要开始分析市场机会，其目的是寻找企业生存发展的市场机会或"营销机会"。市场分析主要包括外部环境分析和内部环境分析。

(1) 外部环境分析。外部环境分析是企业市场营销活动的立足点和根本前提，通常包括环境分析、竞争者分析、消费者分析、市场流通分析。外部环境分析有助于企业准确、及时地把握消费者需求的变化及其趋势，有利于企业发展新的市场机会并及时采取措施，使企业取得竞争优势和差别利益，或扭转所处的不利地位。

(2) 内部环境分析。内部环境分析包括组织结构分析、企业文化分析、资源条件分析、价值链分析、核心能力分析、SWOT 分析等。内部环境分析有助于企业了解自身的优势和劣势，确定自己在市场中的地位，有利于企业扬长补短，选择最好的战略以实现企业目标。

3. 市场细分、目标市场选择和市场定位

1) 市场细分

市场是由不同地域、不同性别、不同文化和行为方式的顾客组成的，企业要分析能够为哪些市场提供最佳机遇，可以通过调研，根据地理、人口统计、心理和行为等因素，把市场分割成若干个同质的小的子市场。这种将市场划分为不同需要、特征、行为的过程就是"市场细分"。

2) 目标市场选择

企业定义了细分市场之后，就可以选择一个或多个细分市场作为其目标市场。目标市场选择就是在评估细分市场吸引力的基础之上，根据企业的规模、资源以及细分市场的特点，决定有选择地进入一个或多个细分市场的过程。企业的目标市场应该是它能提供最大顾客价值并长时间保持且盈利的细分市场。

资源的有限性决定了企业只能选择一个或少数几个细分市场，或"利基市场"。"利基者"专门服务于被主要竞争对手忽视的细分市场。非常可乐的"农村包围城市"战略，不能不说是一个非常成功的目标市场选择的案例。

3) 市场定位

企业目标市场选定之后，还必须决定如何差异化每个目标市场的供给物，以及在目标市场上占有何种位置。产品的市场定位是指，一件产品在顾客心目中与竞争对手相比，所占据的位置。

市场定位是企业为了在目标顾客心目中占据一个比竞争对手更明确、更独特和更理想的位置而打造其产品的行为，也是使企业将其产品和竞争对手区别开来的一个活动，例如沃尔玛承诺"用更少的钱实现更好的生活"。

4. 营销组合

确定了整体营销战略后，企业就要开始拟定营销策略了。"策略"一词基本上与军事用语"战略"相似，但与"战术"不同。策略与战略通常是指作战的指导方针、原则等大的方向，而战术则是指操作的步骤及实际的做法，即营销组合。

营销组合指企业根据顾客的需求来确定可控营销因素的最佳组合，是企业开展营销活动的工具和手段。可控营销因素包括产品、价格、渠道和促销等，它们需要被整合到营销计划并应用到营销过程中，以争取目标市场的特定反应。营销组合如图 2-6 所示。

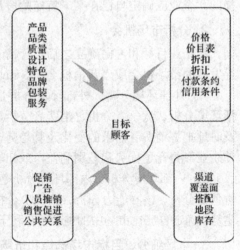

图 2-6　营销组合

营销组合有以下几个显著的特点：

(1) 可控性。影响市场活动的因素很多，大体上可以分为可控因素和非可控因素两大类。营销组合是对可控因素的组合，是指企业为了达到市场营销目标，针对不同的市场营销环境所采取的能满足目标市场需求的营销手段。

(2) 动态组合。在企业的营销过程中，营销组合不仅会受到企业自身资源条件和目标的影响和制约，还会受到企业外部营销环境，尤其是宏观环境的影响和制约。宏观环境作为一种社会力量，难以控制，会给企业造成许多环境威胁和环境机会。企业外部营销环境是实时变动的，所以企业必须密切监视宏观环境的动向，及时调整营销组合，千方百计使营销组合和外部环境相适应，这是企业能否在市场上取得主动，能否发展并成功的关键。

(3) 多层次性。产品、价格、渠道和促销策略是个大组合，各种营销策略内部又包含着许多具体的营销因素，这就形成了四个更小的系统组合，或者叫次组合。企业对这些影响因素和手段的具体应用，会形成不同的营销战略、方法和行动。

(4) 整体性。构成营销组合的各种手段和各个层次的因素，并不是简单的拼凑，而是一个有机的整体。这些工具、手段和因素相互依存、相互影响并相互制约，通常不能孤立地考虑，必须结合目标市场的需求状态、定位和一些环境综合考虑。

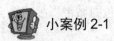 小案例 2-1

产品线精心布局，北汽新能源营销组合拳显实力

2016 广州车展刚刚落下帷幕，作为汽车界的年终大戏，北汽新能源凭借自身实力一举斩获六项大奖，成为电动车领域的大赢家。纯电销冠 EU260 在四项大奖加冕，分别荣获"2016 年度最佳纯电动精英座驾""2016 年车界风尚新能源车""2016 年度最佳新能源车型"和"年度新能源车"奖项；EX 系列 SUV 车型获新华网"最受关注新能源汽车"；EV 系列车型获"2016 天猫年度推荐最佳节能车型"，三款明星车型的综合表现都得到了行业内的充分认可。厚重的奖杯是市场对北汽新能源整体营销战略布局的肯定，更夯实了北汽新能源在纯电动汽车行业的"创领者"地位。

北汽新能源明星车型闪耀广州车展，得益于企业背后的营销战略布局。北汽新能源计划将在产品端、技术端、用户端共同发力，坚持创新。"在产品端，未来两到三年内将有12款车型投放市场，2017年就有4款，包括ARCFOX-1、北京·EC180。"

此次广州车展重磅推出的 ARCFOX-1 是一款应用超级轻量化技术，在全新电动后驱平台基础上开发的纯电动车。而日前在青岛下线的北京EC·180，是一款正在开发的高品质小型纯电动车，是专门针对纯电动车打造的经济车型，主要面向三、四线城市消费者及一、二线城市的租赁市场，预计明年一季度投放市场。北汽新能源旗下的 SUV 车型也将从今年的 200 公里续航提升到 260 公里。

2017 年或将是北汽新能源的"产品小年"，而真正的产品大年是 2018 年和 2019 年，北汽新能源将陆续推出多款基于全新平台的纯电动车型。

核 心 概 念

战略；总体战略；成本领先战略；差异化战略；集中战略；营销组合；波士顿矩阵

思 考 题

1. 总体战略、经营战略与职能战略之间是什么关系？
2. 如何界定企业使命？
3. 一个多种经营的企业怎么样区分战略业务单位？
4. 怎样规划投资组合战略？
5. 比较三种一般性战略的特点和适用范围？
6. 简述营销管理的一般过程和主要任务？

案 例 分 析

错误的战略葬送柯达

伊士曼柯达公司(Eastman Kodak Company)，简称柯达公司，是世界上最大的影像产品及相关服务的生产和供应商。柯达公司由发明家乔治·伊士曼始创于 1880 年，总部位于美国纽约州罗切斯特市，是一家在纽约证券交易所挂牌的上市公司，其业务遍布 150 多个国家和地区，全球员工约 8 万人。柯达因战略问题错失了许多良机，于 2011 年 10 月传出提交破产保护申请的消息，造成股价暴跌；2012 年 1 月，柯达公司因股价低迷面临摘牌退市的危机。

1998 年，"胶卷行业里有五个牌子，柯达当然是老大，其次是富士、柯尼卡、爱克发和乐凯。那时，柯达品牌稳占霸主地位，但其价格也更贵。"

当时一卷 36 张的柯达负片(民用胶卷)售价大约是 18 元，而同类型的乐凯胶片则便宜一半，但成色和感光度都很不错。

几年前，柯达还推出了新的胶卷产品，技术上有了很大的提升，在胶卷行业中仍是第一。"

一位在柯达代理的负责人沈先生说，虽然现在柯达粉丝们仍钟情于柯达，但摄影数码技术全面轰炸，导致胶卷市场没落的大势已定。如今市场上有 3～4 个胶卷品牌，富士胶卷量已很少，整体看还是柯达占据上风。在他自己的店里，柯达的销量占比达到 50% 以上。不过，沈先生的生意也已大不如前，"在数码产品没有冲击市场之前，最好的时候年销售额可达到上百万元，而现在的销售额可能 1 年也不足 10 万元。此外，我们的利润也很薄。从柯达公司购进的 31 元/卷的专业胶卷，我们只卖 32 元，毕竟需求已经大幅减少，卖得贵更没人要了。"

一位在上海开设柯达冲印店的负责人李先生也告诉本报记者，虽然公司挂着柯达的牌子，但实际上与柯达之间的合同早就解除了。"以前柯达还会要求我们从他们那里进材料，如药水、相纸等，现在哪里相纸和药水便宜，我们就从哪里进。"李先生说，公司现在的生意并不是很好，店里的胶卷几乎无人问津，洗照片的人也不多，而公司的月租金就要上万元，必须经营各种产品才能维持生计。记者在其门店内外也看到，该店不仅冲洗照片，而且还有打印、复印、销售相纸、相框、上网、代缴费、团购胶卷等业务。

柯达的际遇，让人慨叹商业竞争的惨烈与悲壮。即便辉煌百年，即便是数码技术的最初发明者，但柯达也可能难以摆脱黯然落幕的结局。

柯达公司错过了数码时代的大发展，整体实力大打折扣。据互联网消费调研中心的数据显示，2011 年中国数码相机市场的品牌中，最受关注的为佳能，其余是尼康、索尼、富士、松下和三星、卡西欧和奥林巴斯，柯达无缘前十强。据亚马逊网站的销售数据显示，2011 年前三季度佳能占据一半的市场份额，仍独领风骚，接下来是尼康、索尼和松下等日系产品。财报数字也证实，现在柯达的业绩仍然乏力，这也是为何其被传破产的根本原因。去年第三季度，佳能公司的销售额达到 119.08 亿美元，其中包括数码相机在内的消费产品业务部门销售额为 45.12 亿美元。同一时期，柯达公司的整体销售额为 14.6 亿美元，亏损2.2 亿美元，也是其连续第九个季度亏损。

思考：
1. 从总体战略的角度分析，你认为柯达公司存在哪些方向性的失误？
2. 在当时的竞争环境中，柯达的数码相机业务可以采用哪一种经营战略，为什么？
3. 根据经营战略的要求，柯达公司的相机可以怎样选择目标市场、考虑定位和营销组合战略？

实　训

一、实训目的
1. 熟悉并掌握总体战略与经营战略、营销管理之间的关系。
2. 能够依据经营战略要求思考公司营销管理的框架。

二、实训内容

(一) 实训资料

随着"互联网+"时代的来临，在网络零售的冲击下，我国传统零售行业正面临前所未有的困境，如线下客流下滑、客户转化困难、盈利下滑等。网络零售催化传统商业升级，零售商业面临新变局。

据前瞻产业研究院《互联网对零售行业的冲击挑战及应对策略专项咨询报告》统计显示，2007 年网络零售在社会消费品零售总额中的占比不足 1%，而到 2015 年占比已经达到 12.8%，近两年更是以每年超过 2 个百分点的速度递增。2016 年双十一交易额已经突破 1200 亿，同比增幅达 32%。由此可见，网络零售正一步步蚕食实体零售的阵地。

在此背景下，选择一家传统零售百货公司，调查整理其相关背景资料。

(二) 具体任务

以这家百货公司的运营为例：

1. 讨论该公司是否有必要开发新的业务领域。

2. 如果不开发新的业务领域，该公司需要选择什么样的经营战略，以应对互联网对传统零售行业的冲击；如果开发新的业务领域，企业应选择什么增长战略进入市场。

3. 根据经验战略的要求，思考目标市场、定位战略和基本的营销组合框架。

(三) 任务要求

1. 了解一家企业的总体战略与决策需要考虑的问题。

2. 分析经营战略对营销管理的要求和约束，以及其相互关系。

三、实训组织

1. 按实训项目将班级成员以 3～6 人一组分成若干小组，以小组为单位开展实训，采用组长负责制，要求组员合理分工，团结协作。

2. 相关资料和数据的收集可以进行实地调查，也可以采用二手资料，由专人负责记录和整理。

3. 小组充分讨论，认真分析，形成小组的实训报告。

4. 各小组在班级进行实训作业展示。

四、实训步骤

1. 由指导教师介绍实训的目的和要求，对"市场营销战略"的实践意义给予说明，调动学生实训操作的积极性。

2. 分组，每组 3～6 人，选举组长一名，由组长负责本组组员的分工。

3. 各组选定行业和企业，明确实训任务，制定执行方案，指导教师通过之后执行。

4. 各组收集资料并进行讨论分析和整理，形成讨论稿，完成实训报告。

5. 各组将设计好的市场调研报告制成 PPT，并向教师和全班同学汇报，由其他组的同学提问，教师进行点评。

6. 每个小组上交一份设计好的纸质和电子版的市场调研报告。

第 3 章　市场营销环境

引　例

"三公"消费禁喝高端酒，国酒茅台销售或受影响

"茅台酒一直呈上涨的趋势，从来没有降过价，但最近跌了近 300 元，现在已经是最低价了。"搞酒类批发多年的余师傅对记者说。专家分析，自政府明确控制"三公"消费以来，高端酒相应受到了不小的影响，一向坚挺的国酒茅台，价格也出现了松动。

以 53 度 500ml 的飞天茅台为例，7 月 26 日记者咨询了搞酒类批发的余师傅，他称，一个月前的批发价格还在 1900 多元，现在降到了 1600 元左右。在另一家位于五一路的酒业公司，该酒零售价为 1950 元，被问到最近是否降价时，老板称"降了 200 元左右"。老板还说："以前大多是公家单位批发这种高端酒，个人一般很少买，从今年 4 月份以来，批发茅台的人比以往少了很多，销量受到一些影响。现在我们只是在销售存货，还没准备进货，所以价格降得不多。"而在位于长治路山西世贸中心 B 座 19 楼的茅台直营店内，该酒标明全国统一售价为 1519 元，并且店员称，"最近没有变动"。

今年 3 月国务院召开的第五次廉政工作会议上，明确指出要严格控制"三公"消费，禁止用公款购买香烟、高档酒和礼品。政府严格控制"三公"消费被认为是今年茅台酒价格降低的主要因素。业内人士分析，"三公"消费禁喝高端酒令茅台价格跌入低谷，市场上抛售茅台的现象不止，并出现了一天一个价的情况。经销商降价，一方面是由于国家限制"三公"消费后茅台酒需求量下降所致；另一方面也是由于贵州茅台集团在全国的 31 家自营店相继建成并开张，导致市场竞争加剧所致。

（资料来源：http://roll.sohu.com/20120728/n349237780.shtml）

3.1　市场营销环境概述

企业处于一个不断发展、不断变化的空间内，它的一切营销活动既受到企业内部条件的限制，又为企业外部条件所制约。企业只有能动地使营销活动与生存环境相适应，才能使企业的营销取得成效，从而实现企业的营销目标。

3.1.1　市场营销环境的含义及构成

1. 市场营销环境的含义

美国著名市场营销学家菲利普·科特勒对市场营销环境的解释是：市场营销环境是影响企业的市场和营销活动的不可控制的参与者和影响力。因此，市场营销环境是指与企业营销活动有潜在关系的所有外部力量和相关因素的集合，它是影响企业生存和发展的各种

外部条件。

　　简单概括市场营销环境的定义就是，一切影响、制约企业营销活动的最普遍的因素。

2. 市场营销环境的构成

　　企业市场营销环境的内容既广泛又复杂，不同的因素对营销活动各个方面的影响和制约也不尽相同，同样的环境因素对不同的企业所产生的影响和形成的制约也会大小不一。一般来说，市场营销环境主要包括两方面的构成要素(如图 3-1 所示)，一是微观环境要素，即指与企业紧密相连，直接影响其营销能力的各种参与者，包括企业的供应商、营销中间商、顾客、竞争者以及社会公众和影响营销管理决策的企业内部各个部门；二是宏观环境要素，即影响企业微观环境的巨大社会力量，包括人口、经济、政治、法律、科学技术、社会文化及自然地理等多方面的因素。微观环境直接影响和制约企业的市场营销活动，而宏观环境主要以微观营销环境为媒介间接影响和制约企业的市场营销活动。前者可称为直接营销环境，后者可称为间接营销环境，两者之间并非并列关系，而是主从关系，即直接营销环境受制于间接营销环境。

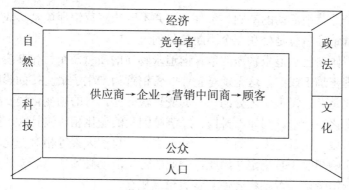

图 3-1　企业营销环境构成

3.1.2　市场营销环境的特点

　　市场营销环境是一个多因素、多层次而且不断变化的综合体，其特点主要表现在客观性、差异性、相关性、动态性。

1. 客观性

　　客观性是市场营销环境的首要特征。构成营销环境的因素多种多样且不以人的意志为转移，外部环境因素的变化对于企业来说是不可控制的，它们有着自己的运行规律和发展趋势。如企业不可控制国家的政策法令；企业不可控制人口的发展及变化趋势。企业的营销活动能够主动适应和利用客观环境，但不能改变或违背客观环境。因此，企业决策者必须清醒地认识到这一点，要及早做好充分的思想准备，随时应对企业面临的各种环境的挑战。

2. 差异性

　　市场营销环境的差异性不仅表现在不同企业受不同环境的影响，而且同样一种环境因素的变化对不同企业的影响也不相同。例如，不同的国家、民族、地区之间在人口、经济、社会文化、政治、法律、自然地理等各方面存在着广泛的差异性，这些差异性对企业营销活动的影响显然是不相同的。由于外界环境因素的差异性，企业必须采取不同的营销策略，才能应对和适应这种情况。如 2007—2008 年人民币的升值导致国内出口企业大幅亏损，但对非出口企业影响不大。

3. 相关性

市场营销环境是一个系统，在这个系统中，各个影响因素是相互依存、相互作用和相互制约的。这是由于社会经济现象的出现往往不是由某一单一因素所能决定的，而是受到一系列相关因素影响的结果。例如，价格不但受市场供求关系的影响，而且还受到科技进步及财政政策的影响。因此，企业要充分注意各种因素之间的相互作用。如在 2005 年 3 月召开的第十届全国人民代表大会第三次会议上，国家提出要解决"农业、农村、农民"(即"三农")问题，之后制定了加强农业建设的一系列方针政策，这些政策的实施影响了农业产业结构的调整，拉动了农业投资，也为以农产品为原料的生产企业提供了开发产品、调整产品结构的契机。

4. 动态性

营销环境是企业营销活动的基础和条件，这并不意味着营销环境是一成不变的、静止的，恰恰相反，营销环境总是处在一个不断变化的过程中，它是一个动态的概念。例如，我国消费者的消费倾向已从追求物质的数量向追求物质的质量及个性化转变。也就是说，消费者的消费心理正趋于成熟，这无疑对企业的营销行为产生了最直接的影响。当然，市场营销环境的变化是有快慢大小之分的，有的变化快一些，有的则变化慢一些；有的变化大一些，有的则变化小一些。例如，科技、经济等因素的变化相对快且大，因而对企业营销活动的影响相对短且跳跃性大；而人口、社会文化、自然因素等相对变化较慢且小，对企业营销活动的影响相对长且稳定。因此，企业的营销活动必须适应环境的变化，不断调整和修正自己的营销策略，否则将会使其丧失市场机会。

3.1.3　企业营销活动与市场营销环境

1. 市场营销环境对企业营销带来双重影响

(1) 环境给企业营销带来的威胁。营销环境中会出现许多不利于企业营销活动的因素，并由此形成挑战，如果企业不采取相应的规避风险的措施，这些因素会导致企业营销的困难，并带来威胁。为保证企业营销活动的正常运行，企业应注重对市场营销环境的分析，及时预见环境威胁，将危机减少到最低程度。

(2) 环境给企业营销带来的机会。营销环境也会滋生出对企业具有吸引力的领域，带来营销的机会。对企业来讲，环境机会是开拓经营新局面的重要基础。因此，企业应加强对环境的分析，以便环境机会出现时能及时捕捉和把握，以求得企业的发展。

2. 市场营销环境是企业营销活动的资源基础

市场营销环境是企业营销活动的资源基础。企业营销活动所需的各种资源，如资金、信息、人才等都是由环境提供的。因此，必须通过分析研究营销环境因素，掌握企业生产经营的产品或服务需要哪些资源、需要多少资源、从哪里获取资源，以获取最优的营销资源来满足企业经营的需要，并最终实现营销目标。

3. 市场营销环境是企业制定营销策略的依据

企业营销活动受制于客观环境因素，因而它必须与所处的营销环境相适应。但企业在环境面前绝不是无能为力、束手无策的，如果能够发挥主观能动性，制定有效的营销策略去影响环境，就能在市场竞争中处于主动，占领更大的市场。

因此，营销管理者的任务不仅在于适当安排营销组合，使之与外部不断变化的营销环境相适应，而且要积极创造性地适应和积极地改变环境，创造或改变目标顾客的需要。只有这样，企业才能发现和抓住市场机会，因势利导，在激烈的市场竞争中立于不败之地。

3.2　市场营销微观环境

微观市场营销环境是指与企业紧密相连且直接影响企业营销能力和效率的各种力量与因素的总和，主要包括企业自身、供应商、营销中介、顾客、竞争者及社会公众。这些因素与企业有着双向的运作关系，在一定程度上，企业可以对其进行控制或施加影响。

3.2.1　企业

企业是由各职能机构，如计划、财会、技术、供销、制造、后勤等部门组成的，以营利为目的的经济单位。企业内部各职能部门的分工合作科学、和谐与否，会影响公司的整个经营活动。在制定计划时，营销部门应兼顾自己在企业内的对手部门，如最高管理层、财务、研究与开发、采购、生产、会计等部门，所有这些相互关联的部门构成了公司的内部环境，如图 3-2 所示。高层管理部门制定公司的使命、目标、总战略和政策，营销部门依据高层管理部门的规划来做决策，而营销机会必须经最高管理层的同意方才实施。

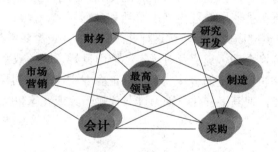

图 3-2　企业内部各部门的关系

同样，营销部门也必须与企业的其他部门密切合作。财务部门负责寻找和使用实施营销计划所需的资金；研究和开发部门负责研制安全而吸引消费者的产品；采购部门负责供给原材料；生产部门生产品质和数量都合格的产品；会计部门负责核算收入与成本，以便管理部门了解企业是否实现了预期目标。这些部门都对营销部门的计划和行动产生影响。用营销概念来说，即这些部门都必须"想顾客所想"，并协调一致为顾客提供上乘的服务。

3.2.2　供应商

供应商是指向企业及其竞争者提供生产经营所需资源的企业或个人。供应商所提供的资源主要包括原材料、零部件、设备、能源、劳务、资金及其他用品等。供应商对企业的营销活动有着重大的影响，具体表现为如下几个方面。

1. 供货的稳定性与及时性

供应商为企业提供生产以及其他管理活动所必需的物质与材料，这些原材料、零部件、能源以及其他设备等的供应情况直接影响着企业生产和管理的正常运行，同时也是企业营销活动顺利进行的前提。供应商能否持续稳定且按约定的交货期限和交货条件组织供货，将直接影响企业生产的连续性，从而进一步影响企业的营销活动。供应不足或者供应短缺都会影响企业的经营活动，如果这种情况是短期的，那么企业的销售额将会受到影响；如果是长期的，就会损害企业的营销活动，影响企业在消费者心中的信誉。所以说，企业在选择供应商时，必须与其保持密切的联系，及时了解和掌握供应商的变化和动态，使货源的供应在时间、数量、及时性和稳定性上得到有效的保证。

2. 供货的价格变动

企业的生产成本是企业不得不考虑的经营因素。供货的价格变动会影响企业的经营成本，这是毋庸置疑的。如果出于某种原因，企业上游供应商提高原材料的价格，生产企业可能会被迫提高其产品价格，进而会失去一部分市场，影响企业的销售量和利润。另一方面，企业要随时观察和注意市场原材料的价格变动趋势，把握市场规律，搞好与供应商之间的关系，以应对原材料价格的突变。

3. 供货的质量和服务水平

供应商所提供的原材料本身的质量关系到企业最终产品的质量，如果原材料质量不高，企业所生产出来的产品的质量可想而知。现实当中，有很多企业的产品质量问题并非该企业的生产过程所导致，而是源于供应商原材料的问题。供应商的服务水平也是企业需要考虑的，优良的售后服务能给企业带来很大的便利，特别是一些技术性较强的供应商，其服务水平的高低很有可能影响企业生产能否顺利进行。

因此，企业在寻找供应商时需要注意这样几个问题：首先需要考虑供应商的资信情况，要选择那些品质好、价格合理、交货及时稳定、信用良好、服务效率高的供应商，同时应该与主要的供应商建立长期稳定的合作关系以保证企业生产资料的稳定供应；其次，企业必须丰富自己的供应商，使其多样化，因为过分依赖一家或几家供应商，企业上游的供应风险就越大。

3.2.3　营销中介

营销中介是指为企业融通资金、销售产品，给最终购买者提供各种有利于营销服务的机构，包括中间商、运输仓储公司(实体分配公司)、营销服务机构、金融中介机构等。它们是企业进行营销活动不可缺少的中间环节，企业的营销活动需要它们的协助才能顺利进行，如生产集中和消费分散的矛盾需要中间商的分销予以解决，广告策划需要得到广告公司的合作等。

(1) 中间商。中间商是协助企业寻找消费者或直接与消费者进行交易的商业企业，包括代理中间商和经销中间商。代理中间商不拥有商品所有权，专门介绍客户或与客户商洽签订合同，包括代理商、经纪人和生产商代表。经销中间商购买商品并拥有商品所有权，主要有批发商和零售商。本书将在渠道理论中详细讨论这一问题。

(2) 运输仓储公司。运输仓储公司主要是指协助生产企业储存产品并将产品从原产地运往销售目的地的仓储物流公司。实体分配包括包装、运输、仓储、装卸、搬运、库存控制和订单处理等方面，其基本功能是调节生产与消费之间的矛盾，弥合产销在时空上的背离，提供商品的时间和空间效用，以便适时、适地和适量地将商品提供给消费者。

(3) 营销服务机构。营销服务机构主要是指为生产企业提供市场调研、市场定位、促销产品、营销咨询等营销服务的机构，包括市场调研公司、广告公司、传媒机构及市场营销咨询公司等。

(4) 金融中介机构。金融中介机构主要包括银行、信贷公司、保险公司以及其他对货物购销提供融资或保险的各种金融机构。企业的营销活动会因贷款成本的上升或信贷来源的限制而受到严重影响。

随着市场经济的发展，社会分工将趋向更加合理、科学和效率化。由于企业的资源有限，要想使资源配置更加合理，发挥最大功效，需要社会各部门之间的协作。因此，企业的营销功能离不开金融中介机构的支持与配合。企业要充分利用金融中介机构的作用，以帮助企业实现营销目标。

3.2.4　顾客

顾客就是企业的目标市场，是企业服务的对象，也是营销活动的出发点和归宿。企业的一切营销活动都应以满足顾客的需要为中心，谁赢得顾客，谁就赢得了市场。因此，顾客是企业最重要的营销环境因素。

为了便于深入研究各类市场的特点，市场通常是按顾客购买目的的不同来划分的，这样可以具体深入地了解不同市场的特点，更好地贯彻以顾客为中心的经营思想。一般可以把市场划分为消费者市场、生产者市场、中间商市场、政府市场、国际市场，如图3-3所示。

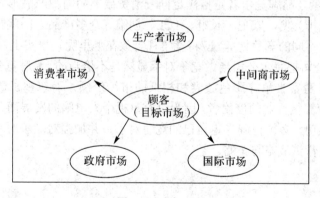

图 3-3　顾客要素

(1) 消费者市场。消费者市场是指个人或家庭购买商品及劳务以供个人消费的市场，这部分市场购买商品的目的就是为了生活消费。

(2) 生产者市场。生产者市场指的是购买产品与劳务以供生产其他产品和劳务所用的组织或企业，这部分市场购买产品的目的是作为生产资料以达到盈利的目的。

(3) 中间商市场。中间商市场指的是购买产品以及劳务进行转卖的组织机构，他们从商品的转卖中获取利润。

(4) 政府市场。政府市场也叫政府采购市场，是指因政府消费而形成的一个特殊市场，是国内市场的一个重要组成部分。政府采购建立在为实现公众目标所必须得到的产品和服务的基础上，具有采购量大、采购程序化和周期化的特点。

(5) 国际市场。国际市场是指购买者在国外的部分市场，这种市场的交换是跨国界的，属于国际贸易行为。

上述各类市场中的顾客都有不同的需求特点和购买特点，企业可以通过各种行为研究方法研究不同类型的市场顾客群体特征是如何影响购买行为的，以及消费者如何进行购买决策等问题，并找出这些市场的顾客行为特征，根据其特征提供符合其需求的产品和服务，从而为企业创造更广阔的市场空间。

3.2.5　竞争者

竞争者是指与企业存在利益争夺关系的其他经济主体。企业不能独占市场，始终会面对形形色色的竞争者。企业要成功，就必须在满足消费者需要和欲望方面比竞争者做得更好。因此，企业必须识别各种不同的竞争者，并采取不同的竞争对策。企业在市场上所面对的竞争者大体可分为以下四种类型：

(1) 愿望竞争者。愿望竞争者是指提供不同产品，满足不同消费欲望的竞争者。例如消费者要选择一种万元消费品，他所面临的选择就可能有电脑、电视机、摄像机、出国旅游等，这时电脑、电视机、摄像机以及出国旅游之间就存在着竞争关系，即相互为愿望竞争者。

(2) 属类竞争者。属类竞争者是指提供不同产品以满足同一消费的竞争者。需要之间的可替代性，是消费者在决定需要的类型之后出现的次一级竞争，也称平行竞争。

(3) 产品形式竞争者。产品形式竞争者是指满足同一消费需要的同类产品的不同产品形式之间的竞争者。消费者在决定了需要的属类产品之后，还必须决定购买何种产品。

(4) 品牌竞争者。品牌竞争者是指满足同一消费欲望的同种产品形式但不同品牌之间的竞争者。以电视机为例，索尼、长虹、TCL、创维等众多产品之间就互为品牌竞争者。

企业面对四种不同的竞争博弈，应将竞争视野放在哪里呢？事实上，愿望竞争过分"远视"，比如让喜旺公司把海尔公司当做竞争对手显然是不恰当的。品牌竞争者过于"短视"，比如乐凯曾经仅盯着富士争夺彩色胶卷和相纸的市场份额，而忽视了数码行业的竞争；IBM 原来是大型计算机行业的佼佼者，因为没有重视个人电脑的发展而几乎被苹果公司打败。企业要获得成功，必须正确界定自己的竞争对手，并加强对竞争对手的研究，在知己知彼的基础上制定营销战略与策略。

3.2.6　公　众

公众是指对企业实现营销目标的能力有实际或潜在利害关系和影响力的团体或个人，它们的态度会协助或妨碍企业营销活动的正常开展。所有的企业都必须采取积极措施，树立良好的企业形象，力求保持和主要公众之间的良好关系。因此，现代企业十分重视处理和维护自己同社会公众的关系，很多企业都建立了专门的公共关系部门用以收集与企业有关的公众的意见和态度，以及处理各种公众事件。

一般情况下，企业所面临的公众主要有以下七种。

(1) 融资公众。融资公众是指影响企业融资能力的金融机构，如银行、投资公司、证券经纪公司、保险公司等。

(2) 媒介公众。媒介公众是指报纸、杂志社、广播电台、电视台等大众传播媒介，它们对企业的形象及声誉的建立具有举足轻重的作用。

(3) 政府公众。政府公众是指负责管理企业营销活动的有关政府机构。企业在制定营销计划时，应充分考虑政府的政策，研究政府颁布的有关法规和条例。

(4) 社团公众。社团公众是指保护消费者权益的组织、环保组织及其他群众团体等。企业营销活动关系到社会各方面的切身利益，必须密切注意并及时处理来自社团公众的批评和意见。

(5) 社区公众。社区公众是指企业所在地附近的居民和社区组织。

(6) 内部公众。内部公众是指企业内部的公众，包括董事会、经理、企业职工。员工是营销活动的具体实践者，如果他们能够理解并接受企业的理念和目标，就会使营销活动开展得更加顺利。

(7) 一般公众。一般公众是指上述各种公众之外的社会公众。一般公众虽然不会有组织地对企业采取行动，但企业形象会影响他们的惠顾。

现代企业是一个开放的系统，不仅有竞争对手与之竞争，而且还会受各类公众的影响。这些公众都与企业的营销活动有着直接或间接的关系，他们对企业营销活动的态度会影响企业营销活动的顺利进行，进而影响企业营销目标的实现。因此，企业营销部门必须处理好与各类公众的关系，充分发挥各类公众对企业营销的有利影响。

3.3　市场营销宏观环境

企业营销活动的宏观环境要素既可能对微观环境要素施加影响从而间接对企业营销产生影响，也可能对市场营销活动直接产生影响。这些宏观环境是指对企业营销活动造成市场机会和环境威胁的各种力量，包括人口环境、经济环境、自然环境、技术环境、政治和法律环境、文化环境六个方面。

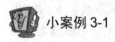小案例 3-1

361°的奥运营销

361°集团成立于 2003 年，在近年加快了品牌拓展和延伸的步伐，相继开发了包括篮球鞋、休闲鞋、跑鞋等在内的运动休闲产品，以及运动服装、背包、帽子、羽毛球、排球等多元化运动系列的产品及各种配件，逐步向综合型运动品牌发展。

2008 年北京奥运会对中国运动品牌营销而言，意味着一场鏖战。宽通的 Smart Creative 以高超绚丽的富媒体广告技术协助 361°抢先发力，占尽先机，提前掀开了 2007 年运动产业"奥运准备功夫"大比拼的序幕。361°的广告画面以奥运烽火燎原为背景，轮番展示了 361°的篮球、田径、羽毛球和足球系列服饰，画面人物动感十足。它的广告语"让世界听到我们的声音"瞬间激发国人奋发向上的民族自豪感，最终以"决胜中国，勇敢做自己"收尾，成功表达了 361°的品牌诉求。

3.3.1　人口环境

　　市场营销学认为，市场是由有购买愿望并具备购买能力的人构成的。因此，市场营销人员所要分析的是各个城市、地区和国家的人口规模与增长率、人口的年龄结构与民族结构、受教育程度、家庭结构、地区人口特征与人口迁移等问题。这些人口统计的主要特征与趋势对企业的市场营销具有整体性、长期性、决定性的影响，是制定营销决策最重要的客观依据。从影响消费者需求的角度出发，可从如下几个方面重点分析人口因素对市场营销的影响。

1. 人口数量

　　从全世界来看，世界人口正呈现出爆炸性的增长趋势，自上世纪 60 年代以来，每年以 1.8%的速度增长，世界总人口增加了一倍。据估计，目前世界总人口已经超过了 70 亿。据世界银行预测，全球人口到 2030 年将达到 88 亿，到 2050 年可能突破 100 亿大关，达到 119 亿，并且只有达到 110 亿人以后才会趋于稳定。这其中，主要的人口增长来自于发展中国家。世界人口的增长速度对商业有很大影响，人口增长意味着人类需求的增长。在收入水平和购买力大体相同的条件下，人口数量的多少直接决定了市场规模和市场发展的空间，即人口数量与市场规模成正比。当然，过多的人口会给社会经济带来一定的负担，影响人均消费水平。

2. 人口结构

　　人口结构包括人口的年龄结构、性别结构、家庭结构、教育与职业结构、民族结构等多种因素。

　　(1) 年龄结构。人口的年龄结构是指一定时点、一定地区各年龄组人口在全体人口中的比重。人口的年龄结构直接关系到各类商品的市场需求量，以及企业目标市场的选择。不同年龄层次的消费者有着不同的兴趣爱好、消费需求和消费模式。例如，少年儿童喜爱有趣味性且简单天真的产品，需求单纯，不考虑价格、质量等问题；中年人成熟稳重，多关注日常生活用品和耐用消费品，且消费比较理智；老年人则多关注保健品等商品。目前世界人口年龄结构变化有两个主要特征，一是人口老龄化导致老年人市场不断扩大，与"银发消费"相关的药品、保健品等商品的需求日益增长，促使企业日益关注老年市场需求的变化。二是人口出生率下降，在这方面发达国家与发展中国家的情况又有所不同。发达国家的人口出生率近年来一直趋于下降，甚至出现人口零增长或负增长；发展中国家的人口出生率虽然也趋于下降，但人口数量仍在增多。因此，调查和分析一定时期内人口的年龄结构有助于企业发现更好的市场机会。

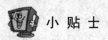　小 贴 士

中国的人口特征

　　第一，总量巨大。中国约有 14 亿人，高居全球第一。

　　第二，高增长趋势。中间每增加 2 亿人的时间间隔从 119 年(1834—1953 年)缩短为 23

年(1992—2015 年)。

第三，城市化趋势。据预测，2005—2010 年，中国城市人口平均每年将净增 1500 万人；到 2010 年，城市人口将超过 6 亿，约占全国总人口的 45%，到 2030 年将超过 60%。

第四，老龄化加速。同其他国家相比，中国人口老龄化非常迅速。据联合国预测，至 21 世纪上半叶，中国老年人口将占全球老年人口的 20%左右。到 2040 年前后，每 5 个中国人中就会有一位 65 岁以上的老年人。

(2) 性别结构。人口的性别结构是指某时期内一定的人口群体内的男女人口数量比例。2010 年的全国第六次人口普查表明，我国男性人口比例为 51.27%，女性人口比例为 48.73%，男女性别比为 105.20/100。男性和女性在生理、心理和社会角色上的差异决定了他们有着不同的消费需求、购买习惯和行为方式。女性消费者心思细腻，追求完美，因而注重商品的外表、细节设计和情感因素，购买的商品主要是日常用品和装饰品，如服装鞋帽等。因此，女性购买商品时比男性更注重商品细节，通常会花费更多的时间在不同厂家的不同产品之间进行比较，更关心商品带来的具体利益。男性消费者在消费过程中具有较强的理智性和自信，善于控制自己的情绪，购买动机的感情色彩比较淡薄。

因此，企业应根据产品的特点，并针对不同性别的消费特点开展营销活动，以获得更好的营销效果。

(3) 家庭结构。现代家庭是社会的细胞，也是商品的主要采购单位。一个国家或地区的家庭单位和家庭平均成员的多少，以及家庭组成状况等，都直接影响着许多消费品的需求量。目前，社会的家庭规模正朝着小型化发展，这种趋势一方面造成家庭数量的增加，对家居类商品的需求大幅度增加，另一方面使得家庭成员人数减少，适合小型家庭需要的商品和劳务大幅增加。

(4) 教育与职业结构。人口的受教育程度与职业结构，对市场需求有着类似的影响。随着高等教育规模的扩大，人口的受教育程度普遍提高，收入水平也逐步增加。受过不同教育的消费者在素质和消费取向上是不一样的，高学历高素质的消费者不但对商品的质量和服务有着较高的要求，对品牌、商品的设计和品味也有着独特而苛刻的要求；反之，一般文化程度的消费者的消费特点是注重实惠，对产品心理上的附加价值要求不高。另外，受教育程度跟职业有很紧密的关联性，不同职业的人群的消费特点与受教育程度不同的消费者的消费差别是一致的。

(5) 民族结构。在一个国家中，民族结构是一种亚文化群体。不同的民族之间，生活习惯、风俗习惯和价值观等有着明显的差别，这些差别当然也会反应在消费层面上。我国是一个多民族的国家，面对不同民族的消费差异，企业营销需要注意目标市场消费者的民族特点，重视开发适合各民族特点的产品，并有针对性地开展营销活动。

3. 人口分布

人口有地理分布上的区别，即人口在不同地区的密集程度是不同的。各地人口的密度不同，则市场大小不同、消费需求特性不同。当前，我国一个突出的现象就是，农村人口向城市或工矿地区流动，内地人口向沿海经济开放地区流动。企业营销人员应注意，这些地区的消费需求不仅在量上有所增加，在消费结构上也发生了一定的变化，应该提供更多适销对路的产品以满足这些流动人口的需求，这是潜力很大的市场。

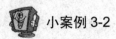 小案例 3-2

巴黎欧莱雅的中国经营之道

巴黎欧莱雅集团进入中国市场至今，以其与众不同的优雅品牌形象，深受中国消费者青睐。欧莱雅认为，中国地域广阔，鉴于南北、东西地区的气候、习俗、文化等不同，人们对化妆品的偏好具有明显的差异。如中国南方由于气温高，人们一般比较喜欢使用清淡的妆容，因而较侧重于淡妆；而北方由于气候干燥以及文化习俗的缘故，一般都比较喜欢浓妆。同样，中国东、西部地区由于经济、观念、气候等缘故，人们对化妆品也有不同的要求。欧莱雅集团敏锐地意识到了这一点，按照地区推出不同的主打产品，并取得了成功。

3.3.2　经济环境

经济环境指企业营销活动所面临的外部社会经济条件，其运行状况和发展趋势会直接或间接地对企业营销活动产生影响。经济环境的一般研究内容包括经济发展阶段、消费者收入、消费者支出、消费者储蓄和信贷的变化等。

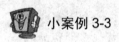 小案例 3-3

后来居上的日本汽车工业

美国的汽车制造业一度在世界上占霸主地位，而日本的汽车工业则是在20世纪50年代学习美国发展起来的。但时隔30年后，日本汽车制造业突飞猛进，充斥欧美市场及世界各地，为此美日之间发生了"汽车摩擦"。美国的汽车工业何以会落到这种地步呢？

在20世纪60年代有两个因素影响汽车工业，一是第三世界的石油生产被工业发达国家所控制，石油价格低廉；二是轿车制造业发展很快，多座位的豪华车、大型车盛极一时。擅长于搞市场调查和预测的日本汽车制造商，首先通过表面的经济繁荣看到产油国与跨国公司之间暗中正在酝酿和发展的斗争，以及工业发达国家耗能量增加的现状，预测即将要发生世界性的能源危机，石油价格会很快上涨。因此，必须改产耗油量小的轿车来适应能源奇缺的环境。其次，日本预测随着汽车数量的增多，马路上的车流量增加，停车场的收费会提高，因而只有造小型车才能适应拥挤的马路和停车场。再次，日本制造商分析了工业发达国家家庭成员的用车状况，主妇要上超级市场，主人要上班，孩子要上学，一个家庭只有一部汽车显然不能满足需要。这样，小巧玲珑的轿车就能得到消费者的宠爱。通过调查分析，日本汽车制造商掌握了经济环境的变化趋势，进而作出了正确的决策。于是，日本物美价廉的小型节油轿车在七十年代的世界石油危机中横扫欧美市场，市场占有率不断提高，而欧美各国生产的传统豪华型轿车却因耗油大、成本高而销路大受影响。

1. 经济发展阶段

对经济发展阶段的划分，比较流行的是美国学者罗斯顿（W.W.Rostow）的"经济成长阶段理论"，他将世界各国的经济发展归纳为以下五种类型。

(1) 传统经济社会。

(2) 经济起飞前的准备阶段。

(3) 经济起飞阶段。

(4) 迈向经济成熟阶段。

(5) 大量消费阶段。

凡属于前三个阶段的国家被称为发展中国家，而处于后两个阶段的国家则被称为发达国家。

处于不同发展阶段的国家在市场营销上采取的策略也有所不同。以分销渠道为例，国外学者对经济发展阶段与分销渠道之间的关系作过研究，并得出以下结论。

(1) 经济发展阶段越高的国家，它的分销途径越复杂且广泛。

(2) 进口代理商的地位随经济的发展而下降。

(3) 制造商、批发商与零售商的职能逐渐减少，不再由某一分销路线的成员单独承担。

(4) 批发商的其他职能增加，只有财务职能下降。

(5) 小型商店的数目下降，商店的平均规模增加。

(6) 零售商的加成上升。

随着经济发展阶段的上升，分销路线的控制权逐渐由传统权势人移至中间商，再至制造商，最后大零售商崛起。

2. 消费者收入水平

消费者的购买力来自消费者的收入，但并不是全部收入都用来购买商品和劳务，购买力只是收入的一部分。因此，在研究消费收入时要综合考虑国民收入和个人收入两点。

(1) 国民收入。国民收入是指一个国家物质生产部门的劳动者在一定时期内(通常为一年)新创造的价值的总和。人均国民收入即用国民收入总量除以总人口，这个指标能大体上反映一个国家的经济发展水平。根据人均国民收入，可以推测不同的人群需要哪一类耐用消费品或服务。在什么样的经济水平上形成怎样的消费水平和结构会呈现出的一般规律性。

(2) 个人收入。个人收入指所有个人从多种来源中得到的收入，其分为个人可支配收入和个人可任意支配收入、货币收入和实际收入。可从不同方面对个人收入进行研究。一个地区个人收入的总和除以总人口，就是个人平均收入，该指标可以衡量当地消费者市场的容量和购买力水平的高低。

① 个人可支配收入。个人可支配收入即在个人收入中扣除税款和非税性负担后所得余额，它是个人收入中可以用于消费支出或储蓄的部分。该指标被认为是消费开支的最重要的决定性因素。

② 个人可任意支配收入。个人可任意支配收入即在个人可支配收入中减去用于维持个人与家庭生存不可缺少的费用(如房租、水电、食物、燃料、衣着等项开支)后剩余的部分。这部分收入是消费需求变化中最活跃的因素，也是企业研究营销活动时所要考虑的主要对象。因为从个人可支配收入中开支的维持生存所必需的基本生活资料一般变动较小，相对稳定，即需求弹性小；而满足人们基本生活需要之外的这部分收入所形成的需求弹性大，它一般用于购买高档、耐用消费品，旅游等，是影响商品销售的主要因素。

③ 货币收入和实际收入。实际收入会影响实际购买力。假定消费者的货币收入不变，

如果物价下跌，消费者的实际收入便增加；相反，如果物价上涨，消费者的实际收入便减少。即使消费者的货币收入也随着物价的上涨而增长，但如果通货膨胀的程度超过了货币收入的增长，则消费者的实际收入仍然会减少。

3. 消费者支出模式和消费结构

德国统计学家恩斯特·恩格尔(Ernst Engel)于 1857 年根据自己对美国、法国、比利时许多家庭的收支预算所作的调查研究，发现了关于家庭收入变化与各方面支出变化之间比例关系的规律性，即恩格尔定律(Engel's Law)。恩格尔定律可归纳为以下三点：

(1) 随着家庭收入的增加，用于食物的开支部分占家庭总收入的比重就会下降。

(2) 随着家庭收入的增加，用于教育、医疗、享受等方面的开支和储蓄就会上升。

(3) 随着家庭收入的增加，用于住宅建筑和家务经营的开支占家庭总收入的比重大体不变。

恩格尔所揭示的这种消费结构的变化通常用恩格尔系数来表示，即：

$$恩格尔系数 = \frac{食物支出}{个人消费总支出}$$

食物开支占总消费数量的比重越大，恩格尔系数越高，生活水平越低；反之，食物开支所占比重越小，恩格尔系数越小，生活水平越高。整个社会经济水平越高，用于食品消费的开支占总支出的比重越小。恩格尔系数已成为衡量家庭、阶层及国家富裕程度的重要参数。这种消费者支出模式不仅与消费者收入有关，而且还受到下面两个因素的影响。

(1) 家庭生命周期的阶段影响。

据调查，没有孩子的年轻人家庭往往把更多的收入用于购买家具、陈设品等耐用消费品上；有孩子的家庭则随着孩子的长大，家庭预算会发生变化，孩子的娱乐、教育等方面的支出较多，故家庭用于购买消费品的支出会减少，而孩子独立生活后，家庭收支预算又会发生变化，用于保健、旅游、储蓄的开支就会增加。

(2) 家庭所在地点。

家庭所在地点的不同在交通、住房以及食品等方面的消费支出情况也不同。如住在农村的消费者和住在中心城市的消费者相比，前者用于交通方面的支出较少，用于住宅建设方面的支出较多，而后者用于食物的支出较多。

4. 消费者储蓄和信贷水平

消费者储蓄一般有两种形式：银行存款，增加现有银行存款额；购买有价证券。

储蓄的增多会使消费者现实的需求量减少，购买力下降，但储蓄作为个人收入则增加潜在需求量，使企业产品在未来的营销容易一些。影响储蓄的因素有以下四点：

(1) 收入水平。只有当一个人、一个家庭的收入水平超过一定的支出水平时，才有能力进行储蓄。

(2) 通货膨胀。当物价上涨接近或超过储蓄存款利率的增长，则货币的贬值将会刺激消费，抑制储蓄。

(3) 市场商品供给状况。当市场上商品短缺或产品质量不能满足消费者需要时，则储蓄上升。

(4) 对未来消费和当前消费的偏好程度。如果消费者较注重未来消费，则他们宁愿现在较为节俭而增加储蓄；如果消费者重视当前消费，则储蓄倾向较弱，储蓄水平降低。

在现代西方国家，消费者不仅以货币收入购买他们需要的商品，而且可以通过借款来购买商品，所以消费者信贷(Consumer Credit)也是影响消费者购买力和支出的一个重要因素。所谓消费者信贷，就是消费者凭信用先取得商品使用权，然后按期归还贷款，以购买商品。各国盛行的消费者信贷主要有以下三种：

① 短期赊销。例如，消费者在某零售商店购买商品，这家商店规定无需立即付清货款，有一定的赊销期限，如果顾客在期限内付清货款则不付利息，如果超过期限则要付利息。

② 住房按揭以及分期付款。消费者在购买住宅时，必须先个人支付一部分房款，再以购买的住宅作为抵押，向银行借款支付剩余的房款，以后按照借款合同的规定在若干年内分期偿还银行贷款和利息。买主用这种方式购买的房屋，有装修改造及出售权，而且房屋的价值不受货币贬值的影响。

另外，消费者在购买汽车、电冰箱、昂贵家具等耐用消费品时，可以采取分期付款的方式。通常也是先签订一个分期付款合同，先支付一部分货款，其他货款按计划逐月加利息偿还，如果顾客连续几个月不按合同付款，商店有权将原售物收回。

③ 信用卡信贷。顾客可以凭卡到与发卡银行(公司)签订合同的任何商店、饭店、医院、航空公司等企业、单位购买商品，钱由发卡银行(公司)先垫付给这些企业、单位，然后再向赊欠人收回。发卡银行(公司)在这些企业、单位与顾客中间起着担保人的作用，所以这些企业会比那些只收现金的企业、单位能做更多的生意。因此，发卡银行(公司)不仅会向客户收取一定费用，而且还要向企业、单位收取一定佣金。

消费者信贷的施行与国家的经济发展水平有关，也与社会经济政策密切联系。消费者信贷是一种经济杠杆，可以调节积累与消费、供给与需求之间的矛盾。当生活资料供大于求时，可以发放消费信贷，刺激需求；当生活资料供不应求时，必须收缩消费信贷，适当抑制、减少需求。消费信贷把资金投向需要发展的产业，刺激这些产业的生产，带动相关行业和产品的发展。

随着我国经济水平的不断发展和人民生活水平的逐步提高，我国消费者也越来越多的开始信贷消费，刷信用卡已成为一种比较普遍的消费方式。

3.3.3　自然环境

企业所处的自然环境也会对企业的营销活动产生影响，有时这种影响会对企业的生存和发展起决定性作用。企业要避免由自然环境带来的威胁，最大限度利用环境变化可能带来的市场营销机会，就应不断地分析和认识自然环境变化的趋势。

1. 某些自然资源紧缺

地球上的自然资源有三类，第一类是"无限"资源，如空气、水等。但近几十年来，许多国家的空气、水污染日益严重，随着工业化和城市化的发展，解决缺水问题已被提到议事日程上了。第二类是有限但可以更新的资源，如森林、粮食等。这类资源中的木材资源虽然目前不成问题，但从长远来说，可能会发生问题。因此，许多国家的政府都要求人们重新造林，以保护土壤，保证将来对木材日益增长的需要；至于粮食供应，有些国家和城市由于人口增长太快，连年的动乱和旱灾，已面临粮食严重短缺的问题。第三类是有限但又不能再生的资源，如石油、锡、铀、煤、锌等矿物。这类资源由于供不应求或在一段时间内供不应求，有些需要这类资源的企业正面临着或将面临威胁，它们必须寻找替代品，这样又给某些企业带来了新的营销机会。

2. 环境污染程度日益加剧

在发达国家，随着工业化和城市化的发展，环境污染程度日益加剧，公众也纷纷指责污染的危害性。这种动向对那些制造污染的企业和行业是一种"环境威胁"，它们在社会舆论的压力和政府的干预下，不得不采取措施控制污染；另一方面，这也给控制污染设备的生产企业带来了市场和营销机会。

3. 绿色营销势在必行

企业在从事市场营销活动中，要顺应可持续发展战略的要求，注重地球生态保护，促进生态与经济协调发展，以实现企业利益、消费者利益、社会利益及生态环境利益的统一。随着各国环保意识的增强，纷纷对进口商品提出了"环保检验"的相关标准，以此作为新的非关税壁垒。为了使环保认证有一个统一的标准，以打破一些国家的绿色壁垒，国际标准化组织(ISO)于 1996 年颁布了关于环境管理体系的建立、实施与审核的通用标准ISO14000。通过了 ISO14000 认证就如同获得了一张绿色通行证。目前，政府对自然资源管理的干预日益加强，有时与经济增长、企业扩大生产和增加就业机会发生矛盾，但从长远来看，这种从全社会整体利益出发的观念无疑是正确的。

3.3.4 科学技术环境

科学技术是影响社会生产力的新的且最活跃的因素。作为营销环境的一部分，科技环境不仅直接影响企业内部的生产和经营，同时还与其他环境因素互相依赖、相互作用，特别是与经济环境、文化环境的关系更为紧密。尤其是新技术革命，既给企业市场营销造就了机会，又给企业市场营销带来了威胁。

1. 新技术是一种"创造性的毁灭力量"

企业的机会在于寻找或利用新的技术，满足新的需求，但是技术的发展也会给企业带来麻烦。企业面临的技术威胁可能有两个方面：一是新技术的突然出现使企业现有产品变得陈旧；二是新技术改革了企业人员原有的价值观。因此，如果企业不及时跟上技术发展的步伐，就有可能被淘汰。正因为如此，西方经济学"创新理论"的代表人物熊彼特认为，"新技术是一种创造性的毁灭力量"。

新技术引起的市场营销策略的变化给企业带来巨大压力的同时，也改变了企业生产经营的内部因素和外部环境，从而引起产品、价格、渠道、促销策略的变化。

(1) 产品策略。由于科学技术的迅速发展，新技术应用于新产品开发的周期大大缩短，产品更新换代加快，开发新产品成了企业开拓新市场和赖以生存发展的根本条件。因此，要求企业营销人员不断寻找新市场，预测新技术，时刻注意新技术在产品开发中的应用，从而开发出给消费者带来更多便利的新产品。

(2) 价格策略。科学技术的发展及应用，降低了产品成本使其价格下降，同时也使企业能够通过信息技术加强信息反馈，正确应用价值规律、供求规律、竞争规律来制订和修改价格策略。

(3) 渠道策略。随着新技术的不断应用和技术环境的不断变化，人们的工作及生活方式发生了重大变化，广大消费者的兴趣、思想等差异性扩大，自我意识的观念增强，从而引起分销机构的不断变化，大量的特色商店和自我服务的商店不断出现。例如，1930 年出现的超级市场，1940 年出现的廉价商店，1960 至 1970 年出现的快餐服务、自助餐厅、特级商店、左撇子商店，1996 年后出现的网络购物等。新技术同时也引起了分销实体的变化，运输实体的多样化，增加了运输容量及货物储存量，使现代企业的实体分配出发点由工厂变成了市场。电子商务改变了工业时代传统的、物化的分销体制，企业必须适应 B2B 或 B2C 的业务，在网上建立全新的分销模式。

(4) 促销策略。科学技术的应用促使了促销手段的多样化，尤其促使了广告媒体的多样化和广告宣传方式的复杂化。如，人造卫星成为全球范围内的信息沟通手段，网上营销是一对一和交互式的双向沟通。信息沟通的效率、促销组合的效果、促销成本的降低、新的广告手段及方式，都将是促销研究的主要内容。

2. 新技术引起的企业经营管理的变化

技术革命是管理改革或管理革命的动力，它向管理提出了新课题、新要求，又为企业改善经营管理、提高管理效率提供了物质基础。现在，一场以微电子为中心的新技术革命正在兴起，特别是计算机的出现标志着技术发展进入了一个新的历史阶段。目前，发达国家的许多企业在经营管理中都使用电脑、传真机等设备，这对于改善企业经营管理和提高企业经营效益起了很大作用。

3. 移动互联时代的机会和挑战

(1) 网上购物影响零售商业结构和消费者购物习惯。

网上购物已成为消费者日常购物的基本方式，并且一直保持较高的增长速度；同时，网络购物交易额在社会消费品零售额中所占的比重越来越高，对传统的线下业态销售模式构成巨大的冲击。物流体系的不断成熟也让消费者愈加青睐线上交易模式，有的消费者甚至选择先去实体店获取所需产品的信息，进行"试穿"或"试用"，然后通过网上下单购买选中的产品。由于网购模式能够在很大范围内以更高的效率实现资源配置，因而越来越多的企业开始试水电商平台，以此提高企业的经营效益。

(2) 移动支付下的新型消费模式。

所谓移动支付，也称手机支付，即消费者使用其移动终端(通常是手机)，通过移动通信网络实现对消费产品或服务账务支付的一种服务方式。移动支付是电子支付技术、移动通信技术、无线射频技术等相互融合的产物，具有移动性、及时性、定制化等特点，消费者可以通过更人性化的手机操作界面，随时定制自己偏好的消费方式和个性化服务，获取所需的产品、服务、信息或娱乐方式。

(3) 移动互联时代的营销管理。

在移动互联时代，企业如果不能有效运用各种媒体信息工具，就很难形成一定的竞争力。在这种信息化、网络化、数字化的背景下，企业在营销管理过程中，一方面要能够对市场需求形成敏锐的洞察力，利用所掌握的各种信息资源准确预测市场需求的发展趋势，更好地满足市场需要；另一方面，企业必须借助各种新技术载体把自身整体的优势信息以最快的速度传递给客户群，积极获取市场营销管理的主动权。

3.3.5　政治法律环境

企业的经营活动是社会经济生活的组成部分，而社会经济生活总要受到政治生活的影响。因此，企业的营销人员要对政治法律环境有明确的了解，并且要知道它们对企业营销活动的影响，否则将招致不可逆转的损失。而对于经营出口商品的企业来说，认真研究进口国家和地区的政治法律因素对于产品销售的影响，尤其具有重大意义。

1. 政治环境分析

政治环境指企业市场营销的外部政治形势和状况给市场营销带来的，或可能带来的影响。对国内政治环境的分析要了解党和政府的各项方针、路线、政策的制定和调整对企业市场营销的影响；对国际政治环境的分析要了解"政治权力"与"政治冲突"对企业营销的影响。政治权力指一国政府通过正式手段对外来企业权利予以约束，包括进口限制、外汇控制、劳工限制、国有化等方面。进口限制指在法律和行政上限制进口的各项措施：一类是限制进口数量的各项措施；另一类是限制外国产品在本国市场上销售的措施。外汇管制指一个国家政府对外汇的供需及利用加以限制。国有化指国家将所有外国人投资的企业收归国有，有的给予补偿，有的不给予任何补偿。劳工限制指所在国对劳工来源及使用方面的特殊规定。这些"政治权力"对市场营销活动的影响往往有一个发展过程，有些方面的变化企业可以通过认真研究分析预测到。"政治冲突"指国际上的重大事件和突发性事件对企业营销活动的影响，包括直接冲突与间接冲突两种。直接冲突有战争、暴力事件、绑架、恐怖活动、罢工、动乱等给企业营销活动带来的损失和影响；间接冲突主要指由于政治冲突、国际重大政治事件带来的经济政策的变化，国与国、地区与地区观点的对立或缓和常常影响其经济政策的变化，进而使企业的营销活动或受威胁，或得到机会。

2. 法律环境分析

对国内市场营销法律环境的分析，主要指国家主管部门及省、市、自治区颁布的各项法规、法令、条例等。企业了解法律，熟悉法律环境，既能保证企业自身严格按法律办事，不违反各项法律，有自己的行动规范，同时又能够用法律手段保障企业自身权益。与企业关系密切的法律法规有：《中华人民共和国产品质量法》《中华人民共和国商标法》《中华人民共和国专利法》《中华人民共和国广告法》《中华人民共和国食品卫生法》《中华人民共和国环境保护法》《中华人民共和国反不正当竞争法》《中华人民共和国消费者权益保护法》《中华人民共和国企业法》《中华人民共和国经济合同法》及《中华人民共和国进出口商品检验条例》等。企业营销人员应熟悉和了解本国有关经济法规、条例。对法律环境的分析，除了要研究各项与国际、国内市场营销有关的法律、规定，以及有关竞争的法律和环境保护、资源管理方面的条例规定外，还要了解与法律的制订与执行有关的，监督、管理、服务于企业市场营销活动的政府部门的职能与任务。只有这样，才能使企业营销人员全面了解、熟悉企业所处的外部环境，避免威胁，寻找机会。

3.3.6　社会文化环境

社会文化环境是指包括民族传统、价值观念、宗教信仰、道德规范、审美观念以及世代相传的风俗习惯等被社会所公认的各种行为规范。社会文化作为一种适合本民族、本地区、本阶层的是非观念，强烈影响着消费者的购买行为，使生活在同一社会文化范围内的各成员的个性具有相同的方面，它是购买行为的习惯性和相对稳定性的重要特点。企业的市场营销人员应分析、研究和了解社会文化环境，以针对不同的文化环境制定不同的营销策略。营销的社会文化环境分析包括教育水平、宗教信仰、价值观念、风俗习惯、审美观念共六个方面。

1. 教育水平

教育是社会文化的一个重要因素，它是指消费者受教育的程度。一个国家、一个地区的教育水平影响着一定的社会生产力、生产关系和经济状况，是影响企业市场营销的重要因素。教育状况对营销活动的影响可以从以下几个方面考虑：

(1) 对选择目标市场的影响。处于不同教育水平的国家或地区，对商品的需求不同。

(2) 对营销商品的影响。文化不同的国家和地区的消费者，对商品的包装、装潢、附加功能和服务的要求有差异。通常文化素质高的地区的消费者要求商品包装典雅华贵，对附加功能也有一定要求。

(3) 对营销调研的影响。企业的营销调研在受教育程度高的国家和地区可在当地雇佣调研人员或委托当地的调研公司或机构完成具体项目，而在受教育程度低的国家和地区，则要有充分的人员准备和适当的方法。

(4) 对经销方式的影响。企业的产品目录、产品说明书的设计要考虑目标市场的受教育状况。如果经营商品的目标市场在文盲率很高的地区，就不仅需要文字说明，还要配以简明图形，并派人进行使用、保养的现场演示，以避免消费者和企业不必要的损失。

2. 宗教信仰

宗教是文化中最敏感的要素。营销者若对宗教知之甚少或一窍不通，很容易冒犯教规和教徒。世界各地甚至一个国家的不同地区聚居着各种不同的宗教信仰者，他们有不同的文化倾向和戒律，这影响他们认识事物的方式、行为准则和价值观，进而影响其消费行为、消费习惯，因而也会影响市场的消费结构。企业可以把影响大的宗教组织作为自己的重要公共关系对象，在经销活动中也要针对宗教组织设计适当方案，以避免由于矛盾和冲突给企业营销活动带来的损失。

3. 价值观念

价值观念就是人们对社会生活中各种事物的态度和看法，不同的文化背景下，人们的价值观念相差很大，他们对商品的需求和购买行为深受其价值观念的影响。对于不同的价值观念，企业的市场营销人员应该采取不同的策略。一种新产品的消费，会引起社会观念的变革。对乐于变革、喜欢猎奇、富有冒险精神、比较激进的消费者，应重点强调产品的新颖和奇特；而对于一些注重传统、喜欢沿袭传统消费方式的消费者，企业在制定促销策略时应把产品与目标市场的文化传统联系起来。例如，我国出口的黄杨木刻一向用料考究，精雕细刻，以传统的福禄寿星或古装仕女行销亚洲一些国家和地区，后来出口至欧美一些国家后发现他们对中国传统的制作原料、制作方法和图案并不感兴趣，因为与亚洲人相比，他们的价值观念和审美观大不一样。因此，出口公司一改过去的传统做法，用一般杂木做简单的艺术雕刻，涂上欧美人喜爱的色彩，并加上了适用于复活节、圣诞节、狂欢节的装饰品。不久后，我国木刻工艺品便在西方市场打开了销路。

4. 风俗习惯

风俗习惯是人们根据自己的生活内容、生活方式和自然环境，在一定的社会物质生产条件下长期形成并世代相袭的风尚，以及由于重复或练习而巩固下来并变成需要的行动方式。风俗在饮食、服饰、居住、婚丧、信仰、节日、人际关系等方面，都表现出独特的心理特征、道德伦理、行为方式和生活习惯。不同的风俗习惯具有不同的商品需要，研究风俗习惯不但有利于组织好消费用品的生产与销售，而且有利于正确、主动地引导健康消费。由于人们所处时代的政治、经济发展水平不同，人们的文明程度、信仰、道德及地域与民族的影响不同，其风俗习惯也千差万别。比如，墨西哥人视黄花为死亡，红花为晦气，白花可以驱邪。因此，了解目标市场消费者的禁忌、习俗、避讳、信仰、伦理等，是企业进行市场营销的重要前提。

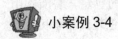 小案例 3-4

不要小看"入乡随俗"的重要性：肯德基

商海沉浮，世事难料。1973 年 9 月，香港市场的肯德基公司突然宣布多间家乡鸡快餐店停业，只剩下四间还在勉强支持。到 1975 年 2 月，首批进入香港的美国肯德基连锁店集团全军覆没。

为了取得肯德基家乡鸡首次在香港推出的成功，肯德基公司配合了声势浩大的宣传攻势，在新闻媒体上大做广告，采用该公司的世界性宣传口号"好味到舔手指"。

凭着广告攻势和新鲜劲儿，肯德基家乡鸡还是红火了一阵子，很多人都乐于一试，一时间也门庭若市。可惜好景不长，三个月后，肯德基就"门前冷落鞍马稀"了。

在世界各地拥有数千家连锁店的肯德基为什么唯独在香港遭受如此厄运呢？经过认真总结经验教训发现，是中国人固有的文化观念决定了肯德基的惨败。

首先，在世界其他地方行得通的广告词"好味到舔手指"在中国人的观念里不容易被接受。舔手指被视为肮脏的行为，味道再好也不会去舔手指，人们甚至对这种广告有了反感心理。

其次，家乡鸡的味道和价格不容易被接受。鸡是采用当地鸡种，但其喂养方式仍是美国式的，用鱼肉喂养出来的鸡破坏了中国鸡的特有口味。另外，家乡鸡的价格对于一般市民来说还有点承受不了，因而抑制了需求量。

此外，美国式服务难以吸引回头客。在美国，顾客一般是驾车到快餐店，买了食物回家吃，所以店内通常是不设座的。而中国人通常喜欢一群人或三三两两在店内边吃边聊，不设座位的服务方式难寻回头客。

十年后，肯德基带着对中国文化的一定了解卷土重来，并大幅度调整了营销策略。广告宣传方面低调，市场定价符合当地消费，市场定位于 16 岁至 39 岁的人。1986 年，肯德基家乡鸡新老分店的总数在香港为 716 家，占世界各地分店总数的十分之一，在香港快餐业中与麦当劳、汉堡王、必胜客薄饼并称为四大快餐连锁店。

肯德基在香港市场的沉浮记深刻地说明了：市场犹如一匹烈马，只有了解它才能更好地驾驭它。

（资料来源：http://blog.sina.com.cn/s/blog_4c3284c101000b7y.html）

5. 审美观念

审美观念通常指人们对商品的好坏、美丑、善恶的评价，不同的国家、民族、宗教、阶层和个人，往往对其有不同的审美标准。人们的消费行为归根结底不外乎维护每个社会成员的身心健康和不断追求生活的日趋完善。人们在市场上挑选、购买商品的过程，实际上也是一次审美活动，这个审美活动的全过程完全由消费者的审美观念来支配。消费者个人的审美活动，表面看纯属个人行为，实质上却反映了一个时代、一个社会人们共同的审美观念和审美趋势。如东方国家把红色当作象征喜庆的颜色，但在德国和瑞典则被视为不祥之兆，所以，中国的爆竹用红色包装在欧洲销售有悖于当地的风俗，销路自然不畅，后来改用灰色，销路就打开了。

3.4　市场营销环境的分析方法

由于市场营销环境具有动态多变性、差异性和不可控性等特征，企业要想在多变的市场环境中处于不败之地，就必须对营销环境进行调查分析，以明确其现状和发展变化的趋势，从中区别出对企业发展有利的机会和有害的威胁，并根据自身条件做出相应的对策。分析市场营销环境常用的方法是 SWOT 分析法。

3.4.1　SWOT 分析法

1. SWOT 分析法基本简介

SWOT 分析法又称态势分析法，它由安索夫于 1956 年提出，后经旧金山大学的管理学教授等多人扩展。SWOT 分析法是一种能够较客观而准确地分析和研究市场营销环境的常用方法。

SWOT 分析的内容包括组织内外环境所形成的机会(Opportunities)、风险(Threats)、优势(Strengths)、劣势(Weaknesses)如图 3-4 所示。从某种意义上来说，SWOT 分析方法隶属于企业内部分析方法，即根据企业自身的既定内在条件进行分析。SWOT 分析有其形成的基础，按照企业竞争战略的完整概念，战略应是一个企业"能够做的"(即组织的强项和弱项)和"可能做的"(即环境的机会和威胁)之间的有机组合。

图 3-4　SWOT 分析法

2. 特征介绍

SWOT 方法自形成以来，广泛应用于企业战略研究与竞争分析，已成为营销战略管理和竞争情报的重要分析工具。分析直观、使用简单是它的主要优点，即使没有精确的数据支持和专业化的分析工具也可以得出有说服力的结论。与此同时，SWOT 不可避免地带有精度不够的缺陷。它采用定性的方法，通过罗列 S、W、O、T 的各种表现，形成一种模糊的企业竞争地位描述，以此为依据作出的判断不免带有一定程度的主观臆断。

1) 外部环境(机会和威胁)分析

业务单位必须监控影响其获利能力的关键宏观环境因素(人口、经济、技术、政治、法律和社会文化)与微观环境因素(顾客、竞争对手、分销商和供应商)，对于每种趋势和发展，管理层都需要认清相关的营销机会和威胁。

(1) O(Opportunity 机会)是企业经营环境中对企业重大的有利形势，是组织机构的外部因素。机会具体包括：新产品；新市场；新需求；市场壁垒解除；竞争对手失误；纵向一体化；市场增长迅速；可以增加互补产品；有能力进入更好的企业集团；优良拓展产品线满足用户需求等。营销机会是指环境中出现的一种对企业富有吸引力的变化趋势，通过抓住并适应这种趋势，企业将获得竞争优势。

企业应用市场机会分析，通过提出下述五个问题来决定每个机会的吸引力和成功的可能性。

① 机会所带来的利益能与一个明确的目标市场相关联吗？

② 通过具有成本效率的媒介和贸易渠道能够找到目标市场并进行接触吗？

③ 公司具有提供顾客利益所需的能力和资源吗？

④ 公司能够比实际和潜在的竞争对手更好地提供顾客利益吗？

⑤ 财务回报率会达到或超过公司投资的底线吗？

(2) T(Threat 威胁)是企业中存在的重大不利因素，是对企业经营发展的约束和障碍，也是组织机构的外部因素。威胁具体包括：竞争压力较大；新的竞争对手进入；替代产品增多；市场增长较慢或市场紧缩；行业政策变化；经济衰退；客户偏好改变；产业中买方或供应方的竞争地位提高；关键技术改变；通货膨胀递增；突发事件等。环境威胁是指环境中出现的一种对企业不利的发展趋势，企业如果不及时洞察这种趋势并及早采取行动，将会导致企业生存与发展的危机。

环境威胁可以根据其严重性和发生的可能性进行分类。小的威胁可以被忽视，较为严重的威胁需要密切关注，大的威胁需要制定意外事故计划，列明必要时公司能够采取的措施。

2) 内部环境(优劣势)分析

(1) S(Strength 优势)是指企业相对竞争对手而言所具有的优势资源、技术、产品，以及其他特殊实力，这是组织机构的内部因素。优势具体包括：有利的竞争态势；充足的财政来源；良好的企业形象；技术力量；规模经济；产品质量；高素质的管理人员；市场份额；公认的行业领先者；成本优势；广告攻势；良好的雇员关系；适应力强的经营战略；先进的工艺设备等。

(2) W(Weaknesses 弱势)是指影响企业经营效率和效果的不利因素和特征，它是企业在竞争中相对弱势的方面，也是组织机构的内部因素。弱势具体包括：缺乏明确的战略导向；

设备老化；管理混乱；缺少关键技术；研究开发落后；资金短缺；经营不善；产品积压；营销水平低于同行业其他企业；产品线范围太窄；竞争力差；盈利较少甚至亏损；相对竞争对手的成本高；服务意识薄弱等。

综上所述，企业应结合以上四个方面的情况进行分析，以寻找制定适合组织实际情况的经营战略和策略。市场营销人员可以运用各种调查研究方法，分析企业所处的各种环境因素，即外部环境因素和内部能力因素。外部环境因素包括机会因素和威胁因素，它们是外部环境中直接影响企业发展的有利和不利因素，属于客观因素。内部环境因素包括优势因素和弱势因素，它们是企业在其发展中自身存在的积极和消极因素，属主动因素。在调查分析这些因素时，不仅要考虑企业的历史与现状，而且更要考虑企业未来的发展。

3. 构造战略矩阵

将调查得出的各种因素根据轻重缓急或影响程度排序，构造 SWOT 矩阵，如图 3-5 所示。在这个过程中，要将那些对企业发展有直接的、重要的、迫切的、久远的影响因素优先排列出来，而将那些间接的、次要的、缓慢的、短暂的影响因素排在后面。

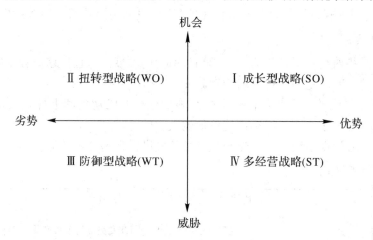

图 3-5　SWOT 战略分析矩阵图

Ⅰ. 成长型(SO)战略。成长型战略是一种发展企业内部优势与利用外部机会的战略，是一种理想的战略模式。当企业具有特定方面的优势，而外部环境又为发挥这种优势提供有利机会时，可以采取该战略。例如良好的产品市场前景、供应商规模扩大和竞争对手有财务危机等外部条件，配以企业市场份额提高等内在优势，可成为企业收购竞争对手、扩大生产规模的有利条件。

Ⅱ. 扭转型(WO)战略。扭转型战略是利用外部机会来弥补内部弱势，使企业改劣势而获取优势的战略。存在外部机会，但由于企业存在一些内部弱势而妨碍其利用机会时，可采取该战略先克服这些弱势。

Ⅲ. 防御型(WT)战略。防御型战略是一种旨在减少内部弱势，回避外部环境威胁的防御性战略。当企业存在内忧外患时，往往面临生存危机，降低成本也许成为改变劣势的主要措施。

Ⅳ. 多经营(ST)战略。多经营战略是指企业利用自身优势，回避或减轻外部威胁所造成的影响。如竞争对手利用新技术大幅度降低成本，给企业造成很大成本压力；材料供应紧张，其价格可能上涨；消费者要求大幅度提高产品质量；企业还要支付高额环保成本等。但若企业拥有充足的现金、熟练的技术工人和较强的产品开发能力，便可利用这些优势开发新工艺，简化生产工艺过程，提高原材料利用率，从而降低材料消耗和生产成本。另外，开发新技术产品也是企业可选择的战略。新技术、新材料和新工艺的开发与应用是最具潜力的成本降低措施，同时它可提高产品质量，从而回避外部威胁的影响。

4. 制定计划

在完成环境因素分析和 SWOT 矩阵的构造之后，便可以制定相应的行动计划了。制定计划的基本思路是：发挥优势因素，克服弱势因素，利用机会因素，化解威胁因素；考虑过去，立足当前，着眼未来；运用系统分析的方法，将排列与考虑的各种因素相互联系并加以组合，得出一系列企业未来发展的可选择对策。

3.4.2 市场营销环境机会和威胁分析

市场营销环境分析是辨别市场机会与环境威胁，并统筹这些影响企业发展的有利因素和不利因素，得出其轻重缓急以及影响程度的序列，进而为企业营销决策提供依据的过程。

1. 市场机会矩阵分析

市场机会是指对公司营销行为具有相当吸引力的领域，并且在这一领域中，公司具备一定的竞争优势，有一定的把握获取成功。

在市场上取得成功的企业往往是那些在满足该行业成功条件中拥有大量竞争优势的企业，这些优势缔造了公司为顾客创造价值的某种能力。

例如，一家通信设备制造企业在研究市场环境进行市场分析的过程中，可能会遇到如图 3-6 所示的情况。

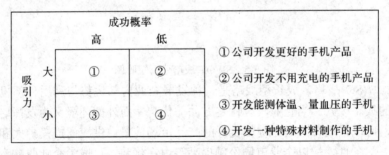

图 3-6　市场机会矩阵

图中四个象限中，象限①表示该机会成功几率比较大，并且具有相当的吸引力，是最好的市场机会，企业需要适当投资和发展。

象限②和象限③并不是企业最主要的机会，但是这些潜在的机会极有可能在未来演变成一种最好的机会，因而企业也需要加以关注。

象限④表示市场机会的潜在利益和出现的可能性都比较小，企业不应将精力放在这种业务方向上。

2. 环境威胁矩阵分析

环境威胁指环境中不利于企业营销的因素的发展趋势，这些趋势对企业形成了一定的挑战，如果不加以重视和采取相应的对策，将对企业的市场地位构成威胁。

研究市场营销环境对企业的威胁，一般应分析两方面的内容，一是分析威胁对企业影响的严重性，二是分析威胁出现的可能性。

例如，一家照明公司在进行市场分析的过程中，可能会遇到如图 3-7 所示的情况。

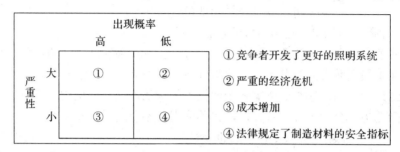

图 3-7　环境威胁矩阵

第①象限区内，环境威胁严重性高，出现的概率也高，表明企业面临着严重的环境危机，企业应处于高度戒备状态，积极采取相应的对策，避免威胁造成损失。

第②象限区内，环境威胁严重性高，但出现的概率低，企业不可忽视，必须密切注意其发展方向，也应制定相应的措施准备应对，力争避免威胁造成危害。

第③象限区内，环境威胁严重性低，但出现的概率高，虽然企业面临的威胁不大，但由于出现的可能性大，因而也必须充分重视。

第④象限区内，环境威胁严重性低，出现的概率也低，这种情况下企业不必担心，但应该注意其发展动向。

3. 机会威胁矩阵分析

企业所面临的客观环境是多层次多属性的，单纯的环境威胁和市场机会都是极少的，或者根本就不存在，而更多的则是机会与威胁共同存在的综合情况。因此，我们根据企业面临的综合环境中机会和威胁的水平不同，构建一个综合的环境矩阵，如图 3-8 所示。

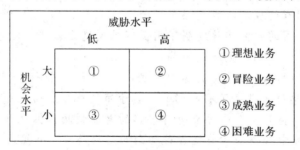

图 3-8　机会威胁矩阵

(1) 理想业务：市场机会很多，严重威胁很少。

理想业务是高机会低威胁的业务，是难得的最佳市场机会，因而企业要迅速行动，抓住时机。这类业务往往是市场需求已被激发，只有少量企业占领的市场，盈利空间大，产品一般处于成长期阶段。

对于理想业务，企业必须抓住机遇，迅速行动。

IBM 公司就是非常善于抓住这种市场机会的企业。IBM 公司几乎从不首先开发新产品，而是在其他公司的产品上市后，立即派员工到用户那里调查取证，向用户探询新产品的优缺点及其建议，并迅速开发出更符合顾客需求的新产品。由于节省了产品试用和市场开发费用，减少人力、物力和时间的浪费，所以 IBM 公司的产品在市场上拥有强大的竞争力。当苹果公司在个人电脑市场取得成功时，IBM 立即设计出一种新机器，推出 16 位的个人电脑，抢夺了苹果公司市场领导者的地位。

(2) 冒险业务：市场机会很多，威胁也很严重。

冒险业务是高机会高威胁业务，即双高业务。面对高利润高风险的业务，企业不能盲目跟进，应在审核企业实力与发展目标的基础上，扬长避短，谨慎投资。冒险业务往往是处于产品介绍期的产品，这类业务需要企业投入大量的产品研制费用、市场开发费用。

对于冒险业务，企业不宜盲目冒进，也不应迟疑不决而错失良机。

(3) 成熟业务：市场机会很少，威胁也不严重。

成熟业务是低机会低威胁的双低业务。这类业务可作为企业的常规业务，它一般处于产品成熟期，是企业利润的主要来源，企业要采取措施延长这种业务的市场生命周期。

对于成熟业务，企业可作为自己的常规业务，用以维持企业的正常运转。

(4) 困难业务：机场机会很少，威胁却很严重。

困难业务是低机会高威胁的业务。对于困难业务，企业要么努力改变环境走出困境、减轻威胁；要么立即转移，摆脱困境。

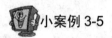 小案例 3-5

某烟草公司机会威胁分析

假设，某烟草公司通过市场调研了解到如下一些影响其发展的动向。

(1) 某些国家要求所有香烟广告和包装上都要印上"吸烟危害健康"的严重警告。

(2) 有些国家的政府颁布了禁烟令，禁止在公共场所吸烟。

(3) 许多发达国家的吸烟人数大幅度下降。

(4) 这家烟草公司的研究实验发明了用萬苣叶制造无害香烟的方法。

(5) 发展中国家的吸烟人数迅速增加。

显然，上述(1)、(2)、(3)动向对这家烟草公司造成了不利影响，属于环境威胁；(4)、(5)动向则对这家烟草公司带来了有利影响，属于市场机会。由此可知，这家烟草公司属于高机会和高威胁企业，即尽管公司有丰厚的潜在利润，但也存在着巨大风险。因此，企业在经营过程中必须密切监视各种动向的变化趋势，并据此制定应变对策。

4. 企业识别市场机会和规避市场风险的对策

(1) 识别市场机会。

市场机会转瞬即逝，善于识别并抓住市场机会，是企业取得成功和发展的关键。市场机会纷繁复杂，企业应从以下几个方面进行分析和把握。

① 环境机会与企业机会。环境机会是指由于环境变化而带来的市场机会，这种机会既可以为本企业所利用，又可以为相关行业中的各企业所利用。企业机会是指与本企业的目标和任务相一致，有利于发挥企业优势的市场机会。企业要善于从环境机会的分析中寻

找和发现企业机会，以便发展自己的业务。

② 行业机会与边缘机会。行业机会是指企业业务经营领域内的市场机会；边缘机会是指可能延伸到其他行业中而又与本行业交叉的市场机会，如电视机与计算机显示器的业务交叉等。企业既要把握好行业机会，又要把握好边缘机会。

③ 当前的机会与未来的机会。企业对机会的分析与识别，既要注重当前的业务经营，又要着眼于未来的发展，要从战略发展的高度来进行把握。

④ 显性机会和隐性机会。较明显的、易发现的表面机会，固然是企业必须注重的，如当前的农村市场、老年人市场等，而有些隐藏于其他因素之中的潜在机会，更会为企业带来新的发展。例如，私人轿车市场的发展必将带来街边停车计价器、防盗方向盘锁等相关产品的需求，进而带来生产这些产品所需原材料及建造停车场所需材料的需求等。

(2) 规避市场风险的对策。

规避市场风险的关键在于针对环境威胁采取相应的对策，主要有反抗、减轻、撤退三种。

① 反抗。对于某些主观因素造成的环境威胁，企业可采取一定措施限制或扭转不利因素的发展，例如某些地方保护主义的规定和造成不正当竞争的某些政策，以及不利于自然生态环境发展的某些规定等。

② 减轻。对于一些无法扭转的环境威胁，企业可以通过调整战略和策略来适应环境因素的变化，以减轻环境变化带来的威胁，这是最主要的规避风险的办法。

③ 撤退。如果行业中面临的环境威胁危及整个行业的发展，且又无法扭转和减轻，企业就必须对目前的经营方向等重大问题进行审定并做出决策，退出或部分退出目前的经营领域，寻找新的发展机会。

对营销环境的适应是企业成功的必备条件，提高适应能力是每个企业的营销人员孜孜以求的目标。营销管理者的任务就在于了解、把握营销环境的变化趋势，适应环境的变化，提高应变能力，趋利避害地开展市场营销活动，使企业更好地生存和发展。

企业分析市场营销环境的目的就是：

(1) 把握市场环境变化的趋势。

(2) 发掘新的市场机会，捕捉市场机遇。

(3) 及时发现环境威胁，为企业采取积极措施规避或减少风险赢得时间。

核 心 概 念

市场营销环境；个人可支配收入；市场机会；环境威胁；微观环境；宏观环境；营销中介；顾客；恩格尔系数；公众

思 考 题

1. 市场营销的宏观环境包括哪些内容？

2. 市场营销的微观环境包括哪些内容？

3. 企业面临的竞争者有哪几种类型？

4. 企业如何分析、评价环境威胁和市场机会？试举例说明企业对其面临的主要威胁和理想机会应作出什么反应？

5. 阐述各种微观环境对企业营销活动的影响？

6. 消费者的支出结构变化对企业制定营销策略有何影响？

7. 为什么人口是营销人员最感兴趣的环境因素？

案 例 分 析

与顾客一起创造价值的宜家公司

宜家公司是瑞典一家著名的家庭装饰用品零售企业，它从最初的小型邮购家具公司一跃成为在世界各地拥有 100 多家连锁商店的大企业，年均增长率达 15%。目前，在我国的上海、北京和广州，都有宜家公司的分店。宜家的成功秘诀在于什么，最根本的是它独有的营销理念——"与顾客一起创造价值"。在这种理念的指导下，宜家公司把自己与顾客、供应商之间的买卖关系，发展成共同创造价值的关系，你中有我，我中有你，共同组成一个为顾客搭造创造价值的舞台。

宜家在公司的一个小册子中写道："财富就是你实现自己想法的那种能力。"从这一点出发，宜家认为，不论是生产者还是消费者，都有创造价值的能力。问题的关键在于，作为销售商如何为每一个消费者施展能力、创造价值搭造一个舞台。宜家不把向顾客提供产品和服务视为一种简单的交易，而是视为一种崭新的劳动分工，即将一些原来由加工者和零售商所做的工作交给顾客去做，公司方面则专心致志地向顾客提供价格低廉而质量优良的产品。宜家每年都要印刷几千万份十多种语言的产品目录，尽管目录中只有公司 1 万多种产品的 30% 到 40%，但每份目录同时又是宜家理念的宣传品和指导顾客创造价值的说明书。宜家销售的可随意拆卸、拼装的家具，一是品种多，有厨房、卫生间、书房、客厅摆放的，有分别适用于儿童和成人的，有用木材、金属等各种不同材料制作的；二是便于消费者根据自己的爱好进行再创造，如消费者可以自己设计家具的颜色，宜家负责提供所需的油漆。进入宜家的商场，顾客可以无偿使用商场提供的儿童车、托儿所、游乐场和残疾人轮椅，还可以得到产品目录、卷尺、铅笔和记录纸，以便选择家具时使用。宜家的商品标签也与众不同，除标有商品的名称、价格外，还有尺寸、材料颜色以及订货、提货的地点。宜家希望顾客能够明白，自己来这里不仅可以消费，而且可以再创造。在一些家具商津津乐道于现场定做、送货上门的时候，宜家却独出心裁地向顾客提供了无数个自己创新的条件和机会，其高明之处也就是在于此。

宜家不但支持顾客创造价值，而且支持自己的 50 多个国家的 1800 个供应商创造价值。为了最终向顾客提供优质的商品和服务，宜家必须拥有能够提供质优价廉产品的供应商，因而宜家在寻找和评估供应商时格外认真。供应商一旦成为宜家系统的一部分，就等于进入了全球市场，而且能够获得宜家提供的多方面的支持和帮助。如，设在维也纳的宜家商业服务部建有一个电脑数据库，目的就是向原材料供应商提供生意上的信息。宜家家具组件的来源极为分散，一把椅子的椅背可能是波兰制造的，椅子腿可能是法国制造的，而把它们组装到一起的螺丝钉又可能是西班牙生产的。因此，宜家必须拥有一个高效率的订货和发货系统。这个系统的核心是由 14 个仓库组成的世界网络，这些仓库不是简单的储存设施，而是公司的控制中心和供货枢纽。它们按照电脑优化的程序协调供求，帮助零售商预测需求和补充缺货。由此可以看出，在宜家的系统中，不仅顾客的角色增添了新的内容——家具的再创造者，而且供应商的角色也发生了新的变化，即已经成了宜家的服务对象。供应商不仅按照宜家的要求为最终用户提供优质的产品，同时也作为"顾客"接受宜家在信息、技术以及设备等方面的热情服务。宜家就是这样把顾客和供应商巧妙地连接在一起，形成了一个牢固的共同创造价值的链条。

　　全球市场的形成，"以顾客为中心"消费时代的到来，使企业面临着竞争者和消费者的双重压力。在这种情况下，产品和服务的界限越来越难以界定。通过宜家的经营我们可以看到，它不但是在销售产品，更是在销售服务，销售一种理念和文化。"与顾客一起创造价值"的经营理念，使宜家就像一个身怀绝技的导演，激发出顾客和供应商无穷的活力，共同演绎着一场变幻莫测、引人入胜的话剧——"创造价值"。

　　思考：

　　1. 宜家公司奉行的市场营销观念是什么？

　　2. 结合宜家公司在中国面临的市场营销环境，分析宜家公司怎样才能更好地满足中国消费者的需求？

　　3. 中国家具企业应采取什么样的措施与宜家公司这样的大企业集团竞争，赢得自己的一席之地？

实　训

一、实训目的

　　1. 了解市场营销环境的特点以及营销环境对行业和企业的影响。

　　2. 锻炼学生运用 SWOT 分析的能力，使其能够分辨市场机会和营销威胁，并能制定相应的营销策略。

二、实训内容

（一）实训资料

　　根据联合国人口司统计，世界人口总数未来 40 年将从 69 亿增至 91 亿，主要由老年人口增长来推动，60 岁以上人口将增加 12 亿，5 岁以下儿童将减少 4900 万。世界为什么变得这么老，老得这么快？原因之一是越来越多的人可以活到更大的年纪，另一个重要的原因是第二次世界大战后的前几十年出现了生育高峰。随着这些全球婴儿潮出生的人变老，促使了老年人口大爆炸。

　　社会财富状况与人口状况之间的关系是周期性的。出生率下降和劳动力老龄化，需要抚养和教育的儿童人数会相对减少，便于每个儿童享受更多的教育资源；可以解放女性的劳动力，使其进入正规经济中。在其他因素不变的情况下，上述两因素能够促进经济发展。然而经过一段时间后，低出生率不仅导致儿童数量减少，而且处于工作年龄段的人口也会减少，与其同时，靠人赡养的老年人口比例会暴增。中青年人口的减少意味着需要购买新房、新家具等商品的人会变少，愿意冒险创业的人也会减少。

(资料来源：世界为什么变得这么老？[N].参考消息，2010-12-5(6). 原载[美]外交政策(双月刊).
2010(11))

(二) 具体任务

分析人口老龄化对某一行业(如保健品、服装、家政服务等)及其中某一企业的影响，
并提出相应对策。

(三) 任务要求

1. 注意人口环境对该行业与企业营销活动的影响。

2. 对宏观营销环境要全面认识。

3. 在进行行业与企业背景资料的收集和整理基础上进行 SWOT 分析。

4. 提出对策建议。

三、实训组织

1. 按实训项目将班级成员以 3～6 人一组分成若干小组，以小组为单位开展实训，采
用组长负责制，组员合理分工，团结协作。

2. 相关资料和数据的收集可以进行实地调查，也可以采用二手资料，由专人负责记录
和整理。

3. 小组充分讨论，认真分析，形成小组的实训报告。

4. 各小组在班级进行实训作业展示。

四、实训步骤

1. 由指导教师介绍实训的目的和要求，对"市场营销环境分析"的实践意义给予说明，
调动学生实训操作的积极性。

2. 分组，每组 3～6 人，选举组长一名，由组长负责本组组员的分工。

3. 各组选定行业和企业，明确实训任务，制定执行方案，指导教师通过之后执行。

4. 各组收集资料并进行讨论分析和整理，形成讨论稿，完成实训报告。

5. 各组将设计好的市场调研报告制成 PPT，并向教师和全班同学汇报，由其他组的同
学提问，教师进行点评。

6. 每个小组上交一份设计好的纸质和电子版的市场调研报告。

第 4 章　购买者行为分析

引　例

SNS 改变生活

我们从门户时代走到了 2.0 时代，再到如今的 SNS 时代，真实生活和虚拟网络之间的界限已经越来越模糊。SNS 的兴起和发展代表了互联网进化的趋势和方向，在其进化的过程中，最为明显的新特征是"真实人际关系网络"。以 Facebook 为代表的第三代 SNS 和普通交友、陌生账号聊天区别开来，线下真实的人际网络被复制到了线上。真实的人际关系成为 SNS 的核心价值，将这场互联网的革命进行得更加彻底。

SNS 的兴起让消费者的角色多元化，他们不只是消费者，同时也是听众、指导者、创造者、传播者与批评者。SNS 实际是把权力赋予了消费者，现在消费者可以不断地通过 SNS 表达自己的想法，他们的在线交谈与传播对于一个公司的品牌资产产生了重要的影响。

SNS 已经改变了消费者与品牌的关系以及品牌的运作方式。过去品牌的营销方式都是单向的，现在则需要采用双向沟通。企业要想利用社交媒体的优势，就必须加入在线对话，与消费者建立联系，进行双向交流。星巴克于 2008 年推出了公司的第一个社会化媒体网站——"我的星巴克点子"(www.MyStarbucksIdea.com)。在该网站上，消费者不仅可以提出各类针对星巴克产品和服务的建议，以及对其他人的建议进行投票评选和讨论，而且可以看到星巴克对这些建议的反馈或采纳情况。从创建之日起该网站就吸引了巨大的流量，在创建的前 6 个月内，网站共收到了约 75000 项建议，以及成百上千的相关评论和赞成票。对于星巴克来说，公司因此从消费者那里获得了一些极具价值的设想和创意，可以用来开发新的饮品、改进服务体验和提高公司的整体经营状况。更为重要的是，通过与消费者进行交流，强化了广大消费者特别是一些老顾客与星巴克的关系和归属感，也塑造了星巴克关注消费者需求和悉心倾听消费者意见的形象，提升了广大消费者对其品牌的好感度。

资料来源：《V-MARKETING 成功营销》

4.1　消费者市场与消费者购买行为分析

4.1.1　消费者市场与消费行为

1. 消费者市场

消费者市场是个人或家庭为了生活消费而购买产品或服务所形成的市场。生活消费是产品或服务流通的终点。在整个市场结构中，消费者市场占重要地位，它的发展直接或间接影响着工业品市场的发展及整个社会经济的发展。

消费者市场的特点：

(1) 消费需求的多样性。人不仅有物质需求，还有精神需求；众多消费者的收入水平、文化素质、职业、年龄、性格、民族、生活习惯等各不相同，因而在消费需求上也表现出各种各样不同的兴趣和偏见；此外，消费者对同一商品的需求往往有多个方面的要求。

(2) 消费需求的层次性。人的消费需求总是由低层次向高层次逐渐发展和延伸的，即低层次的、最基本的生活需求满足以后，就会产生高层次的精神需要。马斯洛的"需求层次论"将人的需求划分为五个层次，即从低到高依次为生理需求、安全需求、社交需求、尊重需求、自我实现需求。

(3) 消费需求的发展性。人永远是有所需要的，旧的需要被满足后又会不断产生新的需要。人们对商品和服务的需求不论是从数量上还是从质量上、品种上或审美情趣等方面都在不断发展，总的趋势是由低级向高级发展，由简单向复杂发展，由单纯追求数量上的满足向追求质量和数量的全面发展。

(4) 消费需求的习惯性。消费需求的习惯性指消费者在长期消费活动中积累下来的一些消费偏好和倾向，如过年吃饺子、放鞭炮等。当然，对一些不好的消费习惯要加以教育引导，甚至控制。

(5) 消费需求的周期性。一些消费需求在获得满足后，在一定时期内不再产生，但随着时间的推移还会重新出现，并具有周期性。如，某些服装款式的需求就具有很强的周期性。

(6) 消费需求的从众性。在某一特定时空范围内，消费者对某些商品或劳务的需求趋向一致，这就是消费需求的从众性，在现实生活中表现为消费流行和消费中的攀比现象。

2. 消费者行为

消费者行为是指最终消费者(个人或家庭)为个人消费而购买产品和服务的行为，所有这些最终消费者构成了消费者市场。美国市场营销协会把消费者购买行为定义为："感知、认知、行为以及环境因素的互动过程，是人类履行生活中交易职能的行为基础。"这个定义首先揭示了消费行为必然包含有消费心理。研究消费心理是把握消费行为的前提，消费者的购买行为在很大程度上受其心理活动的影响和支配，在受到外界各种刺激后，经过其复杂的心理活动过程对这些刺激作出反应，从而引起购买行为的产生。

4.1.2　消费者购买行为模型

消费者有广义和狭义之分。广义的消费者是指生产资料和消费资料的使用者；狭义的消费者是指直接消费产品的人，不包括生产资料消费者。

消费者每天都要做出大量的消费购买决策，很多企业都对消费者购买过程做出的具体决策进行了研究，以了解消费者为什么购买、在哪购买、如何购买、什么时候购买等一系列问题。营销人员可以通过研究消费者的实际购买行为了解他们购买的种类、地点和数量。但是，要了解消费者购买行为的原因却是不容易的事情，因为答案往往藏在消费者的心里。

由于消费者的购买决策过程受心理活动的影响和支配，所以难以具体地观察和测量，但可以通过外部刺激量与消费者最后的行为(反应)之间的联系来判断消费者的决策过程。可以将购买过程分为三个阶段，即外部刺激(S)、内心活动(O)和行为反应(R)，通过建立S－O－R 模式来表示消费者复杂的购买过程，如图 4-1 所示。

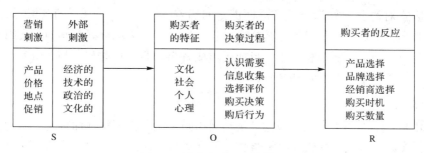

图 4-1　消费者购买行为模型

从消费者购买模型(也叫暗箱理论)中可以看出，消费者的购买过程是在外部刺激的激发下产生了心理状态的不平衡，唤起了自身的需要与欲望，从而采取一定的方式用以消除这种不平衡。满足需要与欲望的过程，是一个从认识问题、搜集信息到解决问题的过程。其中外部刺激主要包括营销刺激和经济、技术、社会和文化等环境刺激。所有这些刺激都要进入消费者内心的"黑匣子"，转换成可观察的消费者反应，即消费者选择品牌、企业的行为，以及消费者购买的种类、时间、地点和频率。除心理因素对消费者决策过程有影响外，其他的消费者个人或社会的因素也会对消费决策有影响。行为模型也包括对购买后的行为的研究，主要是购买后的评价，甚至于商品的处置。

营销人员需要理解刺激物是如何在消费者的"黑匣子"里转换为反应的，这一过程分为两个部分，一是消费者特征影响其对刺激物的感知和反应；二是消费者决策过程本身会影响消费者行为。

4.2　消费者购买行为影响因素

消费者购买行为受到文化、社会、个人和心理特征的强烈影响，如图 4-2 所示，其中大部分因素是消费者无法控制的。

图 4-2　消费者行为影响因素

4.2.1　文化因素

1. 文化

文化是指人类在社会发展过程中创造的一切物质财富和精神财富的总和，是根植于一定的物质、社会和历史传统基础上形成的特定的价值观念、信仰、思维方式、宗教、习俗、艺术等的结合体。文化具有习惯性、动态性、群体性、社会性和无形性的特点。

文化因素对消费者行为产生广泛而深刻的影响，是影响人的愿望和行为的最根本原因。人类的行为主要来自学习，在其社会成长过程中，儿童从家庭和其他社会组织学习到基本的价值观、观念、愿望和行为，形成了对成就与功名、行动与参与、效率与务实、自由、青春、健康、健身的理解和感悟。

2. 亚文化的概念及分类

亚文化是一个不同于文化的概念，是基于相同生活经历和状况而拥有共同价值体系的群体，包括民族、宗教、种族和地域群体。亚文化包括民族亚文化、宗教亚文化、地理亚文化。不同的亚文化会形成重要的细分市场，企业常常可以根据他们的特定需求定制产品和营销活动。

(1) 民族亚文化。不同的民族都各有其独特的风俗习惯和文化传统，他们在饮食、服饰、居住、婚丧、节日和利益等物质文化生活方面各有特点。

(2) 宗教亚文化。不同的宗教群体具有不同的文化倾向、习俗和禁忌，宗教的信仰者都有各自的信仰、生活方式和消费习惯。

(3) 地理亚文化。不同的地理区域由于地理环境、风俗习惯和经济发展水平的差异，直接和间接影响着该地区消费者的生活方式、生活水平、购买力大小。

 小贴士

"弹幕"

2014 年，几部电影的"弹幕试映"将"弹幕"这种小众文化形式推到大众面前。观众可以一边看电影，一边用手机登录特定的页面发出评论，这些评论被即时叠加到银幕上，像子弹一样从右至左飞过，与电影画面形成一种独特的关系。这种"弹幕电影"打破了以往"黑暗中不发声"的观影模式，观众从头到尾一边"吐槽"，一边嬉笑，手中亮着的手机与银幕形成"多屏互动"的格局。

而在网络世界中，"节操精选""哔哩哔哩"这样的应用和网站颇受年轻人的喜欢，原因也在于"弹幕"这种亚文化的吸引力。"弹幕"代表着一种释放，一种自我表达，因而亚文化商业创新的核心就是让这些个性化的族群可以借助产品或者服务宣泄自我。例如，云南的休闲食品"猫哆哩"推出一个新品牌叫"花齿轮"，把自己称之为"专业堵嘴食品"，这本身就是对于"吃货"文化中喜欢吃各种零食的消费亚文化的表达。

(资料来源：http://www.shichangbu.com/article-23627-1.html)

3. 社会阶层

几乎每一个社会都存在一定的等级结构。社会阶层是社会中相对稳定和一致的群体，其成员具有相近的价值观、兴趣和行为。

在现代社会，一般根据职业、社会威望、收入水平、财产、受教育程度、居住区域等综合因素，将人们归入不同的社会阶层。同一社会阶层中的人，因经济状况、价值取向、生活背景和受教育程度相近，其生活习、消费水平、消费内容、兴趣和行为也相近。尤其在服装、家装、休闲和汽车消费上，不同社会阶层的人们表现出明显的产品和品牌偏好。

知识链接

麦肯锡：下一个十年的中国中产阶级——他们的面貌及其制约因素

我们将中国的中产阶级划分为两大类：大众中产阶级——家庭年收入在 6～10.6 万元人民币之间，相当于 9000～1.6 万美元之间，这个群体在 2012 年占城市家庭的 54%；上层中产阶级——家庭年收入在 10.6 万元人民币到 22.9 万元人民币之间，相当于 1.6～3.4 万美元之间，这个群体在 2012 年占城市家庭的 14%，其消费额占城市居民消费总额的 20%。也许到 2020 年，这个结构会大为不同，上层中产阶级将占到城市家庭的 54%，其消费额将占城市居民消费总额的 56%，而大众中产阶级占比约为 13%。不过，这一前景的前提条件是中产阶级家庭收入保持持续增长。

大众中产阶级向上层中产阶级的华丽转身，将为企业带来更加成熟、更具吸引力的市场。相对于大众中产阶级，上层中产阶级消费者更愿意为优质产品支付溢价，对知名品牌更为信任，并且更愿意为非必需品及服务埋单。他们的视野也更加国际化，对国际品牌持开放态度，甚至充满渴望。

中国的上层中产阶级消费者正在日趋成熟。逛街购物已经不再是理想的全家活动，与 10 年前相比，他们花在休闲活动和旅游上的时间明显更多。2000—2012 年，中国的酒店客房接待能力增长了 4 倍；自 2010 年以来，电影院的票房收入增长已超过 30%，仅 2013 年一年就有超过 1000 家新电影院开业。

上层中产阶级是富裕一族，他们在购物方面也比大众中产阶级更为经验老道。将近 60% 的上层中产阶级消费者购买过数码相机，而在大众中产阶级中，这一比例仅为 40%。与此类似的是，51% 的上层中产阶级购买过笔记本电脑，而在大众中产阶级中这一比例仅为 32%。衣物柔软剂的购买情况也印证了同样的规律，56% 的上层中产阶级购买过该产品，而大众中产阶级仅为 36%。

相比普通大众，不断壮大的中国上层中产阶级具有明显的外向型心态，他们更愿意选购洋品牌。洋食品和洋饮料受到 34% 的上层中产阶级青睐，比起普通市民要高 10 个百分点。另外，上层中产阶级更倾向于出国旅行。2012 年，10% 的城市中产阶级选择出国旅行，而整个中国城市人口中只有 3% 选择出国旅行。这种国际视野的形成受多种因素的影响，上层中产阶级受教育程度更高，外语能力更强，其中 34% 的人拥有大学本科或以上学历，26% 的人听得懂英语并且会说。他们也因此成为金融服务、专业服务以及旅游业等新兴高薪职业的宠儿。

(资料来源：2014 年《中国发展研究基金会研究参考》)

4.2.2 社会因素

消费行为也要受到社会因素的影响，如消费者的相关群体、家庭、社会角色和地位。

1. 相关群体

相关群体是指对个人行为造成影响的群体。参照群体是指那些对人的态度和行为起直接(面对面)或间接对比、参考作用的群体。

相关群体有两种基本类型，一种是个人具有成员资格的群体，受其影响的群体包括主要群体和次要群体。其中，主要群体是指那些关系密切，经常发生相互作用的非正式群体，如家庭成员、亲朋好友、邻居和同事等，这类群体对消费者的影响最强；次要群体是指较为正式但日常接触较少的群体，如宗教、专业协会和同业组织等，这类群体对消费者的影响强度次于主要群体。另一相关群体类型是个人并不具有成员资格的群体，或期望成为成员的群体，如社会名流、文艺明星、体育明星、影视明星等各界名人。

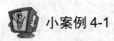 小案例 4-1

"可怕的奢侈品消费者"

在女生张茜的想象中，一个标准的中国奢侈品消费者存在两种分裂的形象：平时穿着 Amani 中规中矩的套装，在北京 CBD 的高档写字楼中有一间自己的办公室，英语流利并每年去欧洲度假一个月；或者是另一种"可怕"的情况，即穿着皮尔卡丹的西装，系着金利来皮带，用带有浓重乡音的普通话告诉香港的某位售货小姐，"我要买一块劳力士金表"。

参照群体展现给人们新的行为和生活方式，影响人们的态度和自我概念，形成使人们选择产品和品牌时行为趋于一致的压力。参照群体的影响程度因产品和品牌的不同而有所差异，当产品被消费者崇拜的人所使用时，这种影响力最明显。

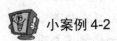 小案例 4-2

"包法利夫人"高小姐

对于在上海一家广告公司工作的高小姐来说，她的"比萨"是一个标价 5700 元的 Ferragamo 白色挎包。在买这个包之前，她犹豫了很长时间。"毕竟我去年才从学校毕业，现在一个月收入也不过 4000 左右，为了买这个包，我两个月没有买一件衣服，天天在公司吃盒饭。但是我们这种公司大家都很注意品牌，特别是一些香港过来的女同事，眼睛好厉害，见面第一眼就看你穿什么鞋，背什么包。相比套装来说，一个包可以天天带，背好多年都不会过时，而且跨上后确实整个人的气质就不一样了，特显档次，我觉得这是最划算的消费了。"

像高小姐这样停留在买品牌包阶段的女孩被称为"包法利夫人"：因为收入不够，她们只能通过购买名牌相对便宜的配件来暗示自己也是富裕阶层的一员。

互联网时代出现了新的社交方式——在线社交网络。在线社交网络(Online Social Networks，OSN)是人们交往和交换信息、意见的网上社区，包括博客和社交网站，如微信、豆瓣、开心网、人人网、Myspace、Bookface、Twitter，也包括第二人生这样的现实社会组织。这一行的高科技口碑营销方式在消费者购买行为方面发挥着重大的作用。

2. 家庭

家庭是最重要的相关群体之一，同时又是社会中最重要的消费者购买组织。购买者的家庭成员对其行为的影响很大。消费者以个人或家庭为单位购买产品。对于不同产品类别和不同时期购买阶段，夫妻的卷入程度不同。

(1) 丈夫支配型。丈夫支配型指家庭购买决策权掌握在丈夫手中，如高科技产品、汽车等。

(2) 妻子支配型。妻子支配型指家庭购买决策权掌握在妻子手中，如食物、日用品和服装等。

(3) 共同支配型。共同支配型指大部分购买决策由家庭成员共同协商作出，如房子、家居旅游、保险等。

随着消费生活方式的变化，购买角色也会发生变化。由于社会教育水平增高和妇女就业增多，妻子在购买决策中的作用越来越大，许多家庭由丈夫支配型转变为妻子支配型或共同支配型。孩子对家庭购买决策的影响也很大，美国 3600 万 3～11 岁的儿童有约 180 亿元可支配的收入，他们还影响父母为他们购买食物、服装、娱乐和个人护理产品等共 1150 亿美元开支。研究表明，孩子对度假地点、汽车和手机等家庭决策影响也很大。

3. 角色与地位

每个人都从属于很多的社会群体，如家庭、俱乐部以及各类组织，然而每个人在各群体中的位置由角色和地位来决定。每一种角色都伴随着一种地位，这一地位反映了社会对该角色的总评价，人们往往选择符合其角色和地位的产品。一个人在公司的角色是品牌经理，在家庭里是妻子和母亲，在俱乐部是个活跃的爱好者；作为品牌经理时，她会购买反映她在公司角色和地位的服装。

4.2.3　个人因素

消费者的购买决策也受到个人特征的影响，特别会受其年龄、生命周期阶段、职业、经济环境、生活方式、个性，以及自我观念的影响。

1. 年龄和生命周期阶段

人们在生命周期的不同阶段对商品和服务的选择会发生变化。人对食物、服装、家具和娱乐的品位与年龄相关，如图 4-3 所示。消费者在家庭生命周期的不同阶段中逐渐成熟。不同年龄阶段的人由于各自的生活经历不同，接受的价值观、审美教育不同，因而思维方式也存在较大的差异。

图 4-3　90 后的品牌观

2. 收入水平

市场需求是指具有购买能力的有效需求，人们的消费行为必然要受到收入水平的制约。消费者收入水平的变化必然会在消费商品或服务的数量、质量、结构，以及消费方式等各个方面体现出来。收入敏感型产品要及时关注顾客个人收入、积蓄和利率的变化，单经济指标显现衰退的时候，营销者要及时对产品进行重新设计、定位和定价。

3. 生活方式

生活方式是个人生活的模式，包括消费者 AIO 三个维度的测量：行为(A)——工作、爱好、购物、运动和社会活动；兴趣(I)——食物、时尚、家庭、娱乐；观念(O)——有关自我、社会问题、商业、产品的看法。消费者不仅购买商品，还购买这些商品体现的价值和生活方式。

进取型生活方式的人把大量时间和精力投入工作和学习，归属型生活方式的人则重视家庭生活、依惯例行事等。具有不同生活方式的消费者对一些商品或品牌有各自不同的偏好，营销者需深入了解产品与各种生活方式消费者群体的关系，从而加强产品对特定消费者生活方式的影响。

4. 个性和自我概念

个性是人对环境做出相对一贯或持久反应的独特心理特征，是一个人比较固定的特性，如自信或自卑、冒险或谨慎、倔强或顺从、独立或依赖、合群或孤高、主动或被动、急躁或冷静、勇敢或怯懦等。每个人的个性显著影响他的购买行为，例如，喜欢冒险的消费者容易受广告的影响，成为新产品的早期使用者，自信或急躁的人的购买决策过程较短，缺乏自信的人购买决策过程较长。

自我形象是与个性相关的一种观念，即人们怎样看待自己。自我概念的基本观点是人们的所有物反映了人们的身份，即"我们就是我们拥有的(那些东西)"。人们总希望保持并增强自我形象，并把购买行为作为表现自我形象的重要方式。因此，消费者一般倾向选择符合或能改善其自我形象的产品或服务。

4.2.4 心理因素

心理是人的大脑对于外界刺激的反应方式与反应过程。正如一开始就指出的，消费者的购买行为模式在很大程度上就是建立在其对外界刺激的心理反应基础之上的。但由于个人思维方式和反应方式是主观的，对于同样的外在刺激，不同的人心理状况是很不相同的。因为除了天生就有的无条件反射之外，人的绝大多数心理特征都是在其生活经历中逐步形成的。由于人们生活经历的千差万别，其心理状况也自然千变万化，各不相同，这是使得消费者购买行为变得十分复杂的重要原因。影响消费者购买行为的心理因素主要包括动机、学习、知觉、信念和态度。

1. 动机

人类的行为是由动机支配的，动机则由需要引发。需要是人们由于缺少而导致的一种不平衡状态，当它达到一定程度时，便成为一种驱策力。当这种驱策力被引向一种可以减弱或消除它的刺激物时，便成为一种动机。因此，动机是行为的直接原因。

1) 需求层次理论

美国心理学家马斯洛把人的需求分成五个层次，依次是生理需求、安全需求、社交需求、尊重需求和自我实现的需求。

(1) 生理需求。生理需求是维持个体生存和人类繁衍而产生的需求，如对食物、空气、水、住所等的需求。

(2) 安全需求。安全需求即在生理及心理方面免受伤害，获得保护、照顾和安全感的需求，如要求人身的健康，安全、有序的环境，稳定的职业和有保障的生活等。

(3) 社交需求。社交需求也是爱和归属的需求，即希望给予或接受他人的友谊、关怀和爱护，得到某些群体的承认、接纳和重视的需求，如社交、友爱、结识朋友、交流情感、获得爱情、参加某些社会团体等。

(4) 尊重需求。尊重需求即希望获得荣誉，受到尊重和尊敬，博得好评，得到一定的社会地位的需求。自尊的需求是与个人的荣辱感紧密联系在一起的，它涉及独立、自信、自由、地位、名誉、被人尊重和赏识等多方面内容。

(5) 自我实现的需求。自我实现的需求即希望充分发挥自己的潜能，实现自己的理想和抱负的需求。自我实现是人类最高级的需求，它涉及认识与理解、审美、创造等内容。

较低层次的生理需求得不到满足，人们可能就无法正常生活，人类的生命就会因此受到威胁。从这个意义上说，生理需求是推动人们行动最首要的动力。马斯洛认为，只有这些最基本的需求满足到维持生存所必需的程度后，其他的需求才能成为新的激励因素，而到了此时，这些已相对满足的需求也就不再成为激励因素了。

知识链接

有关动机体系的理论

1. 弗洛伊德的精神分析理论

西格蒙德·弗洛伊德(Sigmund Freud)的精神分析理论重在对人的无意识的研究，认为人的心理由意识、前意识和潜意识组成。意识是人们可感知的心理部分，潜意识是人的原始冲动，是人无法知觉的心理部分，而前意识介于意识和潜意识之间，是人们能够回忆起来的经验，是意识与潜意识的中介。弗洛伊德又进一步把人格结构分为本我、自我和超我。本我是心理体系中最原始的，即冲动、欲望等，是人格的主动力；自我占据着人格的中心部分，进行知觉、学习、记忆、推理等；超我在人格中最后形成，反映着社会的各项准则，一般称为道德、良心和理想等。本我根据快乐原则仅指向使其本能得到满足，自我是由本我的一部分分离出来的，用于协调外界、超我和本我的各自要求。自我承受着由外界、超我和本我三方面带来的压力。人在正常的情况下，本我、自我和超我不能分为相互对立的三个领域，而是作为一个单位活动的整体。也就是说，人类的行为是本我、自我、超我三个组织相互作用的产物。

人们有意识地压抑自己的本能冲动，但无意识的本能冲动决不能消除，也不能完全加以控制，常以梦、失言、笔误，以及许多神经症状而显现出来，也会以升华或其他文饰方式表现出来。因此，人类的行为是很复杂的。人在成长和接受社会规范的过程中有很多欲望受到约束，这些欲望既无法消除也无法被完善的控制，它们会出现在梦境中，脱口而出或出现在神经质的行为中。因此，个人不可能真正了解自己的动机。对于消费者来说，许多购买和消费动机也许是被深层次动机驱动的，人们只有通过探索潜意识才能确定这种动机。

在西方学术界，弗洛伊德的精神分析理论一直存在很多争议，但这一理论对于分析消费者行为仍具有重要的启示意义。虽然无法断定消费者行为是否真的受无意识的支配，但可以肯定的是，消费者在购买活动中的确有冲动和不理智的行为表现，用完全理性的模式是无法解释的。精神分析理论提醒人们在分析消费者行为时，应特别重视研究消费者深层的心理需要，以及这些需要以何种形式反映在购买行为上。

2. 内驱力理论

美国心理学家赫尔(CL.Hull)是内驱力理论的主要代表，他认为机体的需要产生内驱力，内驱力激起有机体的行为。在赫尔的理论中，内驱力主要有两种，即原始性内驱力和继发性内驱力。原始性内驱力同生物性需要状态相伴随，并与有机体的生存有密切联系。这些内驱力产生于机体组织的需要状态，如饥、渴、空气、体温调节、大小便、睡眠、活动、性交、回避痛苦等。继发性内驱力是针对情境(或环境中的其他刺激)而言，这种情境伴随着原始性内驱力的降低，结果就成了一种内驱力。也就是说，以前的中性刺激由于能够引起类似于由原始性内驱力所引起的反应，而具有内驱力的性质。赫尔认为，要形成学习行为，必须降低需要或由需要而产生的内驱力；为了使被强化的习惯产生行动，必须要有与之相适应的诱因，而且必须引起内驱力。

赫尔的动机理论主要有两点：有机体的活动在于降低或消除内驱力；内驱力降低的同时，活动受到强化，因而是促使提高学习概率的基本条件。因此，赫尔的动机理论也被称为内驱力降低理论。内驱力理论与弗洛伊德的精神分析理论都是比较早期的动机理。从消费者行为角度来理解，内驱力理论揭示了一个消费者面对将购买的产品时，如果习惯性强度、内驱力、诱因各因素越强烈，则购买的可能性就越大；如果其中某个因素为零，则购买行为不会发生。

3. 赫茨伯格的双因素理论

弗雷德里克·赫茨伯格(Frederick Herzberg)提出了动机的"双因素理论"，主要广泛运用于企业市场营销活动的分析中。赫茨伯格通过区分满意因素(激励因素)和不满意因素(保健因素)，使消费者经过仔细评估后，产生购买与否的决策。产品的基本功能或为消费者提供的基本利益与价值，能够使消费者产生心理上的舒适和满足感，可视为满意因素；反之，使消费者感到不能满足自己心理需要的事物，称为不满意因素。所有影响动机的因素中，哪些属于保健因素，哪些属于激励因素，并不是固定不变的。例如，随着社会生产水平的提高和科技的发展，许多产品的消费者早已不仅仅是满足于一些传统意义上的基本功能，那些在过去被看作是动机的激励因素，随着消费者消费观念的改变，有可能发生了变化，而成为了保健因素。

2) 动机的类型

(1) 求实动机。求实动机即注重商品的实际效用，使用的方便性及其耐久性。

(2) 求美动机。注重商品的造型、色彩、包装、装潢，希望在消费商品的同时，得到美的享受。

(3) 同步动机。由于社会风气、时代潮流、社会群体等社会因素的影响，消费者通常会产生迎合某种流行风气或群体的同步动机，这种购买动机最突出表现在流行服饰、时尚消费品的购买。

(4) 求名动机。消费者通常重视商品的商标与牌名。

(5) 选价动机。价格是大部分消费者购买商品时都注重的，但有些人在购买馈赠礼品时，却购买价格较高的商品。因此，求廉和求贵都属选价心理。

(6) 便利动机。消费者购买商品希望获得方便、快捷的体验和服务，并要求商品携带方便、使用方便和维修方便。

(7) 惠顾动机。具有这种心理的消费者，是由于他们长期习惯于使用某种产品或服务，对某种产品或服务产生了特殊的好感，于是往往习惯性地购买某个品牌的商品或服务，甚至乐于充当义务宣传员，去树立某种商品的良好形象，扩大它们的正面影响。

(8) 偏好动机。某些消费者由于受习惯爱好、学识修养、职业特点、生活环境等因素的影响，会产生对某类特殊商品稳定、持续的追求与偏爱。

(9) 求奇动机。许多消费者对构造奇特，式样新颖或富有特别科学趣味的商品感兴趣，因而产生一种好奇心，并希望能亲自试用，以满足其求新求异的欲望。

(10) 习俗动机。由于地理、气候、民族、宗教、信仰、历史、文化和传统观念的影响而产生的习俗心理，也会影响消费者的购买行为。

(11) 预期动机。消费者在进行现实购买时，不仅注意眼前的商品，还会对未来市场进行粗略的估计。当消费者预计某种商品的近期市场可能供不应求时，就会加速加量购买，甚至出现抢购行为；当消费者预计某种商品的近期市场将会供过于求时，就会持币待购，采取观望的态度。

2. 学习

影响消费者行为的另外一个重要因素就是学习。学习是指个体在活动中获得经验的过程和结果。一个人通过学习可以获得任何经验，包括知识和技能，也可以获得新的行为方式。一般来说，学习过程是驱策力、刺激物、诱因、反应和强化因素相互影响和相互作用的结果，如图 4-4 所示。

图 4-4　学习过程示意图

3. 知觉

消费者有了购买动机之后可能产生行动，但是采取怎样的行动则要受其对客观情景的知觉而定。所谓知觉，是指人通过感觉器官对客观刺激物和情境的反应或印象。消费者不仅会对不同的刺激物和情景产生不同的直觉，还会对同一刺激物和情境产生不同的知觉。心理学家认为，知觉是一个有选择的心理过程，这种心理过程主要包括选择性注意、选择性解释、选择性记忆三个方面。

(1) 选择性注意。对消费者的刺激因素有很多，但不是所有因素都会引起消费者的注意，只有那些与自己主观需要有联系的事物和期望才会被注意。

(2) 选择性解释。消费者对感觉到的事物并不能如实地了解客观事物的本性，而往往是按照自己先入为主的认知或根据自己的兴趣、爱好来说明、解释感觉到的事物，即对其认为正确的信息进行正面的解释，而对其认为错误的信息就会进行负面的解释。外界很难保证消费者所解释的信息是否符合信息传达者的意愿或初衷。

(3) 选择性记忆。尽管人的记忆容量很大，但在生活实践中人们不可能将其所感知的东西全部记下，而是记住那些支持其看法和信念的信息。

4. 信念和态度

通过行为和学习，可使人们产生一定的信念和态度，而信念和态度反过来又影响着人的购买行为。

信念是人们对某种事物比较固定的看法，例如"吸烟有害健康""汽车越小越省油"等。信念建立在知识、信任和传闻的基础之上，这个基础有可能是科学的，也有可能带有偏见和误差。

态度是人们长期保持的关于某种事物或观念的是非观、好恶观，是消费者在长期的学习和社会交往过程中形成的，一经形成则不易改变。如，美国人一直以来都乐意为商品和服务的延期付款支付很高的利息；德国人则不愿意利用信用而进行购买；中国人不习惯通过支付利息进行购买，不愿意进行信用消费和投资，他们宁愿把钱存到低息的银行。

当然态度和信念都是可以改变的，企业市场营销要想改变消费者的态度可以通过三种方式来实现，即改变人们对产品属性的信念；改变这些信念相关因素的重要性；增加新的信念。

4.3　消费者购买决策过程

4.3.1　消费者购买行为类型

1. 依据消费者决策过程的复杂程度来区分

依据消费者决策过程的复杂程度不同，可将消费者购买行为分为复杂的购买行为、解决有限问题的购买行为、习惯性购买行为。

(1) 复杂的购买行为。复杂的购买行为一般指消费者介入程度较高或品牌间差异较大，而消费者对商品的具体品牌不熟悉，尚未建立起相应的品牌评价标准，且消费者有较多的时间进行充分考虑的情况下发生出的购买行为。这种购买行为的特点是消费者在决策过程中通常要进行大量的信息搜集，并对各种待选品牌作广泛而深入的评价、比较。因此，要形成广泛解决问题的购买决策，消费者首先要在广泛收集信息和全面评估的基础上制定购买决策，同时还需要在购买后认真进行评价。

对于复杂的购买行为，营销人员应该帮助消费者掌握商品知识，运用各种途径将本品牌的优点展现出来，以影响顾客的最终购买决定。

(2) 解决有限问题的购买行为。解决有限问题的购买行为是指消费者对某类商品的各种品牌有了一定的了解，或者已经建立起了一些基本的评价标准，但还没有形成对某一品牌的偏好，因而还要进一步了解各种品牌的差别，以便能够作出最理想或最满意的选择。家电、服装、家具等的购买大多属于解决有限问题的购买行为，这些商品价值相对较高，但是消费者无法轻易看出各品牌之间的差别。面对这种购买行为，营销人员要通过各种途径经常提供有利于本企业及产品的信息，使顾客对本企业产品产生美好联想进而加速购买进程。

(3) 习惯性购买行为。习惯性购买行为是指消费者对所选购的商品和品牌比较了解，已经建立起了明确的评价标准，可以根据自己所掌握的知识或经验习惯性地作出购买决策。这类购买行为不需要顾客花费太多的精力去收集信息和进行评价，顾客的参与程度低。这一类型的决策所涉及的通常是价格较低、品牌差异性较小的商品。针对消费者对本企业的习惯性购买行为，企业应当通过提供优质的产品和服务、拓展销售渠道方便顾客购买来强化习惯性购买行为；但如果消费者的购买行为是针对竞争对手的，则要设法改变顾客的习惯性购买行为。

2. 依据消费者的态度和要求来区分

依据消费者的态度和要求不同，可将消费者购买行为分为理智型、情感型、冲动型、经济型、炫耀型。

(1) 理智型。理智型消费者的特点是在购买活动中善于观察和分析比较，通过整理自己的经验和广泛收集所需要商品的信息，并进行周密的分析和思考，才作出购买决策。因此，此类消费者的购买行为以理智为主，很少感情用事，主观性较强，不受他人及广告宣传的影响，能在整个购买过程中保持高度的自主，并始终由理智来支配行为且挑选商品仔细、认真，很有耐心。

(2) 情感型。情感型消费者的购买行为特点是带有浓厚的感情色彩，表现在选购商品时感情体验深刻，想象力和联想力特别丰富，审美感觉也比较灵敏。这类消费者在购买活动中比较容易受外界因素的影响，如广告宣传、商品展销、社会流行等。他们选购商品时，对商品的外观造型、款式比较挑剔，而对商品价格高低、性能好坏较为忽视。

(3) 冲动型。冲动型消费者的特点是情绪易波动，心境变化剧烈，对外界的刺激反应敏感，在购买过程中表现为冲动式购买。他们对产品的选择以直观感觉为主，易受广告宣传或产品造型、色调等外观的影响，并喜欢追求新产品和时尚产品，对价格是否合算、产品是否真正适用不大考虑，常凭个人兴趣购买，交易迅速，买后往往感到并非是自己最满意或最需要的，进而产生懊悔之情。

(4) 经济型。经济型消费者在购买商品时多从经济角度考虑，他们特别注重商品的质量、使用效果，对商品的价格非常敏感，但不是一味追求商品的低价格，而是比较注重商品的实用性。

(5) 炫耀型。炫耀型消费者在购买商品时，多考虑商品的象征性，力求通过商品的某种属性突出自身的价值，往往以追求名牌、高档商品来显示或提高自己的身份、地位。这类购买还含有减少购买风险、简化决策程序和节约购买时间等特点。

3. 依据消费者购买目标的选定程度区分

依据消费者购买目标的选定程度不同，可将购买行为分为完全确定型、半确定型、不确定型。

(1) 完全确定型。完全确定型消费者在进入销售现场发生购买行为之前，已有明确的购买目标，对所要购买商品的种类、品牌、价格、性能、规格、式样等都有明确的要求。因此，这类消费者一般能有目的地选择商品，并主动提出需购商品的各项要求，一旦商品合意，就能果断成交。

(2) 半确定型。半确定型消费者在进入销售现场前已有一个大致的购买目标，但目标还不是很具体、清晰，最后的购买决定是经过选择比较而完成的。

(3) 不确定型。不确定型消费者在进入销售现场发生购买行为前没有任何明确的购买目标，是否发生购买行为与商店内外部环境条件及消费者心理状态有关。

4.3.2 消费者购买决策过程

消费者的购买决策过程是指消费者购买行为或购买活动的具体内容、步骤、程度、阶段等。广泛解决问题的购买决策和解决有限问题的购买决策均需经过认识问题、信息搜集、品牌评价、购买、购后评价五个阶段，如图 4-5 所示。习惯性购买决策虽然很少涉及信息搜集和品牌评价，但在形成习惯性购买之前，消费者是不能跨越这两个阶段的。下面对购买决策过程的五个阶段做较为深入的讨论。

图 4-5　消费者购买决策过程

1. 确认需要

购买者的需要往往由两种刺激引起，即内部刺激和外部刺激。例如，口渴时会产生找水解渴的动机；看到橱窗中展示的服装非常好看，禁不住驻足细看，甚至产生想买下来的念头。碰到这种情形，消费者都会在头脑中对需要和与欲望加以清理、确认，以决定是否采取和如何采取行动。在这个阶段，市场营销者所能做的就是如何加强对消费者的刺激，以激起消费者购买的动机和欲望。

2. 收集信息

一般来讲，引起的需要不是马上就能被满足的，消费者需要寻找某些信息，以帮助其决策。消费者信息来源主要有四种：个人来源，即家庭、朋友、邻居、熟人；商业来源，即广告、推销员、经销商、包装、展览会与展示；公共来源，即大众媒体、消费者评比机构；经验来源，即处理、检查和使用产品。

影响信息搜集量的因素：

(1) 信息搜集所带来的边际收益。与引起的边际成本比较，边际收益主要表现在消费者住地与产品出售商店之间的距离、交通费用、时间的机会成本，各种备选品牌的数量，不同品牌在价格、品质等方面的差异程度，消费者对所购商品的了解与经验等方面。很显然，如果同一产品领域的品牌很多，各品牌之间彼此差异化程度比较高，消费者对该商品又不太了解，进一步搜集信息所带来的收益就比较大；反之，则搜寻收益较小。

(2) 与产品风险相关的因素。购买风险因素与产品购买相联系的风险很多，如财务风险、功能风险、心理风险、时间风险、社会风险等。一旦消费者认为产品或服务的购买涉及很大的风险，他将花更多的时间、精力搜集信息，因为更多的信息有助于减少决策风险。例如，一项研究发现，消费者在购买服务类产品时，一般不像购买有形产品时那样当机立断，而且很多消费者倾向于更多地将别人的经验作为信息来源。这种现象的原因在于服务产品是无形的，不似有形产品那样标准化，其具有更大的购买风险。

(3) 购买者的不确定性。购买者的不确定性包括两方面含义：一是知识的不确定性，即消费者对产品具备哪些功能，这些功能的重要性如何，不同品牌在这些功能上的表现如何等存在不确定感；二是选择的不确定性，即消费者对最后选择哪一个品牌存在犹疑和不确定感。消费者可以在具有很多知识不确定性的情况下，在选择上拥有较低的不确定性，反之亦然。一些具有丰富购买知识的人，对选择何种品牌仍感到非常困难；相反，那些对被选产品知之不多的人，则可以在作出选择时表现出十足的自信。

(4) 消费者因素。个性、人口特征、消费者知识水平等同样影响外部信息搜集活动。具有外向性格，心胸开阔的人以及自信心强的人，一般与更大量的信息搜集活动相联系。对某一产品领域缺乏消费经验的消费者，更倾向于大量搜集信息。当消费者对所涉及的产品领域越来越具有消费经验时，他的信息搜集活动将减少。应当指出的是，消费经验与外部信息搜集活动之间这种此消彼长的关系，只适用于已经具有某种最起码或最小经验水平的消费者。如果消费者根本没有关于某类产品的消费知识或经验，他可能会由此而不敢大胆地从各方面搜集信息，从而很少从事信息搜寻活动。

(5) 情境因素。影响信息搜寻活动的情境因素很多，首先是时间因素，可用于购买活动的时间越充裕，搜寻活动可能越多。其次是消费者在从事购买活动前所处的生理、心理状态，消费者的疲惫、烦躁、身体不适等均会影响消费者搜集外部信息的能力。再次是消费者面临的购买任务及其性质，如果购买活动非常重要，比如是为一位要好的朋友购买生日礼品，那么购买将会十分审慎，并伴有较多的外部信息搜集活动。最后还有一个重要的情境因素是市场的性质，研究人员发现，伴随着备选品数量的增加，消费者会从事更多的搜寻活动；同样，如果出售同类物品的店铺较多，而且彼此靠近，消费者会更多地进行信息搜寻。

针对收集信息阶段，企业营销的关键在于掌握消费者在收集信息时会求助于哪些信息源，并能通过这些信息源向消费者施加影响力。

3. 评估方案

消费者在获得全面的信息后，就会用这些信息以一定的评价方法对不同品牌进行评估，并根据评估结果进行选择。一般而言，消费者的评价行为涉及三个方面，即评价标准、品牌选择原则、消费者的评价方案原则。

1) 评价标准

评价标准实际上就是消费者在选择品牌时所考虑的产品属性，这些属性与消费者所要解决的问题以及在此过程中获得收益时所支出的成本直接联系。

不同消费者赋予同一产品属性的权重是不同的，有的最看重质量，有的最看重价格，有些则十分注重某些特殊的功能。消费者在考虑产品属性时，在权重上往往会有轻有重。比如在购买手机时，消费者所采用的评价标准可能是外观、价格、售后等属性或因素。因此对于不同类型的产品，不同个人所适用的评价标准都是不同的。从企业营销角度看，首先要确定的是在某一具体的产品购买上，消费者是采用哪些标准来作出选择的。评价标准还涉及品牌属性的权重，即各种评价标准的相对重要性。

2) 品牌选择原则

品牌信念是指消费者对某种品牌优劣程度的总体看法，是消费者对某品牌的某一属性已达到何种水平的评价。

3) 消费者的评价方案原则

消费者的评价购买方案原则不是唯一的，通常是根据产品和市场情况选择适当的原则。具体来讲，消费者在实际购买过程中可采用的评价原则主要有以下几种。

(1) 最大满意原则。力求通过决策方案的选择、实施，取得最大效用，使某方面的需要获得最大满足。

(2) 相对满意原则。在购买决策时，只需做出相对合理的选择，达到相对满意即可，最终能以较少的代价取得较大的效果。

(3) 遗憾最小原则。由于任何决策方案都达不到完全满意，所以只能以产生的遗憾最小作为决策的基本原则。

(4) 预期满意原则。与个人的心理预期进行比较，从中选择与预期标准吻合度最高的方案作为最终决策方案。

在评估购买方案的过程中，消费者常常要考虑多种因素。因此，企业如果能够搞清楚消费者评估诸因素的不同重要性，通过营销手段强化消费者看重的因素，弱化次要因素和消极因素，就可能取得更多消费者的青睐。

4. 购买决策

经过对各种备选品牌进行评价、比较后，消费者形成了对某一品牌的偏好和购买意向。然而，消费者并不一定会马上采取购买行动，在购买意图和决定购买之间有三种因素会起作用。

(1) 他人态度。消费者的很多购买行为是在多人共同参与之下进行的，因而朋友、家人、同事等的态度对购买行为能否最终完成有着重要影响。

(2) 购买风险。消费者延迟购买或取消购买决定，往往是意识到了风险的存在。一般而言，购买风险越大，消费者对采取最后购买行动的疑虑就越多，或者对购买就更为审慎，这样就更容易受他人态度的影响，也更容易受其他外部因素的影响。

(3) 意外情况或意外事件的出现。这又可具体分为两个方面：一个方面是与消费者及其家庭有关的因素，如收入的变化、意外的开支、工作的变动、身体上的不适、家人或朋友的意见等；另一个方面是与产品或市场营销活动有关的因素，如新产品出现后将形成现产品的降价或低价，以及新的促销手段出现等。市场营销人员必须了解引起消费者有风险感的那些因素，进而采取措施来减少消费者的可觉察风险。

5. 购后评价

消费者购买产品后，可能获得满足，这将鼓励他今后重复购买或向别人推荐该产品；如果不满意，则会尽量减少不和谐感，因为人有一种在自己的意见、知识和价值观之间建立协调性的机制。

消费者在购后会对该产品形成一个综合的评价，把他所感知的商品实际效用与他对产品的预期进行比较。若实际感知效应与预期大体相当，则消费者基本满意；若实际感知效用超过预期，就会感到非常满意；反之，若实际感知没有达到消费者的预期，就会感到非常失望和不满。消费者是否满意，会直接影响他以后的购买行为。如果满意，消费者就会产生重复购买行为，逐渐变成忠诚顾客，并且会向周围的人和朋友传播企业和产品的正面信息；反之，如果顾客对这次购买不满意，不仅会进行投诉、退货和不再购买等行为，还会传播企业和产品的负面口碑。

4.4　组织市场及其购买行为

4.4.1　组织市场的概念和类型

1. 组织市场的概念

组织市场是指一切为了自身生产、转售或转租，以及用于组织消费而采购的一切组织构成的市场。组织市场是相对于消费者市场而言的，是以某种正规组织为购买单位的购买者所构成的市场。消费者市场是个人市场，组织市场是法人市场。

2. 组织市场的类型

组织市场主要包括生产者市场、中间商市场、非营利组织市场和政府市场。

(1) 生产者市场。生产者市场也叫产业市场，是指为了再生产而采购的组织所形成的市场。它们采购货物或劳务的目的是为了加工生产其他产品供出售或出租，以从中营利。换言之，这个市场购买者的目的是为了通过加工来营利，而不是为了个人消费。生产者市场主要由以下产业构成：① 农、林、渔、牧业；② 采矿业；③ 制造业；④ 建筑业；⑤ 运输业；⑥ 通信业；⑦ 公用事业；⑧ 银行、金融、保险业；⑨ 服务业，所有这些产业对生产用品的需求，都属于生产者市场。

(2) 中间商市场。中间商市场则是指为了转售而采购的组织所形成的市场，中间商市场主要包括批发商、零售商、代理商和经销商。

(3) 非营利组织市场。所谓非营利组织市场是指为了维持正常运作和履行职能而购买产品和服务的各类非营利组织所构成的市场。非营利组织泛指一切不从事营利性活动，即不以创造利润为根本目的的机构团体。在我国，习惯以"机关团体事业单位"称谓各种非营利组织。

(4) 政府市场。政府市场是指那些为执行政府的主要职能而采购或租用商品的各级政府单位。也就是说，一个国家政府市场上的购买者是该国各级政府的采购机构。由于各国政府通过税收、财政预算等，掌握了相当大一部分国民收入，所以形成了一个很大的政府市场。

4.4.2　组织市场购买行为的特点

(1) 购买者的数量较少，规模较大。在产业市场上，购买者绝大多数都是企业单位。因此，产业市场的购买者数量必然比消费者市场少得多，购买者的规模也必然大得多。

(2) 购买者集中。组织市场的购买者往往集中在少数地区。比如，我国汽车配件的采购者往往集中于一些汽车厂。

(3) 组织市场的需求是"引申需求"。组织需求是一种派生需求，组织机构购买产品是为了满足其顾客的需要。也就是说，组织机构对产品的需求归根结底是从消费者对消费品的需求中派生出来的。显然，皮鞋制造商之所以购买皮革，是因为消费者要到鞋店去买鞋的缘故。

(4) 组织市场的需求缺乏弹性。在产业市场上，产业购买者对产业用品和劳务的需求受价格变动的影响不大。例如，如果皮革的价格下降，制造商不会购买很多的皮革。产业市场的需求在短期内尤其缺乏弹性，因为生产者不能在短期内对其生产方法做出很大的改变。

(5) 组织市场的需求具有波动性。产业购买者对于产业用品和劳务的需求比消费者的需求更容易发生变化，消费者需求的少量增加，能导致产业购买者需求的大大增加。

(6) 专业人员购买。由于产业用品特别是主要设备的技术性强，企业通常会安排经过训练的、内行的专业人员负责采购工作。组织市场中参与购买决策的人员多，决策过程更为复杂，通常企业会组建由若干技术专家和高层管理组成采购委员会，以领导采购活动。

(7) 影响购买的人多。组织市场中购买决策过程的参与者往往不只是一个人，而是由很多人组成，甚至连采购经理也很少独立决策而不受他人影响。

(8) 直接购买。产业购买者往往向生产者直接采购所需产业用品，而不通过中间商采购。

(9) 多次的销售访问。由于购买金额较大，参与者较多，而且产品技术性能较为复杂，所以组织购买的过程将持续较长一段时间，几个月甚至几年都是可能的，这就使企业很难判断自己的营销努力会给购买者带来怎样的反应。

(10) 租赁方式购买。机器设备、车辆、飞机等产业用品单价高，通常用户需要融资才能购买。同时，由于技术设备更新快，所以企业所需要的机器设备等可以不采取完全购买的方式，而通过多种租赁方式来获取，如杠杆主流、金融租赁、服务性租赁等。

4.4.3　组织市场购买决策的参与者

各企业由于组织规模不同，采购组织也不尽相同，小企业只有几个采购人员，而大企业则有一个很大的采购部门。不同企业采购部门的权限也各不相同，有的企业采购经理有权决定采购什么规格的产品、由谁供应；有的采购经理则只负责把订货单交给供应商。通常采购经理只对某些次要产业用品有决策权，企业主要设备的采购只能按照决策者的意图进行。

在企业中，除了专职的采购人员，还有一些其他人员也参与购买决策的过程。这些围绕同一目标而直接或间接参与采购决策，并共同承担风险的所有个人和群体的采购决策组织，称为采购中心。采购中心的成员一般扮演以下角色中的一种或几种。

(1) 使用者。使用者指组织中直接使用某种产业用品的人员。这些人员一般会提出购买建议，协助确定产品规格、性能等。

(2) 影响者。影响者指组织内部或外部对采购决策产生直接或间接影响的人员，他们会影响供应商的选择及对产品规格、性能、购买条件等的确定。

(3) 决策者。决策者指有权对买与不买，买的数量、规格、质量及供应商作出决策的人员。这些人可以是企业内处在不同层次的人，供应商应该搞清对决策起关键作用的人。

(4) 批准人。批准人指有权批准决策者或购买者所提出的购买方案的人员。

(5) 采购者。采购者指按采购方案实行具体采购行动的人。采购者在采购行动中有时具有较大的灵活性，供应商应该把握好机会，处理好与采购员的关系。

(6) 信息控制者。信息控制者指组织内部或外部能够控制信息流向采购中心成员的人员。例如，技术人员或采购代理人可以拒绝或终止某些供应商或产品的信息，接待员、电话接线员、秘书、门卫可能阻止推销人员与决策者及使用者接触。

不同的采购类型起决定作用的人员不同，在直接重购时，起决定作用的是采购部门的负责人；在新购时，企业的高层领导和技术专家起决定作用。因此，在买方新购情况下，供应商应把产品的信息传递给企业的高层领导和技术人员。作为供应方企业的营销人员，应注意提供不同内容的促销信息，以满足"采购中心"不同角色的要求，此外还必须要了解谁在购买决策中最有影响力，谁是关键的决策人，只有做好关键角色的工作，才可能促成产品的销售。当然，不同的购买类型下，购买决策的参与者也不同。

4.4.4　组织市场购买的主要类型

产业购买者不是只作单一的购买决策，而是要作一系列的购买决策。产业购买者所作购买决策的数量和其购买决策结构的复杂性，都取决于产业购买者行为类型的复杂性。产业购买者的行为类型大体有三种：一种极端情况是直接重购，基本上属于惯例化采购；另一种极端情况是全新采购，需要做大量的调查研究；还有一种是前两者之间修正重购，也需要做一定的调查研究。

1. 直接重购

直接重购即企业的采购部门根据过去和许多供应商打交道的经验，从供应商名单中选择供货企业，并直接重新订购过去采购的同类产业用品。此时，组织购买者的购买行为是惯例化的。

2. 修正重购

修正重购即企业的采购经理为了更好地完成采购任务，适当改变要采购的某些产业用品的规格、价格等条件或供应商。这种采购行为类型较复杂，因而参与决策过程的人数较多。

3. 全新采购

全新采购即企业第一次采购某种产业用品。全新采购的成本费用越高、风险越大，那么需要参与购买决策过程的人数和需要掌握的市场信息就越多。因此，这种采购行为类型最为复杂。

4.4.5　组织市场购买过程

购买阶段指的是一个组织在购买前所进行的，从组织产生需要到对即将购买的商品进行评估的一系列过程。完整的购买过程分为八个阶段，但并非每次采购都要经过这八个阶段，这要依据采购业务的不同类型而定。

1. 提出需要

当公司中有人认识到某个问题或某种需要可以通过某一产品或服务得到解决时，便开始了采购过程。提出需要由两种刺激引起，即内部刺激和外部刺激。

(1) 内部刺激。如企业决定推出一种新产品，于是需要购置新设备或原材料来生产这种新产品；企业原有的设备发生故障，需要更新或购买新的零部件；已采购的原材料不能令人满意，企业正在物色新的供应商。

(2) 外部刺激。外部刺激主要指采购人员在某个商品展销会引起新的采购主意，或者接受了广告宣传中的推荐，或者接受了某些推销员提出的可以供应质量更好、价格更低的产品的建议。可见，组织市场的供应商应主动推销，经常开展广告宣传，派人访问用户，以发掘潜在需求。

2. 确定总体需要

提出了某种需要之后，采购者便着手确定所需项目的总特征和需要的总数量。如果是简单的采购任务，这就不是大问题，可由采购人员直接决定。而对复杂的任务而言，采购者要会同其他部门人员，如工程师、使用者等共同来决定所需项目的总特征，并按照产品的可靠性、耐用性、价格及其他属性的重要程度来加以排列。在此阶段，组织营销者可通过向购买者描述产品特征的方式向他们提供某种帮助，协助他们确定其所属公司的需求。

3. 详述产品规格

采购组织按着确定产品的技术规格，可能要专门组建一个产品价值分析技术组来完成详述产品规格的工作。价值分析的目的在于降低成本，它主要是通过仔细研究一个部件，看是否需要重新设计，是否可以实行标准化，是否存在更廉价的生产方法。该小组将重点检查既定产品中成本较高的零部件，这里通常是指数量占了 20%而成本占了 80%的零部件，同时还要检查出那些零件寿命比产品本身寿命还长的超标准设计的零部件。最后，该小组要确定最佳产品的特征，并把它写进商品说明书中，以形成采购人员拒绝那些不合标准的商品的根据。同样，供应商也可把产品价值分析作为打入市场的手段，通过尽早地参与产品价值分析，影响采购者所确定的产品规格，以获得中选的机会。

4. 寻找供应商

采购者现在要开始寻找最佳供应商。为此，他们会从多处着手，如咨询商业指导机构；查询网络信息；打电话给其他公司，要求推荐好的供应商；观看商业广告；参加展览会。供应商此时应大作广告，并到各种商业指导或宣传机构中登记自己公司的名字，争取在市场上树立起良好的信誉。组织购买者通常是会拒绝那些生产能力不足、声誉不好的供应商；而对合格的供应商，则会登门拜访，察看他们的生产设备，了解其人员配置。最后，采购者会归纳出一份合格供应商的名单。

5. 征求供应信息

此时采购者会邀请合格的供应商提交申请书。一般情况下，供应商只寄送一份价目表或只派一名销售代表，但是当所需产品复杂而昂贵时，采购者就会要求待选供应商提交内容详尽的申请书。他们会再进行一轮筛选比较，选中其中的最佳者，并要求其提交正式的协议书。因此，组织营销人员必须善于调研、写作，精于申请书的展示内容。它不仅仅是技术文件，而且也是营销文件。在口头表示意见时，营销人员要能取信于人，必须始终强调公司的生产能力和资源优势，以在竞争中立于不败之地。

6. 供应商选择

采购中心在做出最后选择之前，还可能与选中的供应商就价格或其他条款进行谈判，营销人员可以从多个方面来抵制对方的压价。如，当他们所能提供的服务优于竞争对手时，营销人员可以坚持目前的价格；当他们的价格高于竞争对手的价格时，则可以强调使用其产品的生命周期成本比竞争对手的产品生命周期成本低。

此外，采购中心还必须确定供应商的数目。许多采购者喜欢通过多种渠道进货，这样一方面可以避免过分依赖于一个供应商，另一方面也可以对各供应商的价格和业绩进行比较。当然在一般情况下，采购者会把大部分订单集中在一家供应商身上，而把少量订单安排给其他供应商。这样，主供应商会全力以赴保证自己的地位，而次要供应商会通过多种途径来争得立足之地，再以图自身的发展。

7. 发出正式订单

采购者选定供应商之后，就会发出正式订货单，写明所需产品的规格、数目、预期交货时间、退货政策、保修条件等项目。通常情况下，如果双方都有着良好的信誉，一份长期有效合同将建立一种长期的关系，而避免重复签约的麻烦。在这种合同关系下，供应商承诺在一特定时间之内根据需要按协议的价格条件继续供应产品给买方，并且存货由卖方保存。因此，这种长期有效合同也被称作"无存货采购计划"。这种长期有效合同将导致买方更多地向一个来源采购，并从该来源购买更多的项目，这就使得供应商和采购者的关系十分紧密，外界的供应商就很难介入其中。

8. 绩效评估

在绩效评估阶段，采购者会对各供应商的绩效进行评估。绩效评估可以通过三种途径进行：直接接触最终用户，征求他们意见；应用不同的标准加权计算来评价供应商；把绩效不理想的开支加总，以修正包括价格在内的采购成本。通过绩效评估，采购者将决定延续、修正或停止向该供应商采购，供应商则应该密切关注采购者使用的相同变量，以便确信为买主提供了预期的满足。

4.4.6 组织生产购买行为影响因素

1. 环境因素

在影响生产者购买行为的诸多因素中，最主要的是经济环境。产业购买者受当前市场基本需求水平和经济前景的严重影响，具体包括供需状况、经济状况及前景、原料供应、利率高低、科技发展以及竞争形势等。其中，国家的经济形势对购买者的影响最为深刻直接，当经济发展前景不佳，需求趋于萎缩，投资风险增大时，购买者会减少投资，或减少原材料的采购和库存。

2. 组织因素

每个采购企业都有自己的经营目标、政策、业务程序、规章制度等，这些因素都影响着采购者的购买行为。例如，有的企业以发展为目标，有的则只求保持现状；有的企业重视质量，有的贪图廉价。大企业往往从长远利益考虑，小企业则重视当前利益。

3. 人际关系因素

采购工作往往受到正式组织以外的各种人际关系因素的影响。采购中心的参与者在企业内的职位、权威和影响力，以及他们对购买活动的意见和看法，都会直接影响企业的购买行为。

4. 采购人员的个人因素

采购人员的年龄、受教育程度、个人性格、职位高低、对风险的态度和负责态度，也会影响采购企业的购买行为。

核 心 概 念

消费者需求；消费者市场；生产者市场；组织市场；消费者行为；社会阶层；家庭生命周期；需要；动机；学习；消费者黑箱

思 考 题

1. 消费者市场有哪些特点？
2. 消费者购买行为的模式是怎样的？
3. 影响消费者购买行为的主要因素及特点是什么？
4. 消费者购买的决策过程是怎样的？企业针对决策过程的各阶段，可采取什么措施影响消费者的购买决策？
5. 什么是组织市场，它有哪些主要特征？
6. 组织市场的购买行为类型有哪些？
7. 组织市场购买的决策过程是怎样的？
8. 试比较消费者市场和生产者市场有哪些异同？

案 例 分 析

洗发水市场：集中一点，差异求胜

宝洁公司长期以来一直牢牢保持着中国洗发水市场的霸主地位，但随着越来越多的中外企业不断进入，洗发水市场的竞争也愈演愈烈。当前，洗发水品牌数量之多，可谓铺天盖地。新品牌以强大的广告攻势迅速争得一席之地，老品牌则力图通过市场细分进一步扩大战果。

根据2001年全国城市消费者调查(NCS'2001)的结果，2001年每周使用洗发水3次以上的消费者比例占全部洗发水使用者的39.0%，这一数字比2000年提高了4个百分点；同时，每月使用 1 次及以下者或每月使用 2～3 次的比例比 2000 年分别减少了 0.4 和 1 个百分点。洗发水使用频次的小幅提高说明未来洗发水市场仍有一定的发展空间，而"今天你洗头了吗？"等一系列倡导每日洗发的广告宣传片的热播，也意味着洗发水行业孕育着更多的商机。

要想把握商机，巩固或提高市场占有率，首先应当了解洗发水行业的市场结构特点，针对不同的市场结构采取相应的营销战略。市场结构是指在特定市场中，企业间在数量、份额、规模上的关系，以及由此决定的竞争形式。在理论上，市场结构可以分为四种，即完全竞争的市场结构、完全垄断的市场结构、寡头垄断的市场结构和垄断竞争的市场结构。

如果仅从品牌来看，洗发水市场呈现出垄断竞争市场结构的特点，即行业内仍存在较多小规模品牌，产品不完全同质，竞争仍较为激烈，排在前位的品牌地位并不十分稳固，有可能被其他有实力的品牌所取代。

但实际上，从生产企业来看，CR4(行业前四名份额集中度指标)已超过 80%，而 H(混合量化指标)指数因为能够对规模大的企业给予较大的权重，也将从 0.12 上升到 0.3。因此，洗发水市场应当属于寡头垄断的市场结构。此时各企业品牌市场占有率总体没有变化，但市场支配力却有了更明显的变化。我们可以看出，宝洁公司是最大的寡头企业，而联合利华和丝宝集团也对宝洁构成了一定的威胁。寡头垄断市场结构的主要特征是：行业内有少数大企业，在资金、技术等方面具有绝对优势，产品同质或有较大差别，寡头地位较为稳固。

综上所述，对于小品牌或小企业来说，应当针对垄断竞争的市场结构采取集中一点的品牌战略，在部分市场上取得持久的成本领先地位，或者别具一格的品牌形象。广告战略的目标应当是，在树立品牌形象的同时突出与其他产品的差别。对于寡头企业来说，应当根据寡头垄断的市场结构特点，更多关注其竞争对手的行为，采取领先或跟进的营销战略，广告策略主要是维护品牌形象。

那么，如何实施集中一点的战略呢？这就必须充分了解消费行为，了解不同消费群体的差异及由此产生的不同需求，使产品更能够满足细分市场的消费需求。

据统计，78.2% 的消费者购买洗发水的主要场所是超市或大型超市，在选购洗发水时普遍认为最重要的产品要素是产品的使用效果。以 5 分制的评价尺度来衡量，消费者对功效的重视度最高，达 4.55 分，其次是洗发水的成分配方和品牌知名度，包装和价格相对来说是次要的。在考虑产品内在要素的同时，消费者的选择还会受到一些外界因素的影响。以 10 分制的评价尺度来衡量，其中影响力最大的因素是购买的方便程度，为 7.17 分；其次是对广告的印象，为 6.57 分。由此可以看出，如果从产品的功效出发，形成产品间的差异，树立别具一格的品牌形象，更容易引起消费者的关注，也就更容易为消费者所接受。同时，企业应当特别注意销售渠道和展货的问题，尤其是在超市及大型超市的展货。

消费行为调查

当然，对于属性不同的消费群体，其消费行为也有所不同。例如从年龄看，20～29 岁的消费者洗发频率最高；相对于其他年龄段的消费者，14～19 岁的消费者对产品功效和成分配方的重视程度更高；20～29 岁的消费者对品牌知名度的重视程度高于其他年龄段的人群，对价格的重视程度却是各年龄段中最低的；40 岁以上的消费者比其他年龄的消费者更看中价格因素；14～19 岁的消费者比其他年龄段的消费者更易受广告和促销的影响；在所有年龄段中，受购买方便性影响最小的是 20～29 岁的消费者，影响最大的是 40～49 岁的消费者。从性别看，男性使用洗发水的频率明显高于女性；促销对女性购买的影响力要高于男性。从不同区域看，广州消费者使用洗发水的频率要高于北京和上海，因而在广州会有更多的人选择 750 ml 包装的洗发水，同时他们对价格的关心程度超过了对品牌知名度的重视，这也与北京和上海的情况不同。

值得注意的是，目前洗发水品牌线已发展得比较完整，对洗发水功能的定位也各有侧重。因此，新的品牌定位应当能够满足特定细分市场的特殊需求。目前洗发水市场上的国外品牌已成为消费主流，占据了大部分的市场份额，这不仅是因为外资企业在资本实力、生产规模及产品研发能力上具有明显优势，更因为经营者能够适时推出新产品来满足细分市场的需求。而国产品牌尽管不甘屈服，不断有新品牌进入挑战者的行列，但大多数在战略上并未采取集中一点的进攻方式，没有针对特定细分市场的特色产品，在品牌策略和广告策略上多数都只是步人后尘，毫无新意，自然无法改变不利的局面。

"逆水行船，不进则退"，洗发水市场经过十多年的发展，已经逐步成熟。在这种情况下，单凭一个产品、一个广告就想从市场上获得丰厚的利润已不可能。想"进"，就必须充分研究市场，分析竞争对手。洗发水市场上的佼佼者之所以能保持领先地位，正是因为他们能够准确把握不同消费群体的不同需求，将其融入产品研发，形成不同的品牌形象，并将之准确地传达给消费者，最终获得广泛认同。

思考：
1. 影响消费者购买洗发水行为的因素有哪些，其中哪些最为重要？
2. 洗发水市场竞争激烈，企业如何实现"集中一点，差异求胜"？

实　训

一、实训目的
1. 了解消费者购买决策过程。
2. 了解影响消费者购买决策的因素。
3. 针对消费者购买决策过程和影响因素，为企业制定相应的营销策略。

二、实训内容
(一) 实训资料
分析手机(服装、电影、餐饮)的购买过程和影响因素。
(二) 具体任务
比较自己和自己的父辈在购买过程中的共性和差异性，然后将这些共性和差异性进行整理和汇总，形成消费者购买决策的一般过程和影响因素。
(三) 任务要求
1. 对购买过程和影响因素的分析要尽可能的全面。
2. 分析过程要深入、细致。
3. 分析时要透过现象看本质。
4. 为企业制定的营销策略要与消费者购买过程分析和影响因素分析相一致，要具有现实的可操作性。

三、实训组织

1. 按实训项目将班级成员以 3～6 人一组分成若干小组，以小组为单位开展实训，采用组长负责制，组员合理分工，每位成员各司其职，团结协作。

2. 相关资料和数据的收集可以进行实地调查，也可以采用二手资料，由专人负责记录和整理。

3. 小组充分讨论，认真分析，形成小组的实训报告。

4. 各小组在班级进行实训作业展示。

四、实训步骤

1. 由指导教师介绍实训的目的和要求，对"消费者购买行为决策过程"的实践意义给予说明，调动学生实训操作的积极性。

2. 分组，每组 3～6 人，选举组长一名，由组长负责本组组员的分工。

3. 各组明确实训任务，制定执行方案，指导教师通过之后执行。

4. 各小组进行分组讨论，分析消费者购买决策过程中的各影响因素和营销的应对策略。

5. 各组在讨论分析的基础上，制定背景材料下各类产品不同生命周期的营销策略，并形成讨论稿，完成实训报告。

6. 各组将设计好的调研报告制成 PPT，并向教师和全班同学汇报，由其他组的同学提问，教师进行点评。

7. 每个小组上交一份设计好的纸质和电子版的研究报告。

第 5 章　市场细分、目标市场选择与市场定位

引 例

快捷酒店的兴起

快捷酒店又称有限服务酒店，以价格低廉、设施简洁、安全、卫生和性价比高著称，成为当今一种重要的酒店模式。这种酒店经营模式最早兴起于日本及欧美一些国家，其定位于普通消费大众，基本设施齐全，以 B&B(住宿 bed 和早餐 breakfast)为核心产品，为客人提供有限服务。在快捷酒店还未兴起时，多数酒店都是以独立经营模式运营的，即服务项目多，比如餐饮、娱乐、桑拿等，人员配置较多，浪费和占有很多资源。这种经营模式在无形中增加了酒店的支出成本，使得大部分酒店处于一个长期亏损或收益比较低的情况。而快捷酒店通过有限服务方式，并结合连锁经营模式，实现了服务专业化和市场规模化，成为了广受市场欢迎的酒店服务模式。2001 年，中国星级酒店有 1.1 万多家，其中三星级以上的酒店有 5000 多家。随着我国经济的进一步发展，大规模休闲度假旅游兴起，中小型商务客人日益增多，但这些中高档酒店不能满足这部分市场需求；而传统的招待所由于条件简陋，也无法满足这部分消费者的需求。2002 年 6 月，如家酒店集团创建，通过十几年的快速发展，已成为我国经济型酒店市场的知名企业。如家借鉴欧美完善成熟的经济型酒店模式，为商务和休闲旅游等客人提供"干净、温馨"的酒店产品，倡导"适度生活，自然自在"的生活理念。目前，国内已发展起如家、锦江之星、格林豪泰、速 8、汉庭等众多知名快捷酒店品牌。

5.1　STP 概述

STP 即市场细分(segment)—目标市场选择(target)—市场定位(position)，是现代市场营销学最重要的内容之一，也是企业设计和开展市场营销组合策略的前提。由于市场需求千差万别，而企业往往只能服务某一个或者少数几个产业领域，因而企业在开拓市场之前，必须通过科学合理的市场细分，结合企业自身的资源优势，选择适合企业的目标市场，并通过市场定位明确企业自身产品的核心价值，以及与其他同类产品的差别和相对优势。

5.2　市 场 细 分

5.2.1　市场细分的概念

市场细分的概念最早由美国市场营销学家温德尔·史密斯(Wendell R.Smith)提出。

20 世纪 50 年代，随着第二次世界大战结束，各国的注意力从战争转向经济发展，美国众多产品的市场态势由卖方市场转变为买方市场。在这种市场背景下，企业必须密切关注市场需求，根据市场需求来研发和推出适销对路的产品和服务，才能在竞争日趋激烈的市场有一席之地。温德尔·史密斯在总结一些企业市场营销实践经验的基础上，于 1950 年中期提出市场细分的概念，成为第二次世界大战后西方市场营销重要的思想和战略。

　　所谓市场细分，是指营销者通过市场调研，根据消费者的需求、购买行为以及购买习惯等方面的差异，把某一个产品的市场整体划分为若干个具有相同或相似特征的子市场的过程。市场细分基于"多元异质性"理论，为企业选择目标市场提供了基础。市场细分的前提条件是消费者的需求存在明显差异性，如果消费者需求不存在明显差异性，则无需进行市场细分；另一方面，同一个子市场(也可称为亚市场)的消费者需求存在相似性或共性特征。从上述市场细分的两个特点可以看出，市场细分是一种存大异、求小同的市场分类方法，它不是对产品进行分类，而是对同类产品需求各异的消费者进行分类。

5.2.2　市场细分的作用

1. 有利于发现市场营销机会

　　市场机会是指市场上尚未得到满足的需求，这种需求往往是潜在的、隐性的，一般不易发现。通过市场细分，企业可以对每一个细分市场的购买潜力、竞争状况等进行对比分析，挖掘出有利于本企业的市场机会。国内服装品牌报喜鸟通过对服装市场的细分发现，婚庆服装市场每年的需求量极大，而且刚性需求特征明显。因此，报喜鸟西服将目标市场选定为婚庆服装市场，并获得了极大的市场回报。

2. 有利于企业发挥自身优势

　　每个企业的自身优势各不相同，可通过市场细分找到能充分发挥企业优势的子市场，从而提高企业的市场竞争力。尤其对于中小企业，由于其自身资源有限，只有将自己的优势资源集中到合适的目标市场，才能获得相对的竞争优势。日本泡泡糖市场年销售额约为740 亿日元，其中大部分市场被"劳特"所占领。江崎糖业公司经过周密的调查分析，发现"劳特"产品主要针对儿童市场，且产品单一，缺乏创新。针对这些问题，江崎糖业有针对性地制定了市场营销策略，以成人泡泡糖市场为目标市场，创新产品，开发了功能性泡泡糖，并精心设计了包装和造型。江崎糖业的新产品上市场后，迅速占领了 25%的市场份额，当年的销售额达到了 175 亿日元。

3. 有利于提高企业市场营销策略的针对性

　　通过市场细分，企业可以针对目标市场消费者的特点和规律，制定适合目标市场的营销策略，提高营销策略的可行性和效率。第一，企业可以根据目标市场需求的变化，及时、正确地调整产品结构，使产品适销对路，从而提高企业竞争能力。第二，企业可以相应地调整分销渠道和广告宣传；第三，企业可增强市场调研的针对性，并可针对消费者的现实需求，以需定产，根据潜在需求进行创新和改进；第四，企业可以集中人力、物力、财力等有限资源，扬长避短，从而以较少的营销费用取得较大的经营效益。

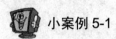 **小案例 5-1**

《新财经》的市场细分

《新财经》在创刊前，已有多家财经期刊惨淡退市。为了不重蹈覆辙，《新财经》对财经读者市场进行了细致研究。经过调研，他们发现在目前的财经读者市场上，50%以上的人购买财经杂志并不是有金融方面的兴趣，而是为了获取更多的财经资讯；还有35%的人是为了学习营销方面的知识，或者了解股市信息。面对多种需求，《新财经》深知自己不可能满足所有人的需求，只能找一个侧重点来做市场。于是，《新财经》决定对财经读者市场再次进行细分，最终从那些"高端的财经精英读者"中剥离出一个新的受众市场——以上市公司、投资公司、证券公司和基金管理公司为代表的"资本市场"。这样一来，《新财经》的细分市场就很明确了，那就是国内的 1000 多家上市公司、2000 多家投资银行与并购咨询公司。在此基础上，《新财经》也明确了未来的营销方向。

5.2.3　市场细分的依据

1. 消费者市场的细分依据

消费者市场的细分依据归纳起来主要有四个方面：人口统计因素、地理环境因素、消费心理因素、消费行为因素。

1) 人口细分

企业进行市场细分，除了分析一个国家或地区的总人口数以外，还要研究人口的具体构成情况。如人口的自然状况，包括人口的年龄、性别、家庭单位等；人口的社会构成状况，包括民族、宗教、职业、受教育程度、社会阶层等。企业可通过这些人口统计变量进行消费群体划分，同时结合企业自身的特点和优势，准确选择企业的目标市场。如根据人口的年龄结构，可以把消费者市场分为儿童市场、青年市场、中年市场和老年市场；从性别要素细分，女性消费市场的重点需求包括时装、首饰、化妆品、美容、厨房用品、生活用品等。

2) 地理细分

地理细分是指按照消费者所处的地理位置、自然环境来细分。地理细分的主要变量包括国家、地区、城市规模、人口密度、气候、地形地貌等。以地理变量作为消费市场细分的基础，主要考虑地理因素影响消费者的需求和反应。由于自然气候、地区文化、经济发展水平等因素的影响，各地区消费者形成了不同的消费习惯和偏好。根据地理因素细分市场，对于分析研究不同地区消费者的需求特点、需求总量以及发展变化趋势具有一定的意义，有利于企业开拓区域市场。采用这种市场细分方式，企业应该考虑将自己有限的资源尽可能投向力所能及的、最能发挥自身优势的细分市场。

3) 心理细分

心理细分是指按照消费者的心理特征来细分市场。消费者的消费心理因素十分复杂，包括生活方式、个性、购买动机、偏好、价值取向，以及对商品供求形势和销售方式的感应程度等变量。

生活方式是指消费者对物质享受、娱乐等消费活动的特定习惯和倾向。生活方式的内涵十分丰富，它不仅与消费者的收入水平有关，而且与消费者的文化素养、社会地位、价值观念、职业等因素密切相关。如美国有的服装公司把妇女分成"朴素型妇女""时髦型妇女""有男子气妇女"三种类型，分别为其设计和生产不同的服装。

个性反映了一个人的特点、态度和习惯，企业可以按照个性变量来细分市场，使自己的产品具有与消费者相一致的个性。如保时捷汽车北美公司最初将自己的目标市场定位于年收入超过 20 万美元、40 多岁的大学毕业男性，然而市场表现一直不景气。后来，保时捷公司通过对原目标市场购买者按照其个性类型进一步细分，将购买者分为顶尖人士、杰出人士、自豪的主顾、生活奢侈的人以及梦幻者五种类型，成功地使其在北美的销售额增长了 48%。

4）行为细分

行为细分是根据消费者不同的消费行为特征进行市场细分。在行为细分中，根据消费者对产品的了解程度、态度、使用情况、消费数量、购买和使用时机等，将他们划分为不同的群体。

根据消费者进入市场的程度，可将消费者细分为潜在购买者、初次购买者和经常购买者等不同群体；根据消费数量来细分，可分为大量用户、中量用户和少量用户等几个消费群体；根据消费者对品牌的偏好和忠诚度，可分为单一品牌忠诚者、几种品牌忠诚者和无品牌忠诚者。此外，可以根据消费者追求的利益不同细分，如对于轿车，消费者追求的利益点有安全、省油、豪华、运动、时尚、经济、高贵等。根据消费时机进行细分也有现实意义，如消费者平时与节假日对礼品、旅游等产品和服务的消费行为存在较大差异。

2. 产业市场的细分依据

(1) 最终用户行业。最终用户行业是产业市场细分最通用的标准。最终用户行业可分为工业机械、汽车制造、交通运输、电力、采掘、冶金、建筑、电信、家电、食品、医药等。在产业市场中，不同最终用户行业对同一类产品的使用往往不尽相同。

(2) 用户规模。用户规模决定了购买量的大小，因而成为产业市场细分的重要标准。企业可以根据用户规模大小，采取不同的市场营销组合策略。

产业市场细分除了上述两个重要的细分依据外，地理因素、人口因素、心理因素以及行为因素也是产业市场细分应该考虑的因素。在大多数情况下，产业市场往往不是以单一变量细分，而是把一系列变量结合起来进行细分。

5.2.4　有效细分的原则

1. 可衡量性

细分的子市场特征必须是可衡量的，即各子市场特征明显，各子市场之间有明显的区别。各子市场内都有明确的组成成员，这些人应备具共同的需求特征，并表现出类似的购买行为。

2. 足量性

足量性包括两个方面，一方面是市场需求的足量性，另一方面是利润的足量性。因此，在市场细分时，被企业选中的子市场应该具有一定的需求规模，而且要有充足的购买能力，能足以使企业有利可图，实现预期利润目标。

3. 可进入性

可进入性是指企业的市场营销活动能够到达目标市场，一方面是指企业能否将产品信息和企业信息有效传递给细分市场的目标顾客，另一方面是指企业能否通过一定的营销渠道将产品经济高效地传递到目标顾客手中。考虑细分市场的可进入性，实际上是考虑企业营销活动的有效性和可行性。

4. 发展潜力

企业选中的目标市场不仅要能为企业带来目前利益，还必须有相当的发展潜力，能够给企业带来较长远的利益。因此，企业在市场细分时，必须考虑目标市场的成长性，不能是正处于或即将饱和的市场，这样的市场是没有多少潜力可挖的。

5.2.5　市场细分的程序

一般情况下，市场细分要经过下列程序才能完成。

(1) 明确营销目标。把要进行细分的市场与企业任务、企业目标相联系，选择一种产品或市场范围以供研究。实际上，市场细分经常是在已经从一个整体市场划分出来的局部市场上进行的，另一种情况是在一种重大的技术革新发生时进行的。

(2) 选择细分依据。细分依据可以是一种(如人口细分)，更多的情况是两种以上依据的结合。例如，服装企业可能要考察人口因素、经济因素、生活方式等。

(3) 筛选与分析。通过调查分析，确定各个细分市场的特点，剔除那些特点不突出的一般性消费需求因素，同时合并一些特点类似的消费需求因素，重点分析目标消费者群的特点。同时，分析和预测各个细分市场的规模和性质，分析细分市场的需求规模、竞争状况和变化趋势等。

(4) 选择目标市场。通过分析，企业可能会发现若干个有利可图的细分市场，应将这些细分市场按盈利程度排列，从盈利程度最高的细分市场按顺序选择目标市场，然后有针对性地分别制定市场营销组合策略，以保证企业有效进入已选择的目标市场。

5.3　目标市场选择

5.3.1　评价细分市场

在选择目标市场之前，必须对细分市场进行评价，以便从中选出最适合企业进入和经营的目标市场。一般来说，可以从以下三个方面评价细分市场。

1. 细分市场的规模及成长潜力

市场规模是指某一时期内现实消费者购买某种产品的数量总额；市场成长潜力是指细分市场在某一时期内，全部潜在消费者对某种产品的需求总量，这是从目前和未来的角度考察细分市场。需要注意的是，无论是确定目前的细分市场规模，还是潜在的细分市场规模，都必须适度，不能过于乐观。

2. 细分市场的吸引力

市场吸引力的主要衡量指标是成本和利润。企业营销人员可以对反映细分市场吸引力的指标进行逐一评估，再综合评价这一细分市场是否具有吸引力。一般来说，用于评估的指标包括市场规模、市场增长潜力、市场行业利润情况、资产回报情况、竞争强度、进入市场的难度、本企业竞争地位等。

3. 企业的市场营销战略目标和资源

企业必须结合其市场营销战略目标和资源来综合评估细分市场。一方面，有规模、有潜力和有吸引力的细分市场，要和企业的战略目标相适应；另一方面，即使细分市场符合企业长远的市场营销战略目标，企业也必须考虑是否具备选择该细分市场所必需的资源条件。

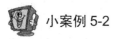 **小案例 5-2**

缩减目标市场范围使美特斯邦威反败为胜

美特斯邦威最初将目标市场分为两大类，一类是年轻的大学生，一类是都市白领，结果市场反应很糟糕。于是，美特斯邦威的高层决定重新对这两个目标市场进行审视，以作取舍分析。

美特斯邦威对当下大学生和刚参加工作三年以内的年轻人的服装需求进行了调研。调研数据显示：当下的年轻人中超过半数人喜欢穿品牌服装，要求服装的款式时尚、前卫，并且拥有 80% 以上的选购服装决定权；他们平均每个季度换装两次，每次换装的消费金额大概在 800～1500 元之间。

而对 25～35 岁的城市白领的调研结果却不同，他们对时尚服装的要求更高，有 87% 的人愿意花 800～1500 元购买一件知名品牌时装，而不是像美特斯邦威这种运动休闲定位的服装；74% 的人对美特斯邦威的时尚版服装款式不感冒，觉得有些"小孩子气"。

通过调研，美特斯邦威终于看到了问题所在。于是，他们决定放弃城市白领这一市场，而将注意力集中在 18～25 岁的大学生和刚毕业的工作者身上。就这样，美特斯邦威的都市白领系列逐渐淡出市场，象征着年轻活力的学生装、休闲装开始成为主打产品。如今，美特斯邦威已成为休闲服装行业的知名品牌。

5.3.2　企业市场覆盖的模式

企业市场覆盖的模式可分为五种，即密集单一市场、产品专门化、市场专门化、选择性专门化、完全覆盖市场，如图 5-1 所示。

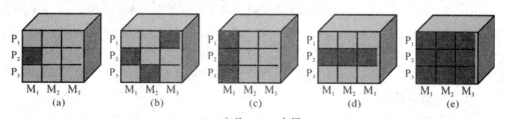

P：产品；M：市场

图 5-1　市场覆盖的五种模式

(1) 密集单一市场。密集单一市场是指企业仅选择一个细分后的子市场作为目标市场，并向该目标市场提供一种产品，集中企业的总体资源优势进行生产和销售。这种模式的市场风险较大，当市场需求发生变化时，会急剧影响企业的销售额和利润，一般规模较小、实力较弱的企业会采用这种策略。

(2) 产品专门化。产品专门化是指企业集中生产一种产品向各类顾客销售，但由于面对不同的顾客群，产品在档次、质量、款式等方面会有所不同。选择这种模式，一般要求企业技术水平和专业化程度很高，或者该产品具有专门的配方和稳定的用途。产品专门化模式可以让企业在某个产品领域树立起很高的威望，但在产品更新换代的时候如果被新技术所替代，就会发生危机。

(3) 市场专门化。市场专门化是指企业专门向同一类顾客群体提供各种不同的产品和服务。企业通常会因为专门为某一顾客群体服务而获得良好的声誉，但是如果这类顾客突然削减经费，企业就会发生经营危机。

(4) 选择性专门化。选择性专门化是指企业同时选择几个不同的细分市场，并分别为不同的顾客群体提供不同的产品。选择性专门化要求每个细分市场客观上都有吸引力，并都有盈利能力，且与企业的目标和资源相符。相较于密集单一市场，选择性专门化模式可以分散风险。

(5) 完全覆盖市场。完全覆盖市场是指企业全方位进入各个细分市场，用各种产品和服务满足各种顾客群体的需求。一般情况下，大企业为了在市场上占据领导地位或企图垄断全部市场时会采用完全覆盖市场模式，所以只有实力雄厚的大企业才可能采取这种模式。

5.3.3 目标市场策略

1. 无差异营销策略

无差异营销策略是把整个市场作为一个大目标，针对消费者的共同需要制定统一的生产和销售计划，以实现开拓市场、扩大销售的目的。这种策略的优点在于企业可以大量生产、储运、销售，使得产品的平均成本相对较低，并且不需要进行市场细分，可以节约大量的调研、开发和广告等费用；但是这种策略对于大多数产品并不适用，对于一个企业来说也不宜长期采用，毕竟一种产品在竞争激烈的市场中长期被所有消费者接受的情况是极少见的。

2. 差异化营销策略

差异化营销策略是把整个市场划分为若干细分市场作为其目标市场，针对不同目标市场的特点，分别制定不同的营销计划，生产和营销目标市场所需要的商品，以满足不同消费者的需要。差异化营销策略的优点是小批量、多品种、生产机动灵活、针对性强，能满足不同消费者的需求，可以分散企业经营风险，同时也能繁荣市场。当然，差异化营销策略也有其缺点和局限性，由于产品品种多、销售渠道复杂、广告宣传多样，所以产品改进成本、生产制造成本、管理成本、存货成本、营销成本等都会大大增加。因此，采用差异化营销策略的企业一般是大企业，具有较雄厚的财力、较强的技术力量和素质较高的管理人员。

3. 集中性营销策略

集中性营销策略是企业选择一个细分市场或者对该细分市场进一步细分后的几个更小的市场部分，实行高度专业化的生产和销售。采用这种策略的企业通常是为了在一个较小的细分市场上取得较高的甚至是支配地位的市场占有率，而不是追求在整体市场或较大的细分市场上占有较小的份额。集中性营销策略主要适用于资源力量有限的中小企业或初次进入新市场的大企业。集中性营销策略也存在一定的缺点，如风险高度集中，一旦市场上出现实力更强的竞争对手，或者市场消费需求突然变化，都可能导致企业陷入困境。因此，采用这种策略的企业要随时关注市场动向，做好各种意外情况的应对策略和措施。

5.3.4　影响目标市场策略选择的因素

1. 产品同质程度

如果产品同质程度高，可选择无差异营销策略；如果产品同质程度较低，则可采用差异化营销策略或者集中性营销策略。

2. 需求差异化程度

如果市场需求差异化程度高，可选择差异化营销策略或集中性营销策略；如果市场需求差异化程度低，则可采用无差异营销策略。

3. 竞争对手情况

如果竞争对手强大且采用无差异营销策略，企业应选择采用差异化营销策略或集中性营销策，以提高自身的市场竞争能力；如果与竞争对手实力相当或面对实力较弱的竞争对手时，企业可选择采用与之相同的策略；如果所有竞争对手都采用差异化营销策略，企业应进一步细分市场，寻找更有效的差异化营销策略或集中性营销策略。

4. 企业实力强弱

如果企业实力较强，可以根据产品的不同特性选择采用差异化营销策略或无差异营销策略；如果企业实力较弱，无力顾及整体市场或多个细分市场，则可选择集中性营销策略。

5.4　市 场 定 位

企业一旦选择了目标市场，就要在目标市场上进行产品的市场定位。市场定位是企业整体战略计划中的一个重要组成部分，关系到企业及其产品能否在市场竞争中占据一定优势，并明显与竞争对手相区分。1972 年，美国学者艾尔·里斯和杰克·特劳特提出了市场定位的概念，并受到越来越多企业的高度重视和广泛应用。

5.4.1　市场定位的涵义

现代营销之父菲利普·科特勒曾对市场定位作过如下定义：所谓市场定位，就是对公司的产品进行设计，从而使其能在目标顾客心目中占有一个独特的、有价值的位置的行动。市场定位的实质是使本企业与其他企业严格区分开来，并使顾客明显感觉和认知这种差别，从而在顾客心目中留下特殊的印象，使企业取得在目标市场上的竞争优势。

企业在进行市场定位时，一方面要了解竞争对手产品的特色，另一方面要研究顾客对该产品的各种属性和利益的重视程度；根据这两方面进行分析，再选定本企业产品的特色和独特形象，通过全方位、多渠道的沟通和宣传，让目标市场能知晓和认同产品的特色和独特形象。企业的市场定位如图 5-2 所示。

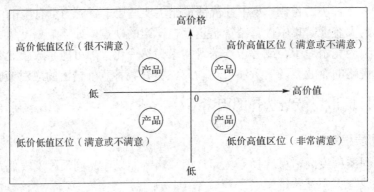

图 5-2　市场定位图示

5.4.2　市场定位策略

1. 根据市场竞争定位

(1) 避强定位。避强定位是指企业为避开实力更强的竞争对手，将自己的产品定位于
另一市场区域，使自己的产品在某些特征或属性方面与竞
争对手有显著差别。避强定位可以使企业迅速在市场上立
足，并能在消费者心中树立起一定形象，市场风险较小，
成功率较高。七喜(英文原名为 7-Up)是美国的一个著名饮
料品牌，于 1929 年开始生产，如图 5-3 所示。七喜将其产
品定位于"非可乐"(The Uncola)，一方面有效避开市场上
可口可乐和百事可乐两大饮料巨头的直接竞争，另一方面
又借助了两大可乐品牌的市场影响力。1920 年的美国，经
济很不景气，将近有 600 个汽水品牌从市场上消失，但是
七喜却在竞争中存活了下来。

图 5-3　七喜的市场定位策略

(2) 迎头定位。迎头定位是指企业为占据较有利的市
场地位，会根据自身的实力，不惜与市场上占支配地位的、
实力强劲的竞争对手开展正面竞争，使自己的产品进入与竞争对手相同的市场地位。这种
策略可以给市场挑战者带来轰动效应，容易树立市场形象。但是，迎头定位易引起激烈的
市场竞争，市场风险较大，所以没有一定竞争能力的企业不可盲目采用，如百事可乐与可
口可乐之间持续不断的争斗，肯德基与麦当劳之间的竞争等。

(3) 比附定位。比附定位是指攀附名牌，以借名牌之光而来提升自己品牌的档次和影
响力。比附定位主要有两种形式，一是甘居第二，即明确承认同行业或同品类中自己只不
过是第二而已，这种策略会使消费者对该企业产生一种谦虚诚恳的印象，相信该企业真实
可靠。如美国艾维斯汽车出租公司强调"我们是第二，所以我们会更努力"，从而赢得了
更多忠诚的客户。二是攀龙附凤，承认同类产品中某一领导性品牌，本品自愧不如，但在
某地区或某一方面还可与它并驾齐驱，平分秋色，如内蒙古宁城老窖称宁城老窖为"塞外
茅台"。

2. 根据产品要素定位

(1) 功能定位。消费者购买产品主要是为了获得产品的使用价值，希望产品具有其所期望的功能、效果，因而以强调产品的功效为诉求是品牌定位的常见形式。很多产品具有多重功效，定位时向顾客传达单一的功效还是多重功效并没有绝对的定论。但是，由于消费者能记住的信息是有限的，往往只对某一强烈诉求产生较深刻的印象，所以向消费者承诺一个功效点的单一诉求更能突出品牌的个性，如海飞丝的"去头屑"，舒肤佳的"有效去除细菌"，沃尔沃汽车的"安全"等。

(2) 品质定位。品质定位是以产品优良的或独特的品质作为诉求内容。适合这种定位的产品往往实用性很强，且必须经得起市场考验，能赢得消费者的信赖。企业诉求制造产品的高水准和精工艺也是品质定位的主要内容，体现出"工欲善其事，必先利其器"的思想。如，蒙牛的特仑苏的广告词为"不是每一种牛奶都叫特仑苏"，暗示特仑苏的高品质、高档次。

(3) 质量/价格定位。质量和价格通常是消费者最关注的要素，消费者都希望买到质量高、价格便宜的产品，在实际操作中，这种定位往往宣传产品的价廉物美、物有所值。如，雕牌用"只选对的，不买贵的"暗示雕牌的实惠价格；奥克斯空调的"让你付出更少，得到更多"，也是既考虑了质量又考虑了价格的定位策略。

(4) 利益定位。产品利益包括顾客购买产品的基本利益以及附加利益。向顾客明确产品与众不同的利益(也可称"卖点")，为顾客提供购买产品的合适理由，这是产品较常用的市场定位策略。

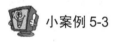 小案例 5-3

SOHO 的 "卖点"

早在 1995 年，商务建筑格局就已经出现了多种弊端。例如：小企业无力承担整栋大楼的租用费，写字楼趋于同质化且没有档次之分。但是诸多的房地产商还是不以为然，继续复制建造这样的大楼。

潘石屹决定改变这种商务建筑模式，他在北京最具价值潜力的路段，推出了一系列全新风格的建筑物，并将这些建筑物的核心卖点定义为"小型办公，居家办公"，其英文名称缩写为"SOHO"。

从那时起，SOHO 出现在了中国房地产的史书上。为了让这个卖点得到大家的认可，潘石屹带领团队大力度宣传"SOHO 办公"的新概念，让那些处于无力支付高额租费但迫切想在北京开设分支机构的企业开始认识并了解"SOHO"这种时尚前卫的商务消费哲学，最终引导他们在"SOHO"现代城中找到一个自己专属的办公环境。

(5) 档次定位。不同档次的品牌给消费者不同的心理感受和体验。企业在选择目标市场时可以根据产品的档次来选择，也可以通过强调同档次产品的不同特点来进行定位。世界品牌实验室发现，高档次的品牌传达了产品高品质的信息，通过高价位来体现其价值，并赋予品牌很强的表现意义和象征意义。如，劳力士、浪琴、江诗丹顿等世界名牌手表，能给消费者独特的精神体验，表达"高贵、成就、完美、优雅"的形象与地位。

3. 根据顾客要素定位

(1) 消费群体定位。消费群体定位是指直接以产品的消费群体为诉求对象，突出产品专为该类消费群体服务，从而获得目标消费群体的认同。把品牌与消费者结合起来，有利于增进消费者的归属感，使其产生"我自己的品牌"的感觉，如金利来定位为"男人的世界"，百事可乐定位为"百事新生代"等。

(2) 生活理念定位。生活理念定位是指把品牌形象与消费者的生活理念联系在一起，将品牌形象人性化。这样的生活理念必须是简单而深刻的，能引起消费者内心的共鸣和对生活的信心，产生一种振奋人心的感觉，催人上进，甚至成为消费者心中的座右铭，从而给消费者以深刻印象。如，劲霸男装强调"奋斗，成就男人"；利朗商务男装强调"简约而不简单，放松而不放纵"。

(3) 情感定位。情感定位是将人类情感中的关怀、牵挂、思念、温暖、怀旧、爱等情感内涵融入品牌，使消费者在购买和使用产品的过程中获得这些情感体验，从而唤起消费者内心深处的认同和共鸣，最终获得对品牌的喜爱和忠诚。如，丽珠得乐胃药强调"其实男人更需要关怀"，哈尔滨啤酒强调"岁月流转，情怀依旧"。

核 心 概 念

市场细分；目标市场；市场定位；无差异营销；差异化营销；集中性营销；避强定位；迎头定位

思 考 题

1. 市场细分的有效性是什么？
2. 评价目标市场应考虑哪些方面？
3. 进入目标市场的五种策略是什么？
4. 无差异目标市场策略的优缺点有哪些？
5. 差异化目标市场策略的优缺点有哪些？
6. 市场定位策略有哪些？

案 例 分 析

凉茶市场群雄逐鹿，为何王老吉独占鳌头？

据相关媒体整理的资料显示，至少有 18 家药企涉足凉茶市场，其中不乏年营收超过百亿的巨头企业，但大多并不理想。下面列举其中几个品牌进行简要分析。

白云山凉茶

白云山凉茶——口焱 e 清产品是白云山和记黄埔中药有限公司于 2007 年隆重推出的

一款凉茶产品，其给方来源于"白云山口炎清"颗粒。经过几番痛苦挣扎之后，口焱 e 清凉茶更名为白云山凉茶，虽然运作上也请了大腕明星孙红雷代言，但是市场却始终不见起色。白云山有了王老吉这个宝，白云山凉茶也就显得非常不重要了。

上清饮凉茶

香雪制药曾于 2007 年推出上清饮凉茶，目标五年内营收 20 亿元，但实际年销售量从 2007 年的 1396.67 万罐跌至 2009 年的 332.19 万罐，到 2010 年时净亏 2670 万元，目前已停产。香雪制药旗下有金典沙示、亚洲沙示、亚洲碧柠、亚洲橙宝、菊花蜜等饮料产品，2015 年 14.65 亿的营收中软饮料销售额为 8461 万元，占比为 5.78%。

万吉乐

2008 年，成立于 1991 年拥有 50 亿资产以及招牌产品万基洋参片的万基集团推出了蓝罐的"万吉乐凉茶"，并聘请了香港演员张卫健代言，目标要做凉茶市场中的百事可乐。但是大面积的广告轰炸并未起到持续刺激消费的效果，万吉乐目前已基本停产。

菊皇茶

菊皇茶是康美药业集团旗下的一款含有天然中草药的保健茶，采用杭白菊、枸杞子、甘草、胖大海等天然中药制成，具有降火功效。目前，该产品基本上处于停滞不前阶段，市场表现基本没有亮点。2010 年康美药业在广东首次推出第一款袋装菊皇茶，由中医学家邓铁涛教授亲自处方，加上不断技术改良并引进新的营销概念，于 2013 年发展成袋装、铁罐、盒装和 PET 装四款品种。

顺牌凉茶

顺牌凉茶是中国著名医药企业瑞年国际旗下产品，于 2008 年正式上市。顺牌凉茶的配方源自清朝岭南地区的凉茶世家，其家族按此配方制作的凉茶，获得了"国家非物质文化遗产第 41 号秘方"的殊荣。瑞年集团在顺牌凉茶运作上也采取了大手笔，还聘请了专业的职业经理人团队，志在争夺凉茶领域老三位置，并想超越和其正成为中国凉茶领域的老二。顺牌聘请著名影星葛优作为代言人，从央视到地方卫视，广告铺天盖地，但很快在市场中败下阵来，仅仅是两三年的光景就在市场上销声匿迹。

霸王凉茶

号称"中药世家"的霸王集团在 2010 年推出凉茶产品，并聘请甄子丹代言。2011 年霸王凉茶实现销售收入 1.67 亿元，占到了霸王集团总业绩的 18.8%，但随后其发展急转直下，2012 年营收 1758.3 万元，2013 年上半年营收仅为 79 万元。2013 年 7 月 1 日，霸王集团停止生产及销售凉茶。霸王集团 2015 年总营收为 2.32 亿，净亏损 1.1 亿。

仁和不怕火

不怕火凉茶是仁和集团食品有限公司于 2010 年开发的新生代凉茶。仁和集团以中草药为基础，研制出一类具有清热解毒、生津止渴等功效的健康草本饮料——不怕火凉茶。上市之初，仁和集团构建了强大的队伍，充分吸取了前辈药企的经验，采用独立的公司运作模式，由专业的职业经理人团队来操作。但也就两三年光景，市场就一败涂地，不怕火凉茶成为了仁和集团的负担。

同仁堂凉茶

同仁堂凉茶在 2015 年 7 月开始布局，主要是在同仁堂门店及部分商超卖场售卖，并低调进驻京东，半年的时间达到 8000 多万元的销售额。在 2016 年的春糖发布会上，根据同仁堂公布的数据，累计意向签单金额高达 3 亿元，同仁堂也计划将两款茶饮(凉茶和玛咖乌龙茶)推入大众消费市场，在商超、便利店等大众渠道销售，扩大铺货渠道，作为整个"大健康战略布局"中的先导。

各大药企推出的凉茶产品及其相关信息如图 5-4 所示。

序号	生产企业	品牌	面市时间	2015年销售额	市场份额	现状
1	广药白云山	王老吉	1828 年	77.68 亿元	46.7%	以双位数增长直接拉动整个凉茶行业的增速
2	潘高寿药业	潘高寿凉茶	2011 年	年销售额 4 亿元，凉茶板块不详	1.2%	市场在售
3	和记黄埔	白云山凉茶	2011 年	2015 年年报中未提京茶	0.7%	市场在售
4	北京同仁堂	同仁堂凉茶	2016 年	号称半年 8000 多万	不足 1%	市场在售
5	云南白药	一泡清	2014 年	未披露	不足 1%	市场在售
6	人福医药	"清草"三花	2015 年	未披露	不足 1%	市场在售
7	华润三九	华润999罗汉果凉茶	2015 年	未披露	不足 1%	市场在售
8	太龙药业	双花凉茶	2015 年	未披露	不足 1%	业务模块处于亏损或者停滞状态
9	佛慈制药	甘麦大枣茶	2013 年	未披露	不足 1%	业务模块处于亏损或者停滞状态
10	天圣药业	凉茶	2014 年	未披露	不足 1%	业务模块处于亏损或者停滞状态
11	桂林三金药业	玉叶清凉茶	2009 年	未披露	不足 1%	业务模块处于亏损或者停滞状态
12	康美药业	菊皇茶	2010 年	未披露	不足 1%	业务模块处于亏损或者停滞状态
13	星群药业	夏桑菊	1980 年	未披露	不足 1%	业务模块处于亏损或者停滞状态
14	天士力	帝泊洱茶	2008 年	未披露	不足 1%	京东在售，销售量几乎为零
15	贵州百灵	火透	2012 年	未披露	停产	停产
16	太极集团	太极凉茶	2013 年	未披露	停产	停产
17	瑞年国际	顺牌凉茶	2010 年	未披露	停产	停产
18	香雪制药	上清饮	2007 年	未披露	停产	停产

图 5-4　各大药企的凉茶产品

为什么这么多实力雄厚的药企没有做大做强凉茶？药企产品诉求跟随模仿，没有品牌认知区别是其中最重要的因素之一。药企以为买药的消费者看的是疗效，所以一定会为药企的凉茶埋单。其实他们根本不知道，加多宝也是把王老吉从药改成了饮料，才解决了消费者心理障碍的问题，让凉茶成为了一个畅饮的植物功能饮品，而不是一个植物功能药品。在这种认知环境下，药企先入为主的主观意识使其在产品运作上进入了死胡同，市场销售虽然也都能够按照饮料去做，但是药性太重又缺乏自己的诉求差异化，一般都是像加多宝一样强调"去火"，这使得产品地位丧失，市场很难有所建树。

(资料来源：变革家网 2016-07-20，有删改)

思考：

1. 请分析王老吉的市场定位策略。

2. 为什么国内众多药企业没有做大做强凉茶产品？

3. 本案例给我们哪些启示？

实　训

一、实训目的

1. 巩固市场细分、目标市场选择和市场定位的理论知识。

2. 培养学生对具体产品市场细分、目标市场选择和市场定位的分析和决策能力。

二、实训内容

(一) 实训资料

金银花露产品饮料化的"理由"

1. 品牌少且小，竞争不激烈。目前市场上的金银花露产品都是一些不知名品牌，除了湖北午时和可口福，大部分都是当地品牌，尤其以盛产金银花的地区如广西、湖北等地居多。

2. 产品单一，渠道药房。目前市面上金银花露产品的包装均以玻璃瓶为主，容量在 300~400 ml 之间，主要销售渠道在药店和部分电商，渠道单一，产品单一。

3. 降火饮料市场成熟，容量足够大。2015 年，我国饮料行业全年累计总产量 17661.0 万吨，同比增长 6.23%；2015 年凉茶市场销售收入突破 500 亿元，同比增长 10.6%，继续保持较好的增长趋势，位居饮料行业第四大品类。

4. 在市场转型的当下，抢蛋糕要比做蛋糕好。市场瞬息万变，饮料的健康化和时尚化是两极，在前人的基础上改良我们的产品以抢占成熟市场，分一杯羹是市场转型过程中最稳妥的办法。

5. 产品力决胜一切。当下企业的核心竞争力已经回归到了产品力上，只要有好的产品就能在市场上立足，金银花露作为传统的降火饮料无论从口感还是固定人群上都有基础，所以口感好再加上降火效果好，产品的核心竞争力就有了。

6. 消费者不看品牌看产品的时代来临，中小企业逆袭的机会大。消费者购物习惯和需求的改变导致消费者对饮料口味需求的两极分化。饮品市场经过 20 多年的高速发展，如今已经出现消费者的两极分化，一极是理性的健康消费，需要的是健康饮料；另一极是感性的个性消费，需要的是时尚饮料。在这个时代中，消费者不认品牌认产品，是中小企业能实现逆袭的最好的机会。

(二) 具体任务

根据实训资料，分析饮料市场的市场细分策略和市场定位策略；评价金银花露产品的目标市场和市场定位；设计金银花露产品的 STP 策略。

三、实训组织

1. 按实训项目将班级成员以 3~6 人一组分成若干组，以小组为单位开展工作，采用组长负责制，组员合理分工，团结协作。

2. 相关资料和数据的收集可以进行实地调查，也可以采用二手资料，由专人负责记录和整理。

　　3. 小组充分讨论，认真分析，形成小组的实训报告。

　　4. 各小组在班级进行实训作业展示。

四、实训步骤

　　1. 由指导教师介绍实训的目的和要求。

　　2. 分组，每组 3～6 人，选举组长一名，由组长负责本组组员的分工。

　　3. 各组收集资料并进行讨论分析和整理，完成实训报告。

　　4. 各组将设计好的实训报告制成 PPT，并向教师和全班同学汇报，由其他组的同学提问，教师进行点评。

　　5. 每个小组上交一份设计好的纸质和电子版的实训报告。

第 6 章　产品策略

引　例

中国制造：品质的新标志

不久前，作者购买了一套中国生产的露天餐桌椅，包括六把椅子、一张桌子、一把遮阳伞以及伞座。这套桌椅是金属质地，带有防撞涂层，这样能够保证很多年不生锈，全套一共 750 美元，价格便宜。

家具装在两个大盒子里，需要自己进行组装。根据作者多年组装美国产的家具、书架、户外炊具、儿童玩具等设备的经验，认为这个过程会让人头疼，因为经常会有长度不对的螺丝、打错的孔、印错或漏掉的说明页等，一小时的工作最后往往要花上一下午的时间。

这一次，两个盒子里的东西都包装得很精美。椅子腿、椅背、扶手都用柔软的绒布包着；说明书很大，每一个操作步骤都解释得很清楚；五金件装在一个密封的塑料盘里，每个螺帽、螺栓都有自己的一格，零件一样不少；组装所需的扳手也有单独的存放空间。

开始组装后，作者更是对弯管的精确度、整齐划一的长度，以及桌椅脚下的橡皮垫惊叹不已。相邻部件可以精确地契合，螺丝可以很容易地拧进孔中，全套家具组装并安放到位只用了一个小时，而且看起来很漂亮。最后一道工序是给暴露的螺栓装上黑色的小塑料盖，这样可以遮住光亮的金属外层，防止难看的腐蚀。

文章指出，这个厂家显然是一心为消费者着想，在包装、工具、精确度和组装的简易程度上下了很大工夫。

作者开始有了隐隐的担忧：这些家伙太棒了！设计、制造、精确度、质量和价格都无可挑剔，如果他们在国内生产水平大幅提高之后开始出口汽车和卡车了，那会怎样？

文章最后指出，在嘲笑其他国家的同时，美国自己却在面临着危险。美国现在应该放弃骄傲自大，别再沉醉在集体的沾沾自喜和自我崇拜当中了。

（资料来源：鲍勃·卢茨《"中国制造"：品质的新标志？》美国《福布斯》双周刊网站 6 月 6 日）

产品策略是市场营销组合策略之一，企业在制定营销组合策略时必须首先决定生产什么样的产品来满足顾客的需求。产品策略还会影响营销组合中的价格、渠道和促销策略。因此，可以说产品策略是营销组合策略中最重要的策略。

6.1　产品与产品组合

6.1.1　产品与产品的整体概念

1. 产品的概念

产品通常有狭义和广义之分，狭义的产品是指生产者通过劳动而生产出来的，用于满足消费者需要的有形实体，譬如汽车、钢铁、服装、食品等。这一概念强调产品是有形的物品，在生产观念盛行的时代极为流行。广义的产品是指能够提供给市场以引起人们注意，让人们获取、使用或消费，从而满足人们某种欲望或需要的一切东西。因此，产品具有两种形态：一是实体产品(有形产品)，它具有一定的物质形态，如汽车、房屋、食品、衣服等；二是软体产品(无形产品)，指各种劳务或销售服务，如运输、通信、保险等劳务以及产品的送货服务、维修服务等。

2. 产品的整体概念

市场营销学认为，产品的概念是一个整体概念，学术界曾经用三个层次对其进行描述，即核心产品、形式产品和延伸产品。但近年来，人们更多用五个层次来更深刻更准确地表述产品的整体概念，如图 6-1 所示。

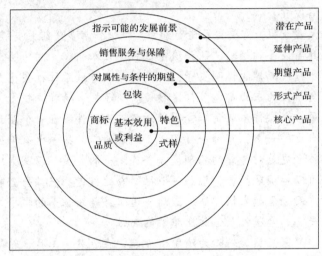

图 6-1　整体产品概念示意图

(1) 核心产品。核心产品即实质产品，是指产品提供给顾客的基本效用和利益，它是消费者或用户购买产品的目的和追求。从根本上说，每一种产品实质上都是为了解决某种问题而提供的服务。譬如，人们购买灯具不是为了装饰，而是为了照明。因此，营销人员向顾客销售的任何产品都必须具有反应顾客需求的核心利益。

(2) 形式产品。形式产品是指核心产品借以实现的形式。产品的基本效用必须通过特定的形式才能得以实现，它包括产品的形态、形状、式样、商标、质量、包装、设计、风格、色调等多方面。认识这一点对企业现行的营销活动具有重要的指导意义，营销人员应该努力寻求更加完善的产品外在形式以满足顾客的需求。

(3) 期望产品。期望产品指购买者在购买产品时期望得到的与产品密切相关的一整套属性和条件。如，人们去餐馆吃饭，不仅要求饭菜好，还要清洁和卫生。顾客所得到的是购买产品所应该得到的也是企业在提供产品时应该提供给顾客的；对于顾客来说，在得到这些产品基本属性和条件时，就会感到满意。

(4) 延伸产品。延伸产品是指顾客在购买核心产品和形式产品时，附带获得的各种利益的总和，包括提供信贷、维修、培训、咨询、送货以及保证等。随着消费需求日益多样化、消费水平的不断提升以及竞争的日趋激烈，顾客对产品的附加利益越来越重视，企业竞争的中心也越来越转移到延伸产品。很多时候，企业间竞争胜负的关键就在于"服务"。

(5) 潜在产品。潜在产品指现有产品包括所有附加产品在内的，可能发展成为未来最终产品的潜在状态的产品。潜在产品指出了现有产品将来的发展趋势和方向，包括产品未来可能进行的变革与改进，如彩色电视机可能发展为录音机、电脑终端机等。因此，企业应加大研发力度，不断推陈出新，走在行业的前端，以长远的眼光与超强的预测能力实现企业的可持续发展。

3. 产品的分类

在市场营销中要根据不同的产品制定不同的营销策略，而要制定科学有效的营销策略就必须对产品进行分类。

(1) 按产品的用途可划分为消费品和工业品两大类。

消费品是直接用于满足最终消费者生活需要的产品，而工业品则由企业或组织购买后用于生产其他产品。消费品与工业品在购买目的、购买方式及购买数量等方面均有较大的差异。因此，对于这两类不同的产品，企业的营销策略必须有所区别。

(2) 按消费品的使用时间长短可划分耐用品、半耐用品和非耐用品。

① 耐用品。该类产品的最大特点在于使用时间长，且价格比较昂贵或者体积较大，所以消费者在购买时都很谨慎，重视产品的质量以及品牌，对产品的附加利益要求较高。企业在生产此类产品时，应注重产品的质量、销售服务和销售保证等方面，同时选择有一定信誉的大型零售商进行产品销售。

② 半耐用品。半耐用品一般包括大部分纺织品、服装、鞋帽，一般家具等。这类产品的特点在于能使用一般时间，所以消费者不需经常购买，但购买时会对产品的适用性、样式、色彩、质量、价格等基本属性进行有针对性的比较。

③ 非耐用品。非耐用品的特点是一次性消耗或使用时间很短，所以消费者需要经常购买且希望能方便及时的购买。企业应在人群集中、交通方便的地区设置零售网点。

(3) 按消费者购买习惯可划分为日用品、选购品、特殊品和非渴求类品。

消费者对不同种类的产品有不同的购买方式，因而要求不同的销售方式，如表6-1所示。

表 6-1　消费品的营销问题

营销问题	消费品的类型			
	日用品	选购品	特殊品	非渴求类品
消费者购买行为	频繁购买，很少计划，很少作比较或花费精力，顾客参与度低	不经常购买，较多的计划并为购物花费较多的精力，比较品牌的质量、价格和式样	强烈品牌偏好的高度忠诚，为购买付出特别努力，很少比较品牌，价格敏感度低	对产品了解很少，(或者即使了解也没有什么兴趣或唯恐避之不及)
价格	低价格	比较高	高价格	不确定
分销	渠道广泛网点便利	在较少的商店进行选择性分销	在每个市场区域只有一家或几家商店专卖	不确定
促销	制造商大量促销	生产商和经销商的广告和人员推销	生产商和经销商针对性更强的促销	生产商和经销商强力广告和人员推销
实例	牙膏、杂志、洗衣粉	大家电、电视机、家具、服装	奢侈品，如劳力士手表或精美的水晶制品	人寿保险、红十字会的献血活动

① 日用品(便利品)。日用品是指消费者日常生活中所需要的，且需重复购买的商品，如牙膏、肥皂、报纸等，消费者一般不愿花很多时间比较其价格和质量，愿意接受其他任何代替品的。应注意的是，日用品一般为消费者日常生活必需品，消费者对其品牌、价格、质量和出售地点等都很熟悉。因此，这类产品往往需要投放大量广告宣传和促销活动，并且要广设销售网点。

② 选购品。选购品是指那些价格较高，使用时间较长，消费者要经过比较与挑选后才购买的产品，如服装、家用电器、家具等。购买这类产品前，消费者对其了解并不多，购买时会比较价格、款式、质量等。

③ 特殊品。特殊品是指那些性能独特、优质名牌、偏好的消费品，如汽车、高级音箱、化妆品、金银饰品等。购买这类产品前，消费者对其有一定的了解、认识，或偏爱特定的品牌和商标，不愿意接受代用品。因此，经销特殊品的销售商不必过多考虑顾客购买的便利性，只需采用各种营销手段强化顾客的品牌忠诚。

④ 非渴求类品。非渴求类品是指消费者不了解或即便了解也不想购买的产品，如人寿保险、墓地、百科全书等。对非渴求类品，企业需要付出诸如广告和人员推销等大量营销努力，以使消费者了解这些物品并产生兴趣，从而吸引消费者购买。

4. 产品整体概念对企业市场营销的意义

(1) 企业提供给市场的产品应能满足顾客的某种需求，具备该产品的基本使用价值，以实现顾客购买产品所追求的利益。

(2) 面对产品标准化趋势的增强，企业应加强产品差异化经营。产品的差异化应从全方位、多层次出发，不仅可以实行核心产品差异化，而且要注重形式产品的差异化。

(3) 在竞争日趋激烈的市场上，服务已成为一种有效的竞争手段。企业应重视延伸产品的提供，通过向顾客提供及时有效的服务，使顾客对企业的产品或品牌产生满意感，从而提升企业的声誉，吸引并培养企业忠诚顾客，增强企业竞争力。

6.1.2　产品组合

1. 产品组合及其相关概念

在现代社会化大生产和市场经济条件下，大多数企业都生产和销售多种产品。但是，并不是经营的产品无条件地越多越好，企业必须考虑生产和经营哪些产品才是真正有利的，以及如何对产品进行组合。

(1) 产品组合。产品组合指一个企业提供给顾客的所有产品的结构和构成，其由一条条产品线构成。

(2) 产品线。产品线又称产品大类，指满足顾客同类需求的相互关联或相似的一组产品。譬如，宝洁公司有牙膏、洗发水、洗衣粉等不同的产品线。产品线由一个个产品项目构成。

(3) 产品项目。产品项目是指产品大类中各种不同品种、档次、质量和价格的特定产品。譬如，宝洁公司的洗衣粉有汰渍、碧浪、奇尔以及奥克西多等多个产品项目，它们构成了洗衣粉产品线。

产品组合包括三个变化因素：产品组合宽度、产品组合深度和产品组合关联性。

以宝洁中国公司为例，经过产品整合，宝洁公司目前在中国主要经销三大类 22 个品牌的产品，每个品牌下面又有多种规格的产品，如表 6-2 所示。

表 6-2　宝洁中国公司产品组合

← 产品组合宽度 →			
尚美	健康	家居	↑ 产品组合深度 ↓
OLAY	吉列	汰渍	
SK-Ⅱ	博朗	兰诺	
伊奈美	护舒宝	金霸王	
潘婷	佳洁士	碧浪	
飘柔	欧乐-B	品客	
海飞丝	帮宝适		
沙宣			
伊卡璐			
威娜			
舒肤佳			
卡玫尔			

(1) 产品组合的宽度。产品组合的宽度是指产品组合中所拥有的产品线数目，产品线越多，产品组合越宽。如表 6-2 所示，宝洁公司有三条产品线，这些产品线反映了该公司产品组合的宽度。一般来说，增加产品组合的宽度，有利于扩展企业的经营领域，分散企业的经营风险。

(2) 产品组合的长度。产品组合的长度是指产品组合中产品项目总数。如表 6-2 所示，宝洁公司产品组合的长度为 22。一般来说，增加产品线的长度，可以使产品线更加丰满，吸引更多的消费者选购本企业的产品。

(3) 产品组合的深度。产品组合的深度是指每条产品线拥有的产品项目数。如表 6-2 所示，尚美系列的产品组合深度是 11，健康系列的产品组合深度是 6，家居系列的组合深度为 5。一般来说，产品组合的深度越深，就可以占领同类产品更多的细分市场，满足更多消费者的需求。

(4) 产品组合的关联性。产品组合的关联性是指各条产品线在最终用途、生产条件和分销渠道或者其他方面相互关联的程度。一般来讲，企业加强产品组合的关联性可以使企业在某一特定的市场领域赢得良好的声誉。如表 6-2 所示，宝洁公司的产品基本是日化用品，所以关联度较高。

2. 产品组合的类型

产品策略是营销组合策略的基础，一旦产品策略确定，其他策略也就随之确定。企业必须根据顾客需要、市场竞争情况、企业自身实力和经营目标，对产品进行组合，做出正确的产品组合策略。

产品组合一般有以下五种：

(1) 产品线专业型。产品线专业型是指企业专门生产某一类产品，如某企业专门生产各类服装，如男装、女装以及儿童服装等。

(2) 市场专业型。市场专业型是指企业为某类顾客提供所需的各种产品，如某企业专门为男士生产其所需的皮包、衬衣、领带、鞋子等。

(3) 有限产品线专业型。有限产品线专业型是指企业专门生产某一类产品中的某一种，例如某生产服装的企业只生产女装，而不生产男装。

(4) 特殊产品专业型。特殊产品专业型是指企业经营某些具有特定需要的特殊产品，例如某生产服装的企业专门生产孕妇装。

(5) 全线全面型。全线全面型是指企业尽可能向所有顾客提供他们所需的各种产品。

3. 产品组合策略

由于科技迅速发展，市场需求不断发生变化，竞争形势和企业内部条件也在发生变化，企业的产品组合也要随之调整，使其达到最佳组合。一般来说，企业产品组合的调整策略有以下几种。

(1) 扩展产品组合策略。扩展产品组合策略是指增加产品组合的宽度和加强产品组合的深度，即增加产品线或产品项目，扩大经营范围，生产经营更多的产品以满足市场的需要。当企业发展形势很好，继续进行投资扩张时，可以进行产品组合的扩张时，以壮大企业的发展规模，增强竞争能力。

(2) 缩减产品组合策略。缩减产品组合策略是指企业剔除盈利能力低甚至亏损的产品线或产品项目。当市场不景气或者原料能源供应紧张时，可以通过缩产品组合集中优势兵力经营市场需求较大、能为企业获取利润的产品。

(3) 延伸产品线策略。延伸产品线策略是指增加产品线中的产品项目。每个企业的产品都有特定的市场定位，可以通过延伸在原来定位的基础上增加不同档次的产品项目，从而开拓新的市场、增加顾客；或者为了适应顾客需求的改变，配齐该产品线的所有规格、品种，使之成为完全产品线。延伸产品线有以下三种策略：

① 向上延伸。向上延伸是指企业原先生产经营低档产品，在此基础上增加高档的产品项目。通过这一策略可以提高企业的产品声誉和市场地位，给企业带来丰厚利润。当高档产品销售形势好、利润高的时候，可以采取这种策略。但是，这种策略的缺点是顾客对该企业的高档产品不一定认可，另外竞争对手可能会乘虚而入，进行低档品市场进行反击。

② 向下延伸。向下延伸是指企业原来定位于高档产品市场，在此基础上增加低档的、低价格的产品项目，进入低档产品市场。当高档产品销售增长缓慢时，为了赢得更多的顾客，可向下延伸填补企业产品线的空白，利用高档名牌产品的声誉吸引购买力较低的顾客慕名而来购买。实施该策略具有一定的风险，若处理不慎会影响原来品牌的声誉和形象，因而企业在实施向下延伸策略时必须配合相应的营销组合策略。

③ 双向延伸。双向延伸是指原来生产中档产品的企业同时增加高档和低档的产品项目，目的是为了扩大市场范围，开拓新市场，创造新的需求。

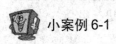 小案例 6-1

金庸作品的市场延伸战略

1985 年 9 月，台湾某出版公司取得金庸 14 部 36 册小说的出版权，当时市场上已有 25

开平装版的《金庸作品》，而且盗版严重。为了打击盗版，该公司利用定价延伸来对付盗版行为，暂时放弃平装版，而改印典藏版与袖珍版。典藏版采用 25 开，纸张较考究，而且限量发行，强调它的收藏价值，同时采用高价定位，比平装版价高出 65% 左右；同时，发行低价的袖珍版，将原来平装的一册改为袖珍的两册，而且两本袖珍的价格比一本平装的价格低约 35% 左右。

该公司采用这种老产品营销延伸策略，将材料、性能和价格延伸相结合，不但有效打击了盗版行为，而且开创了典藏版和袖珍版的市场。

(资料来源：http://wenku.baidu.com/view/040a55f7f61fb7360b4c65ca.html)

(4) 缩短产品线策略。缩短产品线策略是指企业在一条产品线中剔除微利甚至亏损的产品项目。例如，电视机生产企业发现 18 英寸的彩电已经基本没有市场了，所以停止生产该型号的产品。

(5) 更新产品线策略。更新产品线策略是指企业把现代化科学技术应用到生产过程中，对现有产品线进行技术改造，提高企业的生产和市场营销效率。

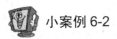 小案例 6-2

吉利收购中誉汽车　加快全产品线战略步伐

收购国外品牌沃尔沃尚未收官，吉利又迈出了收编国内车企的步伐。2010 年 2 月 26 日，吉利将与奔驰合作商的国内合作伙伴——中誉汽车有限公司在杭州签订协议，100% 收购后者资产。这一被业界解读为吉利进军专用车领域的动作，也让李书福打造"大吉利"的全产品线战略再进一步。

中誉汽车是德国戴姆勒–克莱斯勒公司在亚洲最大的战略合作伙伴，也是国内最具规模的顶级奔驰系列改装商务车的定点生产企业。同时，中誉汽车在专用车生产研发上也具备一定实力。

吉利新闻发言人、公关总监杨学良称："中誉在制造专用车、改装车领域有很多年的经验，它有比较好的技术水平，还有自己的厂房设施和人才。这个就为我们吉利今后推出自己的商务车和改装车提供了很好的条件，可以和我们现有的资源进行整合，丰富、延伸吉利产品线。

(资料来源：http://auto.sina.com.cn/news/2010-02-26/1453572282.shtml)

6.2　产品生命周期

产品生命周期理论是市场营销学的重要内容。产品生命周期理论由美国哈佛大学教授雷蒙德·弗农(Raymond Vernon)，于 1966 年在其《产品周期中的国际投资与国际贸易》一文中首次提出。这一理论揭示了产品在生命周期各阶段的特点，有助于企业清楚地判断产品的竞争能力，因而它是企业制定营销策略的基本依据。

6.2.1　产品生命周期的概念

1. 产品生命周期的含义及其划分标准

1) 产品生命周期的含义

任何一种产品，如同生物体一样，有一个发生、发展、成熟和衰退的过程。产品生命周期(Product Life Cycle)简称"PLC"，是指一种新产品从开发到上市销售，在市场上由弱到强又由盛转衰，直到被市场淘汰的全过程。

一项产品在市场上的销售及获利能力，通常会随着时间的推移而发生变化。由于受到诸多市场因素的影响，产品生命周期内的销售量和利润额并非是一条直线，不同时期或阶段有着不同的销量和利润。因此，产品生命周期各个时期或阶段一般是以销售量和利润额的变化来衡量和区分的。典型的产品生命周期分为四个阶段：导入期、成长期、成熟期和衰退期，如图 6-2 所示。产品生命周期表现为一条"S"型的曲线，各阶段则体现出不同的特点。这样划分的意义在于，它能够充分表明企业所生产的产品有一个有限的生命周期；产品在生命周期各个阶段的销售额或利润高低不一；生命周期的不同阶段对营销人员提出的挑战不同；在产品生命周期不同的阶段，产品需要不同的营销策略。

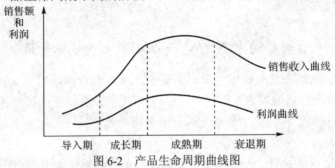

图 6-2　产品生命周期曲线图

值得注意的是，产品生命周期是指产品的经济寿命而非自然寿命。另外，产品生命周期可以针对产品大类，也可以针对某种形式的产品，还包括某个品牌。

2) 产品生命周期的划分标准

以上对于产品生命周期各阶段的划分只是一种理论上的定性划分，具体划分可采用以下几种方法。

(1) 类比法。类比法，即参照相类似产品的生命周期曲线或资料来划分某一新产品的生命周期。如，参照彩色电视机的资料来判断数字电视机的生命周期及其市场发展趋势。

(2) 销售增长率比值法。销售增长率比值法，即以销售增长率来划分产品生命周期的各个阶段。若以 ΔQ 表示产品销售量的增量，以 ΔT 表示时间的增量，则存在以下公式：

$$销售增长率 = \frac{本期销售额 - 上期销售额}{上期销售额}$$

若 $P = \Delta Q / \Delta T$，按国际惯例，下述 P 值数据可作为产品生命周期划分的参考：$0 < P \leqslant 10\%$ 时，属于导入期；$P > 10\%$ 时，处于成长期；$-10\% < P < 10\%$ 时，处于成熟期；$P \leqslant -10\%$ 时，处于衰退期。

(3) 普及率法。当产品在市场的普及率小于 5% 时，为导入期；普及率为 5%～50% 时，为成长期；普及率在 50%～90%时，为成熟期；普及率为 90%以上时，则进入衰退期。

2. 产品生命周期不同阶段的特点

产品生命周期各阶段有不同的特点，只有了解其特点才能有针对性地采取营销策略。

(1) 导入期(Introduction)。新产品初上市，顾客对其了解不够，知名度低，销售增长缓慢，由于宣传介绍费用高，企业可能没有利润，甚至亏损。这期间只有少数追求新奇的顾客可能购买，如 3M 便利贴推出十年后才受到消费者的青睐。

(2) 成长期(Growth)。经宣传介绍，新产品逐渐被市场所接受，企业顾客群不断扩大，产品销售迅速增长，利润也显著上升。同时，竞争对手看到有利可图，纷纷进入市场，导致类似产品陆续出现，价格随之下降。

(3) 成熟期(Maturity)。产品已被大多数购买者所接受，产品进入大量投产和大量销售的相对稳定期。此时，市场潜力下降，销售和利润的增长达到顶峰后速度减缓并开始呈下降趋势。由于竞争激烈，成熟期的营销费用增加，价格下降，成本上升，企业利润下降。

(4) 衰退期(Decline)。当技术进步推动新产品或替代品走向市场时，旧产品销售明显下降，利润日益减少并逐渐趋于零。这是由于顾客的需求出现了新的变化，或是转移到了竞争者的产品上，或是转移到了其他类型的需求上。此时，企业既要面对竞争对手的挑战，又要面对自身产品功能品质的弱化。随着市场需求量的持续萎缩，产品的售价开始下降，但促销费用可能没有降低，因而利润大幅减少，最后会因无利可图而被迫退出市场。

3. 形成原因

产品生命周期的形成有诸多社会经济原因，如技术进步、经济发展、消费心理变化、需求更新等，综合表现为产品的市场接受率。

6.2.2 产品生命周期的形态

1. 产品生命周期的典型形态

一般来说，正常产品的生命周期包括完整的四个周期，即导入期、成长期、成熟期和衰退期。

2. 产品生命周期的变异形态

有些产品上市后，由于种种原因，其生命周期的形态会出现变异，如夭折型、早衰型、缓慢型、维持型、循环–再循环型、扇贝型，如图 6-3 所示。

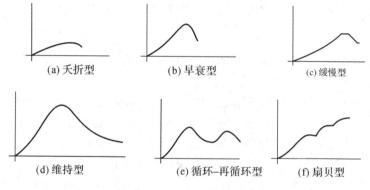

图 6-3　产品生命周期的变异形态

（1）夭折型。有的产品刚进入市场不久就被市场淘汰，由导入期直接进入衰退期，这是开发失败的产品。

（2）早衰型。有的产品投入市场后迅速进入成长期，但好景不长，越过成熟期直接进入衰退期，这类产品往往是由于企业后续营销乏力而导致退出市场。

（3）缓慢型。有的产品在投入市场后经过漫长的导入期，才缓慢进入成长期，这类产品虽然能满足顾客的需求，但往往由于价格太高而使消费者无法承受。

（4）维持型。产品进入衰退期后本应该退出市场，但是由于企业新产品尚未开发或其他原因，造成企业不得不继续生产老化的产品。

（5）循环–再循环型。有的产品经历了一次完整的生命周期后，没有退出市场而是继续进入第二个生命周期，往往第二次的幅度比第一次要小。这是由于企业做了营销努力，对原有的产品进行改进，使得产品再次进入第二次生命周期。

（6）扇贝型。有的产品在第一次生命周期未进入衰退期之际直接进入第二次成长成熟期，甚至进入第三次生命周期，这是由于企业不断开发产品的新用途。

必须指出的是，只有当产品经历了从导入期到衰退期的全过程后，产品生命周期曲线才可以根据资料较完整的描绘出来，但对于企业营销管理者来说，此时得出的结论已经没有了实际意义。对于营销管理者来讲，重要的是在试制或推出新产品前了解该产品在市场上正处于什么阶段及未来发展的趋势如何，以便采取正确的营销策略。

6.2.3　产品生命周期各阶段的营销策略

针对产品生命周期各阶段的特点，企业应采取不同的营销策略。

1. 导入期的营销策略

在导入期，由于新产品刚刚进入市场，知名度低，所以企业最关注两大问题，即价格的高低和促销费用的高低。针对这两个问题，导入期有四种策略供企业选择，即迅速撇脂策略、缓慢撇脂策略、迅速渗透策略、缓慢渗透策略，如图 6-4 所示。

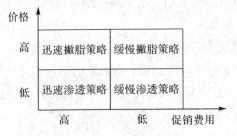

图 6-4　导入期的营销策略

针对导入期的特点，可以把导入期的营销策略概括为一个"短"字，即以最短的时间迅速进入并占领市场。

（1）迅速撇脂策略。迅速撇脂策略是指以高价格和高促销费用推出新产品。实行高价是为了在每一个单位销售额中获取最大的利润，高促销费用是为了吸引目标市场的注意，刺激其购买欲望。实施该策略要具备的条件是：市场需求潜力较大；企业面临潜在的竞争威胁，需及早树立品牌形象；消费者的购买欲望强烈，愿意付出高价购买。

（2）缓慢撇脂策略。缓慢撇脂策略是指以高价格低促销费用进入市场。高价格低促销费用可以使企业获得更多的利润。实施该策略须具备以下条件：竞争威胁不大；高价格能被消费者接受；消费者对该产品没有疑虑。

(3) 迅速渗透策略。迅速渗透策略是指以低价格高促销费用进入市场。实施该策略的目的在于抢先占领市场，给企业带来最快的市场渗透率和市场占有率。实施该策略须具备的条件是：市场容量很大；潜在消费者对产品不了解，需求价格弹性大；潜在竞争激烈；单位生产成本会随着产量增加而迅速下降。

(4) 缓慢渗透策略。缓慢渗透策略是指以低价格低促销费用进入市场。低价可以使产品迅速被市场接受，低促销费用是为了获利更多。实施该策略须具备的条件是：市场容量较大；潜在顾客对该产品易于了解或已经知晓；潜在竞争威胁较大。

2. 成长期的营销策略

经过导入期的努力，产品已为消费者所接受，市场迅速扩大，企业的制造设备、工艺，以及工人的操作技术都已比较完善，规模经济效益明显，企业的收益迅速增长。竞争者被不断增长的市场需求所吸引，竞争产品大量出现，市场争夺战渐趋激烈。

成长期的营销策略重点抓住一个"快"字，即抓住市场机会，迅速取得最大的经济效益，同时迅速扩大生产能力。

成长期的营销策略是围绕营销组合开展的，包括改进产品品质、建立灵活的价格策略、寻找新的细分市场、加强促销。

(1) 改进产品品质。改进产品品质是指根据用户需求和其他市场信息，不断提高产品质量，丰富产品的花色品种，推出新的款式、型号。改进产品可以提高产品的竞争能力，满足顾客更广泛的需求，吸引更多的顾客。

(2) 建立灵活的价格策略。成长期的一个特点是竞争对手的类似产品开始出现，所以企业应选择合适的时机降低价格。成长期降价的目的有两个：一是吸引更多的想买但是由于价格太高处于观望的消费者；二是通过降价有效地阻挡竞争。

(3) 寻找新的细分市场。寻找新的细分市场是指巩固原有的销售渠道，增加新的销售渠道和新的网点，不断开拓新市场。

(4) 加强促销。成长期促销策略的重点由提高知名度转移到树立品牌形象，建立品牌偏好，吸引目标顾客群。

3. 成熟期的营销策略

成熟市场的竞争规则已经改变，市场机会在逐渐减少，那种爆炸式的行业增长已经比较少见，而且对手越来越强大，企业依靠简单的寻找机会或市场升级手段已经不能适应成熟市场的竞争。成熟期的营销策略的重点是围绕一个"长"字，即尽量延长产品的成熟期。

(1) 市场改良。市场改良即通过发现产品的新用途或改变推销方法来实现销售额的稳定和扩大。市场改良主要从三个方面来进行：

① 增加现有顾客的使用量，可以通过提高使用频率、增加每次的使用量以及增加产品的新用途来达到效果。

② 寻找新顾客，主要途径有转变非用户、吸引竞争对手的用户和进入新的细分市场。

③ 寻找产品新的定位，找到有潜在需求的顾客。

(2) 改进产品。改进产品即通过产品自身的改进来满足顾客的不同需要，吸引有不同需求的顾客。该策略主要通过改进质量、提高性能、改进服务以及改进式样，达到满足顾客需求、占领市场的目的。

(3) 改进营销组合。改进营销组合即通过改变定价、增加销售渠道和销售网点，以及加强促销来延长产品的成熟期。其中，降价是企业吸引顾客的"杀手锏"，通过降低价格，往往能够吸引不少顾客。企业通过扩大销售渠道、增加销售网点、调整广告媒体等服务手段也可达到同样的目的，而且这些手段竞争对手一般难以模仿。

4. 衰退期的营销策略

面对处于衰退期的产品，企业需要进行认真的研究分析，再决定采取什么策略，以及在什么时间退出市场。衰退期企业营销策略的重心为一个"转"字，即尽早把资本转移到新产品的开发。衰退期通常有以下几种策略可供选择：

(1) 维持策略。维持策略是指继续沿用过去的策略，仍按照原来的细分市场，使用相同的分销渠道、定价及促销方式，直到这种产品完全退出市场。有时，继续某些非盈利或低利润产品是为了保持品牌在消费者心目中的形象。

(2) 集中策略。集中策略是指把企业的能力和资源集中在最有利的细分市场和分销渠道上以从中获取利润，这样有利于缩短产品线退出市场的时间，同时又能为企业创造更多的利润。

(3) 榨取策略。榨取策略是指抛弃无希望的顾客群体，大幅度降低促销水平，尽量减少促销费用，以增加目前的利润。这样可能导致产品在市场上的衰退加速，但也能从忠实于这种产品的顾客身上得到利润。

(4) 放弃策略。对于衰退比较迅速的产品，应该当机立断放弃经营，可以采取完全放弃的方式，如把产品完全转移出去或立即停止生产；也可采取逐步放弃的方式，使其所占用的资源逐步转向其他产品。

6.2.4　产品生命周期的应用

1. 研究产品生命周期的意义

研究分析产品生命周期，正确把握产品在市场上的寿命，对企业营销策略的制定和实施有着非常重要的指导意义。

首先，产品生命周期理论解释了产品和其他生命有机体一样，都有从诞生到衰退的过程，这表明没有任何一种产品能够在市场上永远畅销，永久获利。因此，企业要居安思危，不断创新，开发新产品，才能够更好的生存和发展。

其次，借助产品生命周期理论可分析判断产品处于产品生命周期的哪个阶段，并根据不同阶段的特点采取相应的营销组合策略，把握企业市场竞争形势，增强企业竞争力，提高企业的经济效益。

最后，从产品生命周期理论可知，由于科学技术的发展，人们需求变化加快，未来产品生命周期的发展趋势将会越来越短。但是通过企业市场营销的努力，产品生命周期是可以延长的。

2. 产品生命周期的延长方法

产品生命周期的长短受到技术进步、市场竞争、政府干预、消费者需求等多种因素的制约。从产品给企业带来利润的多少作为衡量标准，企业一般都希望延长产品生命周期中的成长期和成熟期，缩短导入期和衰退期，并希望出现第二个成长期。产品的生命周期从整体上来说，取决于企业外部环境的变化趋势，但如果企业营销工作卓有成效，可适当延长产品生命周期。延长产品生命周期的方法主要有以下几种：

(1) 加大促销力度，促使消费者增加使用频率，扩大购买。即使产品处在成长期或成熟期，企业仍要重视提高产品质量和服务质量，综合运用人员推销、营业推广、广告宣传和公共关系等促销手段，培养消费者的品牌偏好，促成购买习惯，增加使用频率，以扩大销售。

(2) 对产品进行改进。要根据产品的市场反应改进产品的特性，开发产品的功能，革新产品的造型包装，增加产品的美感，以巩固老客户并争取新客户。

(3) 开拓新市场，拓展顾客群。由于不同区域市场的消费存在明显差异性，企业可以利用这种差异开拓新的市场领域。例如，产品在城市市场已经滞销，可以向农村市场发展。

(4) 开拓产品新的使用领域。有的产品用途会随着生产力发展、科技水平和消费水平提高而不断拓展，产品新的用途一旦被开拓出来，其市场生命周期必然得以相应延长。如，纸过去主要用于书写和印刷，后扩展到餐巾纸、装饰纸、卫生纸和纸桌布等。产品的用途多了，销售量就会增加，其市场生命周期也会随之延长。

6.3　新产品策略

科学技术的飞速发展，导致产品生命周期越来越短。在 20 世纪中期，一代产品通常意味 20 年左右的时间；而到了 90 年代，一代产品的概念不超过 7 年。生命周期最短的是计算机产品，根据摩尔定理，计算机芯片的处理速度每 18 个月就要提高一倍，而芯片的价格却以每年 25%的速度下降。这一切促使企业为了自身的生存与发展，必须不断开发新产品，以迎合市场需求的快速变化。

6.3.1　新产品的概念及其分类

1. 新产品的概念

新产品开发是企业生命的源泉，市场营销学使用的新产品概念不是从纯技术角度理解的。

科技领域的新产品是指全新产品，市场上从未出现过的。营销领域的新产品是指在一定的地域内，第一次生产和销售的，在原理、用途、性能、结构、材料、技术指标等某一方面或几个方面比老产品有显著改进、提高或独创的产品。简单地说，只要能给顾客带来新的满足和新的利益的产品就是新产品。新产品应具备下列一个以上的特点：

(1) 具有新的原理、构思或设计。

(2) 采用了新材料，使产品的性能有较大幅度的提高。

(3) 产品结构有明显的改进。

(4) 扩大了产品的适用范围。

2. 新产品的分类

1) 按创新程度划分

(1) 全新产品是指应用新原理、新技术、新材料，具有新结构、新功能的产品。该类新产品是企业在市场上首先开发的，能够满足消费者的一种新需求，能开创全新的市场。全新产品占所有新产品的比例为 10% 左右，但全新产品的开发难度大，市场风险也大。

(2) 改进型新产品是指在原有老产品的基础上进行改进，使其在结构、功能、品质、花色、款式及包装上具有新的特点和新的突破。改进后的新产品，其结构更加合理，功能更加齐全，品质更加优质，能更多地满足消费者不断变化的需要。改进型新产品占所有新产品的比例为 26% 左右。在原有基础上对老产品进行改进，有利于消费者迅速接受，开发也不需大量资金，失败的可能性相对较小。

(3) 换代新产品是指在原有产品的基础上部分采用新结构、新技术制造，性能有显著提高的产品，如黑白电视机发展到彩色电视机。目前，许多国家正在研究用数字电视机取代模拟电视机。

(4) 仿制型新产品是企业对国内外市场上已有的产品进行模仿生产，称为本企业的新产品。在新产品开发中，合法的仿制是不可能排除的。开发仿制新产品一般投入相对较小，风险也小，但对本企业也是一种突破。

2) 按地区和范围划分

(1) 世界性新产品是指世界上第一次试制成功，并生产和销售的产品。

(2) 全国性新产品是指在国内试制生产并投入市场的产品。

(3) 地区性新产品是指在其他地区已投入生产，但本企业所在地区是首次试制成功并投入市场的产品。

(4) 企业新产品是指企业采用引进或仿制的方法首次生产和销售的产品。

小链接

微软 XP 系统"退休"——中国数亿用户面临安全风险

对于全世界的电脑用户来说，蓝天绿地的开机画面再熟悉不过了。尽管微软的 Windows 操作系统不断更新换代，但 Windows XP 无疑是最长寿也最受欢迎的版本。2001 年 10 月 25 日，Windows XP 在全球正式发布，蓝天绿地的初始画面已经陪伴全球用户走过了 13 年的光阴。

13 年，足以让一个刚刚接触电脑的孩子长大成人，而 XP 系统则用 13 年时间走到了生命的终点。13 年，XP 系统见证了个人计算机的更新换代，也见证了互联网的全球普及。统计数据显示，目前 XP 系统在全球市场的占有率仍然有 38.73%，而在中国的占有率更是超过了 70%，以此推算，中国的 XP 用户超过 3 亿。

如此成功的操作系统为何要选择弃用？微软官方表示，首先 Windows XP 系统已服役很多年，很多技术都已落后，过于老旧的安全机制更加容易受到病毒木马的攻击；其次，Windows XP 的运行环境存在很多漏洞，虽然微软及时发布了补丁，但并不能有效抑制病毒的攻击。

微软公司建议用户直接升级到视窗最新版本的系统软件，即视窗 8.1 系统。

(资料来源：http://news.163.com/14/0408/00/9P93BPUU00014JB6.html?from=tagtop)

6.3.2　新产品的发展趋势

随着市场经济的不断发展，消费者的需求水平不断提高，消费领域也不断扩大，因而新产品的生产也必须注重发展趋势。

(1) 新产品的科技含量不断提高。企业必须在新产品开发中投入更多的科研力量，使之转化成更多的知识经济技术成果，确保新产品更加完美，更具有市场竞争力。

(2) 新产品多样化。由于消费者的需求层次不同，喜好也不同，而且复杂多变，因而新产品开发应做到多样化，以适应市场的发展趋势，满足消费者的多层次需求。

(3) 产品更美观、更舒适、更适用。消费者的物质文化生活水平不断提高，使得其对产品的要求朝着舒适性、艺术性、功能更齐全的方面发展。

(4) "绿色产品"的发展。随着社会公众优化环境意识的提高，"绿色"消费迅速普及，因而在开发新产品时，除严格做到无污染外，还要注意保护环境，维护生态平衡。

6.3.3　新产品开发的必要性

新产品开发的必要性主要包括以下几个方面：

1. 产品生命周期理论要求企业不断开发新产品

企业同产品一样，也存在着生命周期，如果企业不开发新产品，则当产品走向衰退时，企业也同样走到了生命周期的终点。相反，企业如能不断开发新产品，就可以在原有产品退出市场后利用新产品占领市场。一般而言，当一种产品投放市场时，企业就应当着手设计新产品，使企业在任何时期都有不同的产品处在产品生命周期的各个阶段，从而保证企业盈利和稳定发展。

2. 消费需求的变化需要不断开发新产品

随着生产的发展和人们生活水平的提高，消费需求也发生了很大变化，方便、健康、轻巧、快捷的产品越来越受到消费者的欢迎。消费结构的变化加快，消费选择更加多样化，产品生命周期也日益缩短。这一方面给企业带来了威胁，企业不得不淘汰难以适应消费需求的老产品，另一方面也给企业提供了开发新产品适应市场变化的机会。

3. 科学技术的发展推动着企业不断开发新产品

科学技术的迅速发展导致许多高科技新型产品的出现，并加快了产品更新换代的速度。企业只有不断运用新的科学技术改造自己的产品，或开发新产品，才不至于被挤出市场的大门。

4. 市场竞争的加剧迫使企业不断开发新产品

现代市场中企业间的竞争日趋激烈，企业要想在市场上保持竞争优势，只有不断创新，开发新产品，增加企业的活力，在市场占据领先地位。另外，企业定期推出新产品可以提高企业在市场上的信誉和地位，并促进新产品的市场销售。

因此，在科学技术飞速发展的今天，在瞬息万变的国内国际市场中，在竞争愈来愈激烈的环境下，开发新产品对企业而言，是应付各种突发事件并维护企业生存与长期发展的重要保障。

6.3.4　新产品开发的策略

1. 先发制人策略

先发制人策略是指企业率先推出新产品,利用新产品的独特优点占据市场的有利地位。采用先发制人策略的企业应具备强烈的占据市场"第一"的意识。因为对于广大消费者来说,对企业和产品形象的认知都是先入为主的,他们认为只有第一个上市的产品才是正宗的产品,其他产品都要以"第一"为参照标准。因此,采取先发制人策略能够在市场上捷足先登,利用先入为主的优势最先建立品牌偏好,从而取得丰厚的利润。而且,从市场竞争的角度看,如果你能抢先一步,竞争对手就只能跟在后面追;若你不满足占领已有的市场,连续不断地更新换代,开发以前没有的新产品、新市场,竞争对手就会疲于奔命。一个不断变化的目标要比一个固定的靶子更让人难以击中,这样就会取得竞争优势。企业采用先发制人的策略必须具备以下条件:企业实力雄厚,且科研实力、经济实力兼备;具备对市场需求及其变动趋势的超前预判能力。

2. 模仿式策略

模仿式策略就是等别的企业推出新产品后,立即加以仿制和改进,然后推出自己的产品。这种策略是不把投资用在抢先研发新产品上,而是绕过新产品开发这个环节,专门模仿市场上刚刚推出并畅销的新产品,进行追随性竞争,以此分享市场收益。因此,模仿式策略又称为竞争性模仿,即有竞争又有模仿。竞争性模仿虽然不是刻意追求市场上的领先,但也绝不是纯粹的模仿,而是在模仿中创新。企业采取竞争性模仿策略,既可以避免市场风险,又可以节约研究开发费用,还可以借助竞争者领先开发新产品的声誉顺利进入市场;更重要的是,通过对市场领先者的创新产品做出许多建设性的改进,有可能后来居上。

3. 系列式产品开发策略

系列式产品开发策略就是围绕产品向上下左右前后延伸,开发出一系列类似但又各不相同的产品,形成不同类型、不同规格、不同档次的产品系列。采用该策略开发新产品,企业可以尽量利用已有的资源设计开发更多的相关产品,如海尔围绕客户需求开发的洗衣机系列产品,适合了城市与农村、高收入与低收入、多人口家庭与少人口家庭等不同消费者群的需要。在选择不同策略的基础上,企业应根据具体情况选择相应的新产品开发的方式。

(1) 独立研制方式。这种方式是指企业依靠自己的科研和技术力量研究开发新产品。

(2) 联合研制方式。这种方式是指企业与其他单位,包括大专院校、科研机构以及其他企业共同研制新产品。

(3) 技术引进方式。技术引进方式是指通过与外商进行技术合作,从国外引进先进技术来开发新产品。这种方式也包括企业从本国其他企业、大专院校或科研机构引进技术来开发新产品。

(4) 自行研制与技术引进相结合的方式。这种方式是指企业把引进技术与本企业的开发研究结合起来,在引进技术的基础上,根据本国国情和企业技术特点,将引进技术加以消化、吸收、再创新,研制出独具特色的新产品。

(5) 仿制方式。仿制方式是指按照外来样机或专利技术产品,仿制国内外的新产品,这是迅速赶上竞争者的一种有效的新产品开发方式。

6.3.5　新产品开发的过程

新产品开发过程由八个阶段构成，即寻求创意、甄别创意、形成产品概念、初拟营销策略、营业分析、产品研制、市场试销和商业化，如图 6-5 所示。

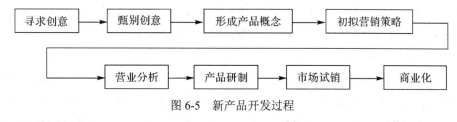

图 6-5　新产品开发过程

1. 寻求创意

新产品开发过程是从寻求创意开始的。所谓创意，就是开发新产品的设想。虽然并不是所有的设想或创意都可变成产品，但寻求尽可能多的创意却可为开发新产品提供较多的机会。因此，现代企业都非常重视创意的开发。新产品创意的主要来源有：顾客、科学家、竞争对手、企业推销人员和经销商、企业高层管理人员、市场研究公司、企业的子公司、广告代理商等。除了以上几种来源，企业还可以从大学、咨询公司、同行业的团体协会、有关的创刊媒介等处寻求有用的新产品创意。一般说来，企业应当主要靠激发内部人员的热情来寻求创意，这就要建立各种激励性制度，对提出创意的职工给予奖励，而且高层主管人员应当对这种活动表现出充分的重视和关心。

企业营销人员寻找新产品创意的主要方法有以下五种：

(1) 产品属性排列法。企业可将现有产品的属性一一列举出来，然后寻求改进每一种属性的方法，在此基础上形成新产品的创意。

(2) 强行关系法。列举出若干种不同的产品，然后考虑每种产品之间的关系，产生一种新的产品创意。

(3) 多角分析法。先将产品的重要因素抽离出来，然后具体分析每一种特性，再形成新的创意。

(4) 聚会法。召集企业员工和若干专家聚会讨论新产品的创意。聚会前，企业要准备好提纲并给每位与会人员充分准备的时间，会上每位代表都应畅所欲言，充分交换思想，经过层层讨论最后形成创意。

(5) 顾客问题分析法。这种方法首先要调查顾客使用产品时所发现的问题和产品有待改进的地方，然后将这些意见进行提炼加工，形成新产品创意。

2. 甄别创意

取得足够的创意之后，要对这些创意加以评估，研究其可行性，并挑选出可行性较高的创意，这就是甄别创意。甄别创意的目的就是淘汰那些不可行或可行性较低的创意，使公司有限的资源集中于成功机会较大的创意上。甄别创意时一般要考虑两个因素：一是该创意是否与企业的战略目标相适应，表现为利润目标、销售目标、销售增长目标、形象目标等几个方面；二是企业有无足够的能力开发这种创意，这些能力表现为资金能力、技术能力、人力资源、销售能力等。

企业在甄别创意时，要注意避免以下两种过失。

(1) 误漏某种良好的产品创意。造成这种结果的原因，一是思想太保守，二是没有统一的评价标准。例如，复印机刚出现时，施乐抓住了这一机会，而柯达和 IBM 公司则没有认识到其广阔的市场前景。

(2) 采纳了某种错误的产品创意，将产品投入市场，导致失败。这种失败又可分为三种，即产品彻底失败，销售太低，连成本都无法收回；产品部分失败，没有利润，但可收回开发成本；产品相对失败，即产品产生的利润低于企业的正常水平。

3. 形成产品概念

经过甄别后，保留下来的产品创意还要进一步发展成为产品概念。在这里，首先应当明确产品创意、产品概念和产品形象之间的区别。所谓产品创意，是指企业从自身角度考虑能够向市场提供的可能的产品构想。所谓产品概念，是指企业从消费者的角度对这种创意所作的详尽描述。新产品创意经过甄别后应发展为更为具体、更为明确的产品概念。产品形象则是消费者对某种现实产品或潜在产品所形成的特定形象。

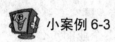 小案例 6-3

通用汽车公司的电动汽车产品概念

通用汽车公司的实验电动汽车时速为每小时 80 公里，在再次充电之前可行驶 90 公里，通用公司估计这种汽车的使用成本大约为普通汽车的一半。通用汽车公司的任务是把这种新产品演变成可供选择的产品概念，找到每种概念对顾客的吸引程度，并选择最佳的一个。为此，通用汽车公司为电动汽车设立了以下几种产品概念。

概念 1：不昂贵的超小型汽车，作为在城市使用的第二类家庭汽车。该车是理想代步和访友工具。

概念 2：中等价格、中等型号的汽车，作为各种用途的家庭汽车。

概念 3：中等价格的运动小型汽车，用来吸引年轻人。

概念 4：不昂贵的超小型汽车，用来吸引认真谨慎的人，这些人要求基本的交通功能、低燃料成本和低污染。

4. 初拟营销策略

形成产品概念后，应将产品概念文字化，形成营销策略初步草案，拟订新产品投放市场的初步营销策略报告书。该报告书应由以下三部分组成：

(1) 描述目标市场的特征、产品的市场定位，以及近期的营销目标。

(2) 简述产品的预期价格、分销策略和第一年的营销预算。

(3) 阐述计划长期销售额、目标利润和不同时期的营销组合。

5. 营业分析

在这一阶段，企业市场营销管理者要复查新产品将来的销售额、成本和利润的估计，看看它们是否符合企业的目标，如果符合，就可以进行新产品开发。

6. 产品研制

如果产品概念通过了营业分析，研究与开发部门及工程技术部门就可以把这种产品概念转变成为产品,进入试制阶段。只有在这一阶段,文字、图表及模型等描述的产品设计才能变为确实的物质产品。这一阶段应当搞清楚的问题是,产品概念能否变为技术上和商业上可行的产品,如果不能,除在全过程中取得一些有用副产品即信息情报外,所耗费的资金则全部付诸东流。

7. 市场试销

如果企业的高层管理对某种新产品开发试验结果感到满意,就着手用品牌名称、包装和初步市场营销方案把这种新产品包装起来,把产品推上真正的消费舞台进行试验。这是新产品开发的第七个阶段,其目的在于了解消费者和经销商对于经营、使用和再购买这种新产品的实际情况以及市场大小,然后再酌情采取适当的对策。市场试验的规模取决于两个方面;一是投资费用和风险大小,二是市场试验费用和时间。投资费用和风险较高的新产品,试验的规模应较大一些;反之,投资费用和风险较低的新产品,试验规模就可小一些。从市场试验费用和时间来讲,所需市场试验费用越多且耗费时间越长的新产品,市场试验规模应越小;反之,则越大。但总的来说,市场试验费用不宜在新产品开发投资总额中占太大比例。

试销调查与相应措施如表 6-3 所示。

表 6-3　试销调查与相应措施

试买率	再买率	相应措施
高	高	进行大批量生产和销售
高	低	重新设计或放弃生产
低	高	增加广告、加强促销
低	低	放弃生产

8. 商业化

在试销成功以后,企业就应决定批量生产新产品并正式进入市场。在商业化阶段,企业应注意以下四个方面的问题。

(1) 上市时机,即新产品上市时间和上市节奏的选择。高层管理者要决定什么时候将新产品投放市场最为合适,一定要把握好上市的时机。这与新产品和市场的特征相关,要根据新产品是否属替代品、新产品的市场需求是否有很强的季节性、新产品是否还需要进一步改进等,区别予以对待。

(2) 上市地点,即新产品所投放的区域市场的选择。企业高层管理者要决定在什么地方(某一地区、某些地区、全国市场或国际市场)推出新产品最为适宜。能够把新产品在全国市场上投放的企业并不多见,一般是先在主要地区的市场推出,以便占有市场,取得立足点,然后再扩大到其他地区。

(3) 上市对象,即新产品促销对象的选择。企业市场管理者要把分销和促销目标面向最佳顾客群,即可能率先购买或早期购买的顾客群,其目的是要利用这部分顾客群来带动一般顾客,以最快的速度和最少的费用扩大新产品的市场占有率。

(4) 上市方式,即新产品上市的营销组合。企业管理部门要制定开始投放市场的市场营销战略,这里首先要对各项市场营销活动分配预算,然后规定各项活动的先后顺序,从而有计划地开展市场营销活动。

6.3.6 新产品的采用过程

人们对新产品的采用过程，客观上存在一定的规律性。美国学者罗吉斯调查了数百人接受新产品的实例，总结归纳出人们接受新产品的程序和一般规律。他认为，消费者接受新产品一般表现为五个重要阶段，即认知、兴趣、评价、试用、采用。

1. 认知

认知是个人获得新产品信息的初始阶段。新产品信息情报的主要来源是广告，或者其他间接的渠道，如商品说明书、技术资源等。人们在此阶段获得的情报还不够系统，只是一般性的了解。

2. 兴趣

兴趣是指消费者不仅认识了新产品，并且发生了兴趣。在此阶段，消费者会积极地寻找有关资料并进行对比分析，研究新产品的具体功能、用途、使用等问题，如果满意，将会产生初步的购买动机。

3. 评价

在评价阶段消费者主要权衡采用新产品的边际价值，如采用新产品获得的利益和可能承担的风险，从而对新产品的吸引力作出判断。

4. 试用

试用是指顾客开始小规模、少量地试用新产品。通过试用，顾客评价自己对新产品的认识及购买决策的正确性。此阶段，企业应尽量降低失误率，并详细介绍产品的性质，以及使用和保养方法。

5. 采用

采用是指顾客通过试用收到了理想的效果，因而放弃原有的产品，完全接受新产品，并开始正式购买、重复购买。

6.4 品 牌 策 略

随着市场经济的发展，市场竞争程度不断加剧，品牌策略越来越受到企业的高度重视。品牌策略成为企业市场营销组合中的重要因素，成为企业谋求市场竞争优势强有力的竞争武器。好的品牌意味着好的市场，意味着顾客的忠诚度，也意味着巨大的赢利和发展空间。

6.4.1 品牌的含义

1. 品牌的概念

品牌(brand)来源于古挪威语"brandr"，意思是"打上烙印"，它曾经是牲畜的所有者用来标识动物的工具。品牌化如今已经成为企业的一种重要营销战略，越来越多的企业意识到品牌的重要性，品牌意识已深入人心。那么，究竟什么是品牌？目前国内外学者尚无一个统一的表述，导致品牌的定义有多种。

琼斯(J. P. Jones)对品牌的界定是：能为顾客提供其认为值得购买的功能利益及附加价值的产品。美国市场营销协会(AMA)对品牌的定义是：品牌是一种名称、术语、标记、符号或设计，或者是它们的组合运用，其目的是用以识别某个销售者或某群销售者的产品或服务，并使之与竞争对手的产品和服务区别开来。我们把这些品牌的名称、术语、标记、符号或设计，或它们的组合称为品牌元素。

2. 品牌的构成

品牌由品牌名称、品牌标志、商标构成。

(1) 品牌名称即品牌中可以用语言称呼的部分，如"奔驰(BENZ)""宝马""可口可乐"等。

(2) 品牌标志即品牌中可作区分且易于记忆，但不能用语言称呼的部分，通常由图案、符号或特殊颜色构成，如图 6-6 所示。

图 6-6　奔驰、宝马、可口可乐的标志

(3) 商标即经过注册登记受到法律保护的品牌或品牌中的一部分。

品牌和商标(trademark)都是用以识别不同经营者的同类产品的商业名称及其标志，两者有着密切的联系，但不能完全等同。商标属于法律范畴，强调的是对知识产权的保护，品牌属于市场概念，突出的是经营者对顾客的利益承诺。

品牌和商标不是一个相同的概念，它们是有严格区别的，具体表现为如下三个方面。

第一，品牌中凡不属于商标的部分都是没有专用权的，当别人使用时，从法律角度讲是不构成侵权的，只有商标部分才有专用权。

第二，商标可以为企业独占而不使用；而品牌一定是使用的，不管它是否为使用者所独占。不使用的品牌是没有任何意义，也没有存在的必要；而不使用的商标是有意义的，甚至在营销中是一个重要的品牌战略。例如，我国杭州娃哈哈集团在申请注册"娃哈哈"商标时，也同时申请注册了"娃娃哈""哈娃娃""哈哈娃"等商标，目的也是为了保护"娃哈哈"这个商标，以免竞争者以相近的商标注册来坐享其成。顾客在辨识产品的时候，通常是依赖品牌而不是商标。因此，营销管理的内容是品牌而不是商标，使用商标仅仅起保护品牌的作用。

第三，品牌是按企业的创意要求设计和创造的，所以品牌有的简单有的很复杂；而商标则要受国家商标登记注册机关的商标登记注册办法相应规定的制约，不允许过于复杂，因为复杂的商标不便登记注册。因此，凡是以某种图案形式登记注册的商标，其图案都比品牌上所采用或能采用的图案要简洁明了得多。

3. 品牌的含义

品牌的本质是企业通过各种营销策略,在与顾客的每一次接触中刻意塑造的品牌形象、品牌个性和品牌联想。一般来说，一个品牌能表达以下六层含义。

(1) 属性。一个品牌首先给人带来特定的属性。例如 "奔驰" 意味着昂贵、工艺精湛、马力强大、转卖价值高、速度快等，公司可以采取一种或几种属性为汽车做广告。多年来，奔驰的广告一直强调它是 "世界上工艺最佳的汽车"。而一旦提到 "沃尔沃"，人们首先想到的就是安全，这被认为是沃尔沃汽车的第一属性。

(2) 利益。品牌虽然代表着产品属性，但顾客购买的却不是属性，而是利益，属性必须转化为顾客可以获得的功能性或情感性的利益。首先，昂贵的属性体现了情感性利益，"这辆车让我感觉到自己很重要，并受人尊重"；耐久的属性体现了功能性的利益，"多年内我不需要再买一辆新车"；制作精良的属性既体现了功能性利益，又现了情感性利益，"一旦出事故，我很安全"。

(3) 价值。品牌体现了制造商赋予其产品的某些价值。在品牌同质化日益严重的今天，企业要建立有竞争力的品牌，必须为产品创造超越其使用价值的独特价值。这种价值不仅体现在为消费者提供产品、为消费者解决实际问题上，更体现在满足消费者精神需求、降低消费者的风险等方面，品牌营销人员应当分辨出对这些价值感兴趣的消费群体。例如，奔驰汽车代表着高绩效、安全，更是财富与地位的象征。

(4) 文化。品牌蕴涵着一定的文化，如奔驰汽车就代表着组织严密、高效率和高质量的德国文化。

(5) 个性。品牌本身也反映了产品一定的个性，如奔驰汽车可能会让人想到严谨的老板、凶猛的狮子或庄严的建筑。

(6) 使用者。品牌暗示着购买或使用产品的消费者类型，比如奔驰汽车的驾驶者应该是有一定资历、阅历且较为成熟的职业经理人。

如果一个品牌具有以上六种含义，则该品牌被称为深意品牌，反之则为肤浅品牌。品牌最持久的含义是价值、文化和个性，它们构成了品牌的基础。

6.4.2　品牌的作用

品牌是企业可以利用的重要的无形资产，它在营销活动中发挥着非常重要的作用，主要表现在以下几个方面。

1. 品牌对于企业的作用

(1) 存储功能。品牌可以帮助企业存储商誉、形象。品牌就是一个创造、存储再经营过程。

(2) 维权功能。通过注册专利和商标，品牌可以受到法律的保护，防止他人损害品牌的声誉或非法盗用品牌。

(3) 增值功能。品牌是企业的一种无形资产，它所包含的价值、个性品质等特征都能给产品带来重要的价值。即使是同样的产品，贴上不同的品牌标识，也会产生悬殊的价格。

(4) 形象塑造功能。品牌是企业塑造形象知名度和美誉度的基石，在产品同质化的今天，企业和产品被赋予个性、文化等许多特殊的意义。

(5) 降低成本功能。平均而言，赢得一个新客户所花的成本是保持一个既有客户成本的 6 倍，而品牌则可以通过与顾客建立品牌偏好，有效降低宣传和新产品开发的成本。

2. 品牌对于消费者的作用

(1) 识别功能。品牌可以帮助消费者辨认出品牌的制造商、产地等基本要素，从而区别于同类产品。

(2) 导购功能。品牌可以帮助消费者迅速找到所需要的产品，从而减少消费者在搜寻过程中花费的时间和精力。

(3) 降低购买风险功能。消费者都希望买到自己称心如意的产品，同时也希望能得到周围人的认同，选择信誉好的品牌则可以帮助其降低精神风险和金钱风险。

(4) 契约功能。品牌是为消费者提供稳定优质产品和服务的保障，消费者则用长期忠诚的购买回报制造商，双方最终通过品牌形成一种相互信任的契约关系。

(5) 个性展现功能。品牌经过多年的发展能积累独特的个性和丰富的内涵，而消费者可以通过购买与自己个性气质相吻合的品牌来展现自我。

2015 年中国最有价值的十大品牌如表 6-4 所示。

表 6-4　2015 年《中国 500 最具价值品牌》前 10 名

排名	品牌名称	品牌拥有机构	品牌价值 (亿元)	主营行业
1	工商银行	中国工商银行股份有限公司	2615.76	金融
2	国家电网	国家电网公司	2508.18	能源
3	中国移动通信	中国移动通信集团公司	1862.55	通信服务
4	华为	华为技术有限公司	1825.96	信息技术
5	中国人寿	中国人寿保险(集团)公司	1822.72	金融
6	CCTV	中国中央电视台	1809.16	文化传媒
7	中化	中国中化集团公司	1516.56	能源
8	海尔	海尔集团	1475.59	家用电器
9	中国一汽	中国第一汽车集团公司	1362.79	汽车
10	中国石油	中国石油天然气集团公司	1352.17	石油

资料来源：世界品牌实验室(WorldBrandLab.com)制表

6.4.3　品牌设计的原则

品牌在营销中的作用日益明显，为产品设计一个好的品牌是至关重要的。为此，品牌设计应遵循以下原则。

1. 符合法律法规的原则

品牌的设计道德首先要符合法律的规定，合法的品牌才能受到法律的保护，非法的品牌不但不会受到保护，还会受到法律的制裁。有些企业利用搭便车的做法设计自己的品牌，将自己的品牌设计得与知名品牌非常相似，使消费者认为这是知名品牌而进行错误的选购。这种做法不但损害了消费者的利益，也损害了那些辛苦创下名牌的企业的利益，扰乱了正常的经济秩序。这种品牌是不符合法律规定的，不但不会受到法律的保护，还会受到法律的制裁。例如，模仿"康师傅"方便面的"康帅博"、模仿"高露洁"牙膏的"高露浩"

都是不合法的，不仔细观察真是难以识别，诸如此类，不胜枚举。有的企业为了避免其他企业注册与自己相似的商标给本企业造成损失，一般会在注册商标的同时注册类似的商标。

2. 简洁易记的原则

品牌的命名与设计应易于消费者识别和记忆，中文名称最好不要超过三个字，并尽量不使用生僻字，以免消费者记忆困难。例如，著名的运动品牌"阿迪达斯"，现已简化为"阿迪"；著名的手机品牌"摩托罗拉"简化为"摩托"，这些都体现了简洁、醒目、易记的设计理念。

3. 构思巧妙原则

成功的品牌会在设计上充分体现产品的优点和特性，暗示产品的优良属性，以利于引起消费者的关注和接受。例如，奔驰汽车的圆圈内含三叉星的标志酷似汽车方向盘，"奔驰"这一品牌名称又给人以风驰电掣的感觉，这样的标志与品牌名称的有机结合，已经使奔驰成为豪华优质高档汽车的象征。

4. 富蕴内涵原则

品牌大多数都有其独特的含义，富蕴内涵的品牌因能唤起消费者和社会公众美好的联想而备受厂商青睐。

"红豆"是一种相思豆，是美好感情的象征物，用红豆作为品牌，能表达企业对消费者的关爱。借助"红豆"传情，青年情侣通过互赠"红豆"服装可以表达爱慕之意，离家游子也可以红豆服装寄托其思乡之情。

5. 求异创新原则

求异创新就是要塑造独特的企业文化和个性鲜明的企业形象。为此，品牌设计必须有创新，发掘企业独特的文化观念，设计不同凡响的视觉标志，运用新颖别致的实施手段。世界成功品牌无不新颖独特，尽管不少非名牌刻意模仿，但都达不到世界名牌应有的意境和效果，有的甚至会搬起石头砸自己的脚。例如，美国的"固特立"和"固特异"，两家公司不但名字相似，而且都生产和销售汽车轮胎。二者在市场上竞争时，"固特立"处于劣势，为扭转局面，他们推出引人注目的广告来树立品牌形象——"我们是另外一类人"。此广告虽然得到了注意，但并没有得到用户的实际认同与支持，因为其名称"固特立"已注定永远要居于比它更强的竞争者——"固特异"的下风。

6. 符合风俗习惯和传统文化的原则

在产品命名中，要注重研究各地区的文化，切忌与当地文化发生冲突。在这方面失败的例子非常多，例如我国的"白象"牌电池出口到欧洲国家备受冷落，其主要原因是品牌设计失误。因为在欧洲人眼里，大象是"呆头呆脑"的象征，并且英文"White Elephant"(白象)是指"无用而累赘的东西"，所以谁愿意购买无用而累赘的东西呢？还有，我国的"芳芳"牌化妆品在国外也是因品牌设计失误而受冷落，"芳芳"的汉语拼音是"Fang Fang"，而"Fang"作为英文的意思却是"毒蛇的牙"，试想"毒牙"之类的东西怎能用于健康肌肤，美化容颜呢？这无形中引起了消费者的反感，该品牌的产品在英语国家的销售未能如愿。

6.4.4　品牌策略

品牌策略是企业经营自身产品(含服务)之决策的重要组成部分，是指企业依据自身状况和市场情况，最合理、有效地运用品牌的策略。品牌策略通常包括有无品牌策略、品牌归属策略、品牌统分策略、品牌扩展策略、品牌创新策略、多品牌策略。

1. 有无品牌策略

企业决定是否给产品起名字、设计标志的活动就是企业有无品牌策略。一般来说，品牌在产品销售中可以起到很好的促销作用，但并非所有的产品都必须使用品牌。对于以下几种产品，可采取无品牌策略。

(1) 产品本身并不会因生产者不同而形成不同的特点，如电力、煤炭、木材等品质均一的产品。

(2) 消费者需求差异不大，习惯上并不是认品牌而购买的产品，如粮食、食用油、纸张等。

(3) 生产简单，没有一定技术标准，选择性不大的低价商品，如品种繁多的日用百货。

(4) 试制、试销中尚未定型的产品。

(5) 临时性、一次性出售的产品。

上述几种情况，由于产品本身的性质决定其不可能形成特点，不易或没必要同其他同类产品相区别，为其设计品牌只会增加支出，所以一般不设计商标，但企业仍应尽可能地标明厂名、厂址，以对消费者负责。

除了上述情况外，品牌对大多数商品还是必要的，通过设计、宣传企业品牌，可以提高企业品牌知名度，有利于塑造产品形象。不过企业必须认识到建立品牌是需要付出成本的，而且也要承担品牌开发失败的风险和损失。

2. 品牌归属策略

品牌归属策略是指企业在决定使用品牌后会涉及采用何种品牌，以及品牌归谁所有、由谁负责。品牌的归属策略一般有以下三种可供选择：

(1) 生产者品牌策略。

生产者品牌策略即生产者对本企业生产的产品采用自己的品牌，也叫制造者品牌策略。生产者使用自己的品牌，不仅可以使企业享有品牌所带来的利益，还可以为企业带来其他好处。当本品牌打响以后，可建立全国性的企业形象和产品形象，提高企业和产品的知名度，一方面能争取经销商推销其产品，另一方面可通过品牌提高企业和产品的声誉，便于新产品上市。一般来说，大中型企业或产品声誉比较高的企业，更愿意使用自己的品牌。

(2) 经销商品牌策略。

经销商品牌策略即产品使用销售者的品牌。使用这种策略的原因来自生产者和销售者两个方面：

① 一些规模较小的生产企业或新成立的生产企业由于资金能力薄弱，市场营销经验不足，难以用自己的品牌打入市场，所以他们愿意采用经销商品牌，而自己集中精力去搞好生产。

② 如果使用自己的品牌能给企业带来利益，销售商也愿意自己设立品牌。

(3) 生产者品牌与经销商品牌相结合。

生产者品牌与经销商品牌相结合，即企业一部分采用自己的品牌，另一部分采用中间商的品牌，选择的标准是看哪种品牌对企业更有利。

3. 品牌统分策略

当生产者决定各种产品全部采用自己的品牌时，他们面临的主要问题便是对于各种产品应给予什么样的品牌名称。企业的品牌统分策略有以下几种：

(1) 统一品牌策略。统一品牌策略是指企业将经营的所有系列产品使用同一品牌的策略。使用统一品牌策略有利于建立"企业识别系统"，还可以使推广新产品的成本降低，节省大量广告费用。如果企业声誉甚佳，利用统一品牌推出新产品是最简便的方法，新产品销售必将强劲。但企业采用统一品牌也会面临一定的风险，如果各类产品的质量水平不同，使用统一品牌就会影响品牌的信誉，特别是有损于具有较高质量水平的产品的信誉。因此，采用这种策略的企业必须对所有产品的质量严格控制，以维护品牌声誉。

(2) 个别品牌策略。个别品牌策略是指企业对各种不同产品，分别采用不同的品牌。这种策略的优点是：可以把个别产品的成败同企业的声誉分开，不至于因个别产品信誉不佳而影响其他产品，不会对企业整体形象造成不良后果。但实行这种策略会使得企业的广告费用很高，同时品牌过于繁多也不利于企业创立名牌，而且企业的各种品牌之间也可能产生竞争。因此，最好先做响企业品牌，以企业品牌带动个别品牌。

(3) 分类品牌策略。分类品牌策略是指对企业的各类产品分别命名，一类产品使用一个品牌。例如，森达集团就将高档男鞋的品牌定为"法雷诺"，高档女鞋为"梵诗蒂娜"，都市前卫男鞋为"百思图"，都市前卫女鞋为"亚布迪"，工薪族男女鞋为"好人缘"。这样做的主要原因是：企业生产或销售许多不同类型的产品，如果都统一使用一个品牌容易互相混淆；有些企业虽然生产或销售同一类型的产品，但是为了区别不同质量水平的产品，往往也分别使用不同的品牌名称。

(4) 企业名称加个别品牌策略。这种策略是指企业对其不同的产品分别使用不同的品牌，而且各种产品的品牌前面还冠以企业的名称。企业采用这种策略的好处是：在各种不同新产品的品牌前面冠以企业名称可以使新产品合法化，能够享受企业的信誉；而各种不同的新产品分别使用不同的品牌名称又可以使各种不同的新产品各有特色。因此，拥有多条产品线或者具有多种类型的产品的企业可以考虑采用这一策略。例如，美国通用汽车公司生产多种类型的汽车，所有产品都采用"GM"两个字母所组成的统一品牌，而对各类产品分别使用凯迪拉克、别克、奥斯莫比和雪佛兰等不同的品牌，每个个别品牌都表示一种具体特点的产品。

4. 品牌扩展策略

品牌扩展策略又称品牌延伸策略，是指企业利用市场上已有一定声誉的品牌推出改进型产品或新产品。采用这种策略，既能节省推广费用，又能迅速打开产品销路。这种策略的实施有一个前提，即扩展的品牌在市场上已有较高的声誉，扩展的产品也必须是与之相适应的优良产品，否则会影响产品的销售或降低已有品牌的声誉。

5. 品牌创新策略

品牌创新策略是指企业改进或合并原有品牌，设立新品牌的策略。品牌创新有两种方式，一是渐变，使新品牌与旧品牌造型接近，随着市场的发展而逐步改变品牌，以适应消费者的心理变化，这种方式花费很少，又可保持原有商誉。二是突变，舍弃原有品牌，采用最新设计的全新品牌，这种方式能引起消费者的兴趣，但需要大量广告费用支持新品牌的宣传。

6. 多品牌策略

多品牌策略是指企业在同一种商品上同时使用两个以上的品牌。这种多品牌策略由美国宝洁公司在营销实践中首创，如在洗发水上同时使用"飘柔""潘婷""海飞丝"等不同的品牌。多品牌策略有助于企业满足顾客差异化的需求，促进市场占有率的提高，有助于企业排挤竞争对手，也有助于企业加强内部管理，提升管理效率。

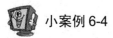 小案例6-4

激活中国老字号

与西方现代品牌相比，中国老字号的平均年龄更大，但竞争力甚弱。中国商务部于2006年估计，中国目前共有老字号5000多家，其中只有10%发展较好，勉强维持的占20%，70%已消失。为什么中国老字号濒临老化甚至消失的命运？在营销策略层面，缺乏西方品牌理论指导下的整套品牌战略；在文化层面，两者之间存在深刻的差异，如表6-5所示为中国老字号与西方品牌的精神气质比较。

表6-5　中国老字号与西方品牌的精神气质比较

中国老字号	西方品牌
内敛、中庸	外向、张扬
共性、综合	差异、个性
和气、沉稳	竞争、创新
重内在气质	重传播沟通
和谐均衡	崇尚高贵、贵族血统

结合中国老字号的实际现状，我国学者认为，我国老字号的品牌激活可以有以下七条主要路径。

◆ 健全和完善品牌元素。中国老字号在品牌元素上存在先天不足，或品牌基因缺陷。

◆ 注入新元素，引进新品类。改变消费者对老字号品牌中形成的负面认知和联想，形成全新的品牌认识，从而改善老字号的品牌形象，争取新的市场机会。

◆ 创新老字号精髓，塑造经典。利用消费者的怀旧心理，挖掘老字号精髓塑造出中国老字号的经典，包括虚构历史品牌战略和怀旧品牌战略。

◆ 创立产品或类别品牌，全面强化品牌关系。中国老字号只有公司品牌，没有响亮的产品品牌，即品牌家族不健全，创立产品品牌将增加顾客关系的空间。

◆ 以品牌联盟为杠杆。减少品牌投资，克服市场障碍，降低品牌风险，并提供互动的新平台。

◆ 强化品牌整合传播。传播是老字号的长期弱势所在，如运用现代媒体和大众传播不足、表意命名与口碑传播之间不协调等，老字号企业应借鉴包括顾客体验在内的整合品牌传播创新方式。

◆ 全方位营销拉动品牌成长。实施全方位营销是激活中国老字号的基础路径，以创新通路模式拉动老字号业绩增长，最终实现老字号品牌资产的激活和提升。

6.5　包　装　策　略

包装是产品策略的重要组成部分，它不但保证了产品的使用价值，而且还增加了产品的附加价值。因此，良好的包装是获得市场竞争力的有效手段。

6.5.1　包装的含义及作用

1. 包装的含义

包装是指设计生产容器或包扎物，并将产品盛放或包裹起来的一系列操作过程。包装包括两层含义：一是指产品的容器和外部包扎，即包装器材；二是指包装产品的操作过程，即包装方法。在实际工作中，二者往往难以分开，故统称为产品包装。

知识链接

绿色包装

绿色包装(Green Package)又可以称为无公害包装和环境之友包装(Environmental Friendly Package)，是指对生态环境和人类健康无害，能重复使用和再生，符合可持续发展的包装。绿色包装的理念有两个方面的含义，一个是保护环境，另一个就是节约资源，这两者相辅相成，不可分割。其中保护环境是核心，节约资源与保护环境又密切相关，因为节约资源可减少废弃物，其实也就是从源头上保护环境。

(资料来源：http://baike.sogou.com)

2. 包装的作用

产品包装是为保护产品数量与质量的完整性而必需的一道工序。由于产品的包装直接影响产品的价值与销路，因而对绝大多数的产品来说，包装是产品运输、储存、销售不可缺少的必要条件。

(1) 保护产品。保护产品是包装的主要目的和首要功能。产品在从出厂到用户的整个流通过程中，都必须进行运输和储存，即使到了用户手中开始使用到废弃，也有存放的问题。产品在运输中会遇到震动、挤压、碰撞、冲击，以及风吹、日晒、雨淋等损害；在贮存时也会受到温度、湿度和虫蛀、鼠咬、尘埃等损害和污染。合理的包装就能保护产品在流通过程中不受自然环境和外力的影响，从而保护产品的使用价值，使产品实体不致损坏、散失、变质和变形。

(2) 提高产品储运效率。包装对小件产品起着集中的作用。包装袋或包装纸上有产品的鲜明标记，便于装卸、搬运和堆码，利于简化产品的交接手续，从而使工作效率明显提高。外包装的体积、长宽高尺寸、重量与运输工具的标重、容积相匹配，对于提高运输工具利用率，以及节约动力和运费，都具有重要的意义。

(3) 方便使用。适当的包装还可以起到便于使用和指导消费的作用。包装上的使用说明、注意事项等，对消费者或用户使用、保养、保存产品，具有重要的指导意义。

(4) 促进销售。产品包装还具有识别和促销的作用。产品被包装后，可与同类竞争产品相区别，精美的包装不易被仿制、假冒、伪造，有利于保持企业的信誉。在产品陈列时，包装是"无声的推销员"，良好的包装往往能为广大消费者或用户所瞩目，从而激发其购买欲望，成为产品推销的一种主要工具和有力的竞争手段。另外，包装还能起到广告宣传的效果，有时同种产品的质量可能不相上下，因而包装往往会成为消费者或用户选购产品的主要考虑因素。由此可见，包装能够有效地促进产品销售。

(5) 增加产品价值。优良、精美的包装，不仅可以使好的产品与好的包装相得益彰，避免"一等产品，二等包装，三等价格"的现象，而且还能增加产品价值，使消费者或用户愿意出较高的价格购买，从而使企业增加收益。

6.5.2　包装的分类

1. 传统分类

(1) 运输包装又称外包装或者大包装，主要用于保护产品品质安全和数量完整。运输包装可细分为单件运输包装和集合运输包装。

(2) 销售包装又称内包装或小包装，它随同产品进入零售环节，与消费者直接接触。

2. 专业分类

(1) 按容器不同分类，包装分为箱、桶、袋、包、筐、捆、瓶、坛、罐、缸等。

(2) 按材料不同分类，包装分为木制品、纸制品、金属制品、玻璃制品、陶瓷制品、塑料制品包装等。

(3) 按货物种类不同分类，包装分为食品、医药、轻工产品、针(绵)织品、家用电器、机电产品、果菜类包装等。

3. 以安全为目的的分类

以安全为目的分类，包装分为一般货物包装和危险货物包装。

6.5.3　产品包装要求

一般来说，市场对商品包装有如下要求。

(1) 名称易记。包装上的产品名称要易懂、易念、易记。

(2) 外形醒目。包装要使消费者从包装外表就能对产品的特征了如指掌。

(3) 印刷简明。包装印刷要力求简明。

(4) 体现信誉。包装要充分体现产品的信誉，使消费者透过产品的包装增加对产品的依赖。

(5) 颜色悦目。一般来说，欧洲人喜欢红色和黄色，在超级市场上销售的高档商品多采用欧洲流行色，即淡雅的色彩。

(6) 有地区标志。包装应有产品地区标志或图案，使人容易识别。

(7) 有环保意识。国际上有许多关于包装材料的新规定，总的趋势是逐步用纸和玻璃取代塑料、塑胶等材料。例如，德国规定中国出口到德国的食品包装要用瓦楞纸箱。

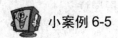

罗林罗克的包装策略

罗林罗克——美国啤酒业的小不点儿，无论从产量和资金规模上都不能与百威、米勒相提并论。最初罗林罗克上市时，仅有 1500 万美元的营销预算(可对照的是，百威一年仅用于电视广告的费用就达 1 亿美元，米勒为 5000 万～6000 万美元)。预算的不足促使罗林罗克的营销人员在包装上大做文章，他们设计了一种独特的绿色颈瓶，并漆上显眼的艺术装饰，使其包装在众多啤酒品牌中独树一帜。消费者通常会认为瓶子上的图案是手绘的，样子独特有趣，并且愿意把它摆在桌子上。为了突出罗林罗克长颈瓶，以及啤酒是用山泉水制作的这一事实，公司重新设计了包装箱，即在包装箱上印有放在山泉中的绿色长颈瓶，图案色彩鲜艳、清晰，令消费者在 10 米以外也能认出罗林罗克啤酒。

罗林罗克为何要在包装方面花费如此大的心血？因为包装是无声的推销员，罗林罗克在促销预算方面先天不足，只好在包装方面下苦功，力图在包装方面与众不同，以吸引消费者。

6.5.4　包装策略

1. 类似包装策略

类似包装策略也称为产品线包装策略，是指一个企业生产的各种产品在包装上采用相同的图案、近似的色彩或其他共同特征。运用这一包装策略有利于企业节约设计和印刷成本，有利于树立企业形象，也有利于企业利用原有的市场影响来推动新产品的市场开拓。但是要注意，这种策略是一把"双刃剑"，一旦某种产品出现了问题，就会影响其他产品的销售。因此，类似包装策略只能运用于档次相当的产品，如果档次不同的产品运用类似包装，不仅会增加低档产品的包装费用，而且还会使优质产品的销路受到影响。

2. 等级包装策略

等级包装策略是指按照商品的价值，将商品分成若干等级，实行不同的包装。对于高档次的商品，精美的包装可以显示甚至提高其价值；而对于低档次的商品，则无华丽包装的必要，否则将收到适得其反的效果，提高了包装费用不说，还可能使顾客对本企业产品形成"金玉其外，败絮其中"的感觉。因此，企业要对高、中、低档不同档次的产品，采用不同等级的包装。这种策略虽能避免一种产品失败而牵连其他产品的问题，但包装设计费用和新产品推广费用比采用类似包装策略要高。

3. 配套包装策略

配套包装策略也称为多种包装策略，是指根据消费者使用习惯，把多种互有关联的产品配套放在同一包装物里，同时出售。例如，配套餐具、茶具、咖啡具、酒具等包装，正是采用了这一包装策略。运用这种包装策略的优点在于方便顾客组合使用，以主要产品携带销售其他次要产品，特别是以老产品携带新产品，有利于促进新产品的成长，使顾客在不知不觉中接受新产品，为新产品打开销售市场。另外，产品配套销售较之单独销售，销售量也一定会大得多，以此也可以达到扩大产品销售的目的。对企业来说，摸清消费者心理，适应消费水平和结构变化的需要，改进和增设更多的配套包装，是产品包装设计者的一个重要任务。值得注意的是，这种包装不宜在毫无联系或质量上有差距的产品中运用。把消费者使用时联系性不强的产品组合在一起，或把质量档次不同的产品组合在一起硬性搭配给顾客，不仅有损企业的声誉，造成顾客的反感，而且还会形成产品大量积压滞销。

4. 再使用包装策略

再使用包装策略也称为双重用途包装策略，它要求被包装的产品使用完毕后，其包装物还可以作其他用途。如果企业采用此种包装策略使产品的包装物本身就是一件工艺品或另有用途的实用品，一方面能够引起消费者的购买欲望；另一方面能够使印有商标的包装物发挥意想不到的广告宣传效果，引起重复购买，增加产品的销售量。这种策略的不足之处是包装费用较高，一部分对价格敏感的顾客可能会因此而放弃购买产品的打算。因此，采用此种包装策略要以充分考虑包装物是否有广泛需求和广泛用途为前提。

5. 附赠品包装策略

附赠品包装策略是指在包装物内，除了本产品外，还附上能够吸引顾客购买的其他赠品，以达到借助赠品扩大产品销售的目的。这是现代包装中的一种主要策略，选择的赠品要新颖，价廉物美，且对不同的目标市场要采用适合不同类型顾客心理的附赠品。如：在对以儿童为销售对象的产品包装物内，可考虑放置小玩具、画片等适合儿童消费心理的物品，以此来扩大产品销路。每个包装物内的赠品最好避免相同，但又要有联系，根据消费者求全、求新、求奇的心理，采用稀奇物品逐次满足顾客，唤起消费者更大的购买欲，吸引顾客重复购买。

6. 改变包装策略

改变包装策略是指企业改变原来的包装设计，采用新的包装，这种改变可以是包装技术的改变，也可以包装材料的改变，还可以是包装结构的改变。这种包装策略尤其适用于产品质量欠佳，顾客对本企业产品产生不信任的情况，可通过改变的包装物来容纳质量已改进的产品，减少顾客的不信任感，以此收到意想不到的效果。对于一种使用时间较长的产品包装，同样也要考虑改变包装的必要性。

核 心 概 念

产品；产品整体概念；核心产品；形式产品；产品组合；产品线；产品项目；产品生命周期；品牌；品牌扩展策略；多品牌策略；商标；包装；类似包装策略；配套包装策略

思 考 题

1. 什么是产品，产品整体概念有何营销意义？
2. 什么是产品组合，产品组合宽度、长度、深度和关联性的含义是什么？
3. 试述产品生命周期不同阶段的特征及其适宜采用的营销策略？

4. 新产品的开发程序是什么？

5. 什么是品牌，品牌策略有哪些？

6. 品牌的作用表现在哪些方面？

7. 包装的作用是什么，包装应如何分类？

8. 包装的概念和包装的策略是什么？

案 例 分 析

宝洁急速"瘦身"：失灵的多品牌战略？

全球日化巨头宝洁再次走向了"精兵简政"之路：8 月 1 日，宝洁全球 CEO 雷富礼 (A.G.Lafley)在一场财报会议上宣布，宝洁将推进一轮大规模的品牌精简，削减现有的 90～100 个小品牌，以聚焦于盈利能力更强的核心业务。

对于近年业绩持续低迷的宝洁而言，通过品牌重整提高盈利能力恐怕已经是其不得已的选择。在过去的 13 个季度里，宝洁有 9 个季度的营收均不及预期，在最近的一个季度里，宝洁的销售净额下降 1%达 201.6 亿美元，再一次低于分析师们的平均预估。

"我多一分钟都不想等了"，2013 年 5 月重新出山，再次拯救宝洁于危难之中的雷富礼表示，希望能够在自己的第二个任期内完成宝洁的品牌重整计划，将宝洁重新带入增长的轨道。

2000 年至 2009 年雷富礼曾担任过宝洁 CEO，在此期间，宝洁的销售额增长了一倍，年销售额超 10 亿美元的品牌从 10 个增加到 23 个。去年 5 月，66 岁的雷富礼接替 59 岁的麦睿博，再次执掌宝洁。

然而，大刀阔斧的瘦身能否将宝洁拉出尾大甩不掉的境地？一度以多品牌战略称霸日化的宝洁要在短短几年内完成品牌聚焦、战略重塑，显然并不会是一件轻松的事情。

"马不停蹄"的品牌剥离

据宝洁方面透露，此次调整主要是出于节省运营成本的考虑。这些即将剥离或退出的小品牌，年销售额基本都在 1 亿美元以下，而在过去的三年时间里，这些品牌的销售额一直下滑。退出这些盈利能力较弱的品牌，将使得宝洁能够集中精力聚焦于盈利能力更强的核心业务。

"总部尚未公布如何集中发展全球核心品牌的最终计划，至于哪些会是最终的 70～80 个品牌，我现在还无法告诉你。但我可以说的是，它们每一个都将是战略品牌，是有增长潜力的品牌。"宝洁中国公关总监梁云告诉《中国经营报》记者，目前还无法对此轮品牌剥离可能给中国市场带来的影响作出评估。

虽然宝洁方面未能透露此轮调整可能涉及的具体品牌，但根据伯恩斯坦分析师 Ali Dibadj 的预测，宝洁旗下的洗衣品牌 Fab 和 Trojan、剃须品牌 Perma Sharp、头发护理品牌 Fek kai 将最有可能成为此次的"牺牲品"。相比之下，Tide(汰渍)、Pampers(帮宝适)、Crest(佳洁士)、Gillette(吉列)等约 80 个品牌将会被保留。依据就在于，过去三年时间里上述核心品牌为宝洁贡献了 90%的收入和 95%的盈利，当中有 23 个品牌是年销售在 10～100

亿美元的大型品牌，有 14 个品牌的年销售额在 5~10 亿美元之间，其余品牌的年销售额也介于 1~5 亿美元之间。

对于宝洁而言，对旗下盈利能力欠佳的品牌进行剥离并非毫无征兆。早在 2014 年的四五月份，宝洁已经成功出售了旗下两项品牌资产，以现金 29 亿美元的价格将三个宠物食品品牌 IAMS、EUKANUBA 和 NATURA 出售给美国第五大私人公司 Mars Inc，同时将旗下一个医护网络品牌 MDVIP 出售给 Summit Partners。

而在更早的 2012 年，宝洁还先后出售了旗下的福爵咖啡、吉夫花生酱、科瑞超酥油等食品品牌，还将旗下的品客薯片以 27 亿美元现金出售给家乐氏。

雷富礼坦言，这一轮品牌精简同样是宝洁 2012 年公布的"100 亿美元精简重组计划"中的一部分。按照当时宝洁的计划，宝洁会在五年时间里完成包括出售、停产、裁员等一系列的重组。

"我只是希望自己在位时为本来已经发布的计划提速，遭遇了 30 年以来最惨烈的经济衰退后，宝洁必须考虑现金流问题，我们希望在合适的时候寻求新的开始，同时消费者市场和竞争战略选择也是精简计划加速的部分原因。"雷富礼表示，预计此轮品牌剥离导致的裁员规模会控制在一万人之内。

在撤离"日程"上，根据宝洁首席财务官 Jon Moeller 透露的信息，该计划会在未来 12 个月至 24 个月内完成，但具体到单个品牌的剥离则没有详细的时间表。

雷富礼式"疗法"

在宣布裁撤上述盈利能力欠佳的品牌之前，雷富礼在企业管制、人事安排方面已经进行了一系列的调整。

从 2014 年 7 月 1 日起，宝洁的消费者与市场信息部、负责公关事务的交流中心、设计部以及品牌管理部四大部门将"合一"，组建成为全新的"品牌管理"部门，原营销总监则转型为品牌总监。分析人士认为，这是宝洁为接下来的品牌裁撤铺路，明确各部门的职责，解决全球性部门与区域部门部分职责重合的弊端。

熟悉宝洁历史的人都清楚，这是雷富礼最为拿手的"疗法"，早在其 2000 年到 2009 年的第一个 CEO 任期中，他就采取了类似的手段挽救了宝洁。彼时，雷富礼的前任——激进而冒失的贾格尔给他留下了一个恣意膨胀的烂摊子：核心品牌产品销售不断下滑，新品牌战略彻底失败，两个财年里每股收益率只有 3.5%，股价下跌 52%，公司市值缩水 85 亿美元。

为了快速整治摇摇欲坠的宝洁，雷富礼上台之后一举更换了 30 名集团高管中的一半，并削减了近一万个工作岗位，以此来提高整个集团的运营效率。雷富礼的策略立竿见影，在其任期的前三年，宝洁公司股价上涨了 58%，重新从竞争对手手中夺回了全球第一日化巨头的宝座。

如今，重新出山的雷富礼必须为尾大甩不掉的宝洁做一次更大的"手术"——削减人力远远不够，还需要削减那些占用宝洁大量资源却对营收贡献甚少的小品牌。"小，将是更好的"，雷富礼在 8 月 1 日的财报电话会议中表态称："我们将会创造一个更高速增长、更有盈利能力的公司，它将更加简化以便经营。"

如果该计划能够完成，以当前宝洁拥有的近 200 个品牌估算，此轮被剥离的品牌约占品牌总数的一半。这无疑会是宝洁品牌历史上前所未有的"大清理"，而这一不寻常的举动也与宝洁以往的扩张逻辑截然相反。不少快消行业人士认为，宝洁的此番动作说明日化行业大规模抢占市场的时代已经结束，多品牌战略或将由此走向终结。

在知名跨国企业当中，宝洁一直以多品牌战略著称。回顾宝洁的发展历史可以发现，早在半个世纪以前，宝洁就开启了多品牌和多元化的战略之路——从早期的象牙肥皂到汰渍洗衣粉，从"专业去屑"品牌海飞丝到"防龋牙膏"佳洁士，然后到消费日用纸、婴儿纸尿片……正是通过一系列成功的品牌并购，宝洁才得以成为全球最大的跨国公司之一。

"可以说，品牌收购一直伴随着宝洁的成长，凭借着多品牌战略和合理的品牌定位，宝洁才能够占领不同的细分市场，最终奠定其全球日化巨头的根基。"一名熟悉宝洁的日化行业人士对记者说。

然而，随着近年来日化行业的市场竞争日趋激烈，宝洁的多品牌战略遇到了前所未有的挑战：过长的产品线消耗了宝洁大量的精力；不断上升的人力成本，高投入低产出的"鸡肋"品牌的淤积，一步步吞噬着宝洁有限的盈利。

以宝洁的美容和个人护理部门为例，2000 年至 2007 年，宝洁投入了大量的精力，以至于 7 年时间里该部门所属的品牌由 7 个增加至 20 多个。尽管在此期间该部门的盈利增长也超过了 3 倍，但是这些盈利几乎都是由 Pan tene(潘婷)、Head&Shoulders(海飞丝)、Olay(玉兰油)和 SK-II 等核心品牌贡献，许多新品牌仍处于微利甚至亏损状态。

而新品牌的推出耗费了宝洁大量的营销资源，却并未取得合理的回报。以其 2013 年年初在化妆品专营店渠道推出的护肤品"海肌源"为例，在该产品上市之初，宝洁进行了大量的营销推广，但上市还不到一年时间，该产品就因销售不畅在屈臣氏遭遇末位淘汰。

"我们认为多品牌战略并不能驱动业绩的增长，更不能驱动价值的创新。"在经过大量的数据分析后，雷富礼得出结论——必须专注于为宝洁带来 90%盈利的那些核心品牌，才能在激烈的竞争下保证宝洁的现金流并持续盈利。

矫枉过正的隐忧

雷富礼的策略是不是有效，或许不久就会反映在财报里。股东们期望看到像宝洁辉煌时代一样好看的报表，但是宝洁可持续发展的策略是什么？雷富礼仅仅凭借给宝洁瘦身恐怕难以实现。

在宝洁看来，将小品牌剥离之后，依靠剩下的核心品牌，公司经营将会变得更加灵活，至少能够在短期内抑制营收下滑的趋势。但事实上，在不少日化行业人士看来，砍掉目前盈利能力欠佳的新品牌，同时也意味着宝洁有可能失去未来市场的潜在机会。

"宝洁当前进行'瘦身活动'虽然符合'扶持强势品牌，枪毙弱势品牌'的营销法则，但考虑到产品的更新换代，宝洁应该从长远考虑，扶植一些有增长潜力的小品牌，以推动产品的持续创新。"智研堂合伙人、品牌专家吴春芳认为，宝洁目前"全盘剥离"的做法过于"保守"。

资料显示，宝洁拟剥离的大部分小品牌虽然在过去三年时间里的年销售额基本都在 1 亿美元以下，但大多数品牌并未陷入到亏损境地，如果全盘放弃，对于宝洁而言无疑等于放弃了培育潜在核心品牌的机会——未必小品牌在若干年后就不会成为盈利"新秀"。

事实上，随着宝洁盈利能力的下滑，近年来宝洁的策略在市场上开始引发不同的声音，其中备受指责的一条就是其创新乏力。以中国市场为例，有资料显示，最近五年来宝洁在中国市场上先后推出的新品只有 6 种，即使在其最为擅长的洗涤剂领域，宝洁在中国市场的培育足足落后蓝月亮这样的企业有 4 年的时间。

"由于决策机制的问题，有时候大公司本身就不擅长培育创新的种子，宝洁或许在某些方面有创新能力，但是在品牌开发上给人的感觉总是不踏实。"日化行业知名观察人士刘李军认为，如果宝洁放弃培育新的具有潜力的品牌，那么宝洁也可以考虑收购市场上相对成熟的品牌以保证其品牌更新换代的需求。

但对于目前急于瘦身减负的宝洁而言，"品牌缺失"的可能性则似乎被有意无意地忽略了。一旦核心品牌市场退化，营收难以为继，宝洁难道又要重蹈多品牌战略的覆辙？这或许不是雷富礼愿意看到的事实。

(资料来源：王小明，梁宵. 宝洁急速"瘦身"：失灵的多品牌战略？中国经营报，2014 年 08 月 09 日)

思考：

1. 你认为宝洁公司削减盈利能力弱的品牌正确吗？
2. 宝洁是应该培育新的具有潜力的品牌，还是应该收购市场上相对成熟的品牌？
3. 小品牌在若干年后会成为盈利"新秀"吗？
4. 宝洁应该剥离一些品牌，还是应该扶植一些有增长潜力的小品牌？

实　训

一、实训目的

1. 使学生了解掌握产品生命周期理论。
2. 帮助学生理解不同阶段产品生命周期所有的特点和策略。
3. 通过绘制某一企业的产品生命周期图，让学生掌握如何在不同产品生命周期阶段进行布局。

二、实训内容

(一) 实训资料

1. 强生婴儿润肤露是以婴儿为主要使用对象而设计的，而如今"宝宝通用，你也能用"广告的宣传，使该产品的使用对象扩大到了成年人。

2. 在如今洗衣机行业竞争激烈的情况下，小鸭—圣洁奥设计了一款流动次数比一般洗衣机多得多，面机体对衣服的磨损降到最低程度的洗衣机。

3. 美国杜邦公司生产的尼龙产品，最初只有于军用市场，如降落伞、绳索等。第二次世界大战之后，其产品转入民用市场，企业开发和生产了尼龙衣料、窗纱、蚊帐等日用消费品，随后又继续扩展到轮胎、地毯等市场，使尼龙产品进入多循环周期，为企业赢得了长期稳定的利润。

4. 20 世纪 30 年代末，环球公司开始开发猪皮便鞋，以替代资源逐渐短缺的马皮劳动鞋，研制成功后于 1957 年推向市场。公司当时的营销策划重点，一是价格，二是促销。1958 年，"安静的小狗"牌猪皮便鞋开始进军大城市和城郊，市场开始扩大，产品销量和利润迅速增长，开始出现同业竞争现象。环球公司策划了新销售战略：开辟新的销售点，增加产品种类，加强广告宣传。在 20 世纪 60 年代中期，猪皮便鞋产品销量和利润仍在增长，市场仍在扩大，但步伐开始放慢，竞争日趋激烈。环球公司的策划随之出台，即有针对性地开展宣传，增加与目标顾客打交道的机会，不久，环球公司在美国制鞋业中的地位攀升到了第六位。

(资料来源：改编自：姚丹，鲍丽娜. 市场营销实训教程. 大连：东北财经大学出版社，2009：123.)

(二) 具体任务

分析在产品生命周期的不同阶段具有怎样的营销特点，论述生产企业如何进行营销策略的布局。

(三) 任务要求

1. 对产品生命周期理论要有全面认识。

2. 注意企业在产品生命周期不同阶段所采用的市场营销策略并不相同。

3. 在授课教师的指导下分组讨论，分析任务背景材料中各种产品生命周期的特点，确定各产品所处的生命周期阶段。

4. 小组讨论及分析材料要做好文字记录。

5. 授课老师引导学生，制定背景材料下的各类产品不同生命周期的营销策略。

6. 提出对策建议以及实施方案，研究方案的字数不少于 2000 字。

三、实训组织

1. 按实训项目将班级成员以 3～6 人一组分成若干小组，以小组为单位开展实训，采用组长负责制，组员合理分工，每位成员各司其职，团结协作。

2. 相关资料和数据的收集可以进行实地调查，也可以采用二手资料，由专人负责记录和整理。

3. 小组充分讨论，认真分析，形成小组的实训报告。

4. 各小组在班级进行实训作业展示。

四、实训步骤

1. 由指导教师介绍实训的目的和要求，对"产品生命周期理论"的实践意义给予说明，调动学生实训操作的积极性。

2. 分组，每组 3～6 人，选举组长一名，由组长负责本组组员的分工。

3. 各组明确实训任务，制定执行方案，指导教师通过之后执行。

4. 各小组进行分组讨论，分析任务背景材料中各类产品生命周期的特点，确定各产品所处的生命周期阶段。

5. 各组在讨论分析的基础上，制定背景材料下的各类产品不同生命周期的营销策略，形成讨论稿，完成实训报告。

6. 各组将设计好的调研报告制成 PPT，并向教师和全班同学汇报，由其他组的同学提问，教师进行点评。

7. 每个小组上交一份设计好的纸质和电子版的研究报告。

第7章　价　格　策　略

引　例

京东商城服务：高质量产品低价的野心

自2004年1月转型电子商务之后，京东商城的营业额已经连续四年实现每年300%的增速。2009年6月18日，京东在线销售额一举突破3000万元，即平均每秒钟销售一件商品。然而，京东商城挥舞着"低价格"的大旗大肆扩张、广为人知的同时，却一直被描绘成一家"零利润"的公司。

大唐高鸿旗下拥有恒昌IT与高鸿IT两家零售连锁卖场，属于典型的"IT MALL 模式"。该公司电子商务事业部总经理翁冠男认为，京东、新蛋仍处于烧钱阶段，"与图书、百货类产品不同，IT数码产品在卖场的销售毛利本来就低，这种毛利状况不是说放在网上就能得到大幅改观的。"大唐高鸿在2009年底将拥有超过300家店面，销售额达到20亿元，公司规模可谓"数一数二"，但平均毛利率只有个位数。

然而，刘强东却坚持自己绝不是在"赔本赚吆喝"，京东商城只是维持费用率跟毛利率基本平衡的状态。"某些商品的费用率是5%的话，100块钱进货，我105就卖了，这样可能我没什么净利润，但并不亏本。京东今年的销售额估计是 40 亿元，明年将超过 100亿元，这样的规模谁能亏得起。"

有业内人士指出，京东商城的盈利思路是：早期以低价甚至牺牲毛利率的方式来获得大规模销量，而在销售额稳定并达到一定规模之后，极小的毛利率提升就可以带来丰厚的利润。先低调垄断渠道，再高调实现盈利的思路与国美、苏宁如出一辙。

(资料来源：www.jingdongmall.com.cn)

价格是市场营销组合的要素之一，与产品、渠道和促销不同，它的变化异常迅速，而且直接关系到企业成本的补偿以及利润的实现。中国企业市场竞争进入白热化阶段之后，价格竞争愈来愈激烈，造成企业利润不断流失，成为许多企业的心头之痛，从而促使价格问题上升为决定企业盈亏的战略问题。

7.1　影响定价的主要因素

价格是影响消费者购买行为发生最敏感、最直接的因素。因此，价格对于产品的销售起着关键性的作用。从理论上说，价格是商品价值的货币表现，以货币来表示的商品或服务的价值就称为该商品或服务的价格。产品价格是市场供求关系的反映，影响市场供求关系的诸多因素也影响着产品的定价。

7.1.1　定价目标

定价目标是企业通过定价措施要达到的营销目的,是企业营销战略目标的重要组成部分。同时,定价目标也受企业具体的经营目标,如当期利润、收入等的影响。不同的企业有不同的定价目标,同一企业在不同时期定价目标也不尽相同。定价目标是企业定价策略和定价方法的依据,企业的定价目标越清楚,价格制定起来就越容易。企业的定价目标有如下几种:

1. 生存目标

在企业营销环境发生重大变化,难以按正常价格出售产品的情况下,企业会将生存作为自己的定价目标,这是企业为了避免受到更大冲击造成倒闭等严重后果而采取的一种过渡性策略。当企业产量过剩,或面临激烈竞争,或试图改变消费者需求时,企业需要制定较低的价格,以确保工厂继续开工和使存货出手。在这种状况下,生存比利润更优先受到考虑。只要价格能弥补可变成本和一些固定成本,企业的生存便可得以维持。在价格敏感型的市场中,这种定价目标更容易实现,企业可以以折扣价格、保本价格,甚至亏损价格来出售自己的产品,以求促进销售、收回资金、维持营业,为扭转不利状况创造条件,争取必要的时间。

2. 利润最大化目标

获利是企业生存和发展的必要条件,因而许多公司将利润最大化作为自己的经营目标,并以此来制定价格。最大利润目标是指企业根据利润最大化的要求来确定商品的价格。要注意的是,追求利润最大化并不意味着要制定过高的价格,因为企业的盈利是全部收入扣除全部成本费用之后的余额,盈利的大小不仅取决于价格的高低,还取决于合理的价格所形成的需求数量的增加和销售规模的扩大。这就需要企业对其需求函数和成本函数都非常了解,然而在实践中这些都是难以精确预测。在这种目标的指引下,公司往往会忽视其他营销组合因素、竞争对手的反应,以及有关价格的政策与法规,从而影响了企业的长期效益。

3. 市场占有率目标

市场占有率,又称市场份额,是指企业的销售额占整个行业销售额的百分比,或者是某企业的某产品在某市场上的销量占同类产品在该市场销售总量的比重。市场占有率是企业经营管理水平和竞争能力的综合表现,提高市场占有率有利于增强企业控制市场的能力,从而保证产品的销路;还可以提高企业控制价格水平的能力,从而使企业获得较高的利润。作为定价目标,市场占有率与利润的相关性很强,从长远来看,较高的市场占有率必然带来高利润。企业以提高市场占有率为定价目标时,应根据自身的生产经营能力、营销组合的配套安排、市场需求状况、竞争态势等方面的情况做出价格策略。

在实践中,市场占有率目标被国内外许多企业所采用,其方法是以较长时间的低价策略来保持和扩大市场占有率,增强企业竞争力,最终获得最优利润。

4. 质量目标

企业也可以树立在市场上成为产品质量领袖这样的定价目标。企业为了维持产品的高质量必须付出较高的代价,如采用先进的技术、精湛的工艺、优质的原料、独特的配方等,所有这些使得该企业的产品在同类产品中脱颖而出。而企业则需要制定一个较高的价格来弥补高质量产品的高成本，并且可以用更多的资金来加大对产品的科技投入、广告投入、服务投入等，使其成为市场上的常青树。例如，在国际市场上，一件名牌衬衫的价格是普通衬衫的几倍，甚至几十倍。消费者一旦认可了名牌产品的质量，他们会心甘情愿地付出较高的价格。以质量为定价目标，一般为同行业中实力较强的企业所采用。

7.1.2 成本因素

商品的价值是构成价格的基础，商品的价值由 C + V + M 构成。C + V 是在生产过程中物化劳动转移的价值和劳动者为自己创造的价值；M 是劳动者为社会创造的价值。显然，对企业的定价来说，成本是商品价格构成中最基本、最重要的因素。企业制定的价格除了应包括所有生产、销售、储运产品的成本，还应考虑企业所承担的风险成本。企业产品定价是以成本为最低界限，只有产品价格高于成本，企业才能补偿生产上的耗费，从而获得一定盈利。但同时也有特殊情况，个别产品在一段时期内，价格可以低于成本。

在实际工作中，产品的价格是按成本、利润和税金三部分来制定的。成本又可分解为固定成本和变动成本。产品的价格有时是由总成本决定的，有时又仅由变动成本决定。成本有时又分为社会平均成本和企业个别成本。就社会同类产品的市场价格而言，主要是受社会平均成本影响。在竞争很充分的情况下，企业个别成本高于或低于社会平均成本，对产品价格的影响不大。

根据统计资料显示，目前工业产品的成本在产品出厂价格中平均约占 70%。也就是说，一般情况下成本是构成价格的主要因素，这只是就价格数量比例而言。如果就制定价格时要考虑的重要性而言，成本无疑也是最重要的因素之一。因为价格如果过分高于成本会有失社会公平，价格过分低于成本，则不可能长久维持盈利。企业定价时，不应孤立地看待成本，而应同产量、销量、资金周转等因素综合起来考虑。

7.1.3 需求因素

产品价格除受成本影响外，还受市场需求的影响，即受商品供给与需求的相互关系的影响。当商品的市场需求大于供给时，价格应高一些；当商品的市场需求小于供给时，价格应低一些。反过来，价格变动影响市场需求总量，从而影响销售量，进而影响企业目标的实现。因此，企业制定价格就必须了解价格变动对市场需求的影响程度。反映这种影响程度的一个指标就是商品的需求价格弹性系数。所谓需求价格弹性系数，是指由于价格的相对变动，而引起的需求相对变动的程度。需求价格弹性系数通常可用下式表示：

$$需求价格弹性系数 = \frac{需求量变动百分比}{价格变动百分比}$$

7.1.4 竞争因素

成本因素和需求因素决定了价格的下限和上限，然而在上下限之间确定具体价格时，企业在很大程度上要考虑市场的竞争状况。目前，竞争性定价在市场上越来越普遍。在缺乏竞争的情况下，企业几乎可以完全依照消费者对价格变化的敏感度来预测价格变化的影响；然而由于有了竞争，对手的反应甚至可以完全破坏企业的价格预期。因此，市场竞争是影响价格制定的一个非常重要的因素。

根据竞争的程度不同，企业定价策略也会有所不同。按照市场竞争程度不同，可以把竞争分为完全竞争、垄断竞争、寡头垄断与完全垄断四种情况。

1. 完全竞争

所谓完全竞争也称自由竞争，它是一种理想化的极端情况。在完全竞争条件下，买者和卖者都大量存在，产品都是同质的，不存在质量与功能上的差异，企业自由选择产品生产，买卖双方能充分获得市场情报。在这种情况下，无论是买方还是卖方都不能对产品价格进行影响，只能在市场既定价格下从事生产和交易。

2. 垄断竞争

垄断竞争介于完全竞争与完全垄断之间，它是现实中存在的典型的市场竞争状况。垄断竞争条件下，最少有两个以上的买者或卖者，少数买者或卖者对价格和交易数量起着较大的影响作用；买卖各方获得的市场信息是不充分的，他们的活动受到一定的限制，而且卖方提供的同类商品也有差异。因此，卖方之间存在着一定程度的竞争。在垄断竞争的情况下，企业的定价策略有比较大的回旋余地，企业既要考虑竞争对手的价格策略，也要考虑本企业定价策略对竞争态势的影响。

3. 寡头垄断

寡头垄断是竞争和垄断的混合物，也是一种不完全竞争，是指一个行业中少数企业生产和销售的产品占此市场销售量的绝大部分，价格实际上由他们共同控制。各个寡头之间相互依存和影响，一个寡头企业调整价格都会引起其他寡头企业的连锁反应。因此，寡头企业之间都互相密切注意着对方战略的变化和价格的调整。寡头垄断又可分为完全寡头垄断和不完全寡头垄断两种，两种寡头都不是完全的垄断者，但每个垄断寡头都会对价格产生重要作用。

4. 完全垄断

完全垄断是指在一个行业中的某种产品或劳务只是独家经营，没有竞争对手，通常有政府垄断和私人垄断之分。这种垄断一般要有特定的条件，如垄断企业可能拥有专利权、专营权或特别许可等。由于垄断企业控制了进入这个市场的种种要素，所以它能完全控制市场价格。从理论上分析，垄断企业有完全自由定价的可能，但在现实中其产品价格也受到消费者情绪及政府干预等方面的限制。

7.1.5 心理因素

消费者心理是影响企业定价的另一个重要因素，任何消费者的消费行为都会受到复杂的心理因素的影响。在现实生活中，很多消费者存在"一分钱一分货"的观念，面对不太熟悉的商品，消费者常常从价格上判断商品的好坏，从经验上把价格同商品的使用价值等同。大多数情况下，市场需求与价格成反比关系，即价格升高，市场需求降低；价格降低，市场需求增加。但消费者心理和习惯上的反应是很复杂的，某些情况下会出现完全相反的反应。例如在一般情况下，涨价会减少购买，但有时涨价会引起抢购，反而会增加购买。因此，在研究消费者心理对定价的影响时，要持谨慎态度，仔细了解消费者心理及其变化规律。企业在制定商品价格时，不仅应迎合消费者的心理，还应主动影响消费者的心理，使其消费行为向有利于企业产品的方向转化；同时，要主动、积极考虑消费者的长远利益和社会整体利益。

7.1.6 政策及法律因素

政府为了维护经济秩序，一方面要保护消费者的利益，另一方面要保护企业利益，可能通过立法或者其他途径对企业的价格策略进行干预。

政府的干预包括规定毛利率，规定最高、最低限价，限制价格的浮动幅度或者规定价格变动的审批手续，实行价格补贴等。例如，美国某些州政府通过租金控制法将房租控制在较低的水平上，将牛奶价格控制在较高的水平上；法国政府将宝石的价格控制在低水平，将面包价格控制在高水平；我国某些地方为反暴利对商业毛利率的限制等。一些贸易协会或行业性垄断组织也会对企业的价格策略进行影响。因此，企业在制定价格时还必须考虑是否符合政府相关部门的政策和法令。

7.2 定 价 方 法

定价方法是指企业在特定的定价目标指导下，依据对影响价格因素的分析研究，运用价格决策理论，对产品价格水平进行计算决定的具体方法。鉴于价格的高低主要受成本费用、市场需求和竞争状况三个因素的影响，从此三方面的不同侧重出发，各种定价方法可归纳为成本导向定价法、竞争导向定价法和需求导向定价法三种类型。

7.2.1 成本导向定价法

成本导向定价法是以产品成本为中心的定价方法。它的主要优点在于：涵盖所有成本；依据目标利润制定；广泛使用理性定价方法；易于理解和使用。它的缺点在于：成本导向定价是基于提前预估成本所制定，如果实际生产发生改变则会直接导致成本发生改变；如果企业成本高于竞争者，使用此方法会造成企业竞争力不足；它忽略需求价格弹性；它对于某些企业目标，如市场渗透、对抗竞争等行为的帮助有限；此方法可能会使定价策略丧失灵活性。成本导向定价法主要包括以下几种：

1. 成本加成定价法

成本定价法是首先确定单位变动成本，再加上平均分摊的固定成本组成完全成本，再加上一定比率的利润，即成为销售价格。成本定价法的公式为：

$$产品售价 = 单位完全成本 \times (1 + 成本加成率)$$

【例 7-1】 某企业生产皮鞋，计划生产 20 万双，固定成本为 800 万元，变动成本也是 800 万元，利润加成率为 10%，请用成本加成法计算售价。

$$产品售价 = \left(\frac{800}{20} + \frac{800}{20} \right) \times (1 + 10\%) = 88 \ (元/双)$$

与成本加成定价的方法类似，还有一种售价定价法，一般为零售商业采用。此方法的加成率计算方法有两种：一是以单位销价为基础，即加成率 = 加成/销售价格；二是以进货成本为基础，即加成率 = 加成/进货成本。

成本加成定价法具有计算简单、简便易行的优点，在正常情况下按此方法定价可使企业获得预期盈利。它的缺点是：忽视了市场竞争和供求状况的影响，缺乏灵活性，难以适应市场竞争的变化形势；企业仅从自己的角度确定加成率，因而难以得知该价格水平的市场销售量；忽视产量变化对单位成本和利润的影响，过分强调历史实际成本。因为加成率确定之后，产销量越大，固定成本分摊额就越低，价格也就越低，由此可能丧失一部分应得利润；反之，产销量越小，固定成本分摊额越高，价格就越高，反而更加剧了销售的困难。此方法只能适应卖方市场条件下产品定价，因为在卖方市场上，卖方按自己的成本加一定利润作为价格，只要价格不是高到足以使买方寻找替代品或者索性不用就可以行得通。

2. 损益平衡定价法

损益平衡定价法又称盈亏平衡点定价法，即根据盈亏平衡点的总成本来确定产品价格。盈亏平衡点是指企业收支平衡，利润为零时的销售水平，它的基本原理如图 7-1 所示。

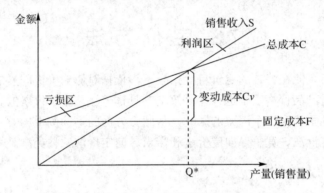

图 7-1　盈亏平衡分析图

损益平衡定价法的计算公式是：

损益平衡时的销售量 $Q = \dfrac{F}{P - V}$。其中：F 为固定成本总额；P 为单价；V 为单位变动成本；Q 为产量或销量。由上式得出，在一定的销售水平下，产品的平衡点价格为：

$$P = \frac{F + C_V Q}{Q} = \frac{F}{Q} + C_V \tag{7-1}$$

在保本价格基础上加上预期盈利 Z，即为实际售价。

$$P = \frac{F + C_V Q + Z}{Q} \tag{7-2}$$

如果该销售量能够实现，(7-1)式可以提供确保企业不亏损的价格最低限度；(7-2)式可以提供实现企业盈利目标的可行价格。如果企业销售条件不利，(7-2)式与(7-1)式的差额为调价的幅度范围，使企业调整价格能心中有数。

【例 7-2】 新宇公司生产某产品，该产品的固定成本为 80 万元，单位可变成本为 12元，预计销售量为 5 万件，则产品盈亏平衡点价格是多少？

$$产品盈亏平衡点价格 = \frac{F}{Q} + C_v = \frac{80}{5} + 12 = 28 \ (元)$$

损益平衡定价法侧重于总成本费用的补偿，这一点对于生产经营多条产品线和多种产品的企业极为重要。因为某一产品的高利润并不意味着能使企业的总利润达到顶期目标，甚至可能出现某种产品盈利而企业整体亏损的现象。因此，定价应从企业保本入手，而不是单纯考虑某种产品的盈利状况，这无疑是必要的。在某产品预期销售量难以实现时，可相应提高其他产品的产量或价格，逐步在整体上实现企业产品结构及产量的优化组合。

3. 边际贡献定价法

边际贡献定价法又称为可变成本定价法，即以单位变动成本为定价的基本依据，加入边际贡献，形成产品售价。单位产品边际贡献是指单价扣除单位变动成本后的余额，即：

边际贡献=单位产品价格-单位变动成本

由上式可以推出：

单位产品价格 = 单位变动成本 + 边际贡献

利润 = 边际贡献-固定成本

【例 7-3】 易兴玩具厂每年的固定成本是 80 万元，单位产品变动成本是 90 元。由于市场变化，按照原来的价格无法找到新客户，而且企业一时也无法生产其他产品。此时，有一客户欲订购 1 万个玩具，最高报价为 150 元。问：在这种情况下企业要不要生产？

$$盈亏平衡点价格 = \frac{固定成本}{销售量} + 单位产品变动成本 = \frac{800000}{10000} + 90 = 170 \quad (元)$$

因此，企业至少应以 170 元的价格出售才能保本，若按 150 元销售将会亏损。

$$(170 - 150) \times 10\,000 = 200\,000(元)$$

但企业若不生产，固定成本 80 万元的损失是不可避免的。企业总边际贡献为：

$$(150 - 90) \times 10\,000 = 600\,000(元)$$

如果生产这 1 万个玩具，看起来损失了 20 万元，但实际上是补偿了 80 万元固定成本中的 60 万元，比不生产少赔 20 万元。因此，这种情况下生产比不生产好。

边际贡献的意义在于：单位产品的销售收入在补偿其变动成本之后，还能补偿固定成本或提供利润。

边际贡献定价法主要用于下列情况：

(1) 企业主要经营的商品已分摊企业固定成本，只要新增商品的定价超过其单位变动成本，其高出部分将直接成为企业利润。

(2) 企业达到损益平衡后的商品定价。如企业产品在销售旺期通过高价政策已达到盈亏平衡或盈利后，在淡期时则可以变动成本为限，乃至低于变动成本定价，以便尽快收回资金，避免库存积压。

(3) 企业开拓新市场的商品定价，即在现有销售收入已达到不亏损的状况下，为拓展市场可对新客户实行变动成本定价。

(4) 企业在经营淡季时的定价。企业通过按变动成本定价来吸引订单，以维持经营，减少设备闲置，降低企业亏损，以待旺季。

边际贡献定价法有以下优点：

(1) 易于各产品之间合理分摊固定成本。

(2) 有利于企业选择和接受市场价格。在竞争作用下，企业可以不受完全成本的约束，只要价格高于平均变动成本即可，从而大大提高了产品的竞争力。

(3) 根据各种产品贡献的多少安排企业的产品线，易于实现最佳产品组合。

4. 目标利润定价法

目标利润定价法即根据企业的总成本和估计的总销售量，确定一个目标利润率(一般不低于银行的存款利息)，作为核算定价的标准。

$$单位产品价格 = \frac{总成本 \times (1 + 目标利润率)}{销量}$$

或

$$单位产品价格 = \frac{总成本 + 目标利润额}{销量}$$

【例 7-4】　某产品预计销售量为 50000 件，总成本为 25 万元，该产品的总投资额为 40 万元，要求 5 年收回投资，预期投资回报率为 20%，则该产品的售价为多少？

$$投资报酬额 = 40 \times 20\% = 8(万元)$$

$$单位产品价格 = \frac{25 + 8}{5} = 6.6\,(元)$$

企业采用这种方法定价，首先要估计出不同销量的总成本，估算未来阶段可达到的最高销量，然后确定期望达到的利润率，才能制定出价格。

这种方法能更全面地考虑企业资本的经济效益，能保证实现已经确定的目标利润，但这样根据销售额倒推的价格，不一定能保证销量达到预期目标。因此，必须在搞好市场调研的基础上实施目标利润定价法。

7.2.2　竞争导向定价法

竞争导向定价法是指企业以竞争者价格水平作为本企业定价的基础，使本企业产品价格与竞争者价格相同或保持一定的距离，而不以成本或市场需求状况为基础去考虑价格。竞争导向定价法常用的方法主要有以下几种：

1. 随行就市定价法

随行就市定价法是竞争导向定价法中比较常用的一种，其定价原则是使本企业产品的价格与竞争产品的平均价格保持一致。这种定价方法使企业易于和同行业其他企业平等相处，风险较小，并能获得平均利润，这种价格也常被消费者认为是"合理价格"而被接受。

在下列情况下往往采取这种定价方法：

(1) 难以估算成本。

(2) 企业打算与同行和平共处。

(3) 如果另行定价，很难了解购买者和竞争者对本企业产品价格的反应。

2. 竞争价格定价法

与随行就市定价法相反，竞争价格定价法是一种主动竞争的定价方法，一般为实力雄厚或产品独具特色的企业所采用。企业定价时，首先要研究竞争对手的价格，确定企业和自己产品的优势，在此基础上按定价所要达到的目的确定价格，同时跟踪竞争对手的价格变化，及时分析原因，并相应调整本企业产品价格。

3. 拍卖定价法

拍卖定价法即不对商品事先定价，而是卖方出示商品或发布公告，引导买主公开报价，利用买方竞争求购心理，从中选择最高价格成交。拍卖行的经营者按每笔成交额收取一定的佣金，这是流行于西方国家的一种历史悠久的方法，多用于出售文物、艺术品等。

4. 投标递价法

投标递价法即顾客有了对某种特殊产品的需求，再由各互相竞争的企业为了争得向这个顾客提供产品的权利而激烈竞争(主要是价格竞争)，最后由赢得竞争的企业把顾客需要的产品生产出来。投标递价法常用于大型专用设备和建筑物等的造价确定。在投标递价法中，各企业必须根据顾客提出的对产品的具体要求，结合本企业的条件，并猜测其他竞争者可能的投标价格，再提出本企业的报价。由于顾客只有一个而企业却有多个，因而价格竞争是非常激烈的。一般来说，声誉好、技术力量强的大企业报价可高些，无声誉的、技术力量不强的小企业只有把价格报得比较低才有可能中标。

7.2.3 需求导向定价法

需求导向定价法是以顾客对商品价格的理解和需求程度为出发点的定价方法。面对消费需求日益更新和市场供应愈来愈丰富的局势，企业认识到，判断定价是否合理，最终并不取决于生产者或经销者，而是取决于消费者或用户。在此意义上，价格被看作是企业为消费者提供的一种选择，只有这些选择与消费者的价格心理、价格意识及承受能力相一致时，价格才能保证新产品在市场上的成功。

需求导向定价法具体可以分为以下几种：

1. 理解价值定价法

理解价值定价是以消费者对商品价值的感受及理解程度作为定价基本依据的一种方法。一般各种商品的价值在消费者心中都是有特定标准的，当消费者选购某一商品时，常会将产品与其他同类产品相比较，通过权衡相对价值的高低而决定是否购买。这就要求企业定价时，首先要做好产品的市场定位，拉开本企业产品与市场上同类产品的差异，突出产品特色，并通过各种营销手段加深消费者对产品的印象，使消费者感到购买这些产品能获得更多的相对利益，从而提高他们接受价格的限度。企业据此得出一个大概价格，同时参照产量、成本等，调整得出实际价格。

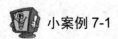

小案例 7-1

杜邦公司某产品的认知价值定价法

表 7-1　杜邦公司某产品的认知价值定价法　　　　单位：美元

产品特点	标准水平	溢价水平	增加的价值
质量	不纯杂质少于百万分之十	不纯杂质少于百万分之一	1.40
交货	两周内	一周内	0.15
供应行业	仅供应化工行业	供应所有行业	0.80
创新	没有研发支持	有研发支持	2.00
再培训	一次性培训	有需求可以再培训	0.40
服务	48 小时之内可提供保障的上门维修服务	24 小时之内可提供有保障的上门维修服务	0.25
价格	100 美元/公斤	105 美元/公斤	5.00

这种方法的关键在于，企业能否正确估计和判断消费者理解价值。如卖方过高估计顾客理解价值，必然会定价过高，影响销售量；如果过低估计顾客理解价值，则会定出偏低的价格，又不能实现营销目的。因此，为准确把握市场理解价值，企业必须进行营销研究。

2. 需求差异定价法

所谓需求差异定价法，也叫价格歧视，是指企业按照两种或两种以上不反映成本比例差异的价格销售某种产品或服务。这种定价法以销售对象、销售地点、销售时间、产品式样等条件变化所产生的需求差异作为定价依据，针对每种差异决定在基础价格上加价还是减价。需求定价法主要有以下几种形式：

(1) 顾客差异定价。同样的产品对不同销售对象的价格不同，例如对批发商、零售商或消费者的价格不同，对老客户与新顾客的优惠不同。

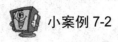

小案例 7-2

北京世界公园门票定价

北京世界公园于 1993 年 11 月 1 日正式对游客开放时，其门票价格分为五种。

① 平时门票价格：40 元。

② 星期六、星期日门票价格：48 元。

③ 团体门票价：当日价格基础上优惠 20%。

④ 离退休干部、大中小学生门票：30 元。

⑤ 75 岁以上老人和残疾人、1.1 米以下儿童：免费。

(2) 产品形式差别定价。企业对于外观、式样、花色不同的产品定价不同，但是不同型号或形式的产品价格之间的差额和成本费用之间的差额并不成比例。

(3) 地点差异定价。销售地点不同的产品价格不同，如观看演唱会的座位不同，票价也不同。

(4) 时间差异定价。销售时间不同的产品价格不同，如电影院每周二半价，又如旅游需求旺季价格高，淡季价格低。

3. 逆向定价法

逆向定价法主要根据市场可接受的价位来进行定价。这种定价不是单纯地考虑产品的生产成本，而是经过科学的市场调查，在充分考虑市场的竞争和需求状况之后，再确定产品的最终零售价，并由此倒推计算批发价、出厂价的一种方法。

逆向定价法的优点是：

(1) 价格灵活，能反映市场需求，具有可操作性。

(2) 保证了中间商的利益，有利于加强与中间商的联系。

(3) 能够迅速向市场渗透，占领市场。

逆向定价法的不足之处在于：价格采用逆向倒推，忽略了成本因素，可能会出现销售额与利润不成正比的现象。

采用逆向定价法，要具备一定的前提条件。企业要做好市场细分，掌握各细分市场的需求差别，其次是要避免和防止转手倒卖，还要防止引起顾客的反感。

7.3 定 价 策 略

在激烈的市场竞争中，定价策略是企业争夺市场的重要武器，企业必须善于根据市场环境、产品特点和生命周期、消费心理和需求特点等因素，正确选择定价策略，以顺利实现营销目标。

7.3.1 新产品定价策略

新产品定价是新产品开发的一个十分关键的问题，定价合适，新产品就可能打开销路占领市场，否则就有可能失败。一般来讲，新产品定价有以下三种选择。

1. 撇脂定价策略

撇脂定价如同把烧热的牛奶上一层油脂精华取走一样。撇脂定价策略即为高价策略，企业把新产品价格定得较高，利用其特点和无竞争对手的条件，尽可能在短期内赚取更多的利润，尽快收回投资。

撇脂定价策略的优点：有利于树立产品的高品质形象，扩大销售；有利于企业掌握价格主动权；当高价引发了竞争或市场反应不佳时，可以主动降价；高价比低价获利多。

撇脂定价策略的缺点：首先，会损害消费者利益；其次，不利于拓展市场；再次，容易诱发竞争。

撇脂定价策略的适用条件：是市场有足够的购买者，需求价格弹性(Price Elasticity)小的高档商品和奢侈品；产品生命周期短，市场资源不足，供应紧张，短期内在一定范围的某些紧缺商品，以及企业生产能力不足而一时难以扩大产量的产品等；由于新技术未公开或有专利权，能保护独家生产或经营的"奇货可居"的新产品。

2. 渗透定价策略

渗透定价策略即低价策略，是将投入市场的新产品价格定得尽量低，使新产品迅速被顾客接受，以迅速打开市场并提高市场占有率。渗透定价策略着眼于企业的长期利益与发展，但价低利微，需较长时间收回投资，所以要求企业要有雄厚的实力。

渗透定价策略的优点是，使产品迅速占领市场，并有效地阻碍新竞争者的进入；其缺点是，低价不利于投资的尽早收回，也不利于日后提价，并有可能给顾客造成低价低质的印象，且短期内企业将面对过剩的需求。

渗透定价策略适合于需求弹性大，替代品多的新产品。但低价易造成产品的低档形象，所以采用此种策略需具备以下条件：产品需求的价格弹性大，目标市场对价格敏感；生产和分销成本有可能随产量和销量的扩大而降低。例如，北京"亚都"加湿器就是采用渗透定价策略获得成功的。

3. 满意定价策略

满意定价策略即中等价格策略。这是介于撇脂定价和渗透定价之间的一种适中价格策略，它兼顾了生产者与消费者的利益，既能避免撇脂价格过高给消费者带来的利益损失，又能防止渗透价格过低可能给企业带来的经济困难。满意定价策略的目的在于从长期稳定的销售增长中获取平均利润，由于其风险小，一般会使企业很快收回成本并取得适当盈利，因而又被称为稳妥价格战略。满意定价策略主要适用于大量生产、大量销售、市场较稳定、价格弹性相对较小的一般商品。

7.3.2　折扣定价策略

所谓折扣定价就是企业根据所选定的定价策略，先定出一个正式的价格，然后配合折扣和折让吸引经销商和顾客购买。企业常用的折扣方式有以下几种：

1. 现金折扣

现金折扣是指在赊销的情况下，卖方鼓励买方提前付款，按原价给予一定折扣。典型的折扣条件如(2/10，净30天)，表示货款须在30天内付清，如客户在10天内付款，则给予 2%的现金折扣。这种折扣在当代很流行，它可增加企业的变现能力，减少信用成本和呆账。确定现金折扣率大小的基本原则是：其上限不能高于由于资金周转速度加快所带来的盈利，其下限不能低于同期银行的存款利率。

2. 数量折扣

数量折扣是指企业对大量购买某种产品的顾客予以一定的价格折扣。一般来说，购买的数量越大，折扣越大。数量折扣主要有两种方式：

(1) 累计数量折扣，即按顾客在一定时期内购买商品所达到的一定数量或金额给予不同的折扣。此种方法可以鼓励顾客经常购买本企业产品。

(2) 非累计数量折扣，即按规定一次购买某种产品达到一定数量或购买多种商品达到一定金额时，给予一次性折扣，其目的在于鼓励消费者大量购买，节约营销费用。

3. 功能折扣

功能折扣是生产者给中间商的折扣，也称贸易折扣。制造商可根据中间商在营销过程中所负担的功能不同,给予不同的价格折扣。如某制造商报价为 100 元,折扣 40%及 10%,表示给零售商折扣 40%,即卖给零售商价格是 60 元,给批发商再折扣 10%,即 54 元。不同的流通渠道中,由于中间商提供的服务不同,生产商应根据不同情况给予不同的折扣。

4. 季节折扣

季节折扣适合于季节性强的商品,生产商利用这种折扣鼓励中间商和顾客在淡季购买,以减少自己的资金负担和仓储费用,并有利于均衡生产。如冬季服装的制造商在夏季可给中间商和顾客季节折扣;酒店业和航空公司票价也会在淡季给顾客折扣。

5. 价格折让

价格折让也是一种减价的形式,如抵换折让,即顾客以旧货折价抵换购买同类新货时,企业在新货价格上给予的减让,多用于汽车行业或其他耐用品;再如促销折让,即制造商给参与产品促销活动的经销商的一种津贴,如广告津贴、展览津贴等。

知识链接

折扣的戒律

- 因为其他人都提供折扣优惠,你就不应该再提供这种优惠。
- 你在制定折扣策略时要有创意。
- 你应该利用折扣策路来清理存货或增加业务量。
- 你应该对这项交易在时间上做出限制。
- 你必须确保最终顾客完这项交易。
- 只有为了在一个成熟市场上生存时,你才应该制定折扣策略。
- 尽可能早的停止这种折扣优惠。

(资料来源:菲利普·科特勒. 营销管理. 上海:格致出版社,2009.)

7.3.3 心理定价策略

心理定价策略是企业针对消费者的不同消费心理,制定相应的商品价格,以满足不同类型消费者需求的策略。

常用的心理定价策略一般包括以下几种:

1. 尾数定价

尾数定价是一种取零不取整、保留尾数的标价技巧。如一件商品定价为 99.99 元,比标价 100 元更能吸引消费者,因为这样的定价会使顾客产生比较便宜的心理感受,同时尾数价格也易被认为是精确计算的结果,会增加货真价实的信任感。

2. 声望定价

所谓声望定价,是指企业利用买方仰慕名牌的心理来制定大大高于其他同类商品的价格。这种定价方法与上一种方法相反,不是为了让人觉得价廉,而是故意把价格定成整数或定一个较高的价格,以显示商品或企业的名贵超群、与众不同。因为消费者常有“便宜没好货”的心理,所以名优特产品定价低了反而不利于销售。当然声望定价要和产品在人们心目中的地位相称,如果定价过高,会失去顾客的信任。如美国宝洁公司将“海飞丝”

洗发水打入中国市场时，在同类产品中定价最高，反而畅销，这便是声望定价成功的一例。

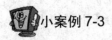 小案例 7-3

沃尔玛的定价策略

沃尔玛能够迅速发展，除了正确的战略定位以外，也得益于其首创的"折价销售"策略。每家沃尔玛商店都贴有"天天廉价"的大标语，同一种商品在沃尔玛比其他商店要便宜。沃尔玛提倡的是低成本、低费用结构、低价格的经营思想，主张把更多的利益让给消费者，"为顾客节省每一美元"是他们的目标。沃尔玛的利润率通常在 30%左右，而其他零售商如凯马特的利润率都在 45%左右。沃尔玛每星期六早上都会举行经理人员会议，如果有分店报告某商品在其他商店比沃尔玛便宜，可立即决定降价。低廉的价格、可靠的质量是沃尔玛的一大竞争优势，吸引了一批又一批的顾客。

3. 习惯定价

经常购买的日用品，在市场上长期形成了一种为人们习惯而熟识且愿意接受的价格，如大米、调味品等。如果企业定价偏离了习惯价格则会引起疑虑，高于习惯价格往往被认为是不合理的涨价，低于习惯价格又会被怀疑产品的质量和真实性。因此，企业对此类商品定价时需注意按惯例定价，否则会影响产品的销售。如果必须变动价格，应采用一些措施，如改换包装成品牌，以减轻习惯价格心理对新价格的影响。

4. 招徕定价

招徕定价是企业针对消费者求廉的购买心理，将一些商品的价格定得低于常价，以此招徕顾客。这些价格定低的商品称为牺牲品，其目的在于吸引大量顾客在购买这些特价品时还会购买其他价格正常的商品。

7.3.4　地区定价策略

地区性定价策略，就是企业要决定对于交给不同地区(包括当地和外地的不同地区)顾客的各种产品，是分别制定不同的价格，还是制定相同的价格。也就是说，企业要决定是否制定地区差价。地区性定价的形式有以下几种：

1. 原产地定价

原产地定价(简称 FOB 价格)，是指顾客(买方)按照厂价购买某种产品，企业(卖方)只负责将这种产品运到产地某种运输工具(如卡车、火车、船舶、飞机等)上交货。交货后，从产地到目的地的一切风险和费用概由买方承担。如果按产地某种运输工具上交货定价，那么每一个顾客都各自负担从产地到目的地的运费，这是很合理的。但是这样定价对企业也有不利之处，即远地的顾客有可能不愿购买这个企业的产品，而购买其附近企业的产品。

2. 统一交货定价

统一交货定价就是企业对于卖给不同地区顾客的某种产品，都按照相同的厂价加相同的运费(按平均运费计算)定价。也就是说，对全国不同地区的顾客，不论远近，都实行一个价。因此，这种定价又叫邮资定价。

3. 分区定价

分区定价是企业把全国(或某些地区)分为若干价格区，对于卖给不同价格区顾客的某种产品，分别制定不同的地区价格。距离企业远的价格区，价格定得较高，距离企业近的价格区，价格定得较低；在各个价格区范围内实行一个价。

4. 基点定价

基点定价是指企业选定某些城市作为基点，然后按一定的厂价加上从基点城市到顾客所在地的运费来定价，而不管货实际上是从哪个城市起运的。有些公司为了提高灵活性，选定许多个基点城市，按照顾客最近的基点计算运费。

5. 运费免收定价

有些企业因为急于和某些地区做生意，负担全部或部分的实际运费。这些卖主认为，如果生意扩大，其平均成本就会降低，足以抵偿这些费用开支。采取运费免收定价，可以使企业加深市场渗透，并且能在竞争日益激烈的市场上站得住脚。

7.3.5 产品组合定价策略

一个企业往往并非只提供一种产品，而是提供许多产品。产品组合定价策略的着眼点在于制定一组使整个产品组合利润最大化的价格。

常用的产品组合定价有以下几种形式：

1. 产品线定价

产品线定价是指根据产品线内各项目之间在质量、性能、档次、款式、成本、顾客认知、需求强度等方面的不同，参考竞争对手的产品与价格，确定各个产品项目之间的价格差距，以使不同的产品项目形成不同的市场形象，吸引不同的顾客群，扩大产品销售，争取实现更多的利润。如某服装品牌对某型号女装制定了三种价格：260 元、340 元、410 元，在消费者心目中形成低、中、高三个档次，人们购买时就会根据自己的消费水平选择不同档次的服装，从而消除了在选购商品时的犹豫心理。

2. 选择品定价

选择品定价是指企业在对主要产品定价的同时，还针对可提供的各种选择产品或具有特点的产品另行定价，比较典型的例子如餐馆、酒吧等。餐馆的主要提供物为饭菜，另外顾客还可要烟、酒、饮料等，有的餐馆将食品的价格定得较低，而将烟酒类商品的价格定得较高，主要靠后者赢利；有的餐馆则将食品的价格定得较高，将酒类商品的价格定得较低，以吸引那些爱酒人士。

3. 附属产品定价

附属产品又称补充产品，是指必须与主要产品一同使用的产品。例如，照相机的附属品是胶卷，剃须刀的附属品是刀片，机械产品的附属品是配件。大多数企业采用这种策略时，将主要产品定价较低，而附属产品定价较高，以高价的附属品获取高利，补偿主要产品因低价造成的损失。例如，柯达公司给照相机定低价，胶卷定价高，增强了照相机在同行业中的竞争力，又保证了原有的利润水平。然而，将附属品的价格定得太高也存在一定风险，容易引起不法分子生产低廉的仿制品，反过来与正规商品竞争。

7.4　价格调整策略

企业处于一个不断变化的环境之中，为了生存和发展，企业制定产品价格之后还应根据营销环境、市场供求关系、消费者观念的改变及新技术、新产品的出现，适时对价格进行变动。一般来说，企业主动调整价格包括调低和调高价格。

7.4.1　调低价格策略

由于企业受诸多因素的交织作用，有时不仅会提高产品价格，也会调低产品价格。企业调低价格的原因比较复杂，有市场方面的因素，也有企业内部因素，以及社会其他方面的因素。一般来说，当企业遇到下列情况时，需要主动调低价格。

1. 生产能力过剩，市场上商品供过于求

当企业的目标市场上产品供过于求时，企业为了增加销售额，首先会千方百计地改进产品，增加促销手段或者采用其他措施。这些措施均不能奏效时，就要考虑降低价格。如企业增加了新的生产线，生产能力大大提高，但市场是有限的，为挤占竞争对手的市场份额，必然要降价。近年来，我国家电业中一些大企业挑起价格战的原因即在于此。

2. 企业产品市场占有率下降

这通常发生在竞争对手采取了更具进攻性的营销策略以挤占市场，企业为防止市场份额继续丧失，不得不采取削价竞争。此种策略风险很大，易导致恶性循环，对中小企业来说难以持久。

3. 经济形势恶化，顾客收入和需求减少

经济不景气，消费者实际收入和预期收入均下降，导致消费者购买意愿下降，这在一些选择性商品上更为突出。此时，消费者对一些可买可不买的商品会推迟购买，或选择价格较低的商品购买，这就迫使企业不得不降价。

4. 企业生产成本降低

企业的成本比竞争者低，试图通过降价来掌握市场或提高市场占有率，从而扩大生产和增加销售量，在这种情况下，企业往往会发动降价攻势。

总之，企业在采取降价策略之前一定要考虑降价对整个产品线的影响以及对企业利润的影响。由于价格高低常常被视为产品质量的象征，当产品降价时，顾客可能以为产品质量出了问题，且怀疑原先是否受骗了，从而影响到产品线中其他产品的销售。当然，企业也可以采取不直接降价而是通过进一步提高产量和质量、增加产品技术含量和附加价值、提供更多服务、开展促销活动等方法间接降价，让顾客得到更大的价值和满足。因此，企业必须权衡利弊，慎重选择此策略。

7.4.2　调高价格策略

由于市场供求关系及竞争状况的变化，产品价格在不断变动，或者是价格调高，或者是价格调低。若企业调高产品价格，有可能引起消费者和中间商的不满，甚至本企业的销

售人员也会表示异议。但是，一个成功的调高价格策略可以使企业的利润大大增加。当企业遇到下列情况时，一般需要调高价格。

(1) 原材料价格上涨。由于原材料价格上涨，产品成本增加，影响了企业正常利润，企业不得不调高产品价格，以维持正常利润。

(2) 供需矛盾突出。由于市场供求过旺，产品严重供不应求，不能满足所有顾客的需求，在这种情况下，企业需要提价。为了减少顾客不满，企业提价时应当向顾客说明提价的原因，并帮助顾客寻找节约途径。

(3) 发生通货膨胀。由于通货膨胀，物价上涨，企业的成本提高，导致产品实际价格下降，许多企业不得不提高产品价格。在现代市场经济条件下，通货膨胀时许多企业往往采取各种方法来调整价格，以应对通货膨胀。

当然，企业也可以采取不直接提价而是通过减少分量、使用较便宜的原材料或零部件、简化包装、减少某些不太重要的服务等办法间接提高产品售价，但前提是不能降低产品质量，否则就会影响企业或品牌声誉，从而失去市场。

需要说明的是，无论是调低或是调高价格，企业都应注意以下两点：

一是调价前做好周密调查，认真分析各方面的情况，确认不能采用其他办法补救时再调价；安排好调价时间和调价幅度，以免仓促上阵，招致损失。

二是调价后要分析企业经营状况和周围环境变化，如市场占有率和利润率的变化情况、顾客和竞争者对调价的反应等，以便对症下药。

7.4.3 降价技巧

降价技巧就是企业及企业的营销人员根据企业的生产经营情况降低产品价格的几种方法，这些方法若使用得当，无论对社会、对企业还是对广大消费者均有好处。

1. 降价形式

(1) 经营性降价。企业为了增加产品销量，有时甚至将产品售价降到成本以下，以吸引消费者购买。随着产品销量的增加，单位产品的成本大大下降，利润也就在其中了。这种降价一般属于高明的经营者所为。

(2) 优惠性降价是指企业针对人们求利心理，对带头购买、经常购买和大量购买的用户给予优惠待遇(让利)，以鼓励他们扩大购买和经常光顾。此种"与人分利，于己得利"的策略是扩大市场、争取客户的好办法。

(3) 陈旧性降价是指企业的产品由于长期积压，在外观、式样或性能等方面已陈旧或变质，消费者很少问津，企业为了将死物变成活钱用于再生产，可采取削价的形式促使产品被售出。因此，陈旧性降价也称处理性降价。

(4) 竞争性降价是企业及企业的营销人员在产品营销过程中，为争夺用户所采用的低于竞争对手产品价格的一种策略和手段。

(5) 季节性降价是企业对季节性产品所采用的一种降价方法。一般来说，在产品销售旺季，可按正常价格售出；到了销售淡季，便应降低价格。

(6) 效益性降价是指企业由于改进技术、加强管理、降低消耗，使产品的成本明显下降，从而降低产品的售价，并且降价后企业仍能保持较好的经济效益。这种降价形式一旦实施，便可大大增强企业竞争能力，扩大产品销售，进一步提高企业的经济效益。

2. 降价的技巧

降价的策略和技巧很多，上述六种降价形式中，每一种均体现着一定的策略和技巧。在营销实践中，还常采用以下降价技巧。

(1) "零头"降价技巧，即根据消费者的求廉心理，将产品的整数价格变为尾数价格（见尾数定价法）。

(2) 弹性降价技巧，即根据购物的不同数量，确定不同降价幅度的一种降价技巧。例如，一次购物在 100 件以内，产品按原价出售；一次购物 100～500 件，按原价的 95%出售等。产品的弹性降价技巧一般也称产品的折扣定价技巧，它可以促使购买者大量购买商品。

(3) 自动降价技巧。美国一家商店规定，店内出售的商品如果 12 天内卖不掉，就自动降价 25%出售；再过 6 天卖不出去，就自动降价 50%出售；再过 6 天卖不出去，就自动降价 75%出售；再过 6 天卖不出去，就将商品送人或抛弃。该店的做法在开始时亏了本，但时间长了，却受到消费者的普遍欢迎。一些易腐变质、当天必须销售完的商品，如蔬菜、瓜果、鲜鱼等，若上午未销售完，下午就应自行降价；若下午仍未销售完，商品应及时处理。

(4) 赠送降价技巧。在一些出售自行车的商店，贴着这样一种告示——"××牌自行车每辆 280 元，每买一辆，赠送自行车锁一把。"这就是自行车商店对自行车采取的赠送降价技巧。企业为吸引消费者购买商品，一般采用如下三种赠送降价技巧。

① 搭配奉送，即顾客买一样东西，店方送一个小小的纪念品。

② 配套发奖，即顾客在店里买东西，可凭发票到指定地点领奖，奖品大都是一些实用或有纪念意义的东西。

③ 减价优惠，即顾客买了东西后，可得到商店所发的优惠券，顾客凭券可在指定柜台买到低价的商品。

(5) 逆反降价技巧。一般情况下，商品降价出售，标题都是由高到低，如 100 元降为 90 元，但有的企业对商品进行降价时，却登出 "100 元可买 110 元商品"的广告。这种降价技巧从表面看与 "100 元商品卖 90 元"没有什么区别，但仔细一想则不然。

① 折扣的大小不同。"100 元商品卖 90 元"，折扣价为商品价格的 90%；"100 元可买 110 元商品"，折扣价为商品价格的 90.91%。二者相差 0.91%，即后者的折扣比前者略低，企业可增加约 1%的利润。

② 消费者的心理反应不同。"100 元商品卖 90 元"，消费者的直觉反应是削价求售，而 "100 元可买 110 元商品"，使消费者产生了货币价值提高的心理反应，并产生"与商品降价无直接关系"的错觉。

③ 实现的销售收入不同。在销售情况大致相同的情况下，"100 元商品卖 90 元"，一次实现的销售收入为 90 元；"100 元可买 110 元商品"，一次实现的销售收入为 100 元。显然，后者比前者高出 10 元。

(6) 部分降价技巧。为吸引消费者购买，可在企业出售的商品中挑选具有代表性的一两种商品进行降价，或者降低消费者敏感性较强的商品的价格。这样既可直接吸引顾客前来购物，还可起到让顾客在购买降价商品的同时也购买其他非降价商品的作用。

(7) 全面降价技巧。1987 年，杭州市解放路百货商店在报纸和电视上发布一则广告：
"凡本店出售的商品，其价格一律低于杭州市同类商店。如果有顾客买到的东西价格高于
本市同类商店，均可持货物和单据到本店领取高出部分的差价。"该店就是采用了全面降
价(低价)的技巧，从表面看，它似乎减少了利润，其实并非如此。该店采用此法后，前来
购物的人日渐增加，当月销售量就比上年同期上升了 45.7%，资金周转加快 10.36 天，利
润增长 44.88%。

3. 降价的要求

为使产品降价取得理想的效果，企业必须努力做到：降价的幅度要适宜；降价的时机
要恰当；降价的次数应有所控制；降价的标签应显示出来等。

7.4.4 提价技巧

提价技巧是根据企业的生产经营情况，提高产品价格的一种营销方法。

1. 提价的效应

对企业来说，产品提价既有有利的一面，又有不利的一面，会产生正、负两种效应。
通过提价可增加效益，改善经营管理，即在产品成本一定的情况下，提价可提高企业的盈
利水平，增加效益。如果产品的售价不变，成本提高，时间长了企业会缺乏足够的承受能
力，就会发生亏损。另外，提价也会减少销售，削弱产品的竞争力。消费者对提价有一种
本能的反感，心理承受能力较弱。根据价值规律，无论产品是供大于求，还是供小于求，
在产品质量一样的前提下，谁的产品价格低谁就会吸引更多的买者。

2. 提价的条件

企业只有在发生下列情况之一时，才能对产品提价。

(1) 市场供不应求。在产品供不应求，一时又难以扩大生产规模时，可考虑在不影响
消费者需求的前提下，适当提高价格。

(2) 产品需求弹性小。对需求弹性小的产品，企业为提高单位产品利润和总利润，在
不影响销售量的前提下，可适当提高价格，如食盐等。

(3) 原材料价格提高。产品的主要原材料价格提高，影响企业的经济效益，在大多数
同类企业都有提高价格的前提下，提价可适当提高效益。

(4) 产品质量提高。产品的技术性能有所改进，或功能有所提高，或服务项目有所增
加，可在加强销售宣传的前提下适当提高价格。

(5) 产品市场地位有利。与竞争对手相比，企业确信自己的产品在品种、款式等方面
更受用户欢迎，并在市场上已经建立良好的信誉，而原定价格水平偏低，则可适当提价。

(6) 产品市场供应短缺。产品的生命周期即将结束，经营同类产品的企业大多转产，
营销人员出售产品时可针对一些具有怀旧心理的消费者，以自己的产品"奇货可居"而提
高价格出售。

(7) 国家政策允许。在国家统一调价时，企业可在国家规定的幅度内提高价格。

3. 提价的要求

(1) 无论是国家规定提价，还是企业因生产成本增加而提价，或是营销人员根据市场
情况提价，都有一定的风险。企业在提价时，必须遵循以下要求：① 提价的幅度要适宜；

② 提价的形式要灵活；③ 提价的手法要巧妙；④ 选择好提价的时机；⑤ 控制提价的次数；⑥ 提价要进行后续跟踪。

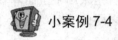 小案例 7-4

福特的价格调整策略

福特公司首次进入中国市场时，过于乐观地对市场行情进行了估计，不当的价格策略使其推出的两种产品嘉年华、蒙迪欧都惨遭失败。其中，蒙迪欧的最初价格几乎接近了进口的同类车型，但一年以来门可罗雀的市场表现促使长安福特公司对产品定价重新进行调整。他们先将嘉年华的价格全面下调，调价后的销售量达到去年同期的近 4 倍；随后 2004 款蒙迪欧全新上市，在产品经过全面配置升级、各项装备与同级对手相比只高不低的情况下，其整体定价直接低于主要竞争对手广州本田 2.0。由此可见，全新的价格吸引市场的效果非常明显。

7.4.5　顾客对价格变动的反应

企业无论提价或降价，都必然影响到购买者、竞争者、经销商和供应商，而且政府对企业变动价格也不会视而不见。

1. 顾客对企业降价的反应

由于顾客对企业价格调整的理解不同，有时会出现企业预料不到的反应，这也是企业应注意的问题。企业降价的目的是吸引更多的顾客，增加销售，但有时却适得其反，易引起顾客持币观望。因为顾客对降价的理解是：产品质量有问题；新产品即将上市，老产品降价是清理积压存货；企业资金紧张，可能倒闭或转产，今后零配件将无处购买；价格还要进一步下跌。因此，不适当的降价反而会影响产品的销售量。

2. 顾客对企业提价的反应

企业提价本应抑制需求，但有时却会引起顾客抢购。因为顾客对提价有不同的理解：该产品是热门货，不抓紧买将会买不到；该产品有特殊的价值；企业想尽量取得更多利润。

7.4.6　竞争者对企业调价的反应

企业调整价格时，还要认真对待竞争者的反应。企业面临的竞争情况有两种：一种是面临一个强大的竞争对手；另一种是面对多个竞争对手。

当企业面对一个竞争对手时，可从两方面预测竞争者对企业调价的反应：一是假定竞争者以常规方式对价格变动作出反应，在此情况下，其反应是可以预测的。二是假设竞争者将本企业每一次价格调整都看作是新的挑战，并根据自身的利益作出相应的反应。那么，企业必须弄清当时竞争对手的利益是什么，调查了解竞争者的财务状况、生产能力和销售情况，还应分析竞争者的经营目标。如果竞争者的目标是扩大市场占有率，那么很可能跟随价格调整；如果竞争者的目标是追求利润最大化，则可能在其他方面作出反应，如加强促销、改进产品质量、调整渠道系统等。总之，企业应尽可能利用各种信息，分析判断竞争者的意图和反应，以便采取相应的对策。

当企业面临若干个竞争者时，必须对每个竞争者的反应做出预测。如果这些竞争者的反应相似，只需分析一个典型的竞争者即可；如各个竞争者在经营规模、市场占有率和营销目标等方面差异较大，那么他们对本企业调价将作出不同的反应，这就需要逐一对其进行分析。当一部分竞争者相继调整价格后，其他的竞争者会闻风而动，随之变价。

7.4.7　企业应付竞争者调价的对策

在市场竞争中，企业经常遇到竞争者调价的挑战。因此，如何对竞争者调价作出适当的反应，是一个十分重要的问题。

1. 不同市场环境下的企业反应

在同质产品市场上，如果某一企业率先提价，一般情况其他企业不会随之提价，除非提价将为全行业带来利益。如果有一个企业坚持原价，那么最先发动提价的企业和其他追随者将不得不取消提价；如果某一企业带头降价，其他企业除了降价别无选择，否则就会失去市场。在异质产品市场上，企业对竞争者调价的反应有更多的选择。因为在这种市场上，顾客在购买时不仅仅考虑价格，还要考虑产品的质量、功能、外观和服务等多方面的因素。在很多情况下，顾客对较小的价格差异并不在意。

2. 市场主导者的反应

在市场经济国家，市场主导者往往会遭到一些小企业的进攻。这些小企业的产品可与市场主导者的产品相媲美，它们往往通过进攻性降价来争夺市场主导者的市场阵地。在这种情况下，处于市场领导地位的企业在面对竞争者攻击性降价时，应采取以下对策。

(1) 维持价格不变，因为降价会损失利润。保持原价会对市场占有率有一定的影响，但如果影响不大，日后还能恢复。当然，维持原价的同时要改进产品质量、提高服务水平、加强促销宣传，运用非价格竞争手段来反击对手。一些企业认为，这样做比降价更为有利。

(2) 降价，即企业与竞争者保持相同的价格水平。这样做是因为产品的需求价格弹性较大，不降价会丧失大量的市场份额，而日后很难恢复；降价可增加销售量，从而降低成本，提高经济效益。

(3) 提价。这是一种针锋相对的策略。企业在提价的同时要提高产品的质量，并通过各种传播媒介树立优质名牌的产品形象，与竞争者争夺市场。

(4) 推出廉价产品进行反击。这是指在企业原有的产品线中增加低档产品，或另外推出一种廉价商品的对策。这种对策对价格敏感的细分市场是十分有效的。

当竞争者降价时，企业不可能花大量的时间去调查、分析及研究对策。竞争者削价是准备已久，经过反复权衡才决定的，而企业必须在最短的时间内作出最佳反应。因此，唯一可行的办法是预先准备好几种对策方案，一旦遇到竞争者降价的情况，马上按照一定的程序进行反击。

核 心 概 念

成本导向定价；需求导向定价；竞争导向定价；现金折扣；撇脂定价；渗透定价；折

扣定价；尾数定价；招徕定价

思 考 题

1. 影响企业定价的因素有哪些?

2. 企业价格调整的策略有哪些?

3. 企业如何应对竞争者调价?

4. 折扣定价策略有哪几种?

5. 如何看待我国手机产品市场目前的价格战?

6. 以成本、需求、竞争为导向的定价方法各有哪些?

7. 企业一般有哪些定价目标?

8. 某企业某种产品年固定成本 20 000 元，每件产品的单位变动成本为 100 元，如果年销售量可达 5000 件，其保本价格为多少?

9. 假定某制造商期望的成本和销售额如下:

单位变动成本　　　　　20 元

固定成本　　　　　　　500000 元

预计销售量　　　　　　10000 个

假设该制造商想要在销售额中有 20% 的成本加成率，其加成价格为多少?

案 例 分 析

上海大众"帕萨特"的定价策略

2002 年秋季，汽车价格成了国内媒体报道的热点，而这个词也同时成了厂家避讳的焦点。甚至有厂家直言，媒体能否站的角度再高一点儿，别一开口就逼着厂家降价。初一想，这类厂家肯定是还想偷偷摸摸多赚点儿，怕我们提醒了高价购入的消费者；可仔细想想，说这话的厂家也是有道理的。与其在价格上"打征服战"，不如静下心来研究有些厂家为什么坚决不降价? 为什么有胆量不降价?

因为在汽车产品越来越同质化的今天，能生产汽车已不再是一个厂家的核心竞争力，而会不会卖车则会充分体现出一个厂家的核心竞争力。

上海大众是德国大众在我国与上海汽车工业集团总公司成立的合资企业，在品牌营销方向基本上继承发扬了德国大众的策略。而德国大众是世界知名的跨国公司，其制定出的价格策略是保证公司目标实现的重要条件。通常，这类公司产品价格会受到三个因素制约，即生产成本、竞争性产品的价格和消费者的购买能力。其中，产品的生产成本决定了产品的最低定价，而可比产品的竞争性定价和消费者的购买能力则制约着产品的最高定价。

以上海大众刚上市销售的帕萨特最高档车型帕萨特 2.8 V6 为例，2003 年 1 月 21 日上海大众正式向媒体展示刚刚推出的帕萨特 2.8 V6，其打出的品牌定义为"一个真正有内涵的人，并非娇揉造作。"营销目标是"成为中高档轿车的领导品牌""成为高档轿车的选择之一"。上海大众希望传播这样一个目标：帕萨特是中高档轿车的首选品牌；在品牌形象方面是典范；要凌驾于竞争对手别克、雅阁和风神蓝鸟之上；缩小与高档品牌(如奥迪、宝马、奔驰)之间的差距。

上海大众为了达到以上目标，在分析自己的优劣势后进行了定价决策，并围绕着营销目标和所制定的价格进行了一系列行之有效的广告宣传。

(一) 定价

上海大众为了制定出有竞争优势的市场价格，首先从以下几个方面分析了自己的优劣势。

(1) 就生产成本而言，由于该车系已在 2000 年就开始生产了，而且产销量每年递增，所以生产成本自然会随着规模的增加而降低。

(2) 竞争品牌技术差异。

① 在与市场同档次产品(如奥迪 A6、本田雅阁、通用别克等)相比，虽然帕萨特的长度排名最后一位，但是其身材最高，达 1.47 米，整车轴距为 2.803 米，远远高于雅阁、别克。另外，帕萨特的乘坐空间和乘坐舒适性在同类轿车中处于最高水平，尤其对后排乘客来说，腿部和头部空间尤显宽敞。

② 帕萨特所用的 2.8 V6 发动机和奥迪 A6 相比，在技术水平上处于领先地位。

③ 空气阻力影响汽车的最高车速和燃油油耗。帕萨特的风阻系数仅为 0.28，在同类轿车中处于最高水平。

④ 和帕萨特及奥迪 A6 的周密防盗系统相比，雅阁没有发动机电子防盗系统和防盗报警系统，别克轿车没有防盗报警系统。

⑤ 帕萨特轿车的长度在四种车型中名列之末，但由于其卓越的设计，行李箱容积却超过了广州本田雅阁和上海通用别克的水准。

(3) 售后服务是汽车厂商们重点宣传的部分，而维修站的数量则是个硬指标。上海大众建厂最早，售后服务维修站的数量自然也居于首位。在市场营销方案中，上海大众依然用图表的方式充分展示了自己在这方面的优势。

在对经销商的培训及消费者的宣传中，上海大众用了这样的语言——上海大众便捷的售后服务、价平质优的纯正配件，使帕萨特的维护费用在国产中高级轿车中最低，用户耽搁时间最短，真正实现"高兴而来，满意而归"。很明显，上海大众抓住了消费者的需求心理，即高质量、低价位、短时间。

在对全员培训中，上海大众非常明确地描绘出了帕萨特的品牌定位：感性表述——帕萨特宣告了你人生的成就；理性描述——帕萨特是轿车工业的典范；最后一句"帕萨特 2.8 V6 是上述品牌定位的最好例证"，充分展示出了新产品的卖点与竞争力。

整个营销方案的最后，上海大众打出了帕萨特 2.8 V6 的定价，即 35.9 万元人民币。

(二) 广告宣传

为了给消费者一个清晰、独特的品牌性格，上海大众策划了以下一系列广告宣传活动。

2000 年 6 月，上海大众引进了在国际车坛屡获殊荣且与世界同步的帕萨特。这一年，帕萨特的广告宣传语"惊世之美，天地共造化"一度脍炙人口，也将帕萨特的优雅外观、完美工艺形象烙进了人们的心中。

然而随着市场的发展，奥迪、别克、雅阁等国际品牌竞争对手的成长，使得中高档轿车的品牌宣传越来越需要一个清晰的市场定位与独特的品牌性格。在分析研究了竞争对手的情况下，上海大众对帕萨特进行了重新描述——"一部有内涵的车"，博大精深，从容不迫，优秀却不张扬。

2001年7月，帕萨特的主题电视广告"里程篇"投播，以对人生成功道路的回顾和思索，把品牌与"成功"联结在了一起，同时为该品牌积淀了丰富的人文内涵。

2001年12月，上海大众推出了帕萨特2.8 V6，配备了2.8 V6发动机和诸多全新装备，是大众中高档产品在我国市场的最高配置。该车将帕萨特的尊贵与卓尔不凡乃至整个上海大众的形象推向了一个新的层面，在电视广告宣传中，上海大众利用"里程篇"所奠定的"成功"基础，将"成功"提升到了更高境界。在这部广告片中，我们可以看到山、水、湖泊、森林、平原、沙漠变换中蕴藏的无限生命力，这无疑是创意者在表现帕萨特2.8 V6的动力。在平面媒体中，上海大众加强了对帕萨特2.8 V6"内在力量"的宣传，与电视宣传形成内外呼应、整体配合的效果。

但是所有的广告宣传背景都贯穿了一条线索——"修身、齐家、治业、行天下"，这个深入人心的"儒家"思想，概括了中国人的人生态度和抱负，使得"成功"的境界登峰造极。经过了修、齐、治、行四个递进阶段后，帕萨特智慧、尊贵、大气、进取的品牌个性也就毫不张扬地得到了印证。

除电视广告、平面广告等大众媒体外，消费者的宣传手册也很重要。上海大众的做法是详细介绍了帕萨特2.8 V6的新技术、新功能，如2.8升V型6缸5气门发动机、侧面安全气囊、电动可调记忆座椅、电动加热前座椅、带雨量传感器的车内后视镜、桃木方向盘、前大灯清洗装置等。

（资料来源：http://yingxiaogongshe.com 2011-05-26 11:51:12）

思考：

1. 本案例中，帕萨特轿车主要采用的是什么价格策略，这种策略在什么条件下才能取胜？
2. 本案例中，帕萨特轿车的价格策略与广告宣传是如何配合的？

实　　训

一、实训目的

1. 使学生掌握根据不同定价目标制定价格策略的方法。
2. 帮助学生理解制定价格策略的影响因素。
3. 使学生会对各种企业的定价技巧灵活运用。

二、实训内容

（一）实训资料

上海市的人口为1300万，是我国重要的商业城市之一，市场潜力大，竞争品牌多。近年来，豆奶饮品在居民心中不断上升的消费地位和上海独特的快节奏生活方式，给营养、绿色饮料带来巨大的商业机遇。力力公司将在2010年推出利乐包豆奶的新产品，容量为250 ml。力力豆奶选用高品质纯正无公害的东北优质大豆为原料，采用高科技生产、包装设备，经超高温瞬时灭菌及最新生产工艺精制而成，并且香味浓郁、口感醇厚，含有丰富的植物蛋白、卵磷脂、异黄酮、维生素 E、铁、钙、皂苷等营养均衡成分。

目前在上海销售的利乐包豆奶品牌的排序为：维他奶、正广和、杨协成、光明，它们各自的品种、容量和价格见表 7-2。

表 7-2　上海市场的主要豆奶品牌及价格

品　牌	品　种	容　量	价　格
维他奶	维他奶	100 ml	0.8 元
维他奶	维他奶	250 ml	1.3 元
维他奶	麦精朱古力	250 ml	1.3 元
广和	都市奶	250 ml	0.5 元
杨协成	豆奶	250 ml	2.0 元
光明	巧克力豆奶	250 ml	2.0 元
光明	纯鲜牛奶	250 ml	2.0 元
光明	纯鲜牛奶	250 ml	2.3 元

1. 力力豆奶分摊的固定费用

(1) 月折扣费 20 万元、年折旧费 240 万。

(2) 月管理费用 13.33 万元、年管理费用 159.96 万元。

2. 力力豆奶单位产品的变动费用

(1) 豆浆、牛奶配方原料，1000 ml 0.4 元。

(2) 辅料费用，1000 ml 0.24 元。

(3) 包装费用，每盒 0.1 元。

(4) 人工费用，每盒 0.1 元。

(5) 储运费用，每盒 0.07 元。

(6) 销售费用，每盒 0.08 元。

(7) 税金，每盒 0.06 元。

经预测，2010 年豆奶市场需求量为 1400 万盒，总公司要求上海地区的"力力豆奶"目标净利润为 150 万，商业加成率为 33%。

(资料来源：改编自：姚丹，鲍丽娜. 市场营销实训教程. 大连：东北财经大学出版社，2009：123.)

(二) 具体任务

分析在不同的定价目标下，企业的定价方案、最终选择的价格方案以及依据。

(三) 任务要求

1. 注意不同的定价目标管理对定价方法以及价格策略的影响。

2. 对价格策略要有全面认识。

3. 在进行行业与企业的背景资料收集和整理基础上，进行价格方法和价格策略分析。

4. 提出对策建议以及实施的定价方案，研究方案的字数不少于 2000 字。

三、实训组织

1. 按实训项目将班级成员以 3～6 人一组分成若干小组，以小组为单位开展实训，采用组长负责制，组员合理分工，每位成员各司其职，团结协作。

2. 相关资料和数据的收集可以进行实地调查，也可以采用二手资料，由专人负责记录和整理。

3. 小组充分讨论，认真分析，形成小组的实训报告。

4. 各小组在班级进行实训作业展示。

四、实训步骤

1. 由指导教师介绍实训的目的和要求，对"价格策略分析"的实践意义给予说明，调动学生实训操作的积极性。

2. 分组，每组 3～6 人，选举组长一名，由组长负责本组组员的分工。

3. 各组选定行业和企业，明确实训任务，制定执行方案，指导教师通过之后执行。

4. 各组收集资料并进行讨论分析，形成讨论稿，完成实训报告。

5. 各组将设计好的调研报告制成 PPT，并向教师和全班同学汇报，由其他组的同学提问，教师进行点评。

6. 每个小组上交一份设计好的纸质和电子版的研究报告。

第 8 章　渠 道 策 略

引　例

宝洁和沃尔玛：对手变盟友

宝洁是消费型产品的全球领导者，零售巨擘沃尔玛是它最大的客户之一。在上世纪 80 年代中期，这两家巨型企业之间的关系变得剑拔弩张。宝洁的促销力度很大，给零售商很大的折扣优惠，沃尔玛趁机以超出常规的购买量大量吃进并囤积宝洁的产品，这给宝洁造成了很多麻烦。宝洁生产太多而伤害了现金流，为了提高现金流，只能提供更多的推广优惠，而沃尔玛的反应是买得更多，于是这两家公司之间的恶性循环就这样持续下去。于是，宝洁下决心要化敌为友，向沃尔玛抛出了成立战略联盟的橄榄枝。一份战略联盟协议让沃尔玛和宝洁化干戈为玉帛，成为供应链中的合作伙伴，从而结束了二者长期敌对的局面。

充分理解对方的需要之后，这两家公司在双赢战略的基础上开始合作，而宝洁也无需再向沃尔玛提供折扣。"这个战略实施非常成功，于是被推而广之。宝洁甚至几乎停止了所有的降价推广活动，为此它几乎得罪了整个零售业。但是这样做的结果却是，宝洁的盈利大幅攀升。"

为了使合作可以运转，这两家公司把软件系统连接到一起，很多信息都实现了共享。据报道，当沃尔玛分销中心里的宝洁产品存货量低时，它们的整合信息系统会自动提醒宝洁要补货了。该系统还允许宝洁通过人造卫星和网络技术远程监控沃尔玛每个分店的宝洁产品专区的销售情况，而网络会把这些信息实时反馈给宝洁的工厂。无论何时，宝洁的产品在收银台扫描，这些工厂都可以知道。这些实时信息使宝洁能够更准确地安排生产、运输，以及为沃尔玛制定产品推广计划。由此节省下来的库存费用使得宝洁可以向沃尔玛提供更加低价的产品，这样沃尔玛就能继续它的"每日低价"策略了。

分销渠道是市场营销组合策略中的四个基本要素之一，如果产品是企业的立身之基，分销渠道网络则是企业的生存之本。建立一个有效的分销渠道网络，是企业在激烈的市场竞争中脱颖而出，并持续、稳定发展的关键因素之一。研究分销渠道策略的目的在于：企业如何通过销售网络建设与管理，采取有效的渠道竞争策略，把商品适时、适地、方便、经济地提供给消费者，以实现企业的经营目标。

8.1　分销渠道的概念与类型

8.1.1　分销渠道的概念

1. 分销渠道的含义

分销渠道，也叫"销售渠道"或"通路"，国内外不同的学者对其作了不同的定义。

肯迪夫和斯蒂尔给分销渠道所下的定义是：分销渠道是指"当产品从生产者向最后消费者或产业用户移动时，直接或间接转移所有权所经过的途径。"菲利普·科特勒认为："一条分销渠道是指某种货物或劳务从生产者向消费者移动时，取得这种货物或劳务的所有权或帮助转移其所有权的所有企业和个人。因此，一条分销渠道主要包括商人中间商(因为他们取得了所有权)和代理中间商(因为他们帮助转移所有权)。此外，它还包括作为分销渠道的起点和终点的生产者和消费者，但是它不包括供应商、辅助商等。"

产品分销渠道是指产品由生产者向消费者转移的途径，它由商品销售方式、销售环节和销售机构组成。不同的销售方式、销售环节和销售机构，组成不同的商品销售渠道。商品销售渠道是随着商品生产的发展而产生的。在简单商品的生产条件下，市场狭小，生产规模也小，一般是就地生产，就地消费，商品销售只是商品生产者的附属职能。随着商品生产的日益发展，生产规模日益扩大，市场越来越广，仅靠生产者的附属销售职能已无法适应生产和消费的要求，于是就从生产者中间分离出了一部分人，专门从事商品销售工作，这就有了商品销售渠道。

具体来说，分销渠道包括以下五层含义。

(1) 分销渠道的起点是生产者，终点是消费者或用户。分销渠道一头连接生产，一头连接消费，它所组织的是从生产者到消费者之间完整的商品流通过程，而不是商品流通过程中的某一阶段。

(2) 分销渠道是一个由不同企业或人员构成的整体，包括商人中间商(他们取得了所有权)和代理中间商(他们帮助转移所有权)，此外，还包括处于渠道起点和终点的生产者和最终消费者或用户，他们被统称为渠道成员。渠道成员共同的职责是帮助制造商转移产品的所有权。

(3) 分销渠道中制造商向消费者或用户转移商品或劳务，是以商品所有权的转移为前提的。商品流通的过程表现为商品价值形式的运动过程，即产品从一个所有者转移到另一个所有者，直至消费者手中的过程，只有通过商品货币关系而导致商品所有权随之转移的买卖过程，才能构成分销渠道。

(4) 分销渠道是指企业某种特定产品或服务所经历的路线。分销渠道不仅反映商品价值形式变化的经济过程，而且也反映伴随商流发生的商品实体的空间移动过程。

(5) 分销渠道往往不是由单一渠道所构成，而是由若干条相互补充、配合的渠道共同形成的系统，即企业针对多个细分市场与地域市场的不同要求和特点，根据批量、等待时间、空间便利性、商品多样性、服务支持等需要，从点的布局、线的连接、面的广度上形成的一个网络。

2. 分销流程的种类

把商品从生产厂家转移到消费者手上，能够同时满足生产厂家、消费者以及中间商的需要。为了使这一转移过程能够有效完成，在销售渠道中，通常有五大流程发生，即实体流程、所有权流程、付款流程、信息流程及促销流程。

(1) 实体流程。实体流程又简称为商流，是指产品从生产领域(生产商)向消费领域转移过程中的一系列买卖交易活动，如图 8-1 所示。在这一活动中，实现的是产品所有权由一个机构向另一个机构的转移。但是有些中间商如果以代销的方式从事交易活动(即以代理商的身份出现在商品交易活动中)，由于他们并不拥有商品的所有权，即没有实现商品所有权的转移，就不应包括在商流活动中。

图 8-1　实体流程

(2) 所有权流程。所有权流程又简称为物流，是指产品从生产领域(生产商)向消费领域转移过程中的一系列产品实体运动，如图 8-2 所示。它包括产品实体的储存以及由一个机构向另一个机构转移的过程，同时还包括与相关的包装、流通加工等过程。物流活动使产品由生产领域向消费领域转移得到了实质的保证。

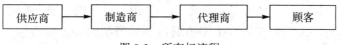

图 8-2　所有权流程

(3) 付款流程。付款流程又称为货币流，是指产品从生产领域(生产商)向消费领域转移的交易活动中所发生的货币运动，如图 8-3 所示。付款流程一般是顾客通过银行或其他金融机构将货款付给中间商，中间商赚取差价后支付给生产商。因此，一般来说，货币流同商流正好是反向运动。

图 8-3　付款流程

(4) 信息流程。信息流程简称为信息流，是指产品从生产领域(生产商)向消费领域转移过程中所发生的一切信息收集、传递和处理活动，如图 8-4 所示。它既包括生产商向中间商及顾客传递产品、价格、销售方式等方面的信息，也包括中间商向顾客或生产商传递购买力、购买偏好，以及对产品和其销售状况的意见的信息。因此，信息流的运动方向是双向的。

图 8-4　信息流程

(5) 促销流程。促销流程简称为促销流，是指产品从生产领域(生产商)向消费领域转移过程中，生产者通过广告或其他宣传媒体向中间商及顾客进行的一切促销努力，如图 8-5 所示。它包括利用广告、推销或公共关系等手段，向其销售对象传递有利于销售的信息的一切活动。

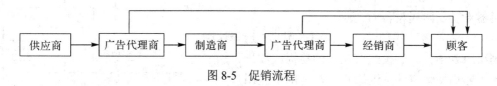

图 8-5　促销流程

3. 分销渠道的模式

各种社会产品不同的供求关系需要不同类型的销售环节和渠道的组合，这种参与市场营销活动的产、供、销各方所形成的颇具复杂性的关系决定了销售渠道模式的多样化。

1) 消费品分销渠道模式

消费品的分销渠道，概括起来有以下五种模式。

(1) 生产者—消费者。这是最短的分销渠道，又称为零级分销渠道，也是最直接、最简单的销售方式。例如，直销以及生产企业自己开办的试销门市部、销售经营部或零售商店等，都属于零级分销渠道。

(2) 生产者—零售商—消费者。这是最常见的分销渠道，也称为一级分销渠道，在食品、服装、家具及一些半耐用品的销售中被广泛使用。一级分销渠道中零售商的范围很广，包括较大的百货公司、超级市场、邮购商店，也包括为数众多的小商亭和摊点。

(3) 生产者—批发商—零售商—消费者。这是二级分销渠道，如果生产企业需要将其产品大批量出售，或需要在较大范围内通过不同类型的零售商出售，它就有可能不直接与零售商联系，而是通过批发商把产品迅速转移到零售商手中，最后由零售商销售给消费者。

(4) 生产者—代理商—零售商—消费者。在某些情况下，许多企业也常常通过代理商、经纪人或其他代理机构将产品转移给零售商，再由零售商向消费者出售。

(5) 生产者—代理商—批发商—零售商—消费者。这是三级分销渠道。一般也是最长、最复杂、销售环节最多的一种销售渠道。这种分销渠道中，生产企业要通过代理商将产品转移给批发商，由批发商分配给零售商，再出售给消费者。

我们可以用图片将消费品的分销渠道模式直观地表现出来，如图 8-6 所示。

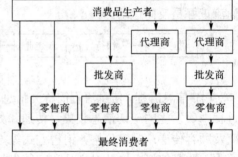

图 8-6　消费品的分销渠道模式

2) 工业品分销渠道模式

生产资料的使用者主要是工业用户，这类用户少并且每次成交量大，所以生产资料的销售渠道一般不经过零售商。工业品的分销渠道主要表现为以下四种形式：

(1) 生产者—用户。这种分销渠道是工业品生产企业产品销售的主要选择，尤其是生产大型机器设备的企业，大都直接将产品销售给最终用户。

(2) 生产者—代理商—用户。如果生产企业要开发不够熟悉的新市场，设置销售机构的费用太高或缺乏销售经验，也许先在当地寻找一个代理商为企业销售产品更为合适。

(3) 生产者—经销商—用户。通过工业品经销商将产品销售给最终用户的生产者，往往是那些生产普通机器设备及附属设备的企业。

(4) 生产者—代理商—经销商—用户。选择这种分销渠道要与前面的模式有相同的前提，如果再加上市场不够均衡，有的地区用户多，有的地区用户少，就有必要利用经销商分散存货。图 8-7 为工业品分销渠道模式的一种直观表现。

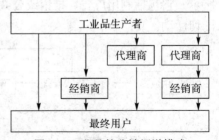

图 8-7　工业品的分销渠道模式

8.1.2 分销渠道的功能

分销渠道对产品从生产者转移到消费者所必须完成的工作加以组织，其目的在于消除产品 (或服务)与使用者之间的差距。分销渠道的主要职能有如下几种：

第一，调研，即收集制订计划和进行交换时所必需的信息；

第二，促销，即设计和传播有关商品的信息，鼓励消费者购买；

第三，接洽，即为生产商寻找、物色潜在买主，并和买主进行沟通；

第四，配合，即按照买主的要求调整供应的产品，包括分等、分类和包装等活动；

第五，谈判，即代表买方或者卖方参加有关价格和其他交易条件的谈判，以促成最终协议的签定，实现产品所有权的转移；

第六，物流，即储藏和运输产品；

第七，融资，即收集和分散资金，以负担分销工作所需的部分费用或全部费用；

第八，风险承担，即承担与从事渠道工作有关的全部风险。

8.1.3 分销渠道的类型

产品分销渠道可以按不同的标准进行划分，按是否使用中间商，可以分为直接分销渠道和间接分销渠道；按产品销售过程中中间环节的多少，可分为长分销渠道和短分销渠道；按销售过程中使用中间商的多少，可以分为宽分销渠道和窄分销渠道。

1. 直接分销渠道和间接分销渠道

(1) 直接分销渠道。

商品生产者通过自己的销售人员或销售机构把商品直接销售给消费者，这种销售渠道称为直接分销渠道。直接分销渠道是在商品经济不甚发达的条件下产生的，随着经济发展，生产资料的销售常采用这种渠道，但近几年，部分生活消费品的销售也广泛采用这种分销渠道。

直接分销渠道的形式主要有：销售人员上门推销；通过设店、门市部销售；邮购、电话销售；与用户、客户之间的合约销售。

直接分销渠道优点很多：

① 由于生产者和消费者直接接触，用户或消费者可更好地了解并掌握产品的性能、特点、使用方法等，增加用户或消费者的购买兴趣和消费安全感。

② 生产者通过与用户直接接触，能及时、具体、全面地了解消费者的需求以及市场变化情况，从而能及时地调整生产经营决策。

③ 销售环节少，商品能很快到达消费者手中，从而缩短了商品流通时间，减少了流通费用，提高了经济效益。

④ 提供良好的售后服务，增强企业竞争力，并且这种直销售后往往同时又是直接促进销售的活动。

直接分销渠道也存在缺点：

① 生产者增设销售机构、销售设施和销售人员，这就相应增加了销售费用，同时因分散生产导致企业精力分散。

② 由于生产者自有的销售机构总是有限的，致使目标顾客的需求不能及时满足，易

失去部分市场。

③ 由于生产者要自备一套商品库存，这就相应减缓了资金的周转速度，从而减少了对生产资金的投入。另外，商品全集中在生产者手中，当市场状况变化时，生产者要承担全部损失，因而市场风险很大。

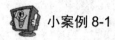 **小案例 8-1**

戴尔的直销模式

戴尔计算机公司将整机及其配件直接销售给企业、政府机构和消费者，他们按照客户对处理器速度、硬盘大小以及显示器类型的性能要求来定制计算机。迈克尔·戴尔创办这家公司时还是个 19 岁的学生，当时他发现很难找到零件来组装自己的计算机系统。戴尔从制造商处购买计算机部件，再进行组装，然后直接销售，这样做既可以降低管理费用，同时也能为消费者省钱。戴尔公司每年通过电话和互联网销售计算机的销售额超过 300 亿美元，后来公司业务扩大，进入了具有持续高增长潜力的领域，如网络服务、储存和通信设备等。

(2) 间接分销渠道。

间接分销渠道即生产者通过中间商来销售自己的产品。绝大多数生活消费品都是采用这种销售渠道，也有部分生产资料的销售采用此渠道。

间接分销渠道的优点是：

① 对生产者来说减少了交易次数，节省了花费在销售上的人力、财力、物力。

② 充分利用中间商的仓储、运输、保管作用，减少了资金占用和耗费，并可利用中间商的销售经验，进一步扩大产品销售。

③ 中间商庞大的销售网络，使它能收集大量的信息，掌握市场动态，具有很强的引导消费、指导消费的能力。

间接分销渠道的缺点：

① 流通环节多，销售费用增加，可能增加消费者负担，也延长了流通时间。

② 中间商对消费者提供的售前售后服务，往往由于技术不专等原因而不能令消费者满意。

③ 生产者获得市场信息不及时、不直接。

2. 短分销渠道和长分销渠道

(1) 短分销渠道。短分销渠道即生产者仅利用一个中间商或者自己销售产品。短分销渠道能减少流通环节，缩短流通时间，节省费用，因而产品最终价格较低，能增强商品竞争力；信息能迅速、准确地反馈到生产者，从而使生产者及时作出决策；由于环节少，生产者和中间商较易建立直接的、密切的合作和服务关系。但是，短渠道使生产者承担较多的商业职能，不利于集中精力搞好生产。

(2) 长分销渠道。长分销渠道即生产者在产品销售中利用两个或两个以上的中间商销售产品。长分销渠道优点是渠道长，分布密，触角多，能有效地覆盖市场，扩大商品的销售；能充分利用中间商的职能和作用，市场风险小。但是，长销售渠道使生产者获得市场信息迟滞；商品价格不利于竞争；生产者、各中间商、消费者之间相互关系极复杂，难以协调。

3. 宽分销渠道和窄分销渠道

在选定了中间商的类型之后，还要决定各类型小中间商的数量，生产者只选用某一类型中间商中的一个中间商来经销商品的方式，称为窄分销渠道。生产者至少在某一类型的中间商中同时选择两个或两个以上中间商经销商品的方式，称为宽分销渠道。根据生产者选择中间商的多少，销售渠道在宽窄程度上表现为以下三种形式。

(1) 广泛的分销渠道。广泛的分销渠道也称密集配销，即生产者广泛利用大量的中间商来销售其产品，把产品的销售网点分布在市场的各个角落，这样既便于消费者购买，又能使产品迅速、广泛地占领市场。日常生活用品和标准化程度较高的商品比较适用于这种分销渠道。但这种分销渠道中生产者难以控制中间商，且中间商一般也不愿承担促销费用，只能由生产者来承担，故生产者应设法调动中间商的积极性，让其为自己推销产品。

(2) 专营性分销渠道。专营性分销渠道也称独家分销渠道，即生产者在特定的市场区域内仅选择一家经销商销售自己的产品，且中间商不得经营其他厂家的同类产品。这种分销渠道适用于高档特殊品、需承担售后服务的工业品、消费中需加强售后服务的产品的销售。生产者通过授权独家销售的方式，希望能使销售活动更加积极，并能做到有的放矢，而且在价格、促销、信用和各种服务方面能加强对中间商的控制，从而有利于提高产品的形象和利润加成。但这种渠道使得产销双方依赖性太强，一旦经销商出现失误，就会牵连生产者。

(3) 选择性分销渠道。选择性分销渠道是介于密集分销和独家分销之间的销售形式，即生产厂家在某一销售区域精选几家最合适的中间商销售公司的产品。这种策略的特点是：比独家经销面宽，有利于开拓市场，展开竞争；比密集分销面窄，有助于厂商对中间商进行控制和管理，同时还可以有效地节省营销费用。这一策略的重点在于着眼稳固企业的市场竞争地位，维护产品在该地区的良好声誉，同时促使中间商彼此了解，相互竞争，能够使被选中的中间商努力提高销售水平。

8.1.4　分销渠道系统的发展

20 世纪 80 年代以来，分销渠道系统突破了由生产者、批发商、零售商和消费者组成的传统模式和类型，有了新的发展，如垂直渠道系统、水平渠道系统、多渠道营销系统等。

1. 垂直分销渠道系统

垂直分销渠道系统是由生产企业、批发商和零售商组成的统一系统。垂直分销渠道的特点是采用专业化管理，集中计划，销售系统中的各成员有共同的利益目标，都采用不同程度的一体化经营或联合经营。垂直分销渠道系统主要有以下三种形式：

(1) 公司式垂直系统。公司式垂直系统是指一家公司统一管理若干工厂、批发机构和零售机构，控制分销渠道的若干层次，甚至整个分销渠道，综合经营生产、批发、零售业务的系统。这种渠道系统又分为两类：工商一体化经营系统和商工一体化经营系统。工商一体化是指大工业公司统一管理若干生产单位、商业机构的系统。如美国凡士通轮胎橡胶公司拥有橡胶种植园、轮胎制造厂，还拥有轮胎的批发机构和零售机构，其销售门市部(网点)遍布全国。商工一体化是指由大零售公司拥有和管理若干生产单位的系统。

(2) 管理式垂直系统。管理式垂直系统是指制造商和零售商共同协商管理业务的系统，其业务涉及销售促进、库存管理、定价、商品陈列和购销活动等。例如，宝洁公司与其零售商共同商定商品陈列、货架位置、促销、定价等，此即为管理式垂直系统。

(3) 契约式垂直系统。契约式垂直系统是指不同层次的独立制造商和经销商为了获得单独经营达不到的经济利益，而以契约为基础实行的联合体，即特许经营组织。契约式垂直系统主要分为以下三种形式：

① 制造商倡办的零售商特许经营系统和代理商特许经营系统。零售商特许经营多见于消费品行业，代理商特许经营多见于生产资料行业。丰田公司对经销自己产品的代理商、经销商给予买断权和卖断权，即丰田公司与某个经销商签订销售合同后，赋予经销商销售本公司产品的权利而不再与其他经销商签约，同时也规定该经销商只能销售丰田牌的汽车，实行专卖，避免了经营相同品牌汽车的经销商为抢客户而竞相压价，以致损害公司名誉情况的产生。

② 制造商倡办的批发商特许经营系统。这种情况大多出现在饮食业，如可口可乐、百事可乐与某些瓶装厂商签订合同，授予其在某一地区分装的特许权，以及向零售商发运的特许权。

③ 服务企业倡办的零售商特许经营系统。这种情况大多出现于快餐业(如肯德基快餐)和汽车出租业。另外，还有批发商倡办的连锁店；零售商合作社既从事零售，也从事批发，甚至还从事生产业务。

2. 水平分销渠道系统

水平分销渠道系统是指由两家或两家以上的公司横向联合起来的渠道系统，他们实行暂时或永久的合作。这些公司或因资本、人力、生产技术、营销资源不足，无力单独开发市场，或因惧怕承担风险，或因与其他公司联合可实现最佳协同效益而组成共生联合的渠道系统。这种系统可发挥群体作用，共担风险，能获取最佳效益。

3. 多渠道营销系统

多渠道营销系统是指对同一或不同的分市场采用多条渠道营销的系统。这种系统一般分为两种形式：一是生产企业通过多种渠道销售同一品牌的产品，这种形式易引起不同渠道间激烈的竞争；另一种是生产企业通过多渠道销售不同品牌的产品。

8.1.5　电商时代分销渠道系统——O2O 模式

线上平台的快速发展不断冲击着传统的分销渠道系统，同时也带来了新的分销渠道模式。O2O(Online to Offline)是指线上促销和线上购买，带动线下经营和线下消费。O2O 通过促销、打折、提供信息、服务预订等方式，把线下商店的消息推送给互联网用户，从而将他们转换为自己的线下客户，这就特别适合必须到店消费的产品和服务，比如餐饮、健身、电影和演出、美容美发、摄影及出租车等。

在中国，以苏宁为主的传统零售业曾宣布自己是 O2O 企业，理由是它们线上有电商网站，线下有实体门店，而且两者能相互配合与促进。

不论什么行业，无论是销售还是营销，抑或是客户关系管理，只要线上线下相互配合的，都可以冠上 O2O；无论是传统企业利用线上去促进转型升级，还是互联网公司利用线下去实现渠道下沉，都可以称为 O2O。线上的互联网公司和线下的传统企业在各自发展了很多年后，终于开始有了明显的交集。未来将没有纯互联网公司，也不会有纯传统企业。当然，O2O 确实有别于 B2B、C2C 和 B2C。

在营销实践中，O2O 业务模式主要有以下四种。

(1) Online to Offline 模式。这种业务即线上交易，线下消费体验产品或服务。

(2) Offline to Online 模式。这种业务模式即线下营销，线上完成交易。随着智能手机的日渐普及、二维码的兴起，很多企业通过在线下做促销，在线上实现交易。

(3) Offline to Online to Offline 模式。这种业务模式即线下促销，线上商品交易，然后再到线下消费体验产品或服务。运营商使得针对手机客户在任何时间段都可能开展促销，而且很多营销活动在线下触发，在线上完成交易，然后客户在线下消费体验。例如，"预存话费 100 元送价值 60 元的金龙鱼油"，在情人节"办情侣套餐送电影票"，在校园开学季"校园新生卡送自行车"，等等。这种业务模式是在线下触发，然后在线上完成交易，运营商把营销的产品或服务通过网络发送至手机客户，手机客户再到线下完成消费体验。

(4) Online to Offline to Online 模式。这种业务模式即线上交易或促销到线下消费体验产品或服务，再到线上交易或促销。例如，某消费者玩一款网游，该游戏的道具有麦当劳套餐，然后他在游戏中买了这款麦当劳套餐，该游戏提示他到线下的麦当劳实体店吃完该套餐，然后再回到线上继续这款网游。该消费者去实体店消费后再进入网游时，线上那个麦当劳道具便已经被使用了，而且在线上网游中的角色的实力大增。

8.2 分销渠道的设计与管理

分销渠道设计是指为了实现企业的分销目标，对各种备选的渠道结构进行评估和选择，从而开发新型分销渠道或改进现有渠道的过程。广义的分销渠道设计既包括企业创建出所需设计的全新渠道，也包括随着环境变化而不断改进或增加的渠道，后者也称分销渠道再造。事实上，在实际工作中，营销人员的工作更多的是分销渠道再造，很少从一开始就设计全新的分销渠道。

8.2.1 影响分销渠道设计的因素

生产者在设计分销渠道时，必须在理想的渠道和可能得到的渠道之间作出选择，最后确定达到目标市场的最佳渠道。 最佳渠道是对目标市场的覆盖能力最强，使目标市场的顾客满意度最高，能为生产者提供较多利润的渠道。影响分销渠道设计的因素很多，生产企业在选择分销渠道时，必须对下列几方面的因素进行系统的分析和判断，才能作出合理的选择。

1. 产品因素

不同产品适合采用不同的分销渠道，这是企业选择分销渠道时必须首先考虑的，即产品的各种特性从不同程度上影响分销渠道类型的选择。产品因素主要表现为以下几方面：

(1) 产品价格。一般来说，产品单价越高，越宜采用短渠道，越应注意减少流通环节，降低流通费用，否则会造成销售价格的提高，从而影响销路，这对生产企业和消费者都不利；而单价较低、市场较广的产品，宜采用较长和较宽的分销渠道，以方便消费者购买。

(2) 产品的体积和重量。产品的体积大小和轻重，直接影响运输和储存等销售费用，过重的或体积过大的产品，应尽可能选择最短的分销渠道，以减少商品损失，节约储运费用；对于那些被运输部门规定为超限(超高、超宽、超长、集重)的产品，尤应组织直达供应；小而轻且数量大的产品，则可考虑采取间接分销渠道或可采用较长渠道。

(3) 产品的易毁性或易腐性。凡是易腐、易毁产品，如鲜活产品、陶瓷制品、玻璃制品及有效期短的产品，如食品、药品等，应尽可能选择短而宽的渠道，尽快送到消费者手中，以保持产品新鲜，减少腐坏损失；反之亦然。

(4) 产品的技术性。有些产品具有很高的技术性，或需要经常的技术服务与维修，应以生产企业直接销售给用户为好，或采用短渠道，这样可以保证向用户提供及时良好的售后技术服务。相反，技术服务要求低的产品，则可选择长渠道。

(5) 定制品和标准品。定制品一般由产需双方直接商讨规格、质量、式样等技术条件，因而不宜经由中间商销售。标准品具有明确的质量标准、规格和式样，分销渠道可长可短，有的用户分散，宜由中间商间接销售；有的则可按样本或产品目录直接销售。

(6) 产品所处的生命周期阶段。产品处于生命周期的不同阶段，对分销渠道的要求也不同。处于投入期的产品，其分销渠道宜短而窄，因为新产品初入市场，许多中间商往往不愿经销，生产企业不得不直接销售；处于成长期和成熟期的产品，消费需求迅速扩大，生产者要提高市场占有率，就要选择长而宽的渠道，以扩大产品覆盖面。

2. 市场因素

(1) 购买批量大小。购买批量大，多采用直接销售；购买批量小，除通过自设门市部出售外，多采用间接销售。

(2) 消费者的分布。某些商品消费地区分布比较集中，适合直接销售；反之，适合间接销售。工业品销售中，本地用户产需联系方便，因而适合直接销售；外地用户较为分散，通过间接销售较为合适。

(3) 潜在顾客的数量。若消费者的潜在需求多，市场范围大，需要中间商提供服务来满足消费者的需求，宜选择间接分销渠道；若潜在需求少，市场范围小，生产企业可直接销售。

(4) 消费者的购买习惯。有的消费者喜欢到企业买商品，有的消费者喜欢到商店买商品，所以生产企业应既直接销售，也间接销售，以满足不同消费者的需求，同时也增加了产品的销售量。

(5) 市场竞争状况。企业出于市场竞争的需要，有时应选择与竞争对手相同的分销渠道。因为消费者购买某些产品时，往往要在不同品牌、不同价格的产品之间进行比较、挑选，这些商品的生产者就不得不采用竞争者所使用的分销渠道；有时则应避免"正面交锋"，选择与竞争对手不同的分销渠道。

 小案例 8-2

促销战折射移动支付通道之争——"打车应用是个试验田"

打车 APP 是一种基于地理位置(LBS)的线上到线下(O2O)支付手机应用。目前，国内虽已有约 30 款打车 APP，但市场巨头是"滴滴打车"和"快的打车"两家。根据易观国际《2013 年第三季度中国打车 APP 市场监测报告》，二者市场份额相加已超过 80%。2014 年，1 月 6 日，也就是接入微信支付的同一天，"滴滴打车"宣布完成 1 亿美元的 C 轮融资，由中信产业基金领投，腾讯产业基金以及其他一些机构跟投，其中腾讯投资 3000 万美元。与腾讯相比，阿里巴巴的动作显然更快些。2013 年 11 月，快的在北京市场接入了支付宝支付。而在此前的 6 月，快的完成了由阿里巴巴领头的 800 万美元 A 轮融资。当时，阿里巴巴相关负责人表示，会再投资近亿美元支持快的发展。

滴滴和快的究竟在争什么？腾讯、阿里巴巴投入巨资意欲何为？对于打车软件公司来说，获取资金是起步期的基础。对于"烧钱"，滴滴创始人程维认为，所谓"烧钱"是一种初期营销策略。"补贴是短期锦上添花的行为，应该算作营销，短期的'烧钱'是必要的，但资金不是胜负的关键，更重要的是决策和运营。"对于出资的腾讯、阿里巴巴来说，"烧钱"背后是资本意志之下的移动支付之争。用户倾向于用微信支付还是支付宝支付，在哪里用哪些支付，都关系着腾讯、阿里巴巴的互联网金融布局。微信开通手机移动支付不足一年，业务拓展需要更多应用来支撑，"打车应用就是很重要的一环。""培养用户行为，争夺移动支付市场份额，是腾讯、阿里巴巴此次出资的重要原因。"易观智库分析师尹晶雪认为，打车应用在国内尚在探索阶段，用户在这一领域的使用习惯、支付方式尚未定型，谁能抢占移动端口，在下一步的电子商务以及互联网金融争夺战中，谁就会拔得头筹。"打车应用是个试验田，增加移动支付端用户黏性是本意。"

（资料来源：http://news.xinhuanet.com/info/2014-01/16/c_133049623.htm）

(6) 市场形势的变化。当市场繁荣需求上升时，生产商应考虑扩大其分销渠道，而在经济萧条需求下降时，则需减少流通环节。

3. 生产企业本身的因素

(1) 资金能力。企业本身资金雄厚，则可自由选择分销渠道，可建立自己的销售网点，采用产销合一的经营方式，也可以选择间接分销渠道。企业资金薄弱则必须依赖中间商进行销售和提供服务，只能选择间接分销渠道。

(2) 销售能力。生产企业在销售力量、储存能力和销售经验等方面具备较好的条件，则应选择直接分销渠道；反之，则必须借助中间商，选择间接分销渠道。另外，企业如能和中间商进行良好的合作，或能对中间商进行有效的控制，则可选择间接分销渠道；若不能与中间商很好地合作或中间商不可靠，将影响产品的市场开拓和经济效益，则不如进行直接销售。

(3) 可能提供的服务水平。中间商通常希望生产企业能尽多地提供广告、展览、修理、培训等服务项目，为销售产品创造条件。若生产企业无意或无力满足这方面的要求，就难以达成协议，迫使生产企业自行销售；反之，生产企业提供的服务水平高，中间商乐于销售该产品，生产企业则选择间接分销渠道。

(4) 发货限额。生产企业为了合理安排生产，会对某些产品规定发货限额。发货限额高，有利于直接销售；发货限额低，则有利于间接销售。

(5) 企业控制渠道的愿望。企业控制分销渠道的愿望各不相同。有的企业希望控制分销渠道，以便有效控制产品价格和进行宣传促销，因而倾向于选择短渠道，而有些企业则无意控制。

4. 政策规定

企业选择分销渠道必须符合国家有关政策和法令的规定。某些按国家政策应严格管理的商品或计划分配的商品，企业无权自销和自行委托销售；某些商品在完成国家指令性计划任务后，企业可按规定比例自销，如专卖制度(如烟)、专控商品(控制社会集团购买力的少数商品)。另外，如税收政策、价格政策、出口法、商品检验规定等，也都影响企业对分销途径的选择。

5. 经济收益

不同分销途径经济收益的大小也是影响企业选择分销渠道的一个重要因素。对于经济收益的分析，主要考虑的是成本、利润和销售量三个方面的因素。经济收益具体分析如下：

(1) 销售费用。

销售费用是指产品在销售过程中发生的费用，它包括包装费、运输费、广告宣传费、陈列展览费、销售机构经费、代销网点和代销人员手续费、产品销售后的服务支出等。一般情况下，减少流通环节可降低销售费用，但减少流通环节的程度要综合考虑，应做到既节约销售费用，又要有利于生产发展和体现经济合理的要求。

(2) 价格分析。

① 在价格相同的条件下，进行经济效益的比较。目前，许多生产企业都以同一价格将产品销售给中间商或最终消费者。若直接销售量等于或小于间接销售量时，由于生产企业直接销售时要多占用资金，增加销售费用，所以间接销售的经济收益高，对企业有利；若直接销售量大于间接销售量，而且所增加的销售利润大于所增加的销售费用，则选择直接销售有利。

② 当价格不同时，进行经济收益的比较。这种情况主要考虑销售量的影响，若销售量相等，直接销售多采用零售价格，价格高，且支付的销售费用也多。间接销售采用出厂价，价格低，且支付的销售费用也少。那么，究竟选择什么样的分销渠道？可以通过计算两种分销渠道的盈亏临界点作为选择的依据。当销售量大于盈亏临界点的数量时，选择直接分销渠道；反之，则选择间接分销渠道。当销售量不同时，则要分别计算直接分销渠道和间接分销渠道的利润，并进行比较，一般选择获利较多的分销渠道。

6. 中间商特性

各类各家中间商实力、特点不同，诸如广告、运输、储存、信用、训练人员、送货频率方面具有不同的特点，从而影响生产企业对分销渠道的选择。

(1) 中间商不同对生产企业分销渠道的影响。例如，汽车收音机厂家考虑分销渠道时可选择方案有以下几种。

① 与汽车厂家签订独家合同，要求汽车厂家只安装该品牌的收音机。

② 借助通常使用的渠道，要求批发商将收音机转卖给零售商。

③ 寻找一些愿意经销其品牌的汽车经销商。

④ 在加油站设立汽车收音机装配站，直接销售给汽车使用者，并与当地电台协商，为自己推销产品并付给其相应的佣金。

(2) 中间商数目不同的影响。按中间商数目的不同，可选择密集式分销、选择性分销、独家分销。

① 密集式分销是指生产企业同时选择较多的经销代理商销售产品。一般情况，日用品多采用这种分销形式，工业品中的一般原材料、小工具、标准件等也可用此分销形式。

② 选择性分销是指在同一目标市场上，选择一个以上的中间商销售企业产品，而不是选择所有愿意经销本企业产品的中间商，这有利于提高企业经营效益。一般情况，消费品中的选购品和特殊品、工业品中的零配件宜采用此分销形式。

③ 独家分销是指企业针对某一目标市场，在一定时间内只选择一个中间商销售本企业的产品。双方签订合同，规定中间商不得经营竞争者的产品，制造商则只对选定的经销商供货。一般情况，此分销形式适用于消费品中的家用电器和工业品中专用机械设备。这种形式有利于双方协作，以便更好地控制市场。

(3) 消费者购买数量的影响。如果消费者购买数量小且次数多，可采用长渠道；反之，购买数量大且次数少，则可采用短渠道。

(4) 竞争者状况的影响。当市场竞争不激烈时，可采用同竞争者类似的分销渠道，反之，则采用与竞争者不同的分销渠道。

8.2.2　分销渠道设计的标准

一般而言，一个分销渠道好坏的标准在于它是否以最快的速度、最好的服务质量、最经济的流通费用，把商品送到消费者手中，实现经营者的利益。要达到这一基本要求的销售渠道，必须具备以下条件。

第一，能够不间断、顺利、快速地使商品进入消费者领域。"不间断"是指连续性，它必须有能力进货(包括拥有资金和运输条件)，保证供货和需求的一致性；"顺利"是指流通过程通畅，不得使商品在途中滞留；"速度"是时间性，是指不得拖延工作时间。

第二，具有较强的辐射功能。一种产品从生产厂家把它生产出来一直到消费者手中，中间要经过许多环节。如果销售渠道的各个环节都具有较大的辐射功能，就可以从各个环节的辐射点开始，向周围辐射，从而形成地域相当广泛的销售渠道，提高产品的市场占有率，扩大销量，增强企业的市场竞争力。

第三，具有商流与物流一致性的特点。一条好的分销渠道，不仅是以货币为媒介的商品交换渠道，而且是物资运行的渠道。只有实现了商流与物流的一致性，才能够使分销渠道成为满足消费者需要的通道。

第四，能够带来显著的经济效益。一般来说，交易成功率高，物流速度快，流通费用少，资金周转快，销售环节少的销售渠道，经济效益就好；反之则经济效益不好。

第五，有利于实现为消费者服务，保护消费者利益的宗旨。一般比较好的销售渠道，不仅要从自身利益出发，而且还必须充分考虑消费者利益，必须真正做到为消费者服务。

8.2.3　分销渠道的设计步骤

企业在设计分销渠道时，必须在理想的渠道和实际可能得到的渠道之间作出选择。这一策划过程通常要经过分析消费者需要、建立渠道目标、确立可供选择的主要渠道以及对其进行评估等几个阶段。

1. 分析顾客对渠道服务提出的要求

了解顾客需要是做好营销工作的基础，因而在分销活动中，企业在制定分销决策前必须了解目标顾客对企业分销工作的总体要求。这些要求通常表现在以下几方面：产品种类，即企业为顾客提供的可供选择的产品的花色品种；批量大小，即企业允许顾客一次购买的数量；交货时间，即顾客收到产品所用的平均时间；购买便利性，即企业为顾客购买所提供的地理方便程度；服务支持，即企业在分销活动中能够提供的产品之外的附加服务。

2. 建立渠道目标

渠道目标也就是在企业营销目标的总体要求下，选择营销渠道应达成的服务产出目标。这种目标一般要求建立的分销渠道达到总体营销规定的服务产出水平，同时使全部渠道费用减少到最低程度。企业在认真分析影响销售渠道选择决策的主客观因素的基础上，划分出若干分市场，然后决定服务于哪些分市场，并为之选择和使用最佳渠道。

3. 确定分销渠道模式

确定渠道模式，即决策渠道的长度。首先要根据影响渠道的主要因素，决定采取什么类型的营销渠道，是派销售人员上门推销或自设销售商店的短渠道，还是选择通过中间商的长渠道，以及通过什么规模和类型的中间商。一般认为，生产者—批发商—零售商—消费者(包含两个中间层次)的模式是比较典型的市场营销渠道类型。当然，营销渠道的长与短只是相对而言，因为随着营销渠道长短的变化，其产品既定的营销职能不会增加或减少，而只能在参与流通过程的机构之间转移或替代。

4. 制定可供选择的渠道方案

在确定了渠道目标之后，就要明确各主要渠道可供选择的方案。渠道选择方案具体涉及以下四个基本因素：

(1) 选择中间商类型。制造商在选择中间商时，常常会面对若干可行的方案。比如，当某企业开发出一种新产品时，以有效的方式将产品送达用户市场会有以下几种可选方案：第一，借助直接邮寄和商业杂志，或利用现有的推销人员销售产品；第二，扩大企业推销队伍，同时分派各个推销人员与特定的用户接洽；第三，依靠代理商推销产品，但该代理商必须熟悉不同行业及不同地区的情况；第四，通过批发商销售产品，要求其进行一定的促销活动并拥有一定水平的存货。

(2) 选择中间商地点。在考虑地点和位置时，需要确定在哪个省份销售，在农村还是城市销售，在城市中的繁华商业区还是较偏僻的非商业区销售。此外，还可能要考虑零售店所处商圈的特征。

(3) 确定中间商数目。确定中间商的数目，即决策渠道的宽度。每个渠道层次使用多少个中间商，受企业追求的市场展露程度以及所经营产品的特性、消费者选购习惯等因素的影响，企业可选择密集分销、选择分销或独家分销。

(4) 规定渠道成员的权利和责任。渠道成员在分销工作中既享有权利，也需要承担许多责任。制造商在确定了渠道的长度和宽度之后，需要进一步规定渠道成员的权利和应尽的责任，即制定"贸易关系组合"协议。该协议主要涉及价格政策、销售条件、地区权利，以及每一方为对方提供的服务及应尽的责任义务。

价格政策要求制造商制订价目表，对不同地区、不同类型的中间商和不同的购买数量给予不同的价格折扣比率。另外，价格政策的原则及主要内容应得到中间商的理解和认可。

销售条件是中间商的付款条件及生产者的担保。对及时全部付清货款的中间商应给予现金折扣，生产者还应向中间商提供有关产品的质量保证和跌价保证，生产者的跌价保证能够吸引并激励中间商大量购货。

除上述条件外，生产者还应明确中间商应具有的特许权利，规定交货的时间、结算条件以及彼此为对方提供哪些服务。对于双方的义务和权利，必须十分谨慎地确定，尤其是采用特许代营或独家代理等渠道形式时，更应当明确双方的义务和责任。在确定了制造商与经销商之间的贸易组合协议之后，分销渠道的设计还应认真地研究渠道的经济成本，即比较不同渠道方案的销量及成本。

5. 评估渠道方案

分销渠道方案确定后，生产厂家就要根据各种备选方案进行评价，找出最优的渠道路线。通常评估渠道方案的标准有三个，即经济性、可控性和适应性，其中最重要的是经济性标准。

(1) 经济性标准评估主要是比较每个方案可能达到的销售额及费用水平。经济性评估可能从以下方面进行评估：第一，比较由本企业推销人员直接推销与使用销售代理商推销两种方式的销售额水平；第二，比较由本企业设立销售网点直接销售的花费与使用销售代理商的花费，看哪种方式支出的费用大。企业对上述情况进行权衡后，从中选择最佳的分销方式。

(2) 可控性标准评估是指企业对分销渠道的选择不应仅考虑短期经济效益，还应考虑分销渠道的可控性。因为分销渠道稳定与否对企业能否维持并扩大其市场份额、实现长远目标的关系重大。企业自销对渠道的控制能力最强，但由于人员推销费用较高，市场覆盖面较窄，因而不可能完全自销。利用中间商分销就应充分考虑渠道的可控性。一般说来，建立特约经销或特约代理关系的中间商较容易控制，但这种情况下中间商的销售能力对企业的影响又很大，所以应慎重决策。

(3) 适应性标准评估主要是指每一种分销渠道的建立都意味着渠道成员之间的关系将持续一段时间，不能随意更改和调整，而市场却是不断发展变化的，因而，企业在选择分销渠道时就必须充分考虑其对市场的适应性。首先是地区的适应性，在某一特定的地区建立商品的分销渠道，应与该地区的市场环境、消费水平、生活习惯等相适应；其次是时间的适应性，根据不同时间段商品的销售状况，应能采取不同的分销渠道与之相适应。

6. 选择最合适的渠道结构

通过评估几种渠道方案，选择一种或几种最合适的渠道形式，形成企业现阶段的渠道结构。

7. 选择渠道成员

根据所确定的渠道形式，选择相应的渠道成员。渠道由渠道成员组成，渠道成员的选择和确定过程就是渠道建立和形成的过程。

8.2.4 选择分销渠道模式的原则

分销渠道管理人员在选择具体的分销渠道模式时，无论出于何种考虑，从何处着手，一般都要遵循以下原则。

1. 畅通高效的原则

畅通高效的原则是渠道选择的首要原则，任何正确的渠道决策都应符合物畅其流、经济高效的要求。商品的流通时间、流通速度、流通费用是衡量分销效率的重要标志。畅通的分销渠道应以消费者需求为导向，将产品尽快、尽好、尽早地通过最短的路线，以尽可能优惠的价格送达消费者方便购买的地点。畅通高效的分销渠道模式，不仅要让消费者在适当的地点、时间，以合理的价格买到满意的商品，而且应努力提高企业的分销效率，争取降低分销费用，以尽可能低的分销成本获得最大的经济效益，赢得竞争的时间和价格优势。

2. 覆盖适度的原则

企业在选择分销渠道模式时，仅仅考虑加快速度、降低费用是不够的，还应考虑及时准确地送达的商品能不能销售出去，是否有较高的市场占有率足以覆盖目标市场。因此，不能一味强调降低分销成本，这样可能导致销售量下降、市场覆盖率不足的后果。成本的降低应是规模效应和速度效应综合作用的结果。在分销渠道模式的选择中，也应避免扩张过度，分布范围过宽、过广，以免造成沟通和服务的困难，导致无法控制和管理目标市场。

3. 稳定可控的原则

企业的分销渠道模式一经确定，便需花费相当大的人力、物力、财力去建立和巩固，整个过程往往是复杂而缓慢的。因此，企业一般不会轻易更换渠道成员，更不会随意转换渠道模式。只有保持渠道的相对稳定，才能进一步提高渠道的效益。畅通有序、覆盖适度是分销渠道稳固的基础。

由于影响分销渠道的各个因素总是在不断变化，一些原来固有的分销渠道难免会出现某些不合理的问题。这时，就需要分销渠道具有一定的调整功能，以适应市场的新情况、新变化，保持渠道的适应力和生命力。渠道调整时，应综合考虑各个因素的协调，使渠道始终都在可控制的范围内保持基本的稳定状态。

4. 协调平衡的原则

企业在选择、管理分销渠道时，不能只追求自身的效益最大化而忽略其他渠道成员的局部利益，应合理分配各个成员间的利益。

渠道成员之间合作、冲突、竞争的关系，要求渠道的管理者对此有一定的控制能力。渠道管理者需统一、协调、有效地引导渠道成员充分合作，鼓励渠道成员之间有益的竞争，解决矛盾并减少冲突发生的可能性，确保总体目标的实现。

5. 发挥优势的原则

企业在选择分销渠道模式时，为了争取在竞争中处于优势地位，要注意发挥自己各个方面的优势，将分销渠道模式的设计与企业的产品策略、价格策略、促销策略结合起来，增强营销组合的整体优势。

8.2.5　分销渠道管理

1. 分销渠道管理的含义

分销渠道管理是指企业通过计划、组织、激励、控制等环节来协调与整合分销渠道中所有参与者的工作活动，与渠道成员合作，以有效实现分销目标的管理活动。这一概念有以下几个要点：

(1) 渠道管理的目的是让整个渠道的运行过程更加富有成效。

(2) 渠道管理的对象是营销渠道中的所有参与者，既可能是企业内部的员工或外设机构，也可能是其他企业或个人。

(3) 渠道管理的内容是营销渠道的各种功能流。

(4) 渠道管理的主要措施是计划、组织、激励和控制。

2. 分销渠道管理的内容

分销渠道管理的内容主要包括：选择中间商、激励和扶持渠道成员、渠道成员的评估和调整。

(1) 选择中间商。

制造商在选择中间商时可能遇到两种情况：一是可以毫不费力地找到理想的中间商，使其加入自己的渠道系统；二是需要花大力气才能找到。无论是哪种情况，制造商都要根据相关指标对中间商的经营时间、成长记录、财务能力、合作态度、信誉等进行评价，从中筛选出合格的合作者。如果中间商是代理商，还需要考察其经销的其他产品大类的数量和性质、推销人员的素质与数量等。如果中间商是独家代理商，还需要评估其商店的位置、未来的发展潜力及顾客的主要类型。当然，制造商与中间商的合作是一个双向选择过程，强势中间商往往在这一过程中处于主动地位，此时，制造商必须努力让中间商对自己产品的竞争优势有正确的认识。

(2) 激励和扶持渠道成员。

中间商能否与企业开展良好的合作，取决于企业能否进行有效的激励和扶持，即能否对中间商进行必要的指导与鼓励。企业应该学会换位思考，不能只从自己的角度出发看问题。为了保证中间商努力扩大对本企业产品的销售，不断提高业务水平，必须对其进行激励与扶持。

对中间商的激励首先体现在向其提供价廉物美、适销对路的产品，为中间商的销售打下良好的基础。只有经销畅销商品，中间商才能加速资金周转，增加企业盈利。因此，提供适销对路的优质产品就是对中间商最好的激励。

对中间商激励的另一种方式是合理分配利润。企业与中间商在一定程度上是一种利益共同体，因而必须"风险共担、利益均沾"，这就要求企业合理分配双方利润，否则中间商就没有销售积极性。因此，对中间商要视其情况采取"胡萝卜加大棒"的政策。对销售指标完成得好的中间商可给予较高的折扣率，提供一些特殊优惠，还可以发放奖金或给予广告补助、促销津贴等；若中间商未完成应有的渠道责任，则对其进行制裁，可降低折扣、放慢交货甚至终止关系。

做必要让步也是激励中间商的方法之一。这要求企业了解中间商的经营目标和需要，在必要时作一些让步，满足中间商的某些要求，以鼓励中间商努力经营。

对中间商的扶持主要体现在资金、信息、广告宣传和经营管理等方面。资金方面，可适当延长中间商的付款期限，放宽信用条件，以解决其资金不足的困难；信息帮助是指将企业了解的市场信息和产品信息等及时传递给中间商，为其扩大产品销售提供信息方面的依据；广告宣传帮助主要包括帮助中间商策划当地的促销活动，并提供广告津贴、陈列经费、宣传品等；经营管理帮助是指生产企业通过帮助中间商搞好经营管理，从而扩大本企业产品的销售。

知识链接

渠 道 权 力

渠道权力(Channel Power)是指制造商改变渠道成员行为的能力，促使渠道成员采取本不会采取的行动。渠道权力具体包括：

- 强制力。制造商威胁中间商，如不合作则收回资源或中止关系。该方式往往效果明显，但易导致中间商的不满或对抗。
- 报酬力。当中间商开展特定活动或执行特定功能时，制造商给予其额外利益。
- 法律力。制造商依据合同规定，要求中间商实施某一行为。一旦中间商认为制造商在法律方面占据主导地位，法律力的效果就会显现。
- 专业力。制造商拥有中间商认为有价值的特殊知识、经验或技能。
- 参照力。对于卓越的制造商，中间商都会以与之合作为荣。因此，制造商要发挥参照力，就要不断提升自身的市场地位和影响力。

(资料来源：菲利普·科特勒. 营销管理. 14 版(全球版). 北京：中国人民大学出版社，2012：465.)

(3) 渠道成员的评估和调整。

① 对中间商的评估。企业在对中间商进行激励、扶持的同时，还应定期评估他们的绩效。评估中间商绩效的主要方法有两种：第一种方法是将每个中间商的销售绩效与上期相比，并以整个群体的升降百分比作为评价标准，对低于该群体平均水平的中间商，必须加强评估和激励；第二种方法是将各中间商的绩效与根据该地区的销售潜量分析所设定的销售配额相比，即根据中间商的实际销售额与销售配额的比率，将各中间商排列名次，对排名靠后或比率未达既定目标者加强评估与激励。

② 分销渠道的调整。市场营销环境是不断发展变化的，原先的分销渠道运作一段时间后，可能已不适应市场变化的要求，必须进行相应调整。对于绩效欠佳且在一定时期内未能改进的中间商，企业应及时进行调整。菲利普·科特勒曾经说过："精明的公司会在产品生命周期过程中不断地变化他们的渠道。"一般来说，对分销渠道的调整有三个不同层次。

第一，增减分销渠道中的个别中间商。由于个别中间商的经营不善而造成市场占有率下降，影响到整个渠道效益时，可以考虑对其进行削减，以便集中力量帮助其他中间商搞好工作，同时可重新寻找几个中间商替补。市场占有率的下降，有时可能是由于竞争对手分销渠道扩大而造成的，这就需要考虑增加中间商数量。

第二，增减某一个分销渠道。当生产企业通过增减个别中间商不能解决根本问题时，就要考虑增减某一分销渠道。

第三，调整整个分销渠道。这是渠道调整中最复杂、难度最大的一类，因为它要改变企业的整个渠道策略，而不只是在原有基础上缝缝补补。如放弃原先的直销模式，而采用代理商进行销售；或者建立自己的分销机构，取代原先的间接渠道。这种调整不仅是渠道策略的彻底改变，而且产品策略、价格策略、促销策略也必须作相应调整，以期和新的分销系统相适应。总之，分销渠道是否需要调整及如何调整，都取决于其整体分销效率。因此，不论进行哪一层次的调整，都必须做经济效益分析，看销售能否增加，分销效率能否提高，以此鉴定调整的必要性和效果。

3. 渠道冲突管理

渠道冲突是指因分销渠道中的某成员将另一成员视为对手，并对其加以伤害、设法阻挠或损害其利益以获得稀有资源而产生的矛盾。

渠道冲突与渠道竞争不同，后者是一种间接的、不受个人情感因素影响的、以目标为中心的行为，前者是一种直接的、受个人情感因素影响的、以对手为中心的行为。

(1) 渠道冲突的主要表现形式。

① 水平冲突，即某一企业的渠道系统中处于同一层次的中间商之间的矛盾。水平冲突往往发生在划分区域的分销渠道系统中。

② 垂直冲突，即发生在某一企业渠道系统中不同层次的中间商之间的矛盾。

③ 多渠道冲突，即制造商使用一个或多个渠道类型向同一目标市场分销时，不同渠道之间发生的矛盾。比如，某企业在某一城市原来只有独家代理商，现在增加了百货店、超市两种分销渠道，就可能引发原代理商与新渠道的矛盾。

在渠道管理实践中，渠道冲突多表现为水平冲突和垂直冲突。水平冲突中的"越区销售"是最主要的，也是最经常发生的冲突。

(2) 渠道冲突产生的原因。

① 渠道成员目标不一致。每个渠道成员都是一个独立的法人实体，都有各自独立的利益目标。这些目标有时是相同的，有时则完全不同，因而可能引发渠道成员间的矛盾。

② 定位、角色、领域不协调。当渠道成员在定位、角色、领域等方面没有达成共识或认识模棱两可时，就会导致渠道成员之间的冲突。比如，当渠道成员在整个渠道系统中的经营范围不明确，或者业务领域有重叠时，就会出现成员间为争夺资源而发生的冲突。这种冲突常表现为跨区低价销售(窜货)、直接的价格战和促销战，甚至发生正面冲突。

③ 沟通不畅。制造商的分销渠道成员是一个利益系统中的组成部分，为了共同的利益应该经常进行沟通。当渠道成员之间缺乏沟通、沟通不及时或沟通受阻时，都会导致成员间因不能及时互通信息或交换意见而产生误解或分歧。制造商与中间商之间，各中间商之间都应进行必要的沟通。

④ 经营理念有差异。分销渠道中的成员在规模、实力、市场地位、企业战略、经营目标等方面可能有很大的差异，因而各自分销目标的设计不可能完全相同。比如，实力强的中间商期待扩张，小企业则安于现状。经营理念的差异会导致分销渠道成员具体的战略与策略有所不同，以致发生渠道冲突。

(3) 渠道冲突管理。

渠道冲突是生产企业渠道管理中最常遇到的问题，制造商应通过以下方法化解冲突。

① 加强成员间的沟通，建立成员意见反馈通道和处理机制，将冲突尽可能化解在萌芽时期。

② 签署合作协议，即渠道成员以某种方式签署一项达成共同基本目标的协议，内容可能涉及市场份额、顾客满意、竞争手段等，以此相互约束，减少冲突。

③ 发生冲突后，制造商可以利用自己在分销渠道中的领导地位进行劝说，也可以为渠道成员搭建谈判平台。

④ 利用第三方力量解决冲突。如果冲突是长期性的，或者矛盾十分尖锐，则必须经过协商、调解或仲裁等方式加以解决。

当上述办法难以奏效时，合作关系通常难以继续维持，最终某个或多个中间商会退出渠道系统。渠道冲突管理的目的就是尽可能减少这类现象的发生。

 小贴士

窜　货

定义：

窜货是指经销商置经销协议和制造商长期利益于不顾，进行产品跨地区降价销售。

类型：

按照性质不同，可将窜货分为以下三类。

(1) 恶性窜货，即经销商为了牟取非正常利润，蓄意向非辖区倾销货物。

(2) 自然性窜货，一般发生在辖区临界处或物流过程，非供销商恶意所为。

(3) 良性窜货，即经销商流通性很强，货物经常流向非目标市场。

按照市场不同，也可将窜货分为以下三类：

(1) 同一市场内部的窜货——甲乙互相倒货。

(2) 不同市场之间的窜货——两个同一级别的总经销之间相互倒货。

(3) 交叉市场之间的窜货——经销区域重叠。

原因：

(1) 多拿回扣，抢占市场。

(2) 供货商给予中间商的优惠政策不同。

(3) 供应商对中间商的销货情况把握不准。

(4) 辖区销货不畅，造成积压，厂家又不予退货，经销商只好拿到畅销市场销售。

(5) 运输成本不同——自己提货，成本较低，有窜货空间。

(6) 厂家规定的销售任务过高，迫使经销商去窜货。

(7) 市场报复，目的是恶意破坏对方市场。

危害：

(1) 一旦价格混乱，将使中间商利润受损，导致中间商对厂家不信任，对经销其产品失去信心，直至拒售。

(2) 供应商对假货和窜货现象监控不力，地区差价悬殊，使消费者怕假货、怕吃亏上当而不敢问津。

(3) 损害品牌形象，使先期投入无法得到合理的回报。

(4) 竞争对手会乘虚而入，取而代之。

（资料来源：百度百科 http://baike.baidu.com/view/548168.htm）

8.2.6 客户关系管理

1. 客户关系管理的含义和内容

客户关系管理是企业为赢得顾客的高度满意，建立起与客户的长期良好关系所开展的工作，主要包括以下几方面的内容。

(1) 顾客分析。主要分析谁是企业的顾客，顾客的基本类型，个人购买者、中间商、制造商客户的不同需求特征和购买行为，并在此基础上分析顾客差异对企业利润的影响等问题。

(2) 企业对顾客的承诺。承诺的目的在于明确企业为客户提供什么样的产品和服务。承诺的宗旨是使顾客满意。

(3) 客户信息交流。这是一种双向的信息系统，其主要功能是实现双方的互相联系、互相影响。

(4) 以良好的关系留住客户。首先需要良好的基础，即取得顾客的信任；同时要区别不同类型的客户关系及其特征，并经常进行客户关系情况分析，评价关系的质量，采取有效措施；还可以通过建立顾客组织等途径，保持企业与客户的长期稳定关系。

(5) 客户反馈管理。反馈管理的目的在于衡量企业承诺目标实现的程度，及时发现服务顾客过程中的问题等。

2. 客户关系管理的功能

(1) 企业的客户可通过电话、传真、网络等访问企业，进行业务往来。

(2) 任何与客户打交道的员工都能全面了解客户关系，根据客户需求进行交易，了解如何对客户进行纵向和横向销售，记录自己获得的客户信息。

(3) 能对市场活动进行规划、评估，对整个活动进行全方位的透视。

(4) 能够对各种销售活动进行追踪。

(5) 系统用户可不受地域限制，随时访问企业的业务处理系统，获得客户所需信息。

(6) 拥有对市场活动、销售活动的分析能力。

(7) 能够从不同角度提供成本、利润、生产率、风险率等信息，并对客户、产品、职能部门、地理区域等进行多维分析。CRM 通过管理与客户的互动，努力减少销售环节，降低销售成本，发现新市场和渠道，提高客户价值、客户满意度、客户利润贡献度、客户忠诚度，实现最终效益的提高。

要实施好客户关系管理，主要应做好以下工作。

首先，要做好客户信息的收集。为了控制资金回收，必须考核客户的信誉，对每个客户建立信用记录，规定销售限额。对新老客户、长期或临时客户的优惠条件应有所不同。因此，应建立客户主文件。客户主文件一般应包括客户原始记录、统计分析资料、企业投入记录等内容。

第二，企业必须了解客户的需求。通过建立一种以实时的客户信息进行商业活动的方式，将客户信息和服务融入到企业的运营中去，从而有效地在企业内部传递客户信息，尤其是在销售部门和生产部门之间。

第三，获知客户的喜好和需要并采取适当行动，建立并保持顾客的忠诚度。如果企业与顾客保持广泛、密切的联系，价格将不再是最主要的竞争手段，竞争者也很难破坏企业与客户间的关系。通过提供超过客户期望值的服务，可将企业极力争取的客户发展为忠实客户。大家都知道，争取新客户的成本要远远超过保留老客户。

总之，客户关系管理这样一个跨知识管理、业务运作和电子商务等系统的融合概念，正在变革广大企业的营销观念，正在改善企业与客户之间的关系，提高企业的竞争力。

8.2.7　可供企业选择的分销渠道策略

1. 分销渠道"长度"策略

分销渠道的选择首先要设计分销渠道"长度"，就是确定渠道环节的多少，即对长渠道与短渠道进行选择，也称为分销渠道模式的选择。"长""短"渠道选择要受到产品、市场、中间商、厂商自身、环境等因素制约。从生产者观点看，渠道环节越多，控制就越困难，所以要尽量减少不必要的环节，宜选择短渠道。但也要视具体的情况来定，对有些企业、有些产品来说，选择长渠道也有其客观必然性。对一个企业来说，渠道的选择可以是一种模式，也可以是多种模式，但在多种分销渠道模式中要确定主要的分销渠道模式。

2. 分销渠道"宽度"策略

分销渠道的选择还涉及分销渠道"宽度"，就是确定分销面的大小，即宽渠道和窄渠道的选择。

在进行中间商数目多少的选择中，根据产品、市场、中间商、企业的具体情况，可以采用三种分销策略，即密集式分销、选择性分销、独家分销策略。

3. 分销渠道"成员"策略

有三种分销渠道模式都是以中间商作为中介的。这些中间商，无论是零售商，还是批发商和代理商，在产品销售中都有各自的优势和劣势，生产商应选择最有优势的渠道成员进行合作。

在选择渠道成员时，需要对他们进行评估。评估的具体因素有：合法经营资格；目标市场定位；地理位置；营销策略；销售能力；服务水平；储运能力；财务状况；企业形象；管理水平。企业应根据最优化原则，选择最有实力、最善于销售、最守信誉的中间商，作为自己的合作伙伴，本着双赢的原则把分销渠道落在实处。

8.3　中　间　商

中间商是商品从生产领域转移到消费领域的过程中，参与商品交易活动的专业化经营的个人和组织。中间商按其在流通中的地位和作用，可分为批发商和零售商。零售是指把商品或服务直接销售给最终消费者，供消费者个人的、非商业性使用的整个过程中的一切活动。批发是指把商品或服务销售给那些为了再次出售或商业使用的单位或个人所进行的一切活动。

8.3.1 中间商的作用

在中间商出现之前，商品以简单商品流通形式流通，即生产者将商品直接销售给消费者。随着社会分工的发展，在生产者和消费者之间出现了专门帮助商品从生产领域转移到消费领域的中间商。中间商的出现，对促进商品生产和流通的发展起了重要的作用。中间商在销售渠道中所发挥的作用主要表现在以下几方面：

1. 促进生产者扩大生产和销售

中间商的出现，使生产企业将其优势和实力集中于生产之上，能有效地实现企业的经营目标；中间商的专业化购销活动帮助生产者扩大了产品销售量，也扩大了产品市场。

2. 协调生产与需求之间的矛盾

专业化生产者生产的商品一般种类不多，数量很大，消费者需要的商品却种类繁多，数量很小。中间商可以面向许多生产者购进商品，再将商品汇集在一起向消费者供应，从品种、数量、时间、地点等方面为生产者和消费者之间的交换排除了障碍，从而较好地解决了生产与需求的矛盾。

3. 方便消费者购买商品

居于中间环节的中间商，能够充分利用专职销售的优势，针对消费者的需求组织货源，在很大程度上满足消费者对商品多种多样的需要。同时，中间商通过对商品的宣传推广，使消费者了解商品的性能、特点和使用方法等商品知识和信息，起到了指导消费的作用。

8.3.2 批发商

批发商是把商品出售给那些为转卖而购买商品的零售商和批发商的中间商。批发商的交易对象除了零售商和其他批发商外，还有进行大宗购买的企业、机构、团体等客户。一般来说，批发商在销售渠道中居于起点阶段和中间阶段，它向生产企业购进商品，向零售商批销商品，其交易业务活动结束以后，商品仍在销售渠道中。批发商从事的是大宗的商品买卖活动，每次的交易量比较大，其通常按经营规模的大小相应集中在大城市或中小城市。

1. 批发商的基本职能

批发商处于商品流通起点和中间阶段，交易对象是生产企业和零售商，一方面它向生产企业购进商品，另一方面它又向零售商业批销商品，并且是按批发价格经营大宗商品。批发商的业务活动结束后，产品仍处于流通领域中，并不直接服务于最终消费者。批发商是产品流通的大动脉，是关键性的环节，它是连接生产企业和商业零售企业的枢纽，是调节商品供求的蓄水池，是沟通产需的重要桥梁，对企业改善经营管理及提高经济效益、满足市场需求、稳定市场具有重要作用。

(1) 销售更具效果。批发商销售力量使生产商能够以较小的成本接触更多的中小客户。由于批发商接触面比较广，常常比生产商得到更多买方的信任。

(2) 有效集散产品。批发商通过广泛地接触不同生产商，可以高效率地采购、配置多种产品，并迅速把产品供应给零售商和生产企业，提高顾客的采购效率。

（3）产品储存保证。批发商备有相当数量的库存，减少了生产商和零售商的仓储成本与风险。

（4）提供运输保证。由于批发商备有充分的库存，可以迅速发货，并提供相关的运输服务保证。

（5）帮助资金融通。可以为顾客提供便利的财务条件，如准许赊账，还可以为供应商提供供货等方面的资金保证。

（6）承担市场风险。批发商购进产品后，便承担了经济风险，如生产供求和价格变动带来的风险，产品运输和保管中的风险，预购和赊账中的呆账风险。

（7）沟通产销信息。向供应商和顾客提供有关竞争者的产品、服务及价格变化等方面的信息。

（8）为零售商服务。经常帮助零售商改进经营管理，如培训销售人员，帮助零售商建立会计和存货控制系统。

2. 批发商的类型

按照批发商在进行商品交易时是否拥有所有权，可以将其分为经销商和代理商；按照批发商提供服务的范围和程度，可以将其分为提供完全服务和有限服务两种批发商类型。所谓完全服务是指批发商提供诸如存货、顾客信贷以及协助管理等服务；而有限服务则是指批发商对其供应者和顾客只提供部分或极少的服务。在此，我们主要按照所有权的拥有与否来对批发商进行分类。批发商主要有三种类型：商人批发商、经纪人和代理商、制造商销售办事处。

（1）商人批发商。

商人批发商是指自己进货，取得产品所有权后再批发出售的商业企业，也就是人们通常所说的独立批发商。商人批发商是批发商的最主要的类型。其按职能和提供的服务是否完全来分类，可分为完全服务批发商和有限服务批发商。

① 完全服务批发商。这类批发商执行批发商的全部职能，他们提供的服务主要有保持存货，雇用固定的销售人员，提供信贷，送货和协助管理等。他们分为批发商人和工业分销商两种。批发商人主要是向零售商销售，并提供广泛的服务；工业分销商向制造商而不是向零售商销售产品。

② 有限服务批发商。这类批发商为了减少成本费用，降低批发价格，往往只执行一部分服务。有限服务批发商的主要类型有现购自运批发商、承销批发商、卡车批发商、托售批发商、邮购批发商、农场主合作社等。

（2）经纪人和代理商。

经纪人和代理商是从事购买或销售，或二者兼备的洽商工作，但不取得产品所有权的商业单位。与商人批发商不同的是，他们对其经营的产品没有所有权，所提供的服务比有限服务商人批发商还少，其主要职能在于促成产品的交易，借此赚取佣金作为报酬。与商人批发商相似的是，他们通常专注于某些产品种类或某些顾客群。

经纪人和代理商主要分为以下几种：

① 产品经纪人。经纪人的主要作用是为买卖双方牵线搭桥，协助他们进行谈判，买卖达成后向雇用方收取费用。他们并不持有存货，也不参与融资或风险。

②　制造商代表。制造商代表比其他代理批发商的人数更多。他们代表两个或若干个互补的产品线的制造商,分别和每个制造商签订有关定价政策、销售区域、订单处理程序、送货服务和各种保证以及佣金比例等方面的正式书面合同。他们了解每个制造商的产品线,并利用其广泛的关系来销售制造商的产品。制造商代表常被用在服饰、家具和电气产品等产品线上。大多数制造商代表都是小型企业,雇用的销售人员虽少,但都极为干练。那些无力为自己雇用外勤销售人员的小公司往往雇用代理商。另外,某些大公司也利用代理商开拓新市场,或者在那些难以雇用专职销售人员的地区雇用代理商作为其代表。

③　销售代理商。销售代理商是在签订合同的基础上,为委托人销售某些特定产品或全部产品的代理商,其对价格、条款及其他交易条件可全权处理。这种代理商在纺织、木材、某些金属产品、某些食品、服装等行业中常见。在这些行业,市场竞争非常激烈,产品销路对企业的生存至关重要。

④　采购代理商。采购代理商一般与顾客有长期关系,代他们进行采购,往往负责为其收货、验货、储运,并将物品运交买主。例如服饰市场的常驻采购员,他们为小城市的零售商采购适销的服饰产品。他们消息灵通,可向客户提供有用的市场信息,而且还能以最低价格买到好的物品。

⑤　佣金商。佣金商又称佣金行,是指对产品实体具有控制力并参与产品销售协商的代理商。大多数佣金商从事农产品的代销业务,农场主将其生产的农产品委托佣金商代销,并付给其一定佣金。委托人和佣金商的业务一般只包括一个收获和销售季节。例如,菜农与设在某大城市中央批发市场的佣金行签订一个协议,当蔬菜收获和上市时,菜农就随时将蔬菜运送给佣金行委托其全权代销。佣金行通常备有仓库,替委托人储存、保管物品。此外,佣金商还执行替委托人发现潜在买主、获得最好价格、分等、再打包、送货、给委托人和购买者以商业信用(即预付货款和赊销)、提供市场信息等职能。佣金商对农场主委托代销的物品通常有较大的经营权力,他们收到农场主运来的物品以后,有权不经过委托人同意,以自己的名义按照当时可能获得的最好价格出售物品。因为这种佣金商经营的产品是蔬菜、水果等易腐产品,必须因时制宜,尽早脱手。佣金商卖出物品后,扣除佣金和其他费用,即将余款汇给委托人。

(3) 制造商销售分店和销售办事处。

批发的第三种形式是由买方或卖方自行经营批发业务,而不通过独立的批发商进行。这种批发业务可分为以下两种类型:

①　销售分店和销售办事处。生产者往往会设立自己的销售分店和销售办事处,以改进其存货控制、销售和促销业务。销售分店持有自己的存货,大多数经营木材和自动设备零件等。销售分店不持有存货,在织物制品和针线杂货业最为突出。

②　采购办事处。许多零售商会在大城市设立采购办事处,这些办事处的作用与经纪人或代理商相似,但却是买方组织的一个组成部分。

21 世纪,随着市场经济的发展,批发业将主要通过兼并、合并和地区扩张来实现持续发展。地区扩张要求分销商懂得如何在更广泛和更复杂的地区内有效地竞争。电脑系统的使用和日益推广,将有助于批发商在这方面开展业务。批发商在扩大其地区范围时,将越来越多地雇用外部公共或私人运输工具来运送产品,外国公司在分销方面所起的作用将有所加强。最后,对批发业主管人员和管理人员进行培训的工作也将主要由行业协会来承担。

8.3.3　零售商

零售商是将商品销售给为个人或家庭使用而购买的最终消费者的中间商，其服务对象是众多的消费者。在分销渠道中，零售商居于终点阶段，其从生产者或批发商那里小批量购进，再直接向消费者零星、多品种销售，且每次销售的量小，交易频繁，在交易过程中或结束后还要向购买者提供相应的销售服务。

1. 零售商的行业特征

(1) 终端服务。零售商面对的终端顾客每次购买数量小，要求商品档次、花色品种齐全，提供购买与消费的方便服务。零售经营者为此通常要多品种小批量进货，以加快销售过程，提高资金的周转率。这就形成了零售商少量多次进货、低库存和重视现场促销服务的经营特点。

(2) 业态多元。为解决顾客需求多样、快速变化与零售经营规模效益之间的矛盾，适应不同消费者群体需要，零售业的经营方式(即零售业态)呈现多元化特点。如商店就有百货商店、超级市场、专业商店、连锁商店、折扣商店、便利店和杂货店等各具特色的多种业态，而且还在不断创新。

(3) 销售地域范围小。与批发销售不同，零售商的顾客主要是营业点附近的居民和流动人口。因此，零售经营地点的选择(零售选点)就成为决定经营成败的一个关键。这是零售商经营的重要特点。

(4) 竞争激烈。与其他行业相比，零售业者之间的竞争显得更为直接、剧烈，手法也更加多样。如为了适应顾客的随意性购买及零售市场竞争，零售商千方百计整饰销售现场及周边环境，加强商店整体设计和形象宣传；为了吸引并留住顾客，零售商不断强化特色定位，纷纷对商店位置、营业时间、商品结构、服务项目、广告宣传、促销手段等各种因素进行综合战略策划，实施差异化营销。

2. 零售商的类型

第一，店铺零售商。

(1) 百货商店。百货商店是指综合各类商品品种的零售商店，是比较传统的零售商店形式。百货商店的商品种类齐全，客流量大，资金雄厚，人才齐全，重视商誉和企业形象，注重购物环境和商品陈列。经营的商品主要是优质、时髦、高档商品和名牌货，其价格也高于一般的超级市场(约高出 10%～20%)，经营的目标顾客是中产及中产以上阶层。随着新的零售商店形式的不断出现，加上交通拥挤、停车困难、城市中心商业区的衰退，百货商店面临严峻挑战，其优势正在日益弱化。

(2) 专业商店。专业商店是指专门经营某一类商品或某一类商品中的某一品牌的商店。专业商店的产品线比较窄，但规格式样品种齐全，一般以经营的主要商品类别为店名招牌，突出"专"，如服装商店、五金商店、饮食商店等。这种商店的专业化程度可以非常高，如专营纽扣的商店、专营婚纱的商店。专业商店的特点有：品种齐全；经营富有特色、个性；专业性强。这种超级专用品商店将会随着细分，市场的再细分以及目标市场的再发展，而更加完善和成熟。

(3) 超级市场。超级市场是以主、副食及家庭日用商品为主要经营范围，实行敞开式售货，顾客自我服务的零售商店。被誉为商业上第二次革命的超级市场，出现于 1930 年的美国纽约。为了满足消费者需要和低成本竞争的要求，超级市场越来越向多品种发展，一般拥有商品 2 万种以上，多选供中低档商品，但包装精美、说明详细，以便吸引顾客和代替售货员讲解。当前，超级市场作为零售业态的主力类型，呈现快速发展态势。

超级市场的特点有：实行自我服务和一次性集中结算的售货方式；规模庞大，薄利多销，商品周转快；商品包装规格化、条码化，明码标价，并注有商品的质量和重量；对购买量大的顾客实行折扣优惠，并开辟大型停车场和购物小推车，便于购买者把货物运至自己的车上；有的还出售本商场的定牌商品，以扩大声誉，加强竞争力。早期超级市场以销售食品和少量杂货为主。超级市场的产品十分注重包装，因为它要代替营业员介绍产品名称、用途、用法及特点，称为"无声的售货员"。

(4) 便利商店。便利商店是一种以经营最基本的日常消费用品为主，规模相对较小，接近居民生活区的小型商店。便利商店的特点有：营业时间长，以经营方便品、应急品等周转快的商品为主，并提供优质服务，如饮料、食品、日用杂品、报纸杂志、快递服务等；商品品种有限，价格较高，但因方便，所以仍受消费者欢迎。

(5) 商业街。商业街是由经营同类或异类商品的多家独立零售商店集合在一个地区，形成的零售商店集中区。另外，也有具有购物、休闲、娱乐综合功能的商业街。

(6) 购物中心。购物中心是由零售商店及其相应设施组成的商店群体。购物中心被作为一个整体进行开发和管理，通常包括一个或多个大的核心商店，并有许多小的商店环绕其中，有庞大的停车场设施，顾客购物来去方便。购物中心占地面积大，一般在十几万平方米，其主要特征是容纳了众多各种类型的商店、快餐店、餐饮店、美容店、娱乐设施、健身中心、休闲中心，功能齐全，是一种超巨型的商业零售模式。

(7) 折扣商店。折扣商店是以低价、薄利多销的方式销售商品的商店，也是一种百货公司。折扣商店是第二次世界大战后在美国出现的一种有影响力的零售商店，因其价格具有吸引力，深受消费者喜爱。折扣商店的特点有：设在租金便宜但交通便利的地段；经营商品品种齐全，多为知名度高的品牌；设施投入少，尽量降低费用；实行自助式售货，提供的服务很少。

当前，折扣商店之间、折扣商店与百货商店之间的竞争越来越激烈，导致两者都在向对方靠拢，其间的差距越来越少。

(8) 仓储商店。仓储商店是一种以大批量、低成本、低售价和微利多销的方式经营的连锁式零售企业，也是 20 世纪 90 年代后期才在我国出现的一种零售商类型。仓储商店的特点是：位于郊区低租金地区；建筑物装修简单，货仓面积很大，一般不低于 1 万平方米；以零售的方式运作批发，又称量贩商店；产品价格低廉、服务有限，商品既有家具等体积较大、比较笨重的用品，也有各种日常生活用品等；商品价格比一般商店便宜 10%～20%；通常采取会员制销售来锁定顾客。

(9) 样本目录陈列商店。样本目录陈列商店是将商品样本陈列在店堂内，大部是价值大、毛利高、周转快的商品，如珠宝、首饰、摄影器材等，同时印制精美逼真的商品目录提供给消费者。目录中附有每种商品的价格、货号、折扣数，顾客可打电话订货，商店可送货上门并收取货款和运费，也可亲自去商店看样选购。

第二，无店铺零售商。

(1) 直接销售。直接销售主要有挨门挨户推销、逐个办公室推销和举办家庭销售会推销等形式。由于需要支付雇用、训练、管理和激励销售人员的费用，因而直接销售的成本费用很高。目前，直接销售所存在的问题已经引起很多人对这种销售方式的反感。从发展来看，除某些特定种类商品及以某些特定顾客为对象的直接销售外，一般的直接销售很可能被电子销售所代替。著名的雅芳公司就是这种销售方式的典范。

(2) 电话电视销售。这是一种比较新颖的无店铺零售形式。电话电视销售的特点是利用电话、电视作为沟通工具，向顾客传递商品信息；顾客通过电话直接订货，卖方送货上门，整个交易过程简单、迅速、方便。

(3) 自动售货。自动售货即利用自动售货机销售商品。其成本很高，因而商品的销售价格比一般水平要高 15%～20%。目前，自动销售的领域还在进一步扩展，自动售货的硬件也在不断得到完善。第二次世界大战以来，自动售货已被大量运用在多种商品上，如香烟、糖果、报纸、饮料、化妆品等。

(4) 购货服务。购货服务主要服务于学校、医院、政府机构等大单位特定用户，零售商凭购物证给该组织成员一定的价格折扣。

(5) 邮购销售。由邮购公司将商品目录、广告函件、传单等邮寄给潜在的顾客，顾客如有需要，可把订单填好寄回，并通过邮寄或银行转账等方式支付货款，邮购公司接到订单后将商品邮寄给顾客。在我国，这种方式在书籍的销售中使用得较多。

第三，联合零售。

(1) 批发联号。批发联号即中小零售商自愿参加批发商的联号，联号成员以契约作联结，明确双方的权利和义务。批发商获得了忠实客户，零售商按比例在批发联号内进货，保证了供货渠道。

(2) 零售商合作社。零售商合作社主要是由一群独立的零售商按照自愿、互利互惠原则成立的，以统一采购和联合促销为目的的联合组织。

(3) 消费合作社。消费者合作社是一种消费者自发组织、自己出资、自己拥有的零售单位。消费者合作社采用出资人投票的方式进行决策，并推选出一些人对合作社进行管理。消费者合作社可以定价较低，也可以按正常价格销售，年终根据每个人的购货数量给予顾客红利。

(4) 商店集团。商店集团是零售业的组织规模化形式，它没有固定的模式。商店集团是在一个控股公司的控制下，包括各行业的若干商店，通常采用多元化经营。

8.3.4 网络购物

1. 网络购物的含义和起源

网络购物(Shopping Online)就是通过互联网检索商品信息，并通过电子订购单发出购物请求，通过私人支票账号或信用卡以及其他支付方式付费，厂商或卖家以邮购方式发货，或者通过快递公司送货上门的一种新型购物方式。该模式中，交易双方洽谈、签约，以及货款的支付、交货通知等整个交易过程都通过网络完成。

网络购物是 20 世纪 90 年代伴随着互联网普及而产生的，发源地在美国。随着互联网用户的快速增加以及在线支付技术和物流配送体系的完善，电子商务 2003 年前后开始在全球快速发展，网络购物也开始被网络用户迅速接受，亚马逊网站和 eBay 分别是 B2C 和 C2C 的典型代表。

2. 网络购物在中国的发展

中国作为互联网领域的后起之秀，电子商务和网购发展速度快于其他地区。据市场研究机构 eMarketer 的报告显示，2011 中国电子商务零售规模达 553.7 亿美元，同比增长 103.7%，2012 年增长了 94.1%，增长速度远高于美国，同时规模也更大。在美国，电子商务约占零售业销售总额的 7%，但在中国，电子商务已占零售业销售总额的 20%～30%，在年轻购物者中，这一比例可高达 50%。中国电子商务领军企业阿里巴巴的年销售额已经超过了亚马逊和 eBay 两者的总和。之所以有现在这样的局面，原因之一是美国和欧洲等发达国家的传统零售渠道完善，网购是补偿性质的，而中国由于传统零售业不够完善，网购等电子商务具有更大的成长和发展空间。据中国互联网络信息中心发布的报告显示，截至 2016 年年底，中国网民数量达到 7.31 亿，相当于欧洲人口总量互联网普及率为 53.2%，不过截止 2016 年年底，美国互联网普及率全球最高，达到 88.5%。中国的互联网普及率为 53.2%，这也意味着网购依然大有潜力。

根据艾瑞咨询最新数据显示，2015 年中国网络购物市场交易规模为 3.8 万亿元，较 2014 年同期增长 36.2%；根据国家统计局社会消费品零售总额数据，2015 年网络购物交易规模大致占社会消费品零售总额的 12.6%，线上渗透率增长 2 个百分点。从网络购物市场结构来看，2015 年中国网络购物市场中 B2C 市场交易规模为 2.0 万亿元，在中国整体网络购物市场交易规模中的占比达到 51.9%，较 2014 年的 45.2% 提高 6.7 个百分点，年度占比首次超过 C2C；从网络购物市场份额来看，B2C 市场中天猫继续领跑 B2C 市场，京东、苏宁易购、唯品会、国美在线增长迅速，几家企业的总规模超过三成。艾瑞分析认为，2015 年度 B2C 市场占比反超 C2C 后，B2C 市场占比仍将持续增加。随着网购市场的成熟，产品品质及服务水平逐渐成为影响用户网购决策的重要原因，未来这一诉求将推动 B2C 市场继续高速发展，成为网购行业的主要推动力。而 C2C 市场具有市场体量大、品类齐全的特征，未来也仍有一定的增长空间。

前瞻产业研究院发布的《网络购物行业深度调研与投资战略规划分析报告》指出，2016 年中国网络零售交易额达 5.16 万亿元，同比增长 26.2%，是同期中国社会消费品零售总额增速的两倍有余。2016 年网络零售的渗透作用持续增强，实物商品网络零售交易额占社会消费品零售总额的比重达 12.6%，比上年同期提升了 1.8 个百分点。网络零售成为带动零售业增长的主要动力。网络零售在高速增长的同时，行业也逐步成熟。如 B2C 模式的优势逐步增强，在网络零售交易额中的占比超过 55%；母婴、生鲜、跨境、家装、时尚等领域的小型电子商务平台开展差异化竞争，培养在各自行业和客户群体中的优势；大型电子商务平台不再主打"价格战""公关战"，而是推出高品质服务，组织演艺、直播等活动，营造全行业参与的购物节氛围，使得网络促销更加规范有序。在持续推进线上线下融合方面，2016 年在零售巨头强强联盟、形成优势互补的融合模式的同时，电商平台协助商家打通线上线下渠道，实现了"线上下单、门店提货""门店下单、仓库配送"等新型零售方式，加快传统商业数字化。此外，生活服务、文化娱乐、旅游出行、教育和健康等服务消费快速增长，模式不断创新，二手闲置、共享租赁等分享经济成长迅速。据了解，2016 年

O2O 市场规模同比增长约 45%。

3. 网购的优势及其对零售实体店的影响

网上购物突破了传统商务的障碍，无论对消费者、企业还是市场都有着巨大的吸引力和影响力。首先，对于消费者来说，网购可以在家"逛商店"，订货不受时间的限制，而且从订货到货物上门无须亲临现场，既省时又省力。网购中，消费者可以获得较大量的商品信息，能够买到当地没有的商品。由于网上销售商品省去了店面租金、雇员工资及储存保管等一系列费用，价格一般较实体商场的同类商品更便宜。

其次，对于商家来说，由于网上销售没有库存压力、经营成本低、经营规模不受场地限制等，通过互联网对市场信息的及时反馈适时调整经营战略，有利于提高企业的经营效益和参与国际竞争的能力。

再次，对于整个市场经济来说，这种新型的购物模式可以在更大的范围内、更多的层面上，以更高的效率实现资源配置。

正是由于这些优势，网购的出现和发展已经对传统零售业带来一定的负面影响，侵占了部分传统渠道的市场份额，对实体店造成了冲击。目前，在全球很多国家都出现了一种称为"展厅"的现象——顾客光顾零售实体店是为了看货和咨询，然后在网上订购。在德国有 1/10 的顾客会在店里看货，然后在网上购买；在澳大利亚这个比例要高达 30%，而且"展厅"现象的存在和发展已使一些小商店倒闭，只有大型卖场才能够存活下来。目前，约 1/5 的商家都在实体店外开了网店，同时从两种销售模式中受益。

尽管如此，传统零售商具备的一些天然优势(顾客可以亲眼看到、触摸和测试新产品，有切实的购物服务，中小交易无交货延迟，提供传统的购物环境)，使得实体店还不会被线上销售完全取代。如果能适应互联网时代的变化，采取适当的措施，实体店其实可以从在线服务中获利，具体可以采取如下措施。

第一，建立互联网展厅。"实体看，网上买"确实影响到实体店的零售额，不过同时存在的"实体看，网上买"也会给商家招揽更多的顾客。在德国，网上查看商品，然后在实体店购买的销售额达到了 700 亿欧元，"实体看，网上买"的销售额仅为 60 亿欧元。

对于要获得更多零售额的商家来说，仅仅经营在线商店是不够的，还应通过互联网来吸引眼球，创造好的品牌形象，从而招揽顾客到实体店。大型网上经销商在这方面做得较好，在德国目前约有 1/5 的商家都在实体店外开了网店。

第二，提升体验式购买服务水平。除了利用互联网作为"展厅"外，传统零售商还可以提升购物体验，比如体育用品商店可以让顾客在零下 20 摄氏度的环境里感受睡袋的保暖功能，可以让顾客在特殊泳池中试划划艇，也可以修一面攀岩墙让顾客亲身体验攀岩设备。这样的购物体验是互联网经销商无法提供的，因而人们愿意为实体店较高的价格买单。

第三，制定有针对性的经营战略。对经销商而言，最关键的是要根据顾客新的购物习惯调整其经营战略。有些顾客喜欢在线咨询，在实体店购买，有些则恰恰相反；有些顾客喜欢精挑细选，货比三家；有些顾客则喜欢速战速决。零售商应当为不同习惯的购物群体提供不同的方案。

总之，电子商务和网上购物虽然给零售业带来了翻天覆地的改变，但没有必要对在线购物感到恐惧，只有那些无法适应变化的商家才会陷入困境。

8.4 供应链管理

8.4.1 供应链的含义和结构模型

1. 供应链的含义

供应链是指围绕核心企业，通过对信息流、物流、资金流的控制，从采购原材料开始，制成中间产品以及最终产品，最后由销售网络把产品送到消费者手中的将供应商、制造商、分销商、零售商及最终用户连成一个整体的功能网链结构模式。供应链是一个范围更广的企业结构模式，它包含所有加盟的节点企业，从原材料的供应开始，经过链中不同企业的制造加工、组装、分销等过程直到最终用户。供应链不仅是一条连接供应商到用户的物料链、信息链、资金链，而且是一条增值链。物料在供应链上因加工、包装、运输等过程而增加其价值，给相关企业都带来收益。

 小贴士

站在供应链巨人的肩膀上

通用电气的前 CEO 杰克·韦尔奇曾经说过："如果你在供应链运作上不具备竞争优势，就干脆不要竞争。"英国管理学者马丁·克里斯多夫(Martin Christopher)更进一步强调了供应链的重要性，他说，"市场上只有供应链而没有企业，21 世纪的竞争不是企业和企业之间的竞争，而是供应链和供应链之间的竞争。"

2. 供应链的结构模型

供应链的结构如图 8-8 所示。

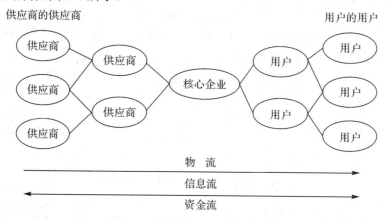

图 8-8　供应链的网链结构模型

3. 供应链的类型

(1) 根据供应链存在的稳定性分类。

根据供应链存在的稳定性不同，可分为稳定的供应链与动态的供应链。稳定的供应链是指基于相对稳定、单一的市场需求组成的稳定性较强的供应链。动态的供应链是指基于复杂的、相对变化频繁的市场需求组成的动态性较高的供应链。

(2) 根据供应链的产能与市场需求的关系分类。

根据供应链的产能与市场需求的关系来划分，可分为平衡的供应链和倾斜的供应链。平衡的供应链是指供应链所有成员企业具有一定的相对稳定的产能，在市场需求处于不断变化的过程中，都能满足市场需求的供应链。倾斜的供应链是指当市场变化加剧，供应链所有成员企业不能在最优状况下运作的供应链。要么产能不足，不能满足市场需求；要么库存增加，浪费增加，成本增加。

(3) 根据供应链的功能模式分类。

根据供应链的功能模式来划分，可分为有效性供应链和反应性供应链。有效性供应链是指体现物理功能的供应链，即以最低的成本将原材料转化为零部件、半成品、产品，以及在供应链中的运输等。反应性供应链是指体现市场中介功能的供应链，即把产品分配到满足用户需要的市场，并能对未知的需求作出快速反应。

8.4.2　供应链管理

1. 供应链管理的含义

供应链管理(Supply Chain Management，SCM)在 1985 年由 Michael E. Porter 提出。供应链管理的起点要早于实体分销，注重正确输入原材料、组件和资本设备的过程，并有效地把它们转化为制成品，分发到最终目的地，它甚至还扩展到研究企业的供应商怎样获得输入品。对供应链的分析能帮助企业辨认优秀的供应商和分销商，并帮助他们在供应链中提高生产效率，这最终将导致企业成本下降。JC 彭尼公司为我们提供了一个在 21 世纪物流、实体分销和零售供应链变化过程中的典型案例，见小案例 8-2。

随着市场竞争的加剧和理性购买者比例的提高，一家企业只有比竞争对手为顾客创造更多的价值，才可能获得竞争优势。

那么，如何创造顾客价值并将其提供给顾客呢？就是通过将原材料和其他最终顾客在特定时间、特定地点，以特定方式需要的产品和服务及时送达。这其实是个将原材料和其他生产要素转变为顾客需要的价值以及顾客愿意为此偿付的活动，虽然看起来不复杂，但实质上却包含了一连串相互关联的、由许多不同主体(供应商、生产商、零售商和顾客)参与的活动，它们构成了一个价值链。

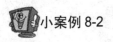　小案例 8-2

JC 彭尼公司的供应链管理

JC 彭尼公司是美国大型零售商店之一，成立于 1902 年。20 世纪 90 年代初，JC 彭尼公司完成了从连锁店到全国性百货商店的转变，1999 年开始扩张到国际零售经营领域。扩张期间，JC 彭尼的管理层做出了一个重要决定，就是将其自有品牌衬衫供应链中的大部分环节外包给香港的 TAL 服装公司。JC 彭尼的北美商店实际上没有多余的自有商标衬衫库存，如果一件衬衫被卖出，EPOS 扫描机(EPOS 系统是通过 POS 机获取用户银行卡的相关信息来进行交易的)会将这一信息直接传输到香港。TAL 的计算机会对是否向商店补充相同号码、颜色和型号的衬衫做出决定，补货衬衫不经过 JC 彭尼的仓库系统而被直接通过空运或海运运送到商店。这种方式与过去的做法有着天壤之别，过去 JC 彭尼在仓库保持 6 个月的库存，在商店则保持 3 个月的库存。通过与 TAL 更加密切地合作，JC 彭尼能够降低其库存成本，减少不得不减价处理的商品数量，能够更快地对消费者的品位和流行款式的变化做出反应。

(资料来源：沃伦·J.基根，马克·C 格林. 全球营销学. 4 版. 北京：中国人民大学出版社，2009：437.)

2. 供应链管理的作用

供应链管理对于企业有以下几个方面的作用。

(1) 降低库存量。

供应链管理可以有效地减少成员企业之间的重复工作，剔除流程的多余步骤，使供应链流程低成本、高效化。此外，通过建立公共的电子数据交换系统，既可以减少因信息交换不充分带来的信息扭曲，又可使成员企业间实现全流程无缝作业，大大提高工作效率，减少失误。

许多企业长期存在库存的不稳定性，并用一定的人力、物力准备来应付不确定性。这种不确定性既存在于物流过程中，也存在于信息流过程中。供应链管理通过对组织内部业务流程的重组，链上各成员企业建立战略合作伙伴关系，实现物资通畅，信息共享，从而有效地消除不确定性，减少各环节的库存数量和冗余人员。

(2) 为决策人员提供服务。

为决策人员提供服务的作用主要表现在以下几个方面：

① 分析供应链中的不确定因素，确定库存量，制定订货政策，优化投资。

② 评估各方案，以选择其中最有利的方案。

③ 评价不同因素对供应链运行中库存和服务政策的影响，通过协调提高整体效益。

(3) 改善企业与企业之间的关系。

供应链管理使企业与企业之间的竞争转变为供应链与供应链之间的竞争，它强调核心企业通过和其上下游企业之间建立的战略伙伴关系，使每一个企业都发挥自己的优势，达到"双赢"的目的。这一竞争方式将会改变企业的组织结构、管理机制、企业文化，以及企业与企业之间的关系。

(4) 提高服务质量，刺激消费需求。

供应链管理通过使企业内部之间协调与合作，大大缩短了产品的生产周期，把适销对路的产品及时送到消费者手中。供应链管理还使物流服务系列化，在储存、运输、流通加工等服务的基础上，新增了市场调查与预测、配送、物流咨询、教育培训。快速、优质的服务可塑造良好的企业形象，提高消费者的满意度，提高产品的市场占有率。

(5) 实现供求的良好结合。

供应链把供应商、生产商、销售商紧密结合在一起，并对它们进行协调、优化，使企业与企业之间形成和谐的关系，使产品、信息的流通渠道最短，进而可以使消费者的需求信息沿着供应链逆向反馈到销售商、生产商、供应商。它们据此做出正确的反应，并迅速地、准确地决策，保证供求的良好结合。

综上所述，供应链管理使企业与其相关企业形成了一个融会贯通的整体网络，加速产品从生产到消费的过程，缩短了产销周期，使企业可以对市场需求变化做出快速反应，大大增强供应链企业的市场竞争能力。

3. 供应链管理的内容

供应链管理可以细分为职能领域和辅助领域。职能领域主要包括产品工程、产品技术保证、采购、生产控制、库存控制、仓储管理、分销管理等。辅助领域主要包括客户服务、制造、设计工程、会计核算、人力资源、市场营销等。因此，供应链管理涉及的领域不仅仅是物料实体在供应链中的流动，还涉及以下内容。

(1) 战略性供应商和用户合作伙伴关系管理。

(2) 供应链产品需求预测和计划。

(3) 供应链的设计(全球节点企业、资源，设备等的评价、选择和定位)。

(4) 企业内部与企业之间物料供应与需求管理。

(5) 基于供应链管理的产品设计与制造管理，生产集成化计划、跟踪和控制。

(6) 基于供应链的用户服务和物流(运输、库存、包装等)管理。

(7) 企业间资金流管理(汇率、成本等问题)。

(8) 基于 Internet/Intranet 的供应链交互信息管理等。

8.4.3　供应链管理的功能模块

1. 采购管理

(1) 融入供应链管理的理念，采用"以无定购"的原则，达到减少库存、加快周转的管理目标。

(2) 采用智能订单生成技术，按照当前库存和销售计划自动计算所需要采购的商品种类和数量。

(3) 跨企业数据交换技术，实现对订单从签订、执行、物流配送到货款收付的全程跟踪。

(4) 多部门协同工作，实现采购部门、管理部门、仓库配送、财务部门等之间的全面协调。

(5) 建立完善的供应商资料和供应商评估信息，实现对供应商的分类管理和业务分权限管理。

2. 销售管理

(1) 完善的客户管理功能，具有客户分类管理、自定义业务员分区管理和客户管理授权功能。

(2) 销售商品按客户分类授权，可以根据不同类型的客户授权不同的商品和销售价格。

(3) 订单全程跟踪功能，实现对订单从签订、执行、物流配送到货款收付的全程跟踪。

(4) 全面的货款管理功能，具有应收账款查询、账款风险提示和分析等功能。

3. 生产管理

(1) 生产计划管理，根据销售计划、生产能力和物料供应情况，生成生产计划。

(2) 物料需求协同，根据生产计划生成物料需求计划和物料采购计划，通过系统与供应商协同，再根据供应商的供应能力调整生产计划。

(3) JIT 供料模式，根据生产计划和生产工艺路线生成 JIT 供料计划，使物料供应部门能够在准确的时间，把准确的物料，以准确的方式和准确的数据送到准确的工位。

4．仓库管理

(1) 规范业务流程，对来货签收、入库管理、出库管理、发货管理、库存盘点、库内移位和库间调拨进行全方位的管理。

(2) 自定义库位设置，智能分配存放库位和拣货库位，减少拣货错误，提高仓库作业效率。

(3) 强大的查询功能，可以随时准确查询商品的库存数目和存放库位，全面了解仓库的库容情况。

(4) 融合了多种物流设备接口，可以兼容普通条码、RFID 标签等采集设备和自动分拣设备。

5．库存管理

(1) 可以根据每一个商品的历史周转数据，对商品的库存上下限进行设置，以达到对不同商品库存分类管理的目标。

(2) 应用了供应链一体化的理念，实现供应链上下游之间的库存数据实时共享，随时掌握供应链每一个环节的库存情况。

(3) 用户可以有选择性地设置与供应商或者客户共享库存，灵活掌控客户关系和商业机密。

6．零售管理

(1) 完善的门店零售(POS)终端管理系统，使零售操作更加快捷、准确。

(2) 网店零售管理，每一个实体店都有一个对应的网店，实现网店和实体店同步销售。连锁零售门店实行统一配货，共享会员信息，店间库存共享，实现快速调货。

(3) 准确掌握分销渠道中每一个环节的实时库存情况，为准时配货和管理决策提供准确的数据。

7．配送管理

(1) 支持客户通过网络和电话、传真等多种方式发送托运指示。

(2) 根据不同的配送方式和线路自动生成费用清单，适应于多网点、跨区域的收发货和转运管理。

(3) 可以批量转发下家和接受同行转来的货物，并自动计算相关费用；可以创建和维护客户资料，对客户进行分类、评估。

8．财务管理

(1) 与业务系统进行全面对接，减少了操作人员多次录入的繁琐和可能产生的数据错误。

(2) 具有总账、明细分类账、现金日记账、银行日记账等完善的会计账户管理。

(3) 可以自定义设置和自动生成资产负债表、利润表、现金流量表等财务报表。

(4) 具有强大的统计分析和报表功能，为决策者提供了健全的参考数据。

9．办公管理

系统融合了创新的管理理念和先进的信息技术，为企业提高工作效率、节省运营成本、提高企业竞争力，提供了先进的管理工具，使企业快速实现规范化、无纸化、网络化和可视化的管理。

10. 企业网站

利用系统提供的多种网站模板，快速建立具有独立域名的企业网站，丰富自身宣传媒介。

11. 宣传推广

(1) 利用电子商务平台，对企业特性和服务特性进行宣传。

(2) 借助群体优势，依靠商城品牌、行业、地域便利等资源优势向客户推荐。

(3) 供应链产品质量指标是指供应链各节点企业生产的产品或零部件的质量，主要包括合格率、废品率、退货率、破损率、破损物价值等指标。

8.4.4 供应链管理常见的方法

1. 快速反应(QR)

快速反应 Quick Response(QR)是指物流企业面对多品种、小批量的买方市场，不是储备了"产品"，而是准备了各种"要素"，在用户提出要求时，能以最快速度抽取"要素"，及时"组装"，提供所需服务或产品。QR 是在美国纺织服装业发展起来的一种供应链管理方法。

2. 有效客户反应(ECR)

有效客户反应(Efficient Consumer Response，ECR)，是 1992 年从美国的食品杂货业发展起来的一种供应链管理策略。它是一个由生产厂家、批发商和零售商等供应链成员组成的，各方相互协调和合作，更好、更快并以更低的成本满足消费者需要的供应链管理解决方案。有效客户反应是以满足顾客要求和最大限度降低物流过程费用为原则，能及时做出准确反应，使提供的物品供应或服务流程最佳化的一种供应链管理战略。

3. 两者比较

1) QR 与 ECR 的差异

ECR 主要以食品行业为对象，其主要目标是降低供应链各环节的成本，提高效率 QR 主要集中在一般商品和纺织行业，其主要目标是对客户的需求作出快速反应，并快速补货。

这是因为食品杂货业与纺织服装行业经营的产品的特点不同：杂货业经营的产品多数是一些功能型产品，每一种产品的寿命相对较长(生鲜食品除外)，因而订购数量过多(或过少)的损失相对较小；纺织服装业经营的产品多属创新型产品，每一种产品的寿命相对较短，因而，订购数量过多(或过少)造成的损失相对较大。

(1) 侧重点不同。QR 侧重于缩短交货提前期，快速响应客户需求；ECR 侧重于减少和消除供应链的浪费，提高供应链运行的有效性。

(2) 管理方法的差别。QR 主要借助信息技术实现快速补发，通过联合产品开发缩短产品上市时间；ECR 除新产品快速有效引入外，还实行有效商品管理、有效促销。

(3) 适用的行业不同。QR 适用于单位价值高，季节性强，可替代性差，购买频率低的行业；ECR 适用于产品单位价值低，库存周转率高，毛利少，可替代性强，购买频率高的行业。

(4) 改革的重点不同。QR 改革的重点是补货和订货的速度，目的是最大程度消除缺货，并且只在商品需求时才去采购；ECR 改革的重点则是效率和成本。

2) 共同特征

QR 和 ECR 的共同特征表现为超越企业之间的界限，通过合作追求物流效率化，具体表现在如下三个方面：

(1) 贸易伙伴间商业信息的共享。

(2) 商品供应方进一步涉足零售业，提供高质量的物流服务。

(3) 企业间订货、发货业务全部通过 EDI 来进行，实现订货数据或出货数据的传送无纸化。

8.4.5 供应链管理的策略

供应链管理作为一种全新的企业管理模式，为广大中小企业提升核心竞争力提供了新的途径。因此，从供应链管理的角度去考虑企业的经营管理就显得尤为重要。

1. 加快人才队伍的建设，提高组织的学习能力

对于企业管理者而言，人才是成功实施供应链管理的关键因素。由于中小企业在供应链管理意识方面的滞后，导致熟悉企业生产工艺技术和企业管理知识，又懂得计算机知识和实务操作的人才在中小企业中极为缺乏。这就要求中小企业必须加快人才队伍的建设，采用引进来培养、送出去进修、加强对在职员工的培训等方式，形成一支既熟悉企业生产工艺技术和企业管理知识，又懂得计算机知识和实务操作的人才队伍，以满足企业对供应链管理人才的需求。

2. 采用基于 ASP 的第三方供应链管理平台

鉴于很多中小企业都面临着资金短缺的问题，因而中小企业管理者在实施供应链管理过程中，可以采用基于 ASP 的供应链管理平台信息系统。ASP(应用服务提供商)模式是一种较先进的供应链管理信息系统模式，采用第三方供应链管理平台，也就是核心企业与他的渠道伙伴共同利用第三方投资建设的平台实现相应的供应链管理功能。核心企业及其合作伙伴不再投资、运营和管理其实现供应链管理所需要的供应链管理平台，而是与第三方供应链管理平台服务商达成协议，通过 Internet 直接利用第三方为其提供的供应链管理软件功能，并享受第三方供应链平台服务商提供的各种服务。供应链管理系统是一项投资巨大、技术复杂的专项工作，企业管理者如果独自建立自己的供应链管理系统，则要耗费大量的人力和物力，需要付出高额的成本。而且随着企业本身业务的变化和发展，还需要不断地对这个供应链管理平台进行升级，这个费用更是难以估量。

3. 加强信息化建设

竞争日趋激烈的今天，市场、产品等竞争都离不开信息，实施供应链管理的实质是通过企业间的互补实现快速开发和制造产品，以满足市场多样化、个性化需求。但是，要达到这个目的，必须有现代信息通信技术的支持。因此，中小企业管理者应把信息化建设作为头等大事来抓，充分利用现代信息技术，促进信息在供应链各成员之间的共享。首先，强化企业管理者对信息化的紧迫感和责任感，不能认为企业规模小就无需搞信息化；其次，建立相应的组织机构，安排专人负责研究实施，做到既满足需要，又考虑到将来的升级发展，还要充分考虑到供应链各成员之间信息系统的兼容性和接口问题；最后，要进行员工信息化知识和技能的培训。

核 心 概 念

分销渠道；长(短)渠道；宽(窄)渠道；中间商；零售商；批发商；密集分销；选择分销；独家分销；渠道冲突；供应链；供应链管理

思 考 题

1. 什么是分销渠道，它有哪些作用？
2. 消费品和生产资料的分销渠道有何异同？
3. 什么是直接渠道和间接渠道，它们分别有什么优点？
4. 从分销渠道的宽窄看，有哪几种主要的分销策略？
5. 你是如何理解传统渠道与渠道系统的？
6. 企业选择销售渠道应考虑的主要因素有哪些？
7. 简述分销渠道管理中应注意的主要问题。
8. 简述批发商的主要类型。
9. 什么是供应链？如何进行供应链管理？

案 例 分 析

雅戈尔渠道变革　再谋突破

经过几年的调整，雅戈尔男装形成了自营店、百货商场、团购和特许专卖四维一体的销售渠道。其销售额占比中，自营店和百货商场分别为44%和40%，团购和特许专卖合计贡献为16%，各渠道分布呈较理想状态。

雅戈尔集团董事长李如成透露，未来两年仍将强化渠道建设及优化，加强网络店和实体店的融合，探索新的商业模式。

在电商的冲击下，2013年上半年，一轮零售业关店潮正在袭来。经营十多年的无锡大洋百货、沈阳伊势丹、石家庄大洋百货等相继撤场关店，悄然退场。

据统计，2012年全国重点大型零售企业服装销售额同比增长12.5%，比上年降低9.1个百分点，而零售量仅同比增长2.3%，比上年低2.1个百分点。两者增速均为近十年来的最低水平，传统百货业遭遇发展瓶颈，多家上市公司净利润增速同比明显下滑。

消费者购物习惯改变、电子商务渠道挤压、产业同质化及自身成本压力等因素，蚕食着服装行业的利润空间。未来的服装销售将走向何方？服装企业如何构筑合理有效的渠道结构，建立优质高效的渠道模式为自己的未来服务？

1. 渠道立体化：四维一体的多元化渠道

众所周知，服装品牌最主力的渠道是百货商场和商圈店铺，但如今竞争激烈，渠道终端也在不断发生变化。

现在的百货商场、购物中心是服饰业竞争最激烈的战场，商场聚集了众多优秀品牌，必须与风格相似的对手作近身肉搏；而商场与商场之间的竞争也日见惨烈，各商场之间及各品牌之间，常会有疯狂的促销举动，牺牲的是利润和品牌价值。

同时，近几年商铺租金、物流费、人员成本等都快速上涨，自营店的店面成本和管理成本越来越高。

在这样的生存环境之下，服装企业在渠道方面面临新的选择与考虑。

多年来，一直坚持渠道为王的雅戈尔在渠道布局方面步步为营，根据百货业的现状以及未来趋势适时调整各个渠道的结构。经历了商场与自营店"二八""五五"等不同比例的结构模式之后，在 2013 年年初的营销会议上，公司再次明确和重申：销售渠道中综合性大商场和自营店各占 40%的份额，团购和特许销售各占 10%。

四维一体的立体化渠道结构，包含了线下终端的多种形态，对品牌销售的完整实现，以及客户的互动沟通起到了相当重要的作用。

近年来，雅戈尔服装品牌保持了年均 15%~20%的增长速度。即使在内需严重下滑、服装企业大面积亏损的 2013 年上半年，雅戈尔服饰货款回收率依然取得了 6%的增长，多维度的渠道功不可没。

目前，雅戈尔遍布全国的自营专卖店达 816 家，销售额占总销售额的 44%，商场网点 1578 家，销售额占总销售额的 40%。这两个主要渠道已成为雅戈尔品牌形象的重要窗口和销售阵地，而 467 家特许加盟店以及公司总部特设的团购中心也进一步丰满了雅戈尔的销售终端。

"在中国社会转型发展需求的大背景下，雅戈尔的投资着重于品牌和渠道建设上。对内，优化产业链，推动生产企业向高端制造发展，建成内部核心企业。对外，借鉴国际化的采购方式，根据产品特点培育供应链，慢慢把供应链纳入管理范畴，不光要供方提供成品，而且还要提高他们的研发能力和信息化水平，把他们作为我们的配套企业来运行"，李如成说。

经历了"决战在终端"的市场压力之后，许多服装企业都非常清醒地意识到品牌附加值的创造越来越依靠新的内容和新的途径，突出表现在多元化的渠道实现，雅戈尔也不例外。

2. 渠道品质化："瘦身"运动&旗舰店体验

受宏观经济环境的影响，一些中小服装品牌，特别是一些以代理为主的品牌出现明显萎缩。雅戈尔借机全面"瘦身"，整合营销网络，集中优势资源对成熟市场精耕细作。在产品陈列、卖场布局等方面进行规范化、制度化管理；在沿海发达地区及中西部的省级城市，集中力量增设自营专卖店，进驻大型商场；将市场分为"三级管理"，即总公司、地区市场、城市分公司，全面提升分销功能的渠道竞争能力。

同时，雅戈尔还与香港、法国、意大利等国际设计团队进行交流与合作，以提升品牌终端形象及品牌价值。

经过连续几年的整合，雅戈尔销售终端的质量有了明显提升，2013 年一些明星店铺(专厅)的平效达到十几万元。

"瘦身"之后的雅戈尔在渠道上"有所为，有所不为"，专心经营与品牌相符的终端体系，进行集约型扩张，打造、升级旗舰店模式。

2012年10月，雅戈尔斥资4000万元重新装修，拥有近10年历史的雅戈尔中心专卖店在天一商圈重新开业。这家雅戈尔全球最大的品牌旗舰店营业面积近5000平方米，汇集旗下风格各异的五大品牌，员工素质、购物环境、陈列出样、产品设计全面升级。

雅戈尔先后在寸土寸金的宁波天一、北京东单、杭州武林以及上海外滩一号等地，开出大型旗舰店，树立起了形象统一、品牌集聚的地区销售标杆，以求在渠道经营上实现重大突破，令购物者感受品牌文化的同时尽享优质服务。

同时，这些旗舰店将更多地担负起"体验营销"的重任。

雅戈尔杭州武林旗舰店营业面积超过2000平方米，有五个品牌专厅。在成立之后的几个月里，该店就相继推出了衬衫文化节、西服文化节、裤子节以及父亲节"为父亲送衬衫"等系列活动，通过传播西服、衬衫着装文化与消费者形成互动，并在营销活动中积极注入文化和情感体验。

该店的工作人员说："文化不是干巴巴的，是有血有肉有感情的。旗舰店营造出了充满人文情怀的购物环境，让顾客在不知不觉中领略美、享受美。旗舰店购物的结果已不重要，重要的是它让消费者享受购物的过程。优质的产品、透亮的店堂、人性化的服务，使人感受到了品牌文化，进而体验一种全新的生活。"

2013年9月，在雅戈尔宁波GY品牌旗舰店举行的"你挑选，我买单"秋装新品新赏体验活动现场，一位年轻的消费者说，"参加GY的体验活动，我们寻找的是一种感觉，一种情绪上、体力上、智力上甚至精神上的共鸣。"

体验是一种新渠道之下的经济提供物，远不止是简单地感受产品和服务，而是让顾客确认价值、促成信赖后自动贴近该产品，成为忠诚的客户，而旗舰店无疑是完成这一使命的优质平台。

3. 渠道现代化：线上与线下的融合与平衡

电子商务发展到现在已经十多年了，在无电商不商务的时代，一切的改变都那么神速。2012年的中国零售业百强，首次将网上零售商列入排名，入围的八家网上零售企业的销售对百强销售增速的贡献度达到49.6%。据估测，到2015年，网络零售将达到2500亿，这其中会有多少是服装销售额，应该同样是千亿数量级的概念。

面对如此巨大的线上市场，如何进入现代化的新市场？这是很多服装品牌一直在思考和实践的问题。

2009年雅戈尔触网，试水电子商务，但不久又悄然撤回，暂时不在网络销售雅戈尔品牌服饰，以利于公司对网络零售市场进行新的布局和规划。

这种表现并不是孤例，许多线下成熟品牌与网络渠道存在排异反应，不适应的表现很多。比如品牌形象较为成熟、商务，商品不能满足网购人群的消费需求；未能成功地将线下影响力带到线上；不了解线上独特的营销方式，无法在网络树立品牌形象。

经过四年沉淀，2013年4月雅戈尔再次启动电商，借助第三方提供搭建、运营旗舰店，以及内部培训、整合营销、ERP等方面的服务，在包括天猫、京东等各大电商平台铺货，主推雅戈尔品牌和旗下时尚男装GY品牌。

此次雅戈尔目标明确：主要是在线上进行品牌传播，扩展新的年轻消费群体，同时利用线上渠道做新品首发。

雅戈尔控股公司高管层在媒体采访时谈到：相比现在单纯从互联网诞生的品牌来讲，传统线下品牌线上销售有非常大的品牌优势和知名度优势。如何把这些优势变成线上销售优势，这是一种挑战。因为线下品牌的物流、服务等都会面临很多问题，解决这些问题最核心的是思维模式的转变，而不单纯是技术问题。

在中国信息经济学会电子商务专业委员会副主任张宽海等业内人士看来，未来服装网上销售模式既不会取代实体店销售模式，也不会像前几年电子商务刚兴起时作为实体店销售的附属，而是视各类服装品牌情况，成为一种和实体店销售模式互补的销售渠道。

而雅戈尔的战略也非常清晰：在线上与线下的摸索与冲突过程中，最终走向两者之间的融合和平衡。

目前，雅戈尔的线上销售一方面是采取线上线下同价同服务；二是拟在适当的时候，开发网络版服装，或者发展网络特供产品，以满足线上消费群体的个性化需求。

据雅戈尔信息总监顾跃君介绍：在采取主流网购模式的基础之上，雅戈尔还将利用线下渠道的优势，计划推出一项新服务——店内储备，让消费者在网上下订单，然后到实体店试穿、取货；或者顾客可以在实体店直接"抄码"，线上下单，将线上线下的优点合为一体，形成良性的双向互动。

在这个快速发展、格局未定的商务领域中，线上线下渠道融合与平衡将会孕育出更多的商业模式，也将体现出一家企业的经营智慧和格局。

国内消费需求的迅速增长和多样化，决定了新兴业态和传统百货业将共同发展。企业的发展离不开时代的背景，只有以变应变，采取符合时代需求的营销渠道和模式，才能获取预期的收益，赢得足够的生存空间。

(资料来源 http://www.youngor.com/)

思考：
1. 从上述案例中，你认为雅戈尔渠道变革的创新之处主要表现在哪些方面？
2. 雅戈尔渠道变革可能存在的风险和挑战是什么？
3. 中国其他服装制造商能从雅戈尔渠道变革创新中获得怎样的启示？

实　训

一、实训目的

1. 使学生了解、掌握不同的分销渠道模式。
2. 帮助学生理解不同类型的零售商的地位及渠道运作。
3. 通过绘制某一企业在某地区零售网点图，掌握如何进行渠道终端布局。

二、实训内容

(一) 实训资料

对××市××区华为手机实体零售网点进行调查，详细了解专卖店、大卖场、家电连锁超市的数量、位置，绘制华为手机××市××区零售网点图。以某一款手机为例了解不同类型零售商的价格政策，通过观察和访问估计不同类型零售商的销售量，记录消费者对不同零售网点的评价。

（二）具体任务

分析不同类型手机零售商的地位及渠道运作方式，从而掌握对生产企业如何进行渠道终端的布局。

（三）任务要求

1. 注意不同产品企业的分销渠道选择并不相同。

2. 对分销渠道策略要有全面认识。

3. 在进行行业与企业背景资料的收集和整理基础上，进行分销渠道的选择分析。

4. 将调查结果填写在表 8-1 中。

5. 撰写华为手机××市××区不同类型零售商的调研报告，内容包括不同类型手机零售商的渠道运作及地位，并对华为手机××市××区零售网点布局进行评价。

6. 提出对策建议以及分销渠道实施的方案，研究方案的字数不少于 2000 字。

表 8-1　华为手机××市××区零售网点

零售商类型	数量	位置	价格(以某一款为例)	销量	消费者评价
专卖店					
大卖场					
家电连锁超市					
其他					

三、实训组织

1. 按实训项目将班级成员以 3～6 人一组分成若干小组，以小组为单位开展实训，采用组长负责制，组员合理分工，每位成员各司其职，团结协作。

2. 相关资料和数据的收集可以进行实地调查，也可以采用二手资料，由专人负责记录和整理。

3. 小组充分讨论，认真分析，形成小组的实训报告。

4. 各小组在班级进行实训作业展示。

四、实训步骤

1. 由指导教师介绍实训的目的和要求，对"分销渠道策略分析"的实践意义给予说明，调动学生实训操作的积极性。

2. 分组，每组 3～6 人，选举组长一名，由组长负责本组组员的分工。

3. 各组明确实训任务，制定执行方案，指导教师通过之后执行。

4. 各小组进行走访调查，填写华为手机××市××区零售网点表，绘制华为手机××市××区零售网点图。

5. 各组收集资料并进行讨论分析，形成讨论稿，完成实训报告。

6. 各组将设计好的调研报告制成 PPT，并向教师和全班同学汇报，由其他组的同学提问，教师进行点评。

7. 每个小组上交一份设计好的纸质和电子版的研究报告。

第9章 促销策略

引 例

康师傅茉莉茶饮料的创意促销

2016 年 5 月，康师傅的茉莉茶饮料宣布推出 "表白瓶"，共有三个系列，只要买全所有系列就能拼成一段完整的表白话。据说这个 "表白瓶" 共有 36 种表白版本，比如 "以后我的茶都给你喝" "以后我的头像都是你" "以后我的卡都给你刷" "我的狗都听你的话" 等。康师傅还贴心地推出了私人订制版本的 DIY 瓶，让你想怎么表白就怎么表白。除了瓶身的表白语创意之外，康师傅还在配合的一系列宣传上也下足了功夫，选择了 "杨洋＋郑爽" 的组合作为新的一对代言人，保持了茉莉茶一贯以来的 "小清新画风"。同时，厂家还让他们拍了支广告片和一部微电影，有网友戏称 "满屏都是青春"。除此之外，康师傅还为此专门开了个微博互动号，希望能在社交平台上和消费者们打成一片(俩代言人的粉丝们倒是开始了愉快的刷屏)。这个 "表白瓶" 瓶身还加了个二维码，扫描后可以进入一个 H5 页面，除了能听到代言人的原音表白(念出瓶身表白语)外，还能录一段自己的表白讯息发给想表白的对象。看起来，康师傅这次真有想尝试成为 "新一代表白神器" 的想法。康师傅的 "表白瓶" 鼓励大家购买系列产品，部分原因也是为了提高整体销量增加利润。但这次，康师傅使出的 "浪漫清新梦幻表白" 牌是否真的管用呢，还要等时间来给我们答案了！

9.1 促销与促销组合

9.1.1 促销的含义

对促销概念的理解有广义和狭义之分。广义的促销是指促销沟通(Promotion)，即企业向目标市场传递企业、产品、服务等信息，以影响目标消费群体的消费心理，促使目标消费群体做出购买行为而进行的宣传、沟通和说服性活动。从本质上讲，促销的实质是沟通，在复杂的市场环境下，企业必须与其客户、供应商、中间商、金融机构、政府以及社会公众进行广泛的信息沟通活动。因此，企业需要通过多种渠道，开展多种形式的沟通，以扩大企业的市场影响力，提高产品的销售量和市场占有率。狭义的促销仅指营销推广(Sales Promotion)，也称销售促进，即企业为刺激消费者购买而采取的短期性劝购活动。营业推广只是促销策略的一种方式，也是促销策略的组成部分。

9.1.2 促销组合

促销组合主要包括人员推销、营业推广、广告宣传和公共关系等方式。企业为了达成自身的市场目标，需要用适当的广告宣传来提高其市场知名度和影响力；需要通过开展形式多样的销售促进活动来提高产品的销售量；需要配备专业的销售人员为其研究和实施销售活动；需要开展公共关系活动来建立企业形象。一般来说，企业往往会制定促销组合策略，同时采用多种促销沟通方式，各方式优势互补，形成立体化的沟通传播效果。

1. 人员推销

人员推销是指企业专业推销人员通过面谈、电话、网络等多种渠道，与目标客户进行直接交流，展示企业产品或服务，以期能促成交易的一种促销方式。人员推销的作用不仅局限于销售产品，在日常的推销过程中，推销人员通过与目标客户的广泛深度沟通，还向目标客户宣传了企业和产品，使目标客户对企业和产品有更全面深入的了解，是企业促销策略中非常重要的一种方式。

2. 营业推广

营业推广是指企业运用各种短期诱因，鼓励购买或销售企业产品或服务的一种促销方式。销售促进针对的对象包括消费者或用户、中间商以及企业销售人员。营业推广的形式很多，如陈列、演出、展示、示范、有奖销售、降价、折扣、试用合作广告等。营业推广最大的特点是即期效果明显，在企业销售新产品和服务时，或者为了与竞争对手进行直接竞争时，销售促进的作用非常显著。

3. 广告宣传

广告宣传是指企业通过付费的方式，将企业信息通过特定的媒体传达给目标客户，以期影响和改变目标客户购买心理与行为的传播活动。在信息化程度越来越高的现代市场中，广告是企业促销活动中最有效和最常用的手段。随着技术的发展，广告新媒体不断出现，广告的形式也日益丰富，为企业提供了更多、更理想的选择。

4. 公共关系

公共关系是指通过预测、计划与组织、实施与本组织的各类公众的经常性双向沟通，积极建设本组织在公众中的良好形象，建立本组织生存与发展的有利环境，实现本组织与公众的共同利益与目标的管理活动及职能。开展公共关系活动，可以加强与各类相关公众群体的联系与沟通，提高企业或产品的知名度和美誉度，塑造良好的社会形象。

9.1.3　促销组合应考虑的因素

不同促销方式的优点和局限性各不相同，因而企业在选择促销方式以及进行促销组合时，应考虑其适应性、互补性，提高促销组合的效率。一般来说，企业在确定促销组合时，应考虑以下几方面的因素。

1. 促销目标

如果在一定时期内，企业的促销目标是为了迅速增加销售量，扩大市场份额，追求短期效益，则应更加注重销售促进和广告。如果企业是为了树立企业在消费者心目中的良好形象，为今后的市场发展奠定基础，注重长期效益，则应更注重公共宣传。

2. 产品类型

一般来说，消费品和工业品的促销组合策略是有区别的。消费品更多采用广告，工业品更多采用人员推销。公共宣传对于消费品和工业品来说同等重要，为了提高销售量，消费品和工业品多会采用销售促进策略。

3. 市场特点

一方面，市场范围不同，促销方式应有所区别。如果目标市场地域范围大，应多采用广告进行促销；如果是小规模的本土市场，则应以人员推销或商品陈列为主。另一方面，不同的市场类型，其促销方式也应不同。目标市场消费者文化水平较高、经济状况较好，则应较多运用广告和公共宣传，城市居民一般对广告的信任度更高。

4. 产品生命周期阶段

在产品投入期，以广告来提高市场知名度，以销售促进来促成消费者的早期试用；在成长期，以广告和公共宣传来树立企业和品牌形象，扩大销售；在成熟期，以销售促进来获得市场竞争优势，树立消费者对企业产品的偏好；在衰退期，以营业推广来阻止市场大幅度的衰退，迅速清空库存，以保证企业的资金回笼。

5. 推式和拉式策略

所谓推式是指运用人员销售和销售促进方式将产品推向市场，从上游往下游推送，从制造商一直到最终消费者或用户。这种策略一般以中间商为主要促销对象，要求销售人员针对不同商品、不同客户，采用不同的方式和方法。拉式策略是指运用广告和公共宣传方式，着重使消费者产生兴趣，刺激其购买欲，进而推动其向中间商订购产品，然后由中间商向企业订购产品，以此达到销售产品的目的。

9.2　人　员　推　销

人员推销是推销人员与消费者或用户通过直接交流沟通，传达产品或服务信息，促使消费者或用户进行购买的活动。传统的人员推销方法一般都是卖方为达成交易向一个或多个买方做有计划的宣传介绍，无论形式如何变化，目的都在于说服买方接受建议直到实施购买行为。目前流行的观念是强调推销人员和买方之间建立融洽的信任关系，建立与顾客长期持久的联系，强调"双赢"，重视实现那些在长期买卖中双方共同受益的目标。

9.2.1　人员推销的特点

1. 针对性强

人员推销是推销人员通过对目标市场进行研究，筛选出适合产品的顾客对象进行推销，相较于广告和其他营销传播方式，其针对性更强。

2. 灵活性强

推销人员可以根据顾客的特点和交流过程中出现的变化，灵活调整推销策略，提高推销的成交率。

3. 双向沟通

人员推销是推销人员通过与顾客的直接交流沟通达成交易，这种双向沟通使买卖双方信息相对对称，有利于顾客作出理性的判断和决策。

4. 消费指导

推销人员在销售过程中，通过讲解、示范可以直观地指导顾客使用产品，增加其对产品的进一步了解。

5. 亲和力强

人员推销区别于广告、营销推广以及公共关系的最大特点在于其亲和力强，推销人员的个人魅力能让顾客得到精神上的愉悦。

9.2.2　人员推销的职责

1. 收集和传递信息

推销人员在实际推销前必须收集相关信息，包括企业产品销售、竞争对手、市场现状以及发展趋势等；在推销过程中，也要收集顾客对产品的态度、意见和建议，为企业进一步调整和改进市场营销提供可靠的依据。同时，推销过程也是对企业以及产品的宣传过程，可以直接向顾客传递企业和产品的信息，起到宣传和广告的作用。

2. 制定计划和销售产品

推销人员在掌握必要的信息后，应着手做好推销前的准备工作并制定计划，包括对顾客进行分类、准备拜访的顾客清单、拜访时间安排、礼品准备、路线设计等，再根据计划实施推销。

3. 提供全程服务

在推销过程中，推销人员要做好全程服务，争取获得顾客的信任，激起顾客的兴趣和购买欲，利用提供产品鉴定证明、示范使用产品、邀请顾客亲身体验、及时处理顾客的疑虑等方法，最终达成交易。

9.2.3　推销人员的管理

1. 推销人员的招聘

企业招聘的一般流程包括申请、测验、面谈、调查、体检、正式录用等步骤。推销人员的能力业务水平直接关系到企业销售业绩。在招聘推销人员时，主要考察以下几方面的能力和素质，即是否具备有助于销售的人品与性格、强烈的事业心和责任感、健康的体魄、优雅的礼仪与良好的形象、良好的沟通能力与表达能力、对市场敏感的观察和预测能力、丰富的社会知识和专业知识、娴熟的推销方法和技巧。

 小贴士

自信是销售员的必备素质

说起推销人员的自信，雪佛兰汽车的天才销售员乔·吉拉德给我们树立了榜样。在他的意识中：我的产品是最好的，我对其充满信心！只有自己首先对所销售的产品认可、高度赞扬和充分肯定，才能在销售过程中发自内心地对产品的各方面进行推介，以理服人。

尽管乔·吉拉德足够富有，有能力为自己支付各种世界名车，但是他依然坚持驾驶雪佛兰。因为他明白，要想得到客户对雪弗兰的认可，就必须坚信自己的品牌是最好的。

人生需要自信来支撑，乔·吉拉德每天平均卖出 6 辆车，这样优秀的销售业绩背后，是有秘诀的，他为各界销售精英提供借鉴的各项销售技巧中，首要一条就是相信自己的产品。

2. 推销人员的培训

推销人员入职后，企业应该对推销人员进行系统的培训，培训的方式可以是课堂讲授、角色扮演、资料阅读、参观以及跟班实习等。培训过程中，要特别强调理论与实践相结合，可以组织优秀的推销人员进行现身说法，或者相互之间交流经验，以提高培训的效果。

推销人员的培训内容一般包括以下几方面：第一，企业及公司的整体情况，公司的发展历史和经营目标，组织机构设置和权限情况，主要负责人，公司的财务政策，产品销售情况等；第二，产品的基本知识，产品的品质、性能、主要特点、使用和维护知识等；第三，公司各类顾客和竞争对手的情况，公司各类顾客的购买习惯和特点，竞争对手的营销策略；第四，销售技巧和展示，接受推销术的基本训练，学会揣摩用户心理，用最有效的手段去说服客户；第五，推销日常工作的程序和责任，在现有客户和潜在客户之间分配时间，合理支配费用，撰写报告和拟订有效的推销路线等。

3. 推销人员的激励

推销人员的激励一般可通过两种方式：一是物质激励，二是精神鼓励。物质激励主要是指推销人员的薪金和佣金。精神鼓励的方式可以有多种选择，如营造有利于推销人员充分发挥才干的组织氛围，制定科学合理的销售定额，定期评选最佳推销员，开展销售竞赛，提供更多的晋升机会等。

4. 推销人员的考核

通过对推销人员的考核，可以正确评估推销人员的绩效。考核一名推销人员不能局限某一两方面的指标，而应全面加以考虑。可以在推销人员之间相互比较，也可以将推销员人员现在的业绩与其前期的业绩进行比较。推销人员的考核指标主要包括销售定额完成率、访问次数完成率、新客户销售率、新客户访销率、销售利润率、市场占有率、销售服务质量等。

9.2.4　推销人员的技巧

1. 寻找潜在顾客

寻找潜在顾客是推销工作的第一步，一般可以通过以下途径获得潜在顾客的信息：查阅各种二手资料，包括各种工商名录、电话号码簿、专业杂志、销售记录、走访报告等；通过各种市场调查手段，包括邮件、电话查询以及实地访问等；通过各种人员的介绍；通过展示会、展览会、产品陈列等方式；通过对现有顾客的询问；通过了解竞争对手情况等。以上种种，都可能会从中发现潜在顾客。

2. 推销前的准备

推销人员在实施推销计划之前，需要进行大量的准备工作。一方面，要充分了解国家宏观环境对潜在顾客产生的影响，要对宏观环境中的各种因素进行分析研究，从而对顾客的可能行为做到心中有数。第二方面，应尽可能多地了解潜在顾客的情况，包括经济状况、经营状况和信誉状况等，同时还要了解潜在顾客的购买决策程序和采购人员的背景，了解潜在客户的购买特点和风格。第三方面，制定详细的推销策略和计划，如进行客户分类，确定哪些潜在客户可以作为重点推销对象，哪些潜在客户可以进行重复推销，哪些潜在客户有希望在近期达成交易等，确定访销路线和方法，如私人拜访、电话访问、信函访问、电子邮件等，选择访问时机，尽量避开客户繁忙的时间段。

3. 如何接近客户

经过充分的前期准备，推销人员就要开始设法接近潜在客户了。为了能够顺其自然接近客户，并为客户所接受，最初的接触不宜紧紧围绕所要推销的产品，而应该先建立双方的信任，让客户接受推销人员。因此，在双方第一次接触时，应该把谈话的重点放在双方都感兴趣的事情上，当双方都感到气氛比较融洽，彼此能基本接纳时，再转入正题。

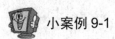 小案例 9-1

借"请教"接近你的客户

顽固死板的杂货店老板格林先生非常厌恶销售人员的推销。一天，面对店铺前还未说话的香皂销售人员彼得，他就大声喝道，"你来干嘛？"

彼得显然并不吃惊，微笑地说，"老板，您认为我今天到这里是来干嘛的？可以猜测一下。"

格林丝毫不留情面地说道："不用猜测，你一定是来让我买你们那些破东西的。"彼得听后脸上没有一丝愤怒的表情，反而大笑着说道，"我今天并不是来让您买我东西的，而是向您讨教问题的！"

格林僵住了，半信半疑地说，"你来向我讨教什么问题？"

彼得满脸真诚地回答道："我听说在这一带您的生意做得最红火，香皂卖得最多。我今天是来向您请教一下您成功的销售秘诀。"

格林这一辈子中，大半生的时间都奉献给了这间杂货店，从未遇到过别人上门请教问题的情况。面对眼前这位对他十分尊敬的销售人员，他心中不免洋洋得意。

这使得格林兴致高昂地与彼得交谈起来，从他的小杂货店谈到他的生意心得。年幼就一直跟父亲做生意的格林，在父亲退休后便接手了这间小店。他说："虽然我已年迈，但我仍继续坚持自己经营这间店铺，不愿意离开它。这里每天都有以前的老朋友、老客户过来买东西，为他们提供服务的同时，还可以和他们一同谈天说地，这使我每天都在欢乐中度过。"

彼得与格林愉快地聊了一下午，就在彼得准备离去的时候，格林突然若有所思，大声说，"先生，请等一下，我听说你们公司的香皂也不错，我预定 30 箱。"终于，彼得的谦虚求教为他赢得了这位客户的订单。

4. 讲解与示范

为了让客户充分了解企业的产品，并对产品产生兴趣和购买欲，推销人员需要进行讲解和示范来提高推销的成功率。推销人员必须准确把握客户的购买心理规律和心理变化，有针对性地进行讲解与示范。讲解的方式一般包括固定法、公式化法、需要—满足法等。固定法是推销人员将讲解过程中的要点熟记，通过使用正确的刺激性语言和行动来说服顾客购买；公式化法是推销人员要事先了解顾客的切实需要和购买风格，然后同时运用一套公式化的方法向顾客推销；需要—满足法是通过与客户的详细交谈，了解他们的真正需要，并设法满足。示范过程中，要注重产品使用过程的展示，尽可能让顾客亲自体验，明确示范目的，使顾客从示范中得出正确的结论。

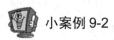 小案例 9-2

产品推销要"演说一体"

通用公司有一位非常聪明的销售员，他在见到客户时没有和别的销售员一样夸夸其谈，而是现场给客户做起示范，把他们产品的优势用事实证明了出来。

这位销售员走到会场的前台，在会长和部分会员的面前说道，"大家看一下我手里的这截铁管，我只要稍微一用力它就会弯曲，但会马上反弹回来。假如我用的力过大，铁管承受不住压力，马上就会断掉。我们的眼睛也是同样的道理，假如我们的眼睛使用过度或者光线不适合，那就会使眼睛的视力下降，以至于无法复原。而我们公司的这项设备，目的就是为了解决这个问题而生产的。"

所有人对他的介绍都产生了一些兴趣，他们都在非常认真地听着。他接着说道："现在我们先把这种设备安装上，大家都来体验一下这种亮度，眼睛的感觉是不是不一样，和以前相比是不是舒服了很多。"

在场的人都亲身体验到了，反应也都非常热烈。就这样，在演说结束后，他便接到了很多的订单。

5. 达成交易

推销人员必须懂得如何从顾客那里发现可以达成交易的信号，包括顾客的动作、语言、评论和提出的问题，一旦认为时机成熟，要果断建议顾客订货。

6. 交易后续服务

推销人员一定要重视交易后续服务。推销大师乔·吉拉德有一个著名观点，他认为与客户签订合同才是推销的开始。签订合同或达成交易后，推销人员应着手履行合同中的各项工作，这种后续工作可以发现存在的问题，使客户相信推销人员的承诺，减少可能出现的任何矛盾，增加客户的满意度。只有提高客户的满意度，才会留住老客户，并由老客户带来新客户。

9.3 营 业 推 广

营业推广是指企业通过降低产品价格或增加价值，迅速刺激需求和鼓励消费而采取的策略。营业推广在产品生命周期的投入期，对于新产品迅速进入市场能发挥重要作用；在产品生命周期的成熟期，又是稳定市场销售份额及与竞争者争夺顾客的主要手段；而在产品生命周期的衰退期，能最大限度销售剩余产品，帮助企业回笼资金。

9.3.1　营业推广的主要方式

营销推广主要针对消费者或用户、中间商，以及企业推销人员三类对象。

1. 针对消费者或用户的方式

(1) 优惠券。这是鼓励试用产品和重复购买的一种非常有效的方式，优惠券的使用者往往是那些重复购买的老顾客。据专家估算，优惠券的优惠额度一般要达到15%～20%，才易于吸引顾客。

(2) 样品。免费提供样品给消费者使用或试用。新产品上市经常会采用这种方式，通过对样品的消费，可使消费者建立初步的消费体验。美国一项关于发送样品有效性的调查表明，在那些以前从未买过某种产品的消费者中，有86%的人表示在他们的首次购买决策中，免费样品起了重要作用；而在以前曾购买过该产品的消费者中，有一半的人认变，免费样品在影响他们作出再次购买决策中起了积极作用。

(3) 赠品。在消费者购买产品后，免费赠送或以较低价格向其提供其他产品，可以强化消费者的购买决策，增加消费，并可以说服不使用该产品的顾客改变态度。

(4) 折扣。通过对原价进行打折的方式，让利给消费者或用户，可以提高顾客的购买积极性；也可以通过数量折扣的方式，顾客购买的数量越多，给予的折扣幅度越大，如第一件原价，第二件打五折，第三件打四件等。某商家的双十一折扣促销广告如图9-1所示。

图 9-1　双十一折扣促销

(5) 奖励。顾客购买产品时，为其提供一个获奖的机会，如购物满规定数量或资金额度就可参与抽奖。

(6) 以旧换新。顾客在购买新产品时，可以用旧产品换取一定幅度的价格优惠。

(7) 现场陈列和示范。厂商在销售现场进行创意陈列，向顾客演示商品的特点和操作流程。美国"购买现场广告协会"的调查结果表明，70%以上的购买决策是在商店内作出的。因此，购买现场展示对随机性购买的效果好于计划性购买，尤其对于多数快销品效果更明显。

(8) 分期付款。消费者不需要一次性付清全部货款，而是先付一部分，余下的金额在规定时间内分期偿还。一般采用分期付款的商品其价格相对较高，如家电、高档家具、汽车、住房等。

(9) 产品保证。厂商可以提供比竞争对手更长的质量保证期，或标准更高的质量标准。对于消费者对质量敏感的产品，采用产品保证方式可以减少顾客的购买顾虑和风险，增强购买决心。

2. 针对中间商的方式

针对中间商的营业推广方式包括批量折扣、现金折扣、购买折让、合作广告、销售竞赛、免费咨询、专家服务、销售培训、展览、联合促销等。采用这些方式的目的是激励中间商经销本企业产品，以期进一步扩大产品销售量。对于一次购买数量巨大或多次购买且数额达到一定水平的中间商，可免费提供一定的产品，通过让利来刺激经销商更多进货。对经销商开展销售竞赛，设立销售奖金，奖励购买额领先或比例增加最大的经销商，推动中间商大量进货、多次进货。

3. 针对推销人员的方式

针对企业内部推销人员的营业推广方式主要包括物质激励和精神激励两种方式。物质激励如推销竞赛、提成、奖励等；精神激励包括评选先进或优秀、给予荣誉称号、给予更大的发展空间等。

9.3.2 营业推广决策的内容

企业运用营业推广的过程中，需要进行一系列的决策，主要包括确定营业推广目标；选择营业推广工具；制定营业推广方案；试验营业推广方案；实施与控制营业推广方案；评估营业推广效果。

1. 确定营业推广目标

针对不同的目标市场，营业推广的具体目标各不相同。针对消费者的目标包括：促进顾客试用新产品；鼓励顾客重复购买；鼓励顾客偶尔改变购买习惯；应付竞争；巩固与扩大市场份额；增强知名度等。针对中间商的目标包括：促使中间商参与制造商的促销活动；刺激中间商更多购买；帮助中间商改善营销工作等。针对销售人员的目标包括：鼓励对新产品或新型号的支持；刺激非季节性销售；鼓励更高的销售水平等。

2. 选择营业推广工具

营业推广的工具有很多种，其特点和适用范围各不相同。一个特定的营业推广目标可以采用多种推广工具来实现，所以应对多种促销工具进行比较选择和优化组合，以实现最优的促销效果。在选择营业推广工具时，应该把市场的类型、促销目标、竞争情况以及每一种促销工具的成本效益考虑进去。

3. 制定营业推广方案

在制定营业推广方案时，应该考虑以下几方面的问题：确定促销活动刺激程度；明确促销对象；决定促销的持续时间；选择促销品的分发途径；选择合适的促销时机；确定促销总预算等。

4. 试验营业推广方案

营业推广方案制定好后，一般需要通过试验来考察选用的工具是否适当，刺激的规模是否最佳，以及方法效率如何。比如针对消费者的推广方案，可邀请部分消费者对几种不同的可能优惠办法作出评估，也可以在小范围市场进行试验。

5. 实施与控制营业推广方案

实施计划必须包括前置时间和销售延续时间。前置时间是开始实施该方案前所必需的准备时间，主要包括最初的计划和设计工作，包装修改的批准以及材料的邮寄或者分送到家，配合广告宣传的准备工作和销售点材料，通知现场销售人员，为个别分销店建立地区的配额，购买特别赠品或印刷包装材料，预期存货的生产及发放等。销售延续时间是从开始实施方案起，到大约 95%采取此推广方案的商品已送达消费者手中为止的时间，这段时间的长短主要取决于活动持续时间的长短。在实施计划的制定及执行过程中，应有相应的监控机制保障，一旦出现偏差或意外情况，应及时予以纠正和解决。

6. 评估营业推广效果

对营业推广效果评估要根据市场类型的不同而有所差异。评估对中间商的营业推广效果时，可依据中间商的销售量、商店货档空间的分布、对合作广告的投入等。评估对消费者营业推广的效果时，可通过消费者调查、销售绩效分析、消费者对活动的反应以及通过实验研究方法，来测试或了解营业推广的效果。

9.4　广告宣传

广告宣传是促销组合中的一种重要方式。开展广告宣传活动一般要关注五个核心环节，即广告宣传的 5Ms 模型。5Ms 模型为：广告目标—广告预算—广告信息—广告媒体—广告效果。

9.4.1　广告目标

所谓广告目标是指在一个特定周期内，对于某个特定的目标受众所要完成的特定传播任务和所要达到的沟通程度。广告所要达到的目标，必须依据企业市场营销策略和目标市场来确定。根据广告的沟通对象和销售目标不同，广告目标可以分为以下三类。

1. 告知型广告

告知型广告的宣传重点在于介绍新产品，宣传新产品的用途，说明新产品的功能和特点，告知产品的各项服务内容，减轻消费者的疑虑。它主要用于产品生命周期的导入期，目的在于扩大消费者对这类产品的需求，而不是宣传品牌。

2. 说服型广告

说服型广告的目标不是为整个产品种类创造需求，而是要影响消费者对特定品牌的需求。产品生命周期的成长期通常采用说服性广告，通过广告能建立消费者的品牌偏好，塑造品牌形象。

3. 提醒型广告

提醒型广告可以唤起消费者的记忆，提醒消费者购买，使消费者即使在产品销售淡季也不会忘记这种产品，还可以强化产品在消费者心目中的形象，维持产品的高知名度。这类广告往往是在产品进入成熟期后才被广泛采用。

综上所述，广告目标分类如表 9-1 所示。

表 9-1 广告目标分类

告知	介绍新产品、介绍新功能、提供价格信息、说明产品制造方法、介绍企业服务、修正顾客印象、消除顾客疑虑、树立企业形象
说服	培养品牌偏好、鼓励顾客改用本品牌、改变顾客对产品的认知、服务顾客购买
提醒	提醒对产品的需要、提醒购买地点、保持淡季产品印象、维持企业知名度

9.4.2 广告预算

广告预算是企业对广告所需费用的计划设计与安排，它规定在一定时期内，广告活动所需的经费总额、使用范围和使用方法。

1. 广告预算因考虑的因素

(1) 产品生命周期阶段。新产品一般需要大量的广告预算来建立知晓度和吸引消费者试用。

(2) 市场份额。市场份额高的品牌只求维持其市场份额，因而其广告预算在销售额中所占比例通常较低。

(3) 竞争因素。在竞争激烈的市场，各品牌都要加大广告预算才能获得市场效果，因而需要更多的广告预算。

(4) 产品替代性。在同一商品种类中的各种品牌需要做大量广告，以树立有差别的形象。

(5) 广告投放的范围。全国性广告的预算相对区域性广告更高，媒体覆盖范围和影响越大，广告预算则越高。

(6) 广告的频率。广告投放的频率越高，广告预算也相应越高。

2. 广告预算的方法

(1) 量力而行法，即企业应根据自身的财力情况来决定广告预算。一般企业做广告预算时，要考虑投入多少广告预算才能完成销售目标，因而这种预算方法缺乏战略性。

(2) 目标达成法，即企业应根据经营目标或销售目标确定广告预算。这种方法能够适应企业经营变化而灵活制定广告预算，是一种比较科学的方法。

(3) 竞争对抗法，即企业对照竞争对手的广告开支确定本企业的广告预算。这种方法把广告作为商业竞争的工具，一般适用于实力雄厚的大企业。

(4) 百分率法，即企业以一定时期的销售额或利润额的一定比率来确定广告预算。如果根据过去的销售额或利润额来确定，则风险相对较小，但是如果按照预期销售额或预期利润额来确定，则会存在一定的风险。

(5) 投资利润率法，即企业将广告支出视为一种投资，这是长期广告战略所采用的预算方法。这种方法先要预计广告带来的利润增长额，再从以往的资料中推算出广告的投资利润率，然后计算出广告预算。

9.4.3　广告信息

1. 广告诉求

在确定了广告目标后，需要进行信息决策和媒体决策。信息决策是指广告要向目标受众传达哪些信息，以及如何进行传达。广告信息包括企业信息、产品信息、品牌信息、服务信息等。由于广告作品包含的信息量较少，因而需要精准选择企业最需要传播的核心信息，并通过最恰当的广告诉求方式来表现。常见的广告诉求如表 9-2 所示。

表 9-2　常见的广告诉求

利益	传达产品带给消费者与众不同的核心利益，如"怕上火喝王老吉"
健康	吸引注意保养身体或希望健康的人，如"脑白金年轻态"
爱情	营造浪漫情境以情感人，如"钻石恒久远，一颗永流传"
便利	传达产品给人们生活带的便利，如"上天猫就购了"
娱乐	营造轻松愉悦的氛围，如"中华恐龙园，潮玩侏罗纪。"
恐惧	用消费者普遍恐惧的如失去健康、社交尴尬等问题提高关注度，如"高血脂，瘫痪的前奏"
自我	对于昂贵或定价高端的产品，体现自我和虚荣需求，如"不是所有牛奶都叫特仑苏"
公益	围绕生态保护、关爱弱势群体等，体现企业的社会责任感，如"农夫山泉阳光工程"

2. 广告的创意与表现

任何广告都应该立即抓住消费者的注意力，使其对产品或服务产生兴趣，激起购买欲望，并最终促成购买行为。要达到这个目的，就要求广告要具有独特的创意与表现。美国广告大师奥格威曾说过："吸引消费者的注意力，同时让他们来买你的产品，除非你的广告有好点子，不然就像被黑夜吞噬的船只。"应该说，广告创意是广告的灵魂。常见的广告表现方式如表 9-3 所示。

表 9-3　广告常见的表现方式

生活片段	多用于宣传家庭和个人使用产品
生活方式	表现产品如何适用消费者的生活方式
代言人推荐	用名人或典型消费者证明或担保产品性能
幻想	利用产品为消费者创造幻想
幽默	通过幽默的方式营造轻松、愉快的氛围
产品象征	在广告中创造一个代表产品的人物形象
心情或印象	营造一种心情或印象
演示	向消费者展示期望的好处
音乐	通过歌曲传递广告信息，利用音乐营造恰当氛围
科学证据	运用研究或科学证据证明某品牌的优势和竞争力

9.4.4　广告媒体

在广告宣传活动中，企业如何选择媒体、进行媒体组合、实施媒体投放，都牵涉广告预算及广告效果。因此，企业必须认真研究，精心策划广告宣传活动。

1. 广告媒体的类型

广告媒体的类型很多，不同类型的媒体，其特性各不相同，因而会影响产品的媒体适应性、消费者接触媒体的习惯、传播成本等。常见媒体形式的优缺点比较，如表 9-4 所示。

表 9-4　媒体优缺点比较

媒体形式	优　点	缺　点
报纸	读者稳定、影响力大、可保存、费用较低、易改稿	寿命短、内容少、易分散注意力、表现力不足
杂志	寿命长、灵活性高、能重复出现、对象明确、转读率高、可保存、表现力好	周期长、时效性差、受众面较窄、不易被发现、影响力小
广播	传播速度快、灵活性好、传播范围广、费用低	不易保存、表现力差
电视	感染力强、表现力强、影响力大、传播范围广	费用高、受外界干扰多、针对性下降、投放不当易引起消费者反感
网络	速度快、制作成本低、不受时空限制、可反馈、可测性高、互动性强	受点击率影响大、技术限制、法律限制
户外	展示时间长、表现手法灵活、不受竞争对手干扰、费用低	创新难、受地理限制明显、难修改、时效性差
POP	引导消费、刺激购买、营造环境、形式灵活、成本低	影响力小
直邮	专业性强、针对性强、形式灵活	成本较高、易造成滥寄现象

2. 广告媒体策略

(1) 广告媒体组合。

每一种媒体都有其优势和局限性，因而企业需要把不同类型的媒体进行组合，形成优势互补、立体传播，以达到最佳的广告效果。

媒体组合的方式主要有以下三种：第一，瞬间媒体与长效媒体组合，瞬间媒体如广播电视等媒体，长效媒体如印刷品、户外、交通工具等。第二，视觉媒体与听觉媒体组合，视觉媒体如报刊、户外、海报等，听觉媒体如广播、音响广告。第三，大众媒体与促销媒体组合，大众媒体如报纸、电视、广播等，促销媒体如招贴、户外、POP、直邮广告等。

(2) 广告媒体投放。

广告媒体投放决策包括广告发布时间和广告使用方式。

广告发布时间一般可分为集中式、连续式、间歇式。集中式指广告费用集中于一段时间使用，在较短时间内形成强大的广告攻势，这种方式常用于新产品拓展市场。连续式指在一段时间内均匀安排广告发布时间，使广告反复出现，以逐渐加深消费者对产品的印象。

间歇式指阶段性发布广告，各阶段中间停播一段时间，这种方法针对季节性销售产品或广告预算不足时经常采用。广告发布时间要注意时间周期和节点，投放时间周期要考虑产品的销售季节性特点和受众的媒体接触习惯；节点上要考虑关注重要的节日，如中国传统节日，同时关注社会热点，利用好这些社会热点借势宣传，如奥运会、中国航天事业、G20峰会等。

广告使用方式一般分为水平式、上升式、下降式和交替式。水平式指均匀使用广告，上升式指强度由小到大，下降式指强度由大到小，交替式指使用强度交替变化。

9.4.5　广告效果评价

广告效果评价主要是评价广告传播产生的相关效果，包括销售效果、对消费者心理产生的影响以及对社会产生的影响。广告效果评价一般采用事前评价和事后评价两种方式。事前评价主要测试广告作品或广告活动可能产生的效果和影响，一般采用小范围试验、仪器测定、市场调研、专家咨询等方式。事后评价可通过市场调研、销售数据分析等方式进行。

9.5　公 共 关 系

在现代市场竞争中，通过公共关系建立企业与消费者的有效沟通，相互理解，建立良好的企业形象和品牌形象，能达到其他促销工具所不能产生的效果。现代意义上的公共关系起源于美国。19世纪下半叶，美国经济从自由竞争走向垄断，垄断财团一方面占有社会的绝大部分财富；另一方面封锁企业的各种信息，既排斥工作，也排斥新闻媒体，企业内部发生的各种丑闻加剧了资本家与工人的对立，激起公众与新闻界的不满。因此，美国新闻媒介发起了著名的"扒粪运动"(又称"揭丑运动")。20世纪初，美国记者艾维·李提出"公众必须被告知"。1903年，艾维·李成立了世界上第一家宣传顾问事务所，他将"公共利益与诚实"带进公共关系领域，被称为"公共关系之父"。

9.5.1　公共关系的构成要素

1. 公共关系的主体

社会组织、工商业组织、非营利性组织和政府构成当代公共关系的三大主体。

2. 公共关系的客体

公共关系的客体是公众，包括组织内部公众和外部公众。内部公众如股东、员工等，外部公众如顾客、新闻媒介、金融机构、政府、竞争者、供应商、中间商等。

3. 公共关系的实现机制

公共关系的实现机制是传播，即公共关系主体与客体之间的双向沟通。

4. 公共关系的目标

公共关系的目标是：通过公共关系优化组织内部和外部环境，塑造组织良好的社会形象，增强组织的竞争力和发展能力。

9.5.2 公共关系的功能

1. 监测功能

公共关系的监测功能是指组织通过信息的采集、处理和反馈，对公共关系的主体和客体的行为态度作出监视和预测。对主体的监测也称对内监测，指公关人员根据对组织内部和外部各种变化信息的掌握，对组织运行状态和组织目标实现的可行性进行监测。对客体的监测也称对外监测，主要利用各种信息传播媒介来监测公众对组织的态度及其趋向。

2. 凝聚功能

公共关系的凝聚功能是指通过公共关系来增强组织内部员工的向心力。借助情感沟通和心理认同，使企业员工能够为实现组织目标而团结起来，并对企业产生归属感、对产品有自信心、对自己有自豪感。公共关系的宗旨在于，"内求团结，外求发展"，企业员工关系构成企业最重要的公共关系。

3. 调节功能

公共关系的调节功能是指公共关系人员要承担协调企业内外部关系的重任。组织是一定外部环境与内部条件综合作用的产物，因而企业总处于与外部环境的不断矛盾之中，其内部也时刻存在各种摩擦与冲突。就企业内部而言，公关人员要尽力避免各种摩擦产生，做好上情下达与下情上达工作，做好各部门之间沟通的桥梁；就企业外部而言，要积极争取公众对企业的理解与信任。

4. 应变功能

公共关系的应变功能是指公关部门和公关人员要根据环境、市场、竞争的变化及时作出应变对策。任何社会组织要在复杂多变的环境中生存与发展，都必须尽力把握各种环境因素的变化，尤其当出现意外事件可能给组织带来损害时，公关部门要及时应变并尽力弥补，以降低企业风险，减少企业损失。

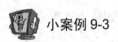 小案例 9-3

顺丰快递小哥被打事件

4 月 17 日在北京某小区内，一名顺丰快递员在骑三轮车派件时，不慎碰撞到一辆正在倒车的小轿车。轿车驾驶员下车后情绪激动，先是言语辱骂快递员，后又连续扇了快递员数记耳光。事件在网络发酵后，顺丰集团官方微博第一时间发文，表示要追究肇事者的责任。随后一张截图在网络流传，即顺丰集团总裁王卫在其朋友圈发文称，"如果这事不追究到底，我不再配做顺丰总裁！"

事件发生后，顺丰不到 24 小时就在官微上表明了自己的态度，"对于责任，我们不会因愤怒而抛弃公允；对于尊严，我们也不会因为理解而放弃追回！"声明态度明显，一方面表示要追究责任，另一方面将单纯的打人事件上升到社会道德层面，成功地引导舆论转向对快递行业生存状况的讨论。

紧接着顺丰官微又发布，"我们已找到这个受委屈的小哥，顺丰会照顾好这个孩子，请大家放心！"引发舆论同情。一方面总裁的"表态"，一方面公司的撑腰顺应了舆论风向，既给了外界一个交代，又暖了员工的心，博得了公众好感。

9.5.3　公共关系的活动形式

1. 调研活动

通过民意调查、文献检索等多种方式来收集企业内部与外部环境的变化信息，了解公众对企业生产、经营、产品质量、功能、价格、销售方式、服务等方面的意见和建议，吸收合理化建议并及时加以改进或调整，尽力满足消费者及其他公众的要求，保持企业与公众之间良好的沟通关系。

2. 对外联络协调

企业要建立同政府、金融机构、新闻媒介、行业协会以及其他相关社会组织与团体稳定的沟通关系，主动定期或经常性向这些公众介绍企业状况，征求他们的意见和建议，争取他们的理解与支持，避免误解而造成不必要的麻烦。

3. 事件策划

利用社会热点话题或有可能利于提高企业知名度和美誉度的事件来吸引新闻舆论的关注，同时借助大众媒介的影响力，吸引更多其他公众的注意力，从而提高企业的知名度和美誉度。

4. 公益事业

通过组织实施、参与、赞助公益活动来吸引公众的注意，体现企业强烈的社会责任意识，塑造企业良好的形象，如向福利机构提供资金或物资，关怀社会弱势群体，支持教育、体育、艺术事业，开展公益广告宣传等。

5. 专题活动

针对重大事件或纪念日，公关人员要策划、组织相关的专题活动，如新闻发布会、厂庆纪念活动、庆功会等，以强化与相关公众之间的信息沟通与情感联系。另外，可以与营销部门联合组织开展或参与展销会、博览会、新品展示会等，提高产品的市场知名度，并直接推动产品的销售。

6. 日常活动

除了上述几类重要的活动形式外，公共关系还要承担许多日常活动的组织与安排，如礼宾接待、企业内部沟通、宣传资料的编撰与制作等。此外，企业公关人员应当做好企业决策层的参谋，主动向决策人员提供各种意见、建议和决策方案，积极参与决策。

核 心 概 念

促销组合；广告；人员推销；营业推广；公共关系

思 考 题

1. 促销组合应考虑哪些因素？
2. 人员推销的特点与职责有哪些？
3. 营业推广的方式主要有哪些？
4. 营业推广决策的内容有哪些？
5. 广告 5Ms 模型是什么？
6. 公共关系的主要方式有哪些？

案 例 分 析

只为运动员而存在的耐克以及耐克公关

耐克的广告我们基本都看过，以及那句熟悉得不能再熟悉的"just do it"。那么，耐克的公关做什么？大品牌的新闻人人都想听，但如果即要体现品牌创新又要引起消费者共鸣，公关则需要不断流出好的想法。从品牌角度看，耐克的宗旨是激励每一个人发挥最高潜能。没有体育就没有耐克，没有运动员，这个品牌就没有意义。耐克公关就要从产品和运动员身上不断挖掘激励人心的故事。

我们可以从之前在耐克公关部任职的那些公关人员身上知道耐克公关的一些事情，了解其真正为了运动员而存在的意义。耐克在全球签约的运动员有几千人，他们在不同程度上都为产品的开发宣传做出了贡献。这些运动员也是耐克最好的代言人。比如科比，他对自己的每双鞋都有深刻的投入，他的故事和他参加的所有产品发布、公益活动，都是公关团队策划的。运动员是公关灵感的来源。科比之前的出轨事件，所有的赞助品牌都离他而去，只有耐克坚守到最后。随后，科比通过成绩重回赛场巅峰，事实证明，耐克这赌局也赢了。

再比如乔丹来中国时耐克搞了收藏展，从网上邀请大家递交他们的收藏单，最后选出了十位收藏家。当他们把自己几十年收藏的鞋和纪念品拿出展示时，一个八岁的小女孩攒了一群宝宝乔丹，乔丹和在场的所有记者都被感动了。耐克总是选择特别的场地做公关活动，他们会把纽约的一个旧仓库变成一个白色的宫殿，让网球明星小威廉姆斯带粉丝和媒体做健身操；2012 年伦敦奥运会期间把一个废弃的房屋一夜之间转换成一个艺术空间，举办巴西雕塑家受到 NIKE FLYWIRE 激励而创作的大型艺术展示；北京奥运前夕在故宫太庙向 200 多名世界媒体展示为中国 21 个体育代表队所做的装备。那些独特场景引发的故事，让耐克品牌充满魅力，让耐克公关团队感到自己独特的价值。

同样，在遇到运动员作出违反公司宗旨的行为时，耐克会迅速应答。比如菲律宾拳击手 Manny Pacquiao(曼尼·帕奎奥)说出反对同性恋的言论后，耐克马上公开与他解约。耐克总是让观点与时俱进，不冷落任何一个群体。

那么，公关的本源来自哪里？2004 年，《时代周刊》要给耐克中国做一篇封面报道，记者的角度是农民工和血汗工厂，这是很多媒体对耐克的一个格式化思维。换个思维讲耐克在中国的故事，80 年代进入中国，跟中国体育结缘，开始做品牌，支持中国的体育代表队且不求太多的回报，与中国人对体育的认识和热情一起成长。从 80 年代的跳高世界纪录创造者朱建华，到 21 世纪的刘翔，耐克品牌传递的理念是，相信每个人的潜能，不从商业出发，才能获得最好的商业。后来，记者就以耐克品牌在中国的发展为核心写了这篇报道。事实证明，确实舆论的力量大获成功。这篇新闻报道也证明了耐克在中国的成长，代表了公关这个行业的厚积薄发。

新媒体时代，讲故事的能力永远有用，而且注重时效。做公关最棒的是聪明的传统人，没有传统不行，掉进传统也不行，要跟上时代，要与人文同在，要与时俱进。

(资料来源：中国广告网资讯)

思考：

1. 结合案例资料，思考和总结耐克的公关理念及策略。

2. 耐克公关思想给我们的启示有哪些？

实　　训

一、实训目的

1. 掌握主要促销方式的原理与策略。

2. 掌握促销组合的运用与策略。

二、实训内容

(一) 实训资料

电商喇叭社微信团队在 2017 微信公开课 PRO 版上发布了《2016 微信数据报告》。这一年，你的微信生活是什么样的？请看以下数据统计：

1. 大盘。9 月平均日登录用户达 7.68 亿，较去年增长 35%；50%的用户每天使用微信时长 90 分钟，其中典型用户(满足以上两个条件)占月活跃用户总体的 65%，占日发送消息总次数的 80%，他们大部分是 80 后和 90 后用户。

2. 消息。日发送消息总次数较去年增长 67%，其中 95 后用户日人均发送次数为 81 次，典型用户为 74 次，老年用户为 44 次；语音消息占比方面，95 后用户占 13%，典型用户占 16%，老年用户占 22%。

3. 朋友圈。发表原创内容占比，95 后用户占 73%，典型用户占 65%，老年用户占 32%。

4. 出行。节假日境外游目的地前五位分别是美国、中国台湾、日本、韩国、泰国。

5. 红包。日发送总次数最多为除夕，达 23.5 亿个，其次为中秋节、情人节、妇女节等。

(二) 具体任务

分析微信的传播机理和用户使用规律，选择某一产品或品牌，设计微信市场促销方案。

(三) 任务要求

1. 要充分考虑微信的媒介规律。

2. 要充分考虑产品或品牌的特点。

3. 要充分考虑促销方案的可行性。

三、实训组织

1. 按实训项目将班级成员以 3～6 人一组分成若干小组，以小组为单位开展实训，采用组长负责制，组员合理分工，团队协作。

2. 相关资料和数据的收集可以进行实地调查，也可以采用二手资料，由专人负责记录和整理。

3. 小组充分讨论，认真分析，形成小组的实训报告。

4. 各小组在班级进行实训作业展示。

四、实训步骤

1. 由指导教师介绍实训的目的和要求，对"促销策略"的实践要求给予明确。

2. 分组，每组 3～6 人，选举组长一名，由组长负责本组组员的分工。

3. 各组选定产品或品牌，明确实训任务，制定执行方案，指导教师通过之后执行。

4. 各组收集资料并进行讨论分析和整理，形成讨论稿，完成实训报告。

5. 各组将设计好的方案制成 PPT，并向教师和全班同学汇报，由其他组的同学提问，教师进行点评。

6. 每个小组上交一份设计好的纸质和电子版的市场调研报告。

第 10 章　市场营销管理

引　例

新上任的销售经理面临的营销管理问题

国内某快销品公司大区经理张先生被提升为公司销售经理。他所在的公司与其他两家国内公司并列处在行业第二梯队，第一梯队由两家世界级公司构成，占有 45% 的市场份额。公司对新上任的销售经理的期望是，上任第一年公司营业收入增加 20%。面对这一目标，他要思考和探讨的问题有两个：一是新的市场增量来自哪里？虽然三级、四级市场的总体份额有望提升，但这一群体对价格敏感；同时，与低端厂商竞争可能会影响价格体系和利润结构。而一级市场又被两大公司所控，很难打进。处于中间市场的竞争者实力相当，市场扩张也很困难。二是公司销售队伍虽然熟悉传统渠道，但在开拓大型连锁专场方面缺乏能力，各地销售人员在与当地强势终端打交道时方法明显不足。此外，公司中还存在产品质量不稳定、新品上市慢、广告投放不足、物流不畅等问题，销售精英流失的问题尤其严重。所有的问题都必须尽快加以解决。对于刚刚从区域市场销售管理岗位升任的公司销售经理而言，必须能够从战略层面思考当前面对的挑战。

10.1　市场营销管理概述

第二次世界大战结束以后，随着科学技术的飞速发展和生产力水平的日益提高，欧美发达国家陆续由卖方市场转入买方市场。激烈的竞争环境，迫使企业不得不以顾客的需求为导向，来安排自己的生产经营活动。由此，以市场营销观念为指导的一些具体的市场营销活动，逐步成为企业经营活动的一项常规但却非常重要的内容。

作为一项常规性的经营活动，如果能将管理学的基本思想和科学原理引入进来并加以运用，无疑会提高市场营销活动本身的效率和效果，进而有效实现企业经营目标。正是基于这种思考，市场营销管理这样一种以管理为导向的营销理论才逐步发展和成熟起来。

10.1.1　市场营销管理的内涵

所谓市场营销管理，是指营销者为了创造、建立和保持与目标市场之间的互利交换关系，以保证企业目标的实现，在主客观条件分析的基础上，由市场营销管理者对市场营销活动进行计划、组织和控制的过程。要准确理解市场营销管理的内涵，必须把握以下几点。

1. 市场营销管理的对象是市场营销活动

市场营销是企业的一项活动，旨在识别目前尚未满足的需求和欲望，估量和确定需求量的大小，选择和决定本企业目标市场，并决定适当的产品、服务、计划，以便为目标市场服务。通过对市场营销各环节实施有效的计划、监督、控制，尤其是对各级营销人员的激励，可以保证营销工作以一定的成本取得更高的实效。

2. 实施营销管理的主体是营销部门

营销部门既是营销活动的实施部门，也是主要职能管理部门。作为营销工作的实施部门，营销部门需要安排和执行许多具体的营销工作，例如市场需求调研、营销战略计划和项目预算的编制、营销工具组合策略的设计、营销活动的落实及效果评估等。但需要指出的是，营销工作不是营销部门一个部门的工作，组织中所有的管理者(包括生产、设计、财务、人事等)和全体员工都应该将营销工作看作是本部门和本人最重要的工作之一。因为只有当全体员工都树立以顾客需求为导向的市场营销观念，将个人本职工作与顾客需求联系起来，实行"全员营销"，才能全方位地满足顾客的需求。作为市场营销活动的职能管理机构，市场营销部门的主要工作是牵头制定相关的营销管理制度，同时与组织内各部门保持良好的沟通和反馈，根据组织内外环境变化，引导和协调全体员工做好营销工作，并客观地评价各部门的营销工作效果，及时调整营销计划，努力完成组织经营目标。

3. 市场营销管理是一个过程

与其他管理工作一样，市场营销管理也是通过动员和协调各种可控因素，不断适应组织内外环境变化，最终实现组织经营目标。市场营销的直接目标是满足顾客需要，市场营销管理就是通过计划、组织、控制等管理职能，把企业所有的人力、物力、财力科学地组织到满足消费者的需要上来。因此，市场营销管理过程既是需求管理过程，也是企业各项管理职能协调运转的过程。由于消费需求是连续不断的，因而市场营销管理的过程也是不断循环的。但是，这个过程不是简单的重复，而是不断进行自我调节、自我完善的上升过程，每一个过程的结束又同时是另一个过程的开始；后一个过程较前一个过程，在内容、手段上都会有所进步。

10.1.2　市场营销管理的实施程序

企业的市场营销管理是一个连续的过程，具体包括五个主要步骤，即分析市场机会、选择目标市场、制定市场营销战略、制定市场营销计划、组织执行和控制市场营销工作，如图 10-1 所示。

图 10-1　市场营销管理的实施程序

1. 分析市场机会

市场机会是指市场变化对企业营销的有利影响，它直接体现为市场中未被满足的顾客需求。分析市场机会是营销管理的首要任务，在现代社会激烈的市场竞争中，把握市场机会是企业成功的开端。由于市场上总是存在未被满足的需求，客观上就存在着各种各样的机会，谁能先识别出这些机会，谁就能在竞争中领先一步。

市场机会的发掘有赖于企业对市场环境、市场竞争、市场需求的分析，有赖于对市场情报的及时收集，有赖于对市场供求关系的研究和预测。善于发掘和分析市场机会，是企业制定营销策略的基础和前提。

2. 选择目标市场

目标市场是企业在众多市场中选择的，为之提供产品和服务的消费者群体。目标市场实际上就是企业确定，并力图抓住的市场机会或者营销机会。企业不仅要善于识别和发掘各种市场机会，同时还要善于评估各种市场机会，以便从众多的机会中选出适应企业战略目标和资源条件的营销机会。

3. 制定市场营销战略

市场营销战略是指企业为抓住市场机会、服务目标市场、实现企业目标，对市场营销活动所进行的带有全局性和长远性的规划。例如产品差异化与定位、不断创新、成本节约、质量管理、市场拓展、新业务发展、一体化经营、联合并购等。

4. 制定市场营销计划

市场营销战略必须转变为市场营销计划，这样才能保证其有效实施。市场营销计划主要是指在合理的预算基础上，针对目标市场的特点对各种市场营销因素进行有效设计和恰当组合。这些因素有四类：一是产品，包括产品的种类、质量、设计、性能、品牌、包装、规格、保证(主要指质量、技术和服务的承诺)、退货方式等；二是价格，包括价格表、折扣、折让、付款期限、内销条件等；三是分销，包括渠道、覆盖面、地点、仓储、运输等；四是促销，包括广告、人员推销、营销推广、公共关系等。

5. 组织、执行和控制市场营销工作

组织、执行和控制是企业市场营销管理过程中最为关键、最为重要的环节。营销工作的组织是指根据市场营销工作的要求组织市场营销资源，建立和发展市场营销组织，配备相应人员，明确岗位职责和分工协作关系，以保证营销计划的实施。

营销工作的执行是指营销职能部门按照营销计划的要求去完成各种营销工作，这一步骤要求企业其他各部门和营销部门相互配合，以保证企业营销计划的顺利实施。

在计划执行过程中难免会出现失误和其他意外情况，因而必须对影响活动实施控制，这主要包括年度控制、盈利控制、效率控制和战略控制等。

10.1.3　市场营销管理的任务

市场营销管理的中心含义是针对市场需求及其变化情况，对市场营销活动进行计划、组织和控制。不同的地区、不同的时期，市场需求状况会有所不同，相应地，企业也就应当实施不同的营销活动，以刺激消费者对产品的需求。所以，市场营销管理过程也是需求管理过程，即面对不同的市场需求采取不同的营销措施，刺激、创造、适应及影响消费者的需求，使市场需求状况得到改善，赢得竞争优势，求得生存与发展。

任何市场均可能存在不同的需求状况，根据需求水平、时间和性质的不同，可归纳为八种不同的需求状况。在不同的需求状况下，市场营销管理的任务有所不同，要求通过不同的市场营销策略来解决。八种市场需求状况下的营销管理任务比较如图 10-2 所示。

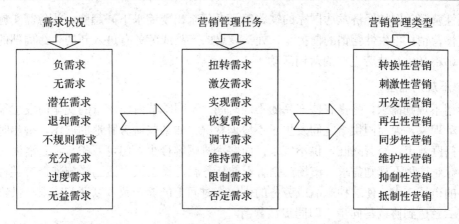

图 10-2　八种市场需求状况下相应的营销管理任务

1. 负需求

负需求是指全部或大部分潜在购买者对某种产品或劳务不仅不喜欢，没有需求，甚至有厌恶情绪，更甚至愿意出钱回避它的一种需求状况。例如素食主义者对所有肉类有负需求；许多人对预防注射、节育手术有负需求；有些旅客对坐飞机或轮船有畏惧心理，也产生负需求。造成负需求产生的原因，主要有文化、价值观、审美观、风俗习惯、宗教信仰、生理、心理及环境因素等。

在这种负需求的情况之下，市场营销的任务就是了解、调查、研究、分析人们对某种产品或劳务因不喜欢而产生的负需求的原因，并采取有针对性的措施，扭转人们的抵制态度，使负需求变为正需求。

2. 无需求

无需求是指市场消费者对某种产品或劳务不否定、不厌恶，只是漠不关心，没有兴趣或没有意识到的一种需求状态。无需求状况下的产品通常是那些新产品或新的服务项目，或是那些非生活必需的装饰品、赏玩品等，或是被认为无价值的东西，或虽被认为有价值但在特定情况下却没有价值的东西，以及消费者平常不熟悉的物品等，这些产品不会产生现实的需求。因此，市场营销的任务就是实行刺激性营销，即设法引起消费者的兴趣，刺激其对某种产品的需求，使无需求变为正需求。

3. 潜在需求

潜在需求是指多数消费者对市场上现实不存在的某种产品或劳务的强烈需求。例如卷烟市场的消费者渴望有一种味道好而又不含尼古丁的香烟；老年人市场需要高蛋白、低胆固醇的食品等。在这种潜在需求情况下，谁能提供这种对身体无害的产品，就会立即获得极大的市场占有率。因此，市场营销及营销管理的任务之一就是努力开发新产品，设法提供能满足潜在需求的产品和劳务，将市场上的潜在需求变成现实的需求。

4. 退却需求

人们对所有的产品和劳务的需求和兴趣，总会有发生动摇和衰退的倾向。所谓退却需求，是指某种产品或劳务的市场需求有下降趋势。在这种情况下，市场营销管理的任务是设法使已衰退的需求从下降中重新兴起，使消费者们已经冷淡下去的兴趣得以恢复，这就是再生性营销。例如经济发达国家的铁路客运多年来出现需求下降趋势，就急需实施有效的恢复性营销。再生性营销的前提是，处于衰退的产品或劳务有进入新的生命周期的可能性，否则不必进行徒劳无益的营销活动。

5. 不规则需求

所谓不规则需求，是指有些产品随不同时间、不同季节内需求量的变化而发生很大的上下波动现象，因而同供给之间发生了不协调状况。如某些避暑胜地的旅馆，暑热时顾客很多，门庭若市，经营兴旺，供不应求；而寒冷时顾客极少，门可罗雀，经营清淡，设施闲置。针对这种不规则需求，市场营销管理的任务就是设法采取适当措施来调节某种产品或劳务的市场需求，使这种产品或劳务的供求在时间上能够一致，以调节需求与供给的矛盾，使二者达到协调与同步，即同步性营销。

6. 充分需求

充分需求是指当前的需求在数量和时间上同预期的数量、时间已达到一致的状况，这是企业最感满意的需求情况。充分需求的饱和状态不会静止不变，常常由于两种因素的影响而变化，一是消费者偏好和兴趣的改变，二是同行业者的竞争。因此，市场营销管理的任务是设法维持或保持现有的销售水平，防止其出现下降趋势。维护性营销的主要策略是：保持合理售价、稳定销售人员和代理商、严格控制成本费用等。

7. 过度需求

过度需求是指需求量超过了卖方所能供给或所愿供给的水平，即"供不应求"。这种情况的出现，可能是由于暂时性的缺货，也可能是由于产品长期过分受欢迎所致。如对风景区过多的游人，对市场过多的能源消耗等，都应当实行抑制性营销，即"减少市场营销"。抑制性营销就是长期的或暂时的限制市场对某种产品或劳务的需求，通常可采用提高价格、减少服务项目和供应网点、劝导节约等措施。

8. 无益需求

无益需求是指市场对某些无益产品或服务的需求。有些产品或劳务，如香烟、烈性药、黄色音像制品等，对消费者、社会公众或供应者有害无益。这种情况下，市场营销管理的任务是抵制和消除这种无益需求，实行反市场营销或禁售。

10.2　市场营销计划

企业的整体战略规划了企业的发展任务，其市场营销职能战略指明了企业营销发展的目标，并作出营销总体上的长远谋划。为了实现企业的营销战略，必须制定更为具体细致的营销计划，分解和细分企业营销战略内容，才能使其成为可操作的具体措施并指导执行，从而使企业目标的实现成为可能。

10.2.1　市场营销计划的性质和分类

1. 市场营销计划的性质

市场营销计划在企业实际工作中常常被称作市场营销策划，是企业有关营销活动方面的具体安排。对于专业营销公司而言，营销计划也就是公司计划，而对于其他经营领域的企业，营销计划是公司计划中的一个组成部分。

所谓市场营销计划，就是在对企业市场营销环境进行调研分析的基础上，按年度制定的企业及各业务单位的营销目标以及实现这一目标所应采取的策略、措施和步骤的明确规定和详细说明。

市场营销计划涉及两个最基本的问题，一是企业的营销目标是什么？二是怎样才能实现这一营销目标？企业在进行营销活动之前，必须计划营销活动目标及其执行手段。离开营销计划的活动是盲目、脱离实际的，即便完成了也将是混乱和低效率的。制定市场营销计划的意义体现在以下几个方面：

(1) 市场营销计划促使企业内部各部门和全体员工明晰工作方向，并保持相互协调一致。

(2) 市场营销计划使企业集中精力，及时利用机会，减低风险。

(3) 市场营销计划使营销活动按照指定内容执行，避免不必要的浪费，节约营销成本。

(4) 市场营销计划有利于企业加强对营销活动的有效控制。

2. 市场营销计划的分类

面临复杂的市场环境，企业需要不断因其变化而制定不同的营销计划，不同的要求和目标，计划形式也应有所差别。科特勒曾列出企业的八种计划：公司计划、事业部计划、产品线计划、产品计划、品牌计划、市场计划、产品/市场计划、功能计划。这些计划有些就是营销计划的内容，另一些计划需要贯穿企业整个营销理念。企业实际的市场营销活动中，营销计划往往表现为以下各种形式。

(1) 总体市场营销计划和项目市场营销计划。总体市场营销计划是企业针对所有市场营销活动所制定的计划，其涵盖范围广、内容全面。项目市场营销计划只针对市场营销工作的某个层面、某个对象，内容集中度高，一般包括新产品计划、品牌形象计划、市场推广计划、促销计划、公关计划、渠道计划等。

(2) 长期市场营销计划和短期市场营销计划。长期营销计划是企业对营销活动在相当长的一个时期内的安排，更侧重于对企业的营销战略思考，层次高，涉及面广。短期营销计划是企业为眼前的经营活动制定更具体的行动措施，如某汽车公司的年度营销计划、某家电企业的年度知名度促进计划、某服装企业的季度促销计划。

值得注意的是，市场营销计划是营销战略分解具体执行方案，需要考虑其可行性和可操作性。

一份完备的市场营销计划包括以下内容：计划书提要、营销现状分析、机会和问题分析、营销目标、营销战略、行动方案、预期损益、营销控制。企业根据上述内容拟定营销计划书。下面将详细论述市场营销计划书的拟定。

10.2.2 市场营销总体计划书的拟定

市场营销计划包括八个主要部分，如图 10-3 所示。

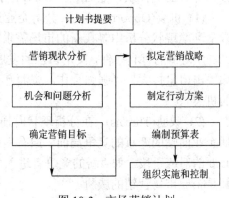

图 10-3 市场营销计划

一份规范完整的市场营销计划书，形式上由封面、目录、计划内容、封底组成。其中计划内容包括以下各个部分：

1. 计划书提要

市场营销计划书的开头，需要概括说明本计划主要的计划背景、总体目标、任务对象和建议事项。提要为整份计划书起统领和介绍作用，目的是让计划审议者能够迅速把握本计划的要点。例如某零售商店的年度营销计划是："本年度计划销售额为 5000 万元，利润目标为 500 万元，比上年增加 10%。这个目标经过改进服务、灵活定价、加强广告和促销努力，是能够实现的。为达到这个目标，今天的营销预算要达到 100 万元，占计划销售额的 2%，比上年提高 12%……"

2. 营销现状分析

营销现状分析是计划正文的第一部分，主要提供该产品目前营销状况的有关背景资料，包括社会宏观环境、市场环境以及产品状况、竞争状况、分销状况等方面的调查研究。

(1) 宏观环境。这部分描述社会宏观环境现状和发展趋势，涉及人口、经济、技术、政治法律、社会文化等方面对企业市场营销活动的影响。

(2) 市场状况。市场营销计划需要了解一系列市场背景，包括市场规模和容量、市场增长状况、过去几年市场总销量、细分市场状况，以及顾客需求、品牌认知、购买行为等内容。

(3) 产品状况。产品状况分析需要考虑近几年有关产品的价格、销售、边际收益和净利润等方面的情况。

(4) 竞争状况。分析本企业及产品的主要竞争对手，了解对手的产品特征、生产规模、发展目标、市场占有率，并且分析其市场营销战略和策略，了解其发展意图、方向和行为。通过分析市场竞争状况，为本企业制定对应策略打好基础。

(5) 分销状况。阐述企业分销渠道的销售规模、地位、策略、管理能力等内容。这部分是对所有形态的分销渠道的总体对比研究。从管理能力上还要了解一个具体分销实体的激励方案的科学性、有效性，以及费用等方面。

3. 机会和问题分析

市场营销计划者在进行上述现状分析后，找出关于企业营销或者生产、产品、品牌、分销等方面的性质，然后进行 SWOT 分析，从而提出下一步的目标和对应策略。

(1) 机会(Opportunities)。分析企业市场营销机会是市场营销管理的重要任务之一，要求从环境现状分析中寻找新的市场需求；从企业内部经营资源中找到诸如资金、技术、生产、分销中的有利条件，决定自己的发展方向和努力目标，使之成为营销计划中的突破点。如"出口量扩大""强强合作，资源互补""国家鼓励行业发展"等，都是企业市场营销的机会。

(2) 威胁(Threats)。在分析现状时通过大量可靠数据，找出市场营销环境中的问题，包括企业面临的严重的竞争局面、原有良好市场不可控制地逐渐萎缩等，以便在计划中采取必要的对应手段。如"新的竞争者进入""竞争对手加大促销力度""冒牌产品横行"等，都是企业市场营销的威胁。

(3) 优势(Strengths)。企业优势将在与竞争对手的对比分析中体现，如优于竞争对手的企业资源、经营管理能力，或者独有的生产技术优势等，这些因素是企业发展的机会，也是对付外来威胁的关键力量。如"产品属于名牌""有 50 年的生产经验""在行业内属于较大规模生产"等，都是企业市场营销的优势。

(4) 劣势(Weaknesses)。在与竞争对手的对比分析中显露出企业内部与行业内其他企业的一些能力差别，如"生产设备老化""人力资源结构不合理""原材料供应链不健康"等。

4. 确定营销目标

市场营销计划的目标是计划中最基本的要素，是企业营销活动所要达到的最终结果。市场营销目标一般包括：销售量、销售利润率、市场占有率、市场增长率、产品/品牌知名度和美誉度等。

市场营销目标例如："在明年度获得总销售收入 2 千万元，比今年提高 10%""经过该计划的执行，品牌知名度从 15%上升到 30%""扩大分销网点 10%""实现 390 元的平均价格"。

此外，产品经理可为产品确立财务目标，如"在明年度，净利润达到 200 万元""下半年现金流量达到 180 万元""在第六个五年获得 16%的税后投资报酬率"等。

关于目标要注意以下问题：

(1) 目标不能含糊，应以可以测定的方式表达，如数据和指标。

(2) 如果是双目标，目标之间应该彼此协调，具有一定的层次关系。

(3) 设置一定的期限。

(4) 目标具有挑战性，但必须可达。

在某些企业的市场营销计划中，市场营销目标也可能放在营销现状分析之前。

5. 拟定营销战略

市场营销战略是企业实现市场营销计划目标的途径和方法，主要包括"目标市场的选择""产品市场定位""市场营销组合""营销费用战略"等主要决策。营销战略在形式上可以建立表格，也可以使用文字说明。

(1) 目标市场战略。目标市场战略是营销战略的初期战略，用以阐明企业或企业产品准备进入的细分市场。在前面关于 STP 过程的章节中，我们详细分析了市场细分、目标市场的选择和市场定位战略。企业要在充分辨析不同的细分市场时，了解不同细分市场的偏好、市场反应行为和盈利能力，精心选择所要进入的目标市场，并准确进行市场定位。

(2) 营销组合战略。营销组合战略确定了目标市场，企业将根据目标市场的特征，合理配置资源，从策略上分别制定产品、价格、分销和促销方案。同一目标可以对这四个因素进行不同组合，可以设定不同方案以供选择。理想的营销组合必须考虑各个因素的协调和营销资金的最佳利用。

(3) 营销费用战略。营销费用战略详细说明了为执行各种营销战略所必需的营销费用，并要以科学的方法来确定恰当的费用水平，既要保持营销活动的需要，又要使费用水平相对降低。

6. 制定行动方案

市场营销战略说明了企业管理人员为了达到企业目标而将采取的总体办法，但战略必须具体化，形成整套的战术或具体行动。行动方案主要阐述以下问题：

(1) 应该做什么？

(2) 什么时候开始做，什么时候完成？

(3) 由谁来做？

(4) 成本是多少？

行动方案必须是具体的、细节化的，应全面考虑时间、空间、步骤、责任、项目费用等要素。行动方案一般需要使用表格或者图形，把各个要素的实际表现描述和陈列出来，使整个方案条理清晰，一目了然，以便于执行和控制。

例如，营销管理人员想通过加强促销活动提高市场占有率，那么要执行这一策略必须制定相应的促销行动方案，如决定广告题材，确定广告媒体及其费用开支，参加交易会、展销会等。

7. 编制预算表

损益预算报告根据目标、战略和行动方案来编写，包括收入和支出两个模块。收入栏涉及预计的销售数量和平均可实现价格；支出栏反映研发成本、生产成本、实体分销、物流成本和各项营销活动的费用；收入与支出之差额就是预估利润；损益预期是企业营销部门进行采购、生产、人力资源分配以及营销管理的依据。

西方企业编制损益预算表通常采用两种方法：目标利润计划法和利润最大化计划法。

8. 组织实施和控制

组织实施和控制是营销计划的最后一个环节，是对执行整个营销计划过程的管理。组织实施和控制的内容有：

(1) 建立灵活而有适应性的组织架构。

(2) 制定相应的激励制度，形成规章制度。

(3) 强化企业文化的营销理念，并协调企业各部门和营销计划执行部门的关系。

(4) 设定执行提示和监督的表格，确保计划的执行有条不紊。

企业往往给计划执行设定阶段性和长期性考核指标，并给方案设立应急和备选方案，以确保预期目标能够顺利实现。

市场营销计划控制包括年度控制、盈利控制、效率控制和战略控制。这方面的内容将在第四节详细阐述。

10.2.3　制定市场营销计划应注意的问题

1. 企业的市场营销计划具有多层次

每一个具体的营销责任机构都应编制一份营销计划，如企业总体营销计划、产品线计划、品牌计划、客户群计划、渠道计划等。

2. 制定营销计划应听取其他部门的意见

营销部门应与其他部门保持良好的沟通与协同，以便于在计划实施过程中得到其他部门的理解与配合。

3. 制定营销计划应更多地听取基层执行人员的意见

营销计划多由专业计划人员或营销经理制定，但由具体的营销人员执行，由于计划制定者的视角比较宏观，加之对操作中的细节不够了解，往往容易导致计划与实际相脱节，因此，在制定营销计划时，计划人员应广泛听取基层营销人员的意见，并积极宣传总体计划，使上下层之间充分沟通，相互理解，以保证制定的计划得到有效执行。

4. 营销计划必须有明确的执行方案

计划是用来落实的，评价一份营销计划是否有效的一个重要指标是看该计划是否有明确、具体的行动方案，为此，应该将每一个营销任务和责任落实到人，细化实施方案，明确实施主体、时间、地点、具体活动方案、预算安排甚至是应急措施。

10.3　市场营销组织

市场营销计划必须依托其职能组织才能执行和完成。市场营销组织是指企业内部涉及市场营销活动的各个职位及其结构。一个有效的市场营销组织是完成企业战略目标的基本保障。企业市场营销计划的制定、执行、评估和控制都是由市场营销组织整合实现的。从管理的环节来看，组织职能的目的就是把总任务分解成一个个具体的任务，然后再把它们合并后分配给单位或部门的管理人员。有效的营销组织应具有灵活性、适应性和系统性，即企业组织能够根据营销环境和营销目标、策略的变化，适应需要，迅速调整自己。

10.3.1　市场营销组织的目标

1. 对市场需求做出快速反应

市场营销组织应该不断适应外部环境，并对市场变化作出积极反应。市场变化的途径是多种多样的，市场营销研究部门、企业的销售人员以及其他商业研究机构都能为企业提供各种市场信息。了解市场变化后，企业的反应则涉及整个市场营销活动，从新产品开发到价格确定乃至包装都要作相应的调整。

2. 使市场营销效率最大化

企业内部存在着许多专业化部门，为避免这些部门间的矛盾和冲突，市场营销组织要充分发挥其协调和控制的职能，确定各自的权利和责任。

3. 代表并维护消费者利益

企业一旦奉行市场营销观念，就要把消费者利益放在第一位，这里主要由市场营销组织承担这项职责。虽然有的企业利用市场营销研究人员的民意测验等来反映消费者的呼声，但仅此是不够的，还必须在管理的最高层面上设置市场营销组织，以确保消费者的利益不致受到侵害。

企业市场营销组织的上述目标归根结底是帮助企业实现整个市场营销任务。事实上，组织本身并不是目的，更为重要的是组织的协调、指导，只有这样企业才能获得最佳市场营销成果。

10.3.2　市场营销组织的发展和演变

现代普遍采用的市场营销组织方式，是市场经济发达的西方国家随着经营思想的发展和企业管理的经验积累逐渐发展和演变形成的，期间经历了以下五种典型形式。

1. 简单推销部门

20 世纪 30 年代以前，西方国家的企业市场营销活动主要以生产观念为指导，其内部市场营销组织属于简单销售部门。当时，推销和财务、生产都是企业最基本的职能构成。财务部门管理资金、账务，生产部门负责产品制造，推销部门则管理产品销售。推销部门由一位副总经理负责，管理推销人员及其促销工作，如图 10-4 所示。推销部门只负责把生产出来的产品销售出去，不过问生产的质量、种类、规格，也不管生产过程。为了应付短期的销售疲软，销售部门也进行一些简单的市场调研、顾客走访、广告促销和人员推销工作，但销售人员和企业管理者基本上不具有市场营销观念。

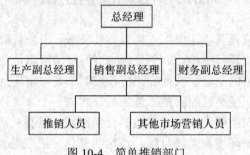

图 10-4　简单推销部门

2. 具有辅助性功能的推销部门

随着买方市场的逐渐形成，以生产和产品甚至推销为导向的经营观念开始导致企业经常性的销售困难，销售部门在企业中的地位也越来越高。20 世纪 30 年代以后，很多企业进一步扩大规模，市场竞争趋于激烈，销售工作变得更为复杂，这些导致企业更多的营销职能和营销工具被作为提升销售量的主要手段而被引入到销售部门的工作中。也就是说，销售部门除了推销产品，也承担如市场调研、广告宣传和销售服务等推销辅助功能如图 10-5 所示。在推销观念的指导下，很多企业通过市场研究、广告等促销活动积极推动销售。在企业和销售部门的管理者眼里，营销人员是企业销售的"突击队"和"救火队"，主要职责是市场开拓和应急。而随着这方面的工作量的增加，企业便需要设立市场营销主管的职位，负责这些具体、专门的工作。

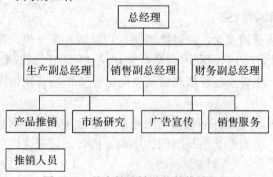

图 10-5　具有辅助性功能的推销部门

3. 独立营销部门

单纯的销售推进已经不能解决企业所面对的销售问题，而且销售部门特有的短期化视角也限制了营销人员的作为，组织迫切需求以营销思想来对整个经营活动实施指导。而随着企业经营规模和业务范围的进一步扩大，原来只作为辅助性职能的市场调研、广告促销甚至产品开发等工作需要进一步加强，原有销售部门的工作量和管理难度也大大增大。于是市场营销部门随着一系列工作的独立而脱离出来，成为了一个与销售并立的职能部门，由一位营销副总经理负责，与销售副总经理同时直接由总经理领导，如图 10-6 所示。

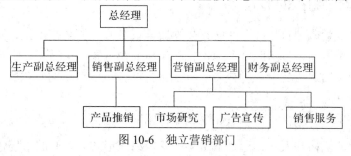

图 10-6　独立营销部门

4. 现代营销部门

尽管销售和营销部门的经理应协调工作，但销售部门与营销部门之间存在的矛盾太多，因而相互之间缺乏信任，关系紧张。企业内外环境的发展迫使企业认识到营销工作已不仅仅是营销部门一个部门的工作，企业必须以营销观念来统领整个企业的经营工作。于是，在经历了独立营销部门之后，又逐步诞生了现代营销部门。销售与营销部门的活动出发点有所差异，前者追求当前单纯的销售量，后者则从产品开发、产品形象、市场开发等多方面考虑企业的各项活动，从企业各环节考虑，满足顾客的需求。两者在矛盾中整合，发展为销售和营销都归为市场营销副总经理全面负责，下辖市场营销职能和销售职能的组织结构，如图 10-7 所示。

图 10-7　现代市场营销部门

值得注意的是，市场营销人员与销售人员是两个不同的群体。虽然很多市场营销人员来自于销售人员，但他们的特征和职能是不同的，具体如表 10-1 所示。

表 10-1　市场营销人员与销售人员的区别

市场营销人员	销售人员
依赖于营销调研	依赖于实践经验
努力确定和了解细分市场	努力了解每个顾客
致力于企划工作	致力于销售工作
从长远思考	从具体考虑
目标是产品利润和市场份额	目标是产品销售额

5. 现代营销企业

一个企业可能设有现代化的营销部门，但还不能说它是完全意义上的现代营销企业，这取决于企业中的其他主管人员怎样看待营销功能。如果只把营销看成是销售功能或把营销部门认为是市场运作部门，那么他们就没有抓住重点。现代营销企业的外在组织形式与上述现代营销部门相同,但当企业在现代市场营销观念的指导下,内部各级管理者和员工形成全面的"为顾客服务",围绕"满足顾客需求"而开展企业各个环节的活动,才能被称为现代营销企业。在现代营销企业中,市场营销不仅仅是一个职能部门的名称,而是贯穿于这个企业运营的指导思想。

10.3.3　市场营销组织的形式

为了实现企业的营销目标,企业必须建立适合自身特点的营销组织,同时必须适应市场营销活动的四个方面,包括职能、地理、产品和消费对象。市场营销组织具有以下七种基本模式,企业可以选择其中一种或者综合几种方法来组织自己的营销部门。

1. 职能型

所谓职能型市场营销组织机构是指营销部门内部根据行政、调研、新产品开发、广告等职能设置相应的机构和人员,这是最常见的营销组织形式。企业的市场营销活动包括市场调研、销售计划、广告推销、新产品开发等。在职能型的营销组织中,企业设立一名营销副总经理管理营销事务,由若干名市场营销专家各执行某一方面的营销职能,他们都对营销副总经理负责,接受营销副总经理的领导。其中营销行政事务经理主管营销日常工作,广告与营业推广经理主管产品的促销工作,销售经理主管推销人员的招募和管理,市场研究经理主管市场调查、分析与预测等工作,新产品经理主管新产品的开发与研制工作。职能型市场营销组织结构见图10-8。

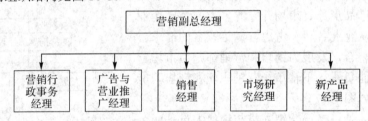

图 10-8　职能型组织

职能式组织形式的主要优点:

(1) 贯彻了专业分工的要求,有利于在人力利用上提高效率。

(2) 职责分明,落实各类人员对各类工作成果的责任。

(3) 集中管理、统一指挥,有利于维护领导对指挥和控制活动的权利和威信。

(4) 管理简单。

不过随着企业产品增多,市场扩大,这种组织形式可能暴露出其效益较差的弱点。因为没有一个职能组织为具体的产品或市场负责,每个职能组织都力求与其他职能组织对等的地位,也会在各职能之间产生推诿和资源争夺等问题,营销经理需要将大量精力花费在内部协调方面。

2. 地区型

从事全国性销售业务的企业常常将其销售人员按地域划分,同时增设地方市场专家来支持销量很大的市场中的销售工作,这有助于帮助企业总部营销经理调整他们的营销组合,以求得最大限度地利用市场机会。同时,地方市场专家还将制定年度和长期发展计划,并在总公司营销人员和地区销售人员之间起到联系沟通的作用。因此,地区型市场营销组织形式是一个在全国范围内销售产品的企业通常按地理区域设置的营销机构,安排的销售队伍。地区型市场营销组织结构如图 10-9 所示。

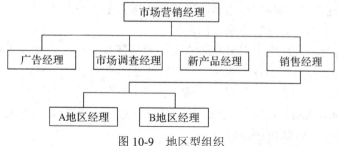

图 10-9　地区型组织

地区型组织形式的主要优点:

(1) 管理幅度与管理层次相对增加,这样便于高层管理者授权,充分调动各级营销部门的积极性。

(2) 发挥该地区部门熟悉该地区情况的优势,发展特定市场。

地区型组织形式的主要缺点:各地区的营销部门自成体系,容易造成人力资源的浪费,地区销售经理大多只考虑本地区的利益。

3. 产品管理型

生产多种产品或品牌的企业,常常建立一个产品或品牌管理型组织,由产品经理主管若干个产品大类的生产和销售工作,同时增设产品和品牌管理型专家来全方位支持产品和品牌管理机构的营销工作,并与其他产品部门的营销管理人员协调,统一制定企业年度和长期发展计划。当然,如果企业不是按照事业部制来设计组织机构,而是将产品经理设为组织的一级职能机构,那么产品经理与产品和品牌管理型市场专家的角色就是完全相同的。也就是说,这种形式并没有取代职能式组织形式,只不过是增加一个管理层次而已。产品管理组织形式由一名产品主管经理负责,下设几个产品大类经理,产品大类经理又监督管理某些具体产品经理。产品管理型市场营销组织结构见图 10-10。

图 10-10　产品管理型组织

最早的产品管理型组织形式出现于 1927 年的宝洁公司,当时,宝洁开发的一种新肥皂景况欠佳,一位名叫纳尔·麦克埃尔罗伊的年轻人(后来升任宝洁公司总经理)受命统筹开发和推销这种肥皂。随后他取得了成功,于是公司随之增设了其他产品经理。从那时起,许多公司特别是生产食品、肥皂、化妆品和化工产品的公司,都建立了产品管理型组织。

产品经理的主要任务是制定发展产品的长期经营和竞争策略,编制年度营销计划,并负责全面执行计划和控制执行结果。

产品管理型组织形式的优点：

(1) 产品经理能够将产品营销组合的各种要素较好的协调起来。

(2) 能对市场上出现的问题迅速作出反应。

(3) 较小的品种或品牌由于有专人负责而不至遭忽视。

(4) 由于涉及企业经营的各个领域，年轻经理能获得较好的锻炼。

然而，这种组织形式也有以下不足之处。

(1) 产品经理未能获得足够的权威，无法有效履行自己的职责，只有靠劝说的方法取得广告、销售、生产等部门的配合。

(2) 只能成为本产品的专家，很难成为职能专家。

(3) 这种管理形式的费用常常高出原先的预料。

(4) 产品经理的任职期限较短，故使市场营销计划缺乏长期连续性。

4. 市场管理型

许多企业将产品出售给不同类型的市场(即顾客)，因而需要针对不同的消费阶层开展营销工作，以便能够更加有效地满足顾客需要。所以，市场管理组织形式是指企业按照市场的不同划分建立市场管理组织。例如钢铁公司将钢铁既卖给商业企业，又卖给建筑业和加工业等，这种组织形式由市场营销经理统一领导协调各职能部门的活动。市场管理型营销组织结构见图 10-11。

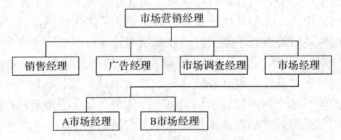

图 10-11　市场管理型组织结构

市场管理型组织形式的结构与产品管理型组织形式的结构基本相同，只是由面对不同类型产品改为面对不同类型市场，各个市场由专门的市场经理负责，他们的职责与产品经理相类似。市场管理型组织有着与产品管理型组织相同的优缺点，其最大的优点是，企业可针对不同的细分市场及不同顾客的需要，开展一体化的营销活动，而不用把重点放在彼此隔离的产品或地区上，从而有利于企业加强销售和市场开拓。这种组织的不足是权责不清和多头领导。目前，在市场经济发达的国家，越来越多的企业开始按照市场管理型组织建立营销组织。

5. 产品/市场型

生产多种产品并向多个市场销售的企业，常常会遇到如何设置机构的难题，他们可以采取产品管理型组织形式，那就需要产品经理熟悉广为分散的各种不同的市场；也可以采取市场管理型组织形式，那就需要市场经理熟悉销往各市场的五花八门的产品；还可以同时设置产品经理和市场经理，形成一种矩阵式结构。例如，杜邦公司就是这样设置营销机构的，见图 10-12。

市场经理		男式服装	女式服装	家庭装饰	工业市场
产品经理	人造丝				
	尼龙				
	醋酸纤维				
	涤纶				

图 10-12　产品/市场型组织结构

　　这种组织形式的优点是：有较强的灵活性和适应性。产品经理负责产品的销售利润和计划，为产品寻找更广泛的用途；便于不同部门之间的沟通协调，集思广益，减少了部门间的冲突；市场经理开发现有和潜在的市场，着眼于市场的长期需要，而不只是推销眼前的某种产品。这种组织形式适用于多角化经营的企业，不足之处是管理费用较大，而且由于权利和责任界限比较模糊，易产生矛盾。

　　6. 事业部型

　　随着多角化公司的规模进一步扩大，市场业务从国内扩展到国外，产品项目由一个行业跨越到不同行业，公司应考虑设置事业部组织，把各大产品部门或市场部门升级为各自独立的事业部，各事业部再设置自己的职能部门和服务部门，建立自成体系的事业部营销组织结构。这一组织形式存在的问题是，营销职能如何在公司总部与事业部之间划分，一般有三种选择。

　　(1) 公司总部不设营销部门，营销职能完全由各事业部自己负责。

　　(2) 公司总部保持适度的营销组织，执行有限的营销职能。为最高层进行市场机会评估；应事业部要求提供咨询帮助；为没有或只有少数营销人员的事业部提供服务；向公司其他部门传达营销观念。

　　(3) 公司总部保留强大的营销部门，通常要为各事业部提供多种营销服务，如广告、促销、市场调研、营销计划、人员管理与培训等。

　　7. 营销战略联盟

　　营销战略联盟目前已成为许多企业，特别是跨国公司的一种基本战略。具体的营销战略联盟可能是纵向的伙伴关系(如制造商与分销商间的伙伴关系)，也可能是横向的伙伴关系(如制造商之间在新产品开发、分销上的合作)，还可能是混合的伙伴关系(如跨行业的营销合作)。"合作营销"是一种横向的营销战略联盟，安德森和拉鲁斯(1990)曾将其定义为"相互承认和了解任何一方的成功并部分依赖于对方企业"。它是产品具有互补性的企业间缔结的一种合约关系，其目的在于建立或增加用户对这些互补性的利益的认知。它涉及伙伴间在一个或更多的营销领域的协作，并且可能将协作扩展到研发甚至生产领域。

10.3.4　市场营销组织的设置

　　1. 影响企业市场营销组织设置的因素

　　企业适宜采取哪种组织形式，一般受到以下几方面因素的制约。

(1) 企业规模。一般来说，企业规模越大，市场营销组织越复杂；企业规模越小，市场营销组织也就相对简单。

(2) 市场状况。一般来说，市场的地理位置是决定市场营销人员分工和负责区域的依据。如果市场由几个较大的细分市场组成，企业需要为每个细分市场任命一位市场经理；销售量较大的市场一般需要较大的市场营销组织，而组织越大，需要的各种专职人员和部门也就越多，组织也越复杂。

(3) 产品特点。这包括企业经营的产品种类、产品特色、产品项目的关联性以及产品技术服务方面的要求等。经营产品种类多、特点突出、技术服务要求高的企业，一般应建立以产品型模式为主的营销组织机构。

(4) 企业类型。从事不同行业的企业，其市场营销组织的构成也各不相同，如服务业、银行、商业等，它们的营销重点之一是顾客调查，而原材料行业，如木材和农产品初级加工企业，它们的营销重点之一则是产品的储存和运输。

2. 设置市场营销组织的原则

企业种类很多，每一个企业都有不同的性质和特点，因而也就适合于不同的组织类型。企业应建立何种组织才能最有效地推动组织的运行，保障企业经营目标的实现，必须遵循一些必要的原则，这些原则主要有：

(1) 整体协调性原则。

协调是管理的主要职能之一。设置市场营销机构需要遵循的整体协调和主导性原则，可从以下方面加以认识：

① 设置的市场营销机构能够对企业与外部环境，尤其是市场、顾客之间关系的协调，发挥积极作用。企业的目标是创造市场、创造顾客，失去了市场、顾客，企业也就失去了存在的资格和生存的条件。满足市场的需要，创造满意的顾客，是企业最为基本的宗旨和责任；比竞争者更好地完成这一任务，是组建市场营销部门的基本目的。

② 设置的市场营销机构能够与企业内部的其他机构相互配合，并能协调各个部门之间的关系。营销机构的市场职能是负责设备和原材料的采购、供应，形成和发展生产能力，管理作业流程，控制质量水准，按照企业经营的要求完成生产任务；研究与开发职能则为企业提供经营"后劲"，进行产品、工艺和技术的开发、改造、更新和设计。财务职能解决企业经营所需的资金来源，在各个职能部门、各个业务项目、各个流程环节之间进行资金分配，对资金的使用进行监督、管理，并核算成本、收益。人力资源管理通过对"人"这一资源的开发、使用，帮助实现企业目标。因为如果没有了顾客，企业就会失去存在的价值。

因此，无论是生产管理、研究与开发管理还是财务管理、人力资源管理，都应当服从于市场营销，成为市场营销的支持性职能；市场营销则是企业管理和经营中的主导性职能，不能简单地作为一般职能部门看待。

③ 市场营销部门内部的人员机构以及层次设置也要相互协调，以充分发挥市场营销机构部门的整体效应。只有做到从部门内部到企业内部，再到企业外部都协调一致，市场营销机构的设置才能说是成功的。

总之，市场营销部门应当做到在面对市场、面对顾客时，能够代表企业；面对企业内部各个部门、全体员工时，又能代表市场、代表顾客；同时，自身内部又具有相互适应的弹性。

(2) 幅度与层次适当原则。

管理幅度又称管理宽度或管理跨度，是指领导者能够有效直接指挥的部门或员工的数量，这是一个"横向"的概念。管理层次又称管理梯度，是一个"纵向"的概念，是指一个组织属下不同的等级数目。一般来说，如果管理职能、范围不变，管理跨度与管理层次是互为反比关系的。管理跨度越大，管理层次越少；反之，管理跨度越小，则管理层次越多。

应当指出的是，市场营销组织管理跨度以及管理层次的设置不是一成不变的，机构本身应当具有一定的弹性。企业需要根据变化着的内部外部情况，及时调整市场营销部门的组织结构，以适应发展的需要。应当记住，组织形式和管理机构只是手段，不是目的。

(3) 有效性原则。

"效率"是指一个企业在一段时间内可以完成的工作量。一个组织的效率高，说明它内部结构合理、完善，它就能够顺利地生存和发展。在企业内部，各个部门的效率表现在：能否在必要的时间里完成规定的各项任务；能否以最少的工作量换取最大的成果；能否很好地吸取过去的经验教训，并且业务上不断有所创新；能否维持机构内部的协调，而且及时适应外部环境、条件的变化。

要达到有效性，实现工作的高效率，就必须具备以下基本条件。

① 市场营销部门要有与完成自身任务相一致的权利，包括人权、物权、财权和发言权、处理事务权。

② 市场营销组织要有畅通的内部沟通和外部信息渠道。

③ 善于用人，各司其职。

10.4　市场营销控制

市场环境和企业内部环境都处于动态发展的过程中，任何策划完备的计划都可能因环境变化而导致执行结果偏离预期，甚至完全失败，同时，由于执行人员对计划的理解不同或者执行力度不均也会使计划的营销目标不能很好地实现，因而营销管理者对营销活动的监督和控制十分必要。

所谓营销计划控制，就是企业营销管理部门为了营销目标的实现，保证营销计划的执行取得最佳效果而对执行过程中各营销要素进行监督、考察、评价和修正。营销计划控制的程序如图 10-13 所示。

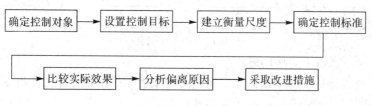

图 10-13　营销控制程序

具体而言，营销控制有年度控制、盈利控制、效率控制和战略控制四种不同的控制过程。对营销控制类型的简要总结如表 10-2 所示。

表 10-2　营销控制类型

控制类型	主要负责人	控制目的	方法
年度控制	高层管理当局 中层管理当局	检查计划目标是否实现	销售分析、市场份额分析、销售费用分析、顾客态度追踪分析
盈利控制	营销审计人员	检查公司在哪些地方盈利，哪些地方亏损	盈利情况：产品、地区、顾客群、细分片、销售渠道、订单大小
效率控制	直线管理和职能管理当局营销审计人员	评价和提高经费开支效率以及营销开支的效果	效率：销售人员、广告、促销、分销
战略控制	高层管理当局营销审计人员	检查公司是否在市场、产品和渠道等方面正在寻求最佳机会	营销环境、营销战略、营销组织、营销制度、营销生产率、营销功能

10.4.1　年度控制

在实际工作中，很多企业都会对自己的营销活动制定严密的计划，但执行的结果总是与之产生比较大的距离。造成这种情况的原因除了外部因素，往往还因为执行过程不能及时找出偏离的问题并得以解决。

年度控制是指企业在本年度内，针对销售额、市场占有率和营销费用进行实际效果与计划之间的检查，以便及时采取改进措施，保证、促进营销计划目标的实现与完成。年度控制包括四个主要步骤，如图 10-14 所示。

第一步，制定标准。分解计划目标，确定本年度各个阶段的目标、任务。

第二步，测量绩效。将实际执行效果与计划预期目标相对比。

第三步，因果分析。剖析研究发生偏离的原因。

第四步，修正行为。及时采取补救和调整措施，缩小差距，努力使执行效果与计划目标相一致。

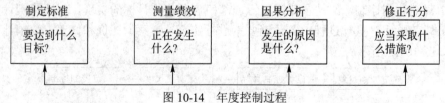

图 10-14　年度控制过程

年度控制要注意以下一些问题：

第一，管理当局必须在年度计划中建立月份或者季度目标，作为水准基点。

第二，管理当局必须监视在市场中的执行绩效。

第三，管理当局必须对任何严重的偏离行为的原因作出判断。

第四，管理当局必须采取改正行动，以便弥合其目标和执行实绩之间的缺口。

企业营销管理人员通常可以运用下列绩效指标进行年度控制：

1. 销售分析

销售分析用于衡量和评估市场营销人员所制定的计划销售目标与实际销售额之间关系，包括两种方法。

(1) 销售差额分析。

这种方法用于分析各个不同因素对销售绩效的不同的影响程度。

例：某家企业在销售计划中列出目标，第一季度产品销售 5000 件，每件 1 元，即销售额为 5000 元，但实际该季度只销售了 4000 件，每件 0.90 元，即实际销售额为 3600 元，则销售绩效差额为 –1400 元。

可见，总销售额降低既有销售数量减少的原因，也有价格降低的原因。那么，二者各自对总销售额的影响有多大呢？计算如下：

$$价格下降的差距 = (Sp – Ap)AQ = (1 – 0.90) \times 4000 = 400（元）$$

$$价格下降的影响 = 400 \div 1400 = 28.5\%$$

$$销量下降的差距 = (SQ – AQ)Sp = (5000 – 4000) \times 1 = 1000（元）$$

$$销量下降的影响 = 1000 \div 1400 = 71.5\%$$

式中：Sp 为计划售价；Ap 为实际售价；SQ 为计划销量；AQ 为实际销量

可见，有 2/3 多的销售差额应归因于没有完成预期销售数量。找出原因后，企业可以进一步细分原因，并思考需要做哪些工作提高销售数量。

(2) 地区销售量分析。

这种方法可以衡量导致销售差额的具体产品和地区。

例：某企业产品在三个地区销售，计划销售额分别是 1500 元、500 元、2000 元，总额为 4000 元，但实际销售额分别为 1400 元、525 元、1075 元，总额为 3000 元，与计划销售额的差距分别是 –6.67%、+5%、–46.25%。可见，引起不良绩效的主要原因是第三个地区销售量大幅度下降。企业应集中注意力分析第三个地区的销售管理状况，可能是销售员工的问题，可能是进入了有力的竞争者，也可能是该地区消费水平下降。

2. 市场份额分析

在企业经营活动中，如果销售额增加了，可能是因为企业所处的整个经营环境发生了改变，也可能是因为其营销效果相对于竞争者有不同的经营表现。如果企业产品的市场占有率升高，表明其较之于竞争者绩效更好，反之则更差。衡量市场占有率的方法有以下几种：

(1) 总体市场占有率。总体市场占有率是以企业的销售额占整个行业销售额的百分比来表示。

注意：第一，正确认定行业的范围，即明确本行业所应包括的产品、市场等；第二，要以单位销售量或销售额来表示市场占有率。

(2) 可达市场占有率。可达市场占有率是以企业的销售额占企业所服务市场的百分比来表示。可达市场，一是指企业产品适合的市场；二是指企业市场营销努力所及的市场。

企业可能有近100%的可达市场占有率，却只有相对较小百分比的总体市场占有率。

(3) 相对市场占有率(相对于市场最大竞争者)。相对市场占有率是以企业销售额相对于市场最大竞争者的销售额的百分比来表示。当相对市场占有率超过1时，表明该企业是市场领导者；当相对市场占有率等于1时，表明企业与市场领导者同为市场领导者；当相对市场占有率小于1且增加时，表明企业正接近市场领导者。

(4) 相对市场占有率(相对于三个最大竞争者)。相对市场占有率是以企业销售额对最大的三个竞争者的销售额的总和的百分比来表示。如某企业有30%的市场占有率，而它的三个最大竞争对手的市场占有率分别为20%、10%、10%，则该企业相对其最大的三个竞争者的相对市场占有率是30%÷(20% + 10% + 10%) = 75%。一般来说，企业的相对市场占有率高于33%即被认为是强势的。

3. 销售费用分析

年度控制的任务之一，就是在保证实现销售目标的前提下，控制销售费用和营销费用的比率。在生产企业中，营销费用率(如营销费用占销售额30%)主要包括五项细分指标，即推销人员费用占销售额之比(15%)、广告费用占销售额之比(5%)、其他促销费用占销售额之比(6%)、营销调研费用占销售额之比(1%)、销售管理费用占销售额之比(3%)。对于以上各项费用率，企业往往会规定一个控制幅度，如果超过限度就要查找、分析具体原因了。

4. 顾客态度追踪分析

企业建立专门机构来追踪其顾客、经销商以及市场营销系统其他参与者的态度，对于营销控制过程中分析原因、寻找调整措施，是十分必要的。

顾客态度追踪分析，一般要做以下三方面的工作。

(1) 建立听取意见制度。企业对来自顾客的书面的或口头意见应该进行记录、分析，并做出适当的反馈。对不同的意见应该分析归类汇编成册，对意见比较集中的问题要查找原因，加以根除。企业应该鼓励顾客提出批评和建议，使顾客经常有机会发表意见，才有可能搜集到顾客对其产品和服务反映的完整资料。

(2) 固定顾客样本。有些企业建立了由一定代表性的顾客组成的固定顾客样本，定期由企业通过电话访问或邮寄问卷了解其需求、意见和期望。这种做法有时比听取意见更能代表顾客态度的变化及其分布范围。

(3) 顾客调查。企业定期让一组随机顾客回答一组标准化的调查问卷，其中问题包括职员态度、服务质量等。通过对这些问卷的分析，企业可及时发现问题，并及时予以纠正。

总之，通过上述分析，企业发现营销实际与年度计划指标差距较大时，必须采取调整措施。如调整市场营销计划指标，使之更切合实际；调整市场营销策略，以利于实现计划指标。

10.4.2　盈利控制

盈利控制是用来测定不同产品、不同销售区域、不同顾客群体、不同渠道以及不同订货规模的盈利能力的方法。由盈利控制所获取的信息，有助于管理人员决定各种产品或市场营销活动是扩展、减少，还是取消。下面就市场营销成本以及盈利能力的考察指标等作逐一介绍。

1. 市场营销成本

市场营销成本会直接影响企业利润，它由如下项目构成。

(1) 直销费用，包括直销人员的工资、奖金、差旅费、培训费、交际费等。

(2) 品牌宣传费用，即企业 CIS 导入费用、各类公关费用、展览会费用。

(3) 促销费用，包括广告费、产品说明书印刷费用、赠奖费用、促销人员工资等。

(4) 仓储费用，包括租金、维护费、折旧、保险、包装费、存货成本等。

(5) 运输费用，包括托运费用等。如果是自有运输工具，则要计算折旧费、维护费、燃料费、牌照税、保险费、司机工资等。

(6) 其他市场营销费用，包括市场营销人员的工资、办公费用等。

营销费用和生产成本构成了企业的总成本，它将直接影响企业的经济效益。总成本中有些与销售额直接相关，称为直接费用，有些与销售额并无直接关系，称为间接费用，有时二者也很难以划分。

2. 盈利能力的考察指标

取得利润是每一个企业最重要的目标之一，正因为如此，企业的盈利能力历来为市场营销人员所重视。因此，盈利控制在市场营销管理中占有十分重要的地位。在对市场营销成本进行分析之后，应该考察以下盈利能力指标。

(1) 销售利润率

销售利润率是指利润与销售额之间的比率，表示每销售 100 元企业所获得的利润，它是评估企业盈利能力的主要指标之一。

$$销售利润率 = \frac{本期利润}{销售额} \times 100\%$$

(2) 资产收益率。

资产收益率是指企业所创造的总利润与企业全部资产的比率，其计算公式是：

$$资产收益率 = \frac{本期利润}{资产平均总额} \times 100\%$$

(3) 净资产收益率。

净资产收益率是指税后利润与净资产的比率。净资产是指总资产减去负债总额后的净值。净资产收益率的计算公式是：

$$净资产收益率 = \frac{税后利润}{净资产平均总额} \times 100\%$$

(4) 资产管理效率。

资产管理效率可通过以下比率来分析：

① 资产周转率。资产周转率是指一个企业以资产平均总额去除产品销售收入净额而得出的比率，其计算公式如下：

$$资产周转率 = \frac{产品销售收入净额}{资产平均总额} \times 100\%$$

资金周转率可以衡量企业全部投资的利润效率，资产周转率高说明投资的利用效率高。

② 存货周转率。存货周转率是指产品销售成本与产品存货平均余额之比，其计算公式如下：

$$存货周转率 = \frac{产品销售成本}{产品存货平均总额} \times 100\%$$

存货周转率说明了某一时期内存货周转的次数，可以用于考核存货的流动性。存货平均余额一般取年初和年末余额的平均数。一般来说，存货周转率越高越好，说明存货量较低，周转快，资金使用效率较高。

3. 盈利水平分析的主要步骤

第一步，确定职能性费用，主要包括推销、广告、包装、运送等各项费用。

第二步，将职能性费用分配给各个营销实体，以衡量每种分销渠道在交易过程中所发生的职能性费用。

第三步，为每个分销渠道编制一张损益表，主要的栏目有销售额、销售成本、毛利等。

第四步，根据损益表来确定调整的对象，如出现亏损的分销渠道则要通过分析找出原因，必要时可对该分销渠道进行调整，以确保公司整体的利润水平。

例如，某自行车厂的营销经理要测算不同地区销售其自行车的获利能力。该厂的销售地区主要为东北、华北和西北，其总销售收入、成本、净利润如表 10-3 所示。

表 10-3　某自行车厂收入、成本、利润情况　　　　　　　　单位：万元

销售收入	6000
销售成本	4000
毛利	2000
费用	1500
工资	800
杂项	700
净利润	500

第一步，将费用分摊到各项职能上。假定费用主要发生在人员推销、广告和包装运输部门，将工资费用和杂项开支分配在三项营销活动中，如表 10-4 所示。

表 10-4　按职能分摊费用开支　　　　　　　　单位：万元

总额	推销	广告	包装运输
800	500	100	200
700	400	100	200
1500	900	200	400

第二步，将职能性费用分配给各个营销实体，如表 10-5 所示：

表 10-5　　按营销实体分配职能费用　　　　　　　　　　单位：万元

地区	总额	推销费用	广告费用	包装运输费用
东北	480	200	80	200
华北	480	300	80	100
西北	540	400	40	100
合计	1500	900	200	400

第三步，为每个分销渠道编制一张损益表，如表 10-6 所示。

表 10-6　　各营销实体损益表　　　　　　　　　　　单位：万元

	科目	东北地区	华北地区	西北地区
销售收入	销售额	4000	1500	500
	销售成本	2667	1000	333
	销售毛利	1333	500	167
销售费用	推销费	200	300	400
	广告费	80	80	40
	包装运输费	200	100	100
	总费用	480	480	540
	净利润(或损失)	853	20	−373

统计结果显示，似乎应该放弃西北地区，甚至还有华北地区，以便集中全力于东北地区的营销。但这个结论也可能下得过于草率，企业应综合考核各种影响因素，以便做出正确对策。例如，上述三个地区的市场潜力怎样，本企业的市场占有率及竞争对手的情况怎样，三个地区市场在全国自行车市场中的影响力如何，企业对上述三个地区的市场营销策略是否适宜。

10.4.3　效率控制

营销效率控制是指企业在盈利能力分析的基础上，进一步考察是否存在更有效的方法来管理销售队伍，以及管理广告、促销和分销等营销活动的一种控制过程。相应地，营销效率控制也就包括销售人员效率控制、广告效率控制、促销效率控制、分销效率控制四个方面。分析这四个方面的相关效率指标，目的是分析效率，找出高效率的方式，使之更好地管理销售人员、广告、销售促进及分销工作。

1. 销售人员效率控制

企业在各地的销售经理要记录本地区内销售人员的几个主要效率指标，具体包括以下内容。

(1) 每个销售人员的销售访问次数。

(2) 每次访问的平均时间。

(3) 每次销售访问的平均收益。

(4) 每次销售访问的平均成本。

(5) 每百次销售访问的订购百分比。

(6) 每期间的新顾客数。

(7) 每期间丧失的顾客数。

(8) 销售成本对总销售额的百分比。

在销售人员效率评估之后，营销管理人员需要比照与计划的差距，促使企业对效率低下的环节加以改进。企业从以上的分析中，可发现一些非常重要的问题。例如，销售代表每天的访问次数是否太少，每次访问所花时间是否太多，在每百次访问中是否签订了足够的订单，是否增加了足够的新顾客并且保留住原有的顾客。

2. 广告效率控制

虽然要衡量企业从广告支出中获得多少利润不容易，但是市场营销人员仍应做好广告效率分析，具体包括以下内容。

(1) 各种媒体类型、媒体工具接触每千名购买者所花费的广告成本。

(2) 顾客对每一种媒体发生注意、联想和阅读的百分比。

(3) 顾客对广告内容和效果的意见。

(4) 广告前后顾客对产品态度的比较。

(5) 受广告刺激而引起的询问次数。

企业市场营销管理人员可以采取若干步骤来改进广告效率，包括进行更加有效的产品定位；确定广告目标；选择广告媒体；进行广告后效果测定等。

3. 促销效率控制

对每次促销活动，企业市场营销管理人员应该对促销的成本及销售的影响作好记录，具体包括以下内容。

(1) 由于优惠而销售的百分比。

(2) 每一笔销售额的陈列成本。

(3) 赠券收回的百分比。

(4) 因示范而引起询问的次数。

企业还应观察不同销售促进手段的效果，并使用最有效果的促销手段。

4. 渠道效率控制

渠道效率是指对企业存货水平、仓库位置及运输方式进行分析和改进，以达到最佳配置并寻找最佳运输方式和途径，具体包括以下内容。

(1) 存货水平保证的销售天数。

(2) 仓库位置的便利性。

(3) 运输方式的快捷性。

(4) 送货承诺未能履行的百分比。

例如，面包批发商遭到了来自面包连锁店的激烈竞争，他们在面包的物流方面尤其处境不妙，面包批发商必须作多次停留，而每停留一次只送少量面包。不仅如此，卡车司机一般还要将面包送到每家商店的货架上，而连锁面包商则将面包放在连锁店的卸货平台上，然后由商店工作人员将面包陈列到货架上。这种物流方式促进美国面包商协会提出是否可以开发更有效的面包处理程序。该协会进行了一次系统工程研究，他们以分钟为单位具体计算面包从装上卡车到陈列在货架上所需要的时间，通过跟随司机送货和观察送货过程，这些管理人员提出了若干变革措施，使经济效益的获得来自更科学的作业程序。不久后，他们在卡车上设置了特定的面包陈列架，只需司机按动电钮，面包陈列架就会在车子后部自动开卸，这种改进措施受到进货商的欢迎，并且提高了工作效率。

不过，人们通常要等到竞争压力增强到非改不可的时候，才开始行动。

总之，效率控制的目的，在于提高人员推销、广告、销售促进和渠道等市场营销活动的效率。市场营销经理应重视若干关键比率，这些比率表明上述市场营销组合因素功能执行的有效性以及应该如何引进某些资源以改进执行情况。

10.4.4　战略控制

1. 战略控制的概念

战略控制是指市场营销管理者采取一系列行动，使实际市场营销工作与原规划尽可能一致，在控制中通过不断评审和信息反馈，对战略不断修正。

市场营销战略的控制既十分重要，又难以准确把握。因为企业战略的成功是总体的和全局性的，战略控制注意的是控制未来，是还没有发生的事件。

战略控制必须根据最新的情况重新评估计划和进展，因而难度也就比较大。

2. 战略控制工具

企业在进行战略控制时，可以利用市场营销审计这一重要工具。

市场营销审计是对一个企业市场营销环境、目标、战略、组织、方法、程序和业务等作综合的、系统的、独立的和定期性的核查，以便确定困难所在和各项机会，并提出行动计划的建议，改进市场营销管理效果。

市场营销审计实际上是在一定时期内对企业全部市场营销业务进行总的效果评价，其主要特点是，不限于评价某一些问题，而是对全部活动进行评价。

营销审计的内容由检查评估企业营销工作的六个主要方面组成。

第一，营销环境审计，主要包括以下内容。

(1) 宏观环境审计，即对宏观环境的状况及其对企业市场营销的影响作用的审计，主要包括对人口环境、经济环境、生态环境、技术环境、政治和文化环境等因素的审计。

(2) 微观环境审计，即对各微观环境构成要素及其对企业市场营销的影响作用的审计，包括对市场、顾客、竞争者、分销和经销商、供应商、辅助机构和营销公司、公众等因素的审计。

第二，营销战略审计，主要审核企业使命；市场营销目标和目的；战略，包括战略的内容和表达是否恰当、营销资源的配置是否合理等。

第三，营销组织审计，包括对组织结构、职能效率、部门间联系效率等方面的审核。

第四，营销制度审计，包括对市场营销信息系统、新产品开发系统等的工作状态和绩效的审核。

第五，营销生产率审计，主要有盈利率分析和成本效益分析。

第六，营销功能审计，主要是对产品、价格、分销、促销等营销功能的战略与执行情况、存在问题等进行审核。

通过营销审计，营销审计人员可以找出营销中存在的问题，并提出改进工作的建议供管理者决策时参考。

核 心 概 念

市场营销管理；市场营销计划；市场营销组织；市场营销控制；战略控制；效率控制；市场营销审计

思 考 题

1. 什么是市场营销管理？
2. 简述营销管理的任务？
3. 简述营销组织机构的演变过程？
4. 如何拟定一份市场营销计划(企划)书？
5. 市场营销组织的类型有哪些，各有什么优缺点？
6. 简述市场营销的执行过程？
7. 市场营销控制的具体方法有哪些，如何执行？

案 例 分 析

张瑞敏：传统企业战略和组织架构将被颠覆

2013 年 8 月 11 日，久负盛名的美国管理学会(AOM)第 73 届年会成功举行，作为世界顶级的、探讨最前沿管理话题的学术峰会，共吸引了来自 80 多个国家、超过 1 万名的专家学者参加。海尔集团董事局主席兼首席执行官张瑞敏成为本届年会唯一获邀并发表主题演讲的企业家嘉宾，他分享了海尔在互联网时代的商业模式创新与组织变革探索，以及如何驱动每个员工成为自己的 CEO。海尔超前的创新与变革，在全球管理界产生巨大反响，张瑞敏也成为第一个获邀在 AOM 大会上围绕商业模式创新与组织变革进行主题演讲的中国企业家，第一次在国际场合阐述海尔网络化战略最新探索实践，第一次通过世界顶级管理学术平台与全球近万名顶级专家学者进行交流。以下为张瑞敏在美国管理学会第 73 届年会的演讲摘要，全面解析了传统企业在互联网时代如何变得更成功。

做企业的，特别是传统企业，大家都很关心一个话题——在互联网时代，传统企业应该用什么模式来发展，问题的关键在于，互联网时代要从大规模制造到大规模定制，怎样满足用户个性化需求是非常大的挑战，传统管理理论也将颠覆，我们该怎么办？

事实上，全世界还没有一个现成的模式可学，海尔在这方面探索了很多年，也总结出一套互联网时代企业管理的新模式，也就是"人单合一双赢模式"。我想和各位分享三部分内容：传统的企业战略和组织架构为什么要调整；海尔是怎么做的；我们追求的三个"无"目标。

1. 传统的企业战略和组织架构将被颠覆

传统企业战略和组织架构的理论基础，是亚当·斯密在 1776 年写的《国富论》中提出的分工理论。它体现在两点上，即制造和组织。

在制造方面的体现就是流水线。有人说，第一次工业革命是工厂式的，第二次工业革命是福特的流水线。当时，福特的目标是通过流水线使汽车成本降到 500 美金以下，最后他们降到了 370 美金。流水线直到今天仍然是企业提高效率的主要工具。

在组织方面的体现就是科层制，也叫做官僚制，层级非常多，到今天企业仍在沿用。过去大家学习日本的企业管理，丰田之所以做得比通用好，是因为通用的架构有 14 级，而丰田只有 5 级。但到今天，不管多少级都有问题。

在互联网时代，很多传统管理理论都要被颠覆。美国企业史学家钱德勒把现代工业资本主义的原动力归结为规模和范围，中国企业也正在追求规模经济和范围经济，要做大做强，要进入更多产业。

但在信息技术时代，原动力并不是规模和范围，而是平台。淘宝去年的交易额达到了 10000 亿人民币，实体店要达到这个规模不知道要多少年，但淘宝短时间就做到了，靠的就是平台。有人给平台下的定义很恰当：平台就是快速汇集资源的生态圈。用最快的速度把各种资源汇集到一起，只有互联网时代才能做到这点。

2. 海尔对战略和组织架构的创新探索

战略好比人的头脑，组织架构好比人的身体，两者必须相辅相成，协调一致。对海尔来讲，战略就是人单合一双赢模式。"人"就是员工；"单"不是狭义订单，而是用户；"合一"是让每个员工和他自己的用户结合到一起，"双赢"是让员工在为用户创造价值的过程中实现自身价值。

这一模式几乎把海尔整个组织全部颠覆了。海尔原来是"正三角"式组织，后来变成"倒三角"，员工在最上面，最高领导在最下面。但倒三角站不住，如果要让它站住就必须不停转动。我们又从倒三角变成现在的网状组织，完全扁平了。

举个例子，过去海尔的营销结构，从上到下分别是管全国营销的领导、管各省营销的、管各市营销的、管各县营销的。现在这些层级都没有了，负责一个县所有业务的就是一个 7 人团队，他们有决策权、分配权、用人权，完全像一个小微公司，整个县的业务由他们自主管理，然后形成平台组织下的自经体并联平台的生态圈。

原来企业是串联的流程，研发完了去制造，制造完了去营销，一环一环下来。现在变成并联的流程，各个节点都在一起面对用户需求。从产品最初设计开始，用户就参与，一直到最后销售结束。这样，生态圈就不仅仅是企业内部的，而是整个社会资源形成的生态圈。

将企业负责的大单解构为每个员工负责的单，这是人单合一双赢模式的基础，把企业总的用户资源转化为每个员工负责的用户资源，把企业资产变为每个员工的负债，员工从无偿占有资产变成有偿负债驱动增值。

可以这样理解，假如你卖掉 100 万的货，这 100 万就是你的负债，如果将来降价卖不出去，所有问题都由你来负责，你对这部分资产要负完全责任。这和原来完全不一样，它驱动每个人对资产非常认真负责，包括费用，过去没人管，现在费用到了个人。以前住什么宾馆，能报多少费用，企业都有规定，现在怎么花都由员工自己决定，然后计入他的报表中，如果最后是亏损，那你就要负全责。这样一来，出差也可能花很多钱，也可能很多差不出了，通过电话或视频解决，总体减少了出差费用。大企业很少像我们这么做。

过去所有用户由企业负责，现在海尔变成了全员契约，每个用户都要具体到每个员工身上，员工所负责的社区、全县的用户，包括网上用户需求，都由员工自己来创造。满足用户需求之后产生的价值，达到企业平均利润之后，高出的那块利润，员工可以和企业分利。这种机制驱动每个员工全力以赴去创造更高的利润。

这在海尔独创的战略损益表中将体现出来，它与传统损益表完全不同，包括了四个象限。第一象限是交互用户和引领的竞争力。海尔现在从设计阶段开始就有用户参与，网上交互，交互用户变成全流程的用户体验，最终变成消费者。用户成为企业的一部分，海尔有一个考核指标：衡量生产线上的产品最后直接到用户手里的有多少。现在基本可以做到生产线上近20%的产品知道是给哪个用户的，我们希望这个比例还要再提高。

第二象限是人力资源，海尔内部叫自主经营体。海尔现有8万多名员工，分成2000多个自主经营体，他们要承接第一象限所说的交互用户、实现引领的目标。

第三象限是预实零差。海尔有一个日清体系，即每天的工作必须当天到位，依据是"三个零"原则。"零库存"，即所有产品用户一旦要就必须马上提供；"零签字"，我认为大企业最头疼的就是签字；"零冗员"，也就是所有人都要有自己的用户，没有用户那就没有在组织中存在的意义。

第四象限是人单自推动，即让更有能力的人来产生更高的单，创造更高的用户价值；更高的用户价值再吸引更优秀的人。

3. 海尔追求三个"无"目标

首先，企业无边界，也就是不要光盯着企业内部的资源，而是要看到外部的资源。互联网时代已经出现了一些无边界的模式，比如沃尔玛的众包模式——顾客在购物回去的路上，可以顺路给沿线的顾客捎货，沃尔玛给予捎货的顾客一定费用。比如P&G的研发模式，他们的设计不一定依靠企业内部的设计研发人员，而是整合更多的外部设计资源。海尔探索的也正是按单聚散的人力资源平台，找最聪明的人为我们工作。以海尔的家电研发为例，原来的研发人现在变为接口人，负责对接外部资源。我们有研发接口人1150多名，接口全球5万多的研发人力资源。海尔美国研发接口人韦恩说，美国最不缺的就是技术人员，缺的是怎么把他们整合起来。他转型为接口人后，整合了很多美国的研发资源。将来，资源接口人发展的方向是创建小微公司，可以独立创业。

其次，管理无领导。过去的领导就是由马克思·韦伯的科层制产生的，现在互联网时代，是用户决定企业，而不是企业决定用户。所以，海尔探索的是自治的小微公司，中层消失，管理变得扁平化。管理无领导本质是目标的问题。海尔现在做的是用户360度考核，比如海尔物流限时达，不用分层分级计算打分，只要用户评价，很简单。我们对用户承诺按时送达，超时免单。到现在为止，我们赔了不少，但这对我们的体系是一种倒逼，赔不是公司拿钱，而是谁的责任谁拿钱。这样一来，体系中的所有环节都动起来了，共同努力来满足用户。所以我认为，直接由用户考核比公司收集用户意见，再来上下级协调要好得多。

最后，供应链无尺度。过去是大规模制造，现在互联网时代是个性化定制，不仅要按需制造、按需配送，还要按需设计，全流程满足用户个性化需求。

在海尔有句话，"没有成功的企业，只有时代的企业"。摩托罗拉曾经是手机行业的老大，它代表的是模拟时代。但到了数码时代，摩托罗拉没有跟上，被诺基亚取代。但诺基亚也没坐稳，就被苹果取代了，因为苹果是互联网时代的企业，它把手机变成云计算的终端，而不再是一个通讯工具。

海尔通过自主变革和创新，取得了一些阶段性成果。从 2007 年到 2012 年，海尔利润复合增长率达到 35%，这六年间，最低的年份没有低于 20%，最高达到了 70%。白电是一个充分竞争的行业，海尔之所以能保持良好利润，主要得益于我们推进了自主经营体，让每个人的薪酬和他的业绩紧密联系在一起。另一个重要指标就是现金流，也就是营运资金周转天数，白电行业平均水平大概为 60 多天，但我们达到了 -10 天，差距非常之大。我们做得还不错，但在互联网时代，海尔这样的传统企业还要不断摸索前行。

张瑞敏最后的总结陈词："我从事管理 30 多年，个人体会总结起来就是 9 个字——企业即人，管理即借力。'企业即人'，意思是企业好坏不在于它有多么好的资产，资产再优秀，设备再好都不能增值，要增值必须靠人。优秀的人可以让同样的资产增值，差的人也可能使企业破产。'管理即借力'，是说管理不是靠自己的能力，而是靠整合资源。你能整合多少资源，就会取得多大成功"。

(资料来源：新浪财经，http://finance.sina.com.cn/leadership/msypl/)

思考：

1. 海尔提出的"没有成功的企业，只有时代的企业"的思想，说明企业组织结构的什么特点？

2. 海尔不断求变的思维模式，值得国内其他企业在哪些方面借鉴？

实　训

一、实训目的

1. 帮助学生了解和理解市场营销计划的概念。

2. 帮助学生理解营销计划的主要组成部分。

3. 通过模拟制定某一企业的市场营销计划，使学生掌握市场营销计划的制定对企业市场营销的重要性。

二、实训内容

(一) 实训资料

以下是某房地产开发公司推出的新楼盘的市场营销组织与实施计划，请根据市场营销的相关理论知识，对该楼盘市场营销活动组织与实施方案进行分析。

南京市××新城楼盘市场推广方案

2015 年 5 月 13 日：公司决定利用楼盘价格高速上涨的时机，及时推出楼盘出售方案，以获得最大的利润。

2015 年 5 月 15 日：对推出楼盘的数量、销售时间、楼盘环境等开展专项讨论会，以确定市场推广策略。

2015 年 5 月 18 日：决定面向南京市房地产市场，制订市场定位调查问卷样本及调查方案，开展一次市场营销状况调查。

2015 年 5 月 25 日：通过以下途径分析楼盘市场的供给情况，与报社联络，随报纸发放关于消费者买楼相关问题的调查问卷；走访开发区管委会、房管局、规划服务中心、外商投资服务中心、华南电子、华侨中学、高速公路管理处等单位，开展南京市，尤其是开发区内竞争楼盘的调查工作。

2015 年 6 月 17 至 18 日：分析供求情况调查资料，确定楼盘的利润目标，制定销售推广方案，确定销售价格。

2015 年 6 月 24 至 26 日：依据公司目标，在对统计数据进行分析的基础上，形成市场推广报告(第一稿)。

2015 年 6 月 27 日：组织本公司的业务人员进行市场推广报告讨论会。

2015 年 6 月 28 至 30 日：楼盘推广计划(修正稿)完成。

(二) 具体任务

结合对上述案例的理解，做一项营销计划分析。

(三) 任务要求

(1) 要求教师详细说明市场营销计划制订的内容和步骤。

(2) 学生对营销计划要有全面认识。

(3) 学生在理解的基础上，总结营销计划的主要组成部分。

(4) 撰写企业营销计划的分析报告。

(5) 提出对策建议以及预实施的营销计划方案，研究方案的字数不少于 2000 字。

三、实训组织

1. 按实训项目将班级成员以 3～6 人一组分成若干小组，以小组为单位开展实训，采用组长负责制，组员合理分工，每位成员各司其职，团结协作。

2. 学生自主选择一家企业进行走访，进行实地调查，获得相关资料和数据，也可以采用二手资料，由专人负责记录和整理。

3. 小组充分讨论，认真分析，形成小组的实训报告。

4. 各小组在班级进行实训作业展示。

四、实训步骤

1. 由指导教师介绍实训的目的和要求，对"市场营销计划"的实践意义给予说明，调动学生实训操作的积极性。

2. 分组，每组 3～6 人，选举组长一名，由组长负责本组组员的分工。

3. 各组明确实训任务，制定执行方案，指导教师通过之后执行。

4. 各小组进行走访调查，对管理人员进行访谈，了解企业近期营销活动。

5. 各组收集资料并进行讨论分析，形成讨论稿，完成实训报告。

6. 各组将设计好的调研报告制成 PPT，并向教师和全班同学汇报，由其他组的同学提问，教师进行点评。

7. 每个小组上交一份设计好的纸质和电子版的研究报告。

第11章　营销新模式

引　例

优衣库的营销新模式

"2011人人试穿第一波"让优衣库(UNIQLO)吸引了众多粉丝排队。粉丝们可以通过在优衣库的公共主页上留言，申请成为试穿者。而当粉丝收到免费获赠的商品后，在人人网的个人主页上发表试穿日记和照片，并由网友进行投票，票高者可获得优衣库的礼券。通过与人人网开展独家合作，优衣库成功借助网络力量提升了品牌知名度。

线下排队也许有点惹人烦，但线上排队似乎正在成"潮"。优衣库每逢周年庆、新店开张、节日优惠等促销活动时，常会有大量涌来的粉丝排起长队。Lucky Line的创意最初就来自于优衣库日本店里长长的队伍。

这个创意最早在日本执行过两次，2010年9月在台湾也推出了同样的排队活动，借助Facebook和Twitter平台，超过60万人次通过网络在优衣库门前排起长队，优衣库在Facebook上的粉丝数也从零激增到8万。所有这些数字都证明，把排队搬到社交网站上，不再是一件令人厌烦的事。

在人人网的排队试衣活动正式开始前，优衣库通过多种方式进行了预热，如在人人网建立公共主页吸引粉丝，在视频网站播出活动广告，在实体店派发宣传册和展板海报等进行同步宣传。在活动进行中，网友们可以选择自己喜爱的动物和场景，通过网络交流聊天，排队游戏的界面底部则不停地滚动播出中奖者的名单，大奖得主的照片也公布在优衣库人人网公共主页的相册里。而除了每天的随机大奖和幸运数字纪念奖，还会评选出数位踊跃参与排队的大奖。

利用人人CONNECT技术，活动参与者只要用自己的人人账号登录优衣库官网，就可以选择喜欢的虚拟人物，并发表留言同步到人人网新鲜事，进入幸运队伍。用户参与的每一次登录、留言、成为粉丝、聊天等行为都会触发不同的新鲜事告知参与者的人人网好友，吸引好友们的参与。而优衣库在全国各大店面展示的活动宣传海报，不仅能吸引更多的人人网用户关注并参与此活动，也吸引了一些优衣库的准购买者加入人人网，这也成为人人网一个增加会员的机会。

统计结果显示，在不到两个星期的时间里，活动排队人次超过133万，大大超过日本14万和台湾63万的成绩，优衣库人人网公共主页的粉丝数也从零激增到13万。而优衣库负责人表示，这次活动不仅为优衣库人人网公共主页赚足了人气，更促进了优衣库实体店在圣诞节期间的客流导入。市场营销是个人和团体创造并同他人交换产品和价值，以满足需求和欲望的一种社会和管理过程。这个定义曾经主导世界营销十年，直到现在仍然是营销观念的主流。但是，随着世界经济环境的变化，全球市场竞争的日益激烈，信息技术的发展，市场营销观念开始转变。

(资料来源：赢在网络的优衣库. 成功营销，[2013-02-20].)

11.1　营销模式概述

从整体来讲，营销思想的历史演进大致经历了以下几个阶段。

(1) 消费品营销阶段：20 世纪 50 年代，人们对营销的关注集中在消费品方面，这是由于当时消费品市场的增长惊人。

(2) 工业品营销阶段：20 世纪 60 年代，市场营销的研究重点转向了工业品市场，针对工业品的特殊性，通过研究购买者的需要、资源、政策和购买过程，来加强其销售。

(3) 非盈利管理组织营销阶段：由于组织市场和政府市场采购者的特殊要求，20 世纪 70 年代学术界又把相当大的精力投入到非营利组织和部门的营销领域。

(4) 服务营销阶段：20 世纪 80 年代，理论界对服务市场营销和服务组织管理的研究最为关注，企业也充分认识到服务在经济发展和经济管理中的地位和作用，并认为市场营销应当从产品导向转向服务导向。

(5) 关系营销时代：20 世纪 90 年代以来，关系营销开始崭露头角。一方面，从宏观上讲，人们已经意识到企业的市场营销活动受到一系列相当广泛的市场的影响，如顾客市场、内部市场、供应商市场、竞争者市场和影响者市场等；另一方面，人们认识到企业与顾客的相互关系正在发生质的变化，关注重心正从以交易为中心转向以关系为中心。

(6) 网络营销：新产业革命下的科技发展，特别是互联网技术的发展，为产业和市场结构带来革命性变化，从根本上改变了竞争的情景和营销的内涵，迫使营销思想和模式发生改变。例如社交网站和社交通信，其市场收益并不直接来自服务对象，电商的市场作用并不仅作为交易平台，市场价值也并不仅限于商品和服务。

11.2　网　络　营　销

近年来，随着信息科技的迅速发展，互联网络日益在全球得到普及与运用。由于互联网络所连接的用户数日益增多，企业逐渐发现其中所蕴涵的巨大商机。

11.2.1　网络营销的概念及特点

1. 网络营销概念

目前理论界对"网络营销"还没有形成一个公认的、完善的定义。在国外，网络营销有许多说法，比较通用的英文是 e-Marketing，e 表示电子化、信息化、网络化含义，既简洁又直观明了，而且与电子商务(e-Business)、电子虚拟市场(e-Market)等相对应。综合现有的观点，"网络营销"被解释为借助联机网络、电脑通信和数字交互式媒体的威力来实现营销目标的一种营销方式。

互联网络是一种利用通信线路，将全球电脑纳入国际联网的信息传送系统，它必将成为未来市场营销最重要的渠道。

2. 网络营销的特点

网络营销具有营销所要求的组织和个人之间进行信息传播和交换的特点，同时由于传播工具和网络的变化使得网络营销呈现以下特性。

(1) 多媒体化。互联网可以传输多种媒体信息，电脑也可存储海量的信息供消费者查询，其可传送的信息数量与精确度远超过其他媒体；而且能及时更新产品或调整价格，省掉印刷与邮递费用。

(2) 超前性。互联网络是一种功能强大的营销工具，它同时兼具渠道、营销、电子交易、互动顾客服务，以及市场信息收集分析与提供等多种功能。它以声光互动沟通的特质，作为跨时空的媒体，已深深吸引年轻一代的眼光。此外，它所具备的一对一营销能力，恰好符合分众营销与直效营销的未来趋势。日产汽车公司的休闲车拓荒者的广告设在日产公司的主页之下，通过主页所提供的索引，可以看到产品的照片，同时还为各种不同兴趣的消费群体提供丰富多彩的选择。在广告设计上，日产公司更是挖空心思，尽力去迎合消费者所好。如果消费者希望进一步了解有关资料，也可以方便地在网络中找到，如当地代理商的地址与电话，以方便顾客登门购车。

(3) 人性化。互联网上的促销是"一对一"的、理性的、消费者主导的、非强迫性的和循序渐进的，而且是一种低成本与人性化的促销，避免了推销员强势推销的干扰，顾客也能够调整他们所看到的信息和认识信息的速度和顺序。企业可通过信息的提供与交互式交谈，与消费者建立长期良好的关系。

(4) 交互式。互联网一方面可以暂存商品资料，提供有关商品信息的查询；另外也可以与顾客进行互动沟通，收集市场情报，进行产品测试和消费者满意度调查；同时可以通过大数据对消费者的行为轨迹进行分析，这样企业不仅能与消费者建立长期良好的关系，也可以进行更精准的市场细分和促销等。

(5) 跨时空。互联网突破了传统营销的时间限制和空间限制，企业能够以更多的时间和更大的空间进行营销，可 24 小时随时随地提供全球性的营销服务。

此外，网络营销还无店面租金，能够节约水电与人工成本。

11.2.2　网络营销要素

网络营销可以视为是一种新兴的营销方式，它并非要取代传统的营销，而是要迎合信息科技的发展来创新与重组营销方式。

1. 产品/服务

一般而言，适合在互联网络销售的产品通常具有下述特性。

(1) 具有高科技感或与电脑相关。

(2) 以网络族为目标市场。

(3) 市场涵盖较大的地理范围。

(4) 不大容易设店贩卖的特殊商品。

(5) 网络销售的费用远低于其他销售渠道。

(6) 消费者经由网络信息即可作出购买决策。

经由网络所提供的产品与服务主要还是在于信息的提供，除了将产品的性能、特点、品质以及顾客服务内容充分加以显示外，更重要的是能以人性化与顾客导向的方式，针对个别需求作出一对一的营销服务。有关的功能包括：

(1) 利用电子布告栏或电子邮件提供线上售后服务或与消费者进行双向沟通。

(2) 提供消费者与消费者、消费者与公司在网络上的共同讨论区，可借此了解消费者需求、市场趋势等，以作为公司改进产品开发之参考。

(3) 提供线上自动服务系统，可依据顾客需求自动在适当时机经由线上提供有关产品与服务的信息。

(4) 公司各部门人员可经由网络进行线上研发讨论，将有关产品构想或雏形在网络上公告，以开展全球各地有关人员的充分讨论。

(5) 通过网络调查消费者意见，借此了解消费者对产品特性、品质、包装及样式等的意见，协助产品的研发与改进；在网络上提供与产品相关的专业知识，以进一步为消费者服务，此举不但可增加产品的价值，同时也可提升企业形象。

(6) 开发电子书报、电子杂志、电子资料库、电子游戏等信息化产品，并经由网络提供物美价廉的全球服务。

(7) 可在网络上定制产品需求，提供个性化的产品与服务。例如：顾客可在线上选择服装样式与花色的组合，购车者可在网络上决定所需的颜色与配件等。

2. 价格

虽然网络交易的成本较为低廉，但因交易形式多样化，所以价格的透明性和弹性也大。因此，企业应充分检视所有渠道的价格结构后，再设计合理的线上交易价格。因为网络交易能够充分互动沟通，并完全掌握消费者的购买信息，所以比较容易以理性的方式拟定价格策略。此外，由于不需分销商的介入，企业对于产品的最终零售价格(即线上交易价格)能够在全世界范围内进行统一，并且易根据企业的经营状况随时改变价格体系。

3. 促销

线上促销具有一对一的特性，并且是以消费者的需求为导向。线上促销除了可以为公司做广告外，同时也是发掘潜在顾客的最佳渠道。但因为线上促销基本上是被动的，所以如何吸引消费者上线，并且能够提供具有价值诱因的商品信息，对于企业将是一大挑战。在商品促销及活动事件方面，全球信息网的及时互动功能就展现了其在营销上的灵活性。如目前一些网站采用商品折价券的促销活动，消费者可以从网上下载折扣券，直接到商店抵价消费。

4. 渠道

毋庸置疑，线上交易的产生对于企业现有渠道结构是一大挑战。互联网络能直通消费者，将商品直接展示在顾客面前，回答顾客疑问，并接受顾客订单。这种直接互动与超越时空的电子购物，无疑是营销渠道的革命。

在以消费者为核心的商业世界中，厂商所面临的最大挑战之一，便是这个充满"个性化"的社会。消费者的形态差异太大，随着"以消费者为中心"的时代的来临，传统的营销组合 4P 似乎已无法完全顺应时代的要求，于是营销学者提出了新的营销要素。

Robert 先生于 1990 年在《广告时代》里对应传统的 4P 提出了新的观点——营销的

4C，即消费者的需要与欲望(Customer's needs and wants)；消费者获取满足的成本(Cost and Value to satisfy consumer's needs and wants)；用户购买的方便性(Convenience to buy)；与用户沟通(Communication with consumer)。网络营销的出现，能够有力地帮助企业达成营销上的 4C。

(1) 消费者的需要与欲望。网络的出现为企业进行市场研究提供了一个全新的通道，借助于互联网络，企业可以随时了解全球消费者的需要以及其对于产品的看法和要求。这有利于企业随时把握消费者的需求动态，开发出"量身定制"的产品以满足他们的需求。《华盛顿日报》所推出的个性化报纸就是借助互联网络全面满足消费者需求的例证。

(2) 消费者获取满足的成本。由于网络通信成本低廉的特点，企业可以以较低的成本去了解顾客的需求，并且以较低的花费向消费者传递产品信息。较之传统营销而言，网络营销在同样满足消费者需求的情况下，享有成本较低的优势。这便有利于企业降低产品的价格，提高产品的性能价格比。

(3) 用户购买的方便性。在网络上，消费者可以足不出户地挑选自己所需要的产品，而无须四处奔波劳碌。在选定产品之后，数字化的产品如软件、电子书报等，可以经由网络直接送达用户的电脑，而实物产品一般也由公司派专人送货上门，因而用户购买的方便性大大提高。

(4) 与用户沟通。互联网络为企业与用户提供了一个全新的沟通渠道，企业与用户不但可以通过电子邮件进行彼此之间的交流，而且互联网络上的论坛也为企业提供了一个了解用户的通道。此外，与传统媒体相比，互联网络双向交流的特点有利于企业与用户作进一步的深入沟通，互联网络的特性更使这种沟通具有即时性与成本低廉的特点。在消费者导向的时代，营销管理上的 4P(产品、价格、地点、促销)应与 4C(顾客、成本、方便、沟通)进行充分的结合，而网络营销的特性正符合顾客主导、成本低廉、使用方便、充分沟通的 4C 要求。

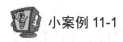 小案例 11-1

未来幻想书店

未来幻想书店(The Future Fantasy Bookstore)位于斯坦福大学附近，原本采用邮件订购的方式，可惜生意平平。后来在一位网络工程师的建议下，这家书店将业务上网，不断将新书讯及优惠折扣消息公布在各地网络论坛的电子布告栏及全球信息网上。结果，从各地雪片般飞来的订单使这家书店的生意大大改观。目前这家书店除了提供线上目录及订书服务外，还在网络提供电子公布栏，宣布店内的签名活动，更与其他出版商首页及讨论群链接，给消费者提供附加服务，凭借信息的吸引力和丰富性来提高顾客的再访率。

11.2.3 成功企业的网络竞争战略

1. 虚拟化

受到网络顾客欢迎的不只是虚拟商品，更重要的是制造虚拟产品和服务的能力。要将原有的商业改造成虚拟网络商业，势必经过一番大的整顿与调整；虚拟网络商还要学会收集和控制信息，以及在虚拟网络下现代企业的组织技巧和技术。

2. 加值化

目前已发展成功的技术允许企业去了解顾客使用互动式信息的情形，企业借此可及时提供满足消费者喜好的商品，并调查顾客对商品和信息的反应，也可减少未来的营销研究费用。

3. 个人化

传统的报业也因网络的到来而导致其产品形式的转变。美国几家电子报纸推出个人化报纸(Personalized Newspapers)，如《华尔街日报》的个人版，每月只需付 15 美元，即可享受全天 24 小时的新闻简报。个人化报纸将传统一对多的大众传播方式转变为一对一的个人传播方式。

4. 相关化

网络上会产生新的网络营销与广告机会，从超媒体到新闻讨论群，这些服务将结合用来改善网络企业与消费者的关系。新的消费者与商家的互动关系将会出现，消费者会主动搜寻商家所提供的有用信息。

5. 直销化

网上的直接销售将成为网络营销的主旋律。

11.2.4　新型网络营销

互联网营销模式是指企业借助于互联网进行各项营销活动，从而实现企业营销目标的模式。在互联网发展的不同阶段，网络营销的手段、方法和工具也有所不同，网络营销的模式也从单纯的网站建设模式向多元化模式转变。

1. 搜索引擎营销

搜索引擎营销是目前最主要的网站推广营销手段之一，尤其是基于自然搜索结果的搜索引擎推广，因为是免费的，所以受到众多中小网站的重视。搜索引擎营销方法也是网络营销方法体系的主要组成部分，其包括竞价排名、分类目录登录、搜索引擎登录、付费搜索引擎广告、关键词广告、搜索引擎优化(搜索引擎自然排名)、地址栏搜索、网站链接策略等。

2. 即时通信营销

即时通信营销又叫 IM 营销，是企业通过即时通信工具 IM 帮助企业推广产品和品牌的一种手段，常被用于两种情况。第一种是网络在线交流，中小企业建立网店或者企业网站时一般会有即时通信在线客服，这样潜在的客户如果对产品或者服务感兴趣自然会主动和在线客服联系；第二种是广告，中小企业可以通过 IM 营销通信工具发布一些产品信息、促销信息，或者可以分享一些网友喜闻乐见的表情，同时加上企业的宣传标志。

3. 病毒式营销

病毒式营销是一种常用的网络营销方法，常用于网站推广、品牌推广等，它利用的是用户口碑传播的原理。在互联网中，这种"口碑传播"更为方便，可以像病毒一样迅速蔓延。因此，病毒式营销(病毒性营销)成为了一种高效的信息传播方式，而且由于这种传播是用户之间自发进行的，因而几乎不需要费用。病毒营销的巨大威力就像一颗小小的石子投入了平静的湖面，虽然只是一瞬间激起了小小的波纹，转眼湖面又恢复了宁静，但是稍候一下，就会看到波纹在不断进行着层层叠叠的延展，短短几分钟内整个湖面都会震荡。这就是病毒营销的魅力。

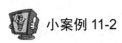 小案例 11-2

多芬——"我眼中的你更美"

多芬推出了一部视频短片，名为"我眼中的你更美"，短片旨在寻求一个答案——在自己和他人眼中，女性的容貌到底有何差异?多芬的调研报告显示，全球有 54% 的女性对自己的容貌不满意。Gil Zamora 是 FBI 人像预测素描专家，在短片中他和受访女性分坐在一张帘子两边，彼此看不见对方，Gil Zamora 根据女性对自己容貌的口头描述勾勒出她的模样。然后，Gil Zamora 根据陌生人对同一女性的容貌口头描述再描绘一张画像。之后，他把两张素描画摆放在一起作比较，结论是一个女人在他人眼里要比在她自己眼里美丽得多。

这部广告片不仅令人振奋不已，还创造了线上营销纪录，推出后仅一个月内，浏览量就突破了 1.14 亿。"我眼中的你更美"之所以能够获得如此出色的成绩，一部分原因要归功于联合利华公司。在其帮助下，这部短片被翻译成 25 种语言，并在其 33 个 YouTube 官方频道播放，全球超过 110 个国家的用户都可以观看这部短片。

短片打动了消费者的内心，在推出后的第一个月就获得了 380 万次转发分享。随后两个月内，多芬的 YouTube 频道新增了 1.5 万个订阅用户。此外，该短片也影响到传统媒体，令纸媒、广播新闻竞相报道，甚至引发了一系列线上讨论。更令人意外的是，网上出现了不少模仿视频。2013 年 6 月，多芬和广告代理商奥美获得了戛纳国际创意节全场钛狮奖，毋庸置疑，这是病毒式营销的一次巨大成功。

4. BBS 营销

BBS 营销又称论坛营销，即利用论坛这种网络交流平台，通过文字、图片、视频等方式传播企业品牌、产品和服务的信息，从而让目标客户更加深刻地了解企业的产品和服务，最终达到宣传企业品牌、产品和服务的作用，同时加深市场认知度。BBS 营销就是利用论坛的人气，通过专业的帖子策划、撰写、发放、检查、汇报流程，在论坛空间提供高效传播，包括各种置顶帖、普通帖、连环帖、精华帖、多图帖、视频帖等。利用论坛强大的聚众能力，以其作为平台举办各类顶楼、灌水、贴图、视频等活动，调动网友与品牌之间的互动，从而达到企业品牌传播和产品销售的目的。

5. 博客营销

博客营销是通过博客网站或博客论坛接触博客作者和浏览者，利用博客作者个人的知识、兴趣和生活体验等传播商品信息的营销活动。博客营销的本质是通过博主原创且专业化的内容吸引读者，培养忠实粉丝和读者，在读者群中建立信任和权威，形成个人品牌，进而影响读者的思维和购买决定。

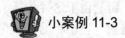小案例 11-3

美国女孩为小剧场做第三方博客

爱丽沙是一个美国女孩，也是一个热情的博客写手。2004年9月，她开始为当地一个叫"42圣月亮"的小剧场写第三方博客，使这个小剧场受益匪浅。

爱丽沙的博客主要张贴小剧场的演出海报，写观众喜欢看的幕后花絮，提供有折扣优惠的戏票，帮助剧场了解戏迷们的意见。例如，她的博客内容有对电视剧《绝望的主妇》的评论，有小剧场的演出告示，有戏剧节需要义工的消息等。

爱丽沙博客中很吸引人的内容是她的"博客独家采访"，主要是对正在演出的戏剧的编剧、导演、主要演员的采访。这些采访生动活泼，是观众在观看演出前后很希望了解的一道"甜点"。现在，美国有许多像爱丽沙这样为小剧场服务的第三方博客。这样的博客互相链接，形成了一道独特的风景线，它们吸引了大量的戏剧爱好者，也更好地推广了戏剧节目。

6. 网络知识营销

网络知识营销是利用百度的"知道""百科"，新浪的"爱问"，或企业网站的疑问解答板块如"知乎"等平台，通过与用户之间提问与解答的方式来传播企业和个人的专业技术水平和高质服务，从而对企业和个人产生信赖和认可，最终达到传播企业品牌、产品和服务信息的作用。

7. 聊天群组营销

聊天群组营销是即时通信工具的延伸，具体是利用各种即时聊天软件中群功能展开的营销。目前的聊天群组有QQ群、微信群、MSN群、旺旺群等。因聊天群组营销借用了即时通信工具成本低、即时效果好和互动效果强的特点，所以被企业广为采用。

8. 网络事件营销

网络事件营销是企业、组织以网络为传播平台，通过精心策划、实施可以让公众直接参与并享受乐趣的事件，吸引或转移公众注意力，改善、增进与公众的关系并塑造企业、组织良好的形象，以谋求企业发展的营销传播活动。目前，网络红人等都属于成功的网络事件营销案例。

9. 网络直复营销

网络直复营销是指，生产厂家通过网络直接发展分销渠道或直接面对终端消费者销售产品的营销方式，如B2C、B2B、O2O等。网络直复营销通过把传统的直销行为和网络有机结合，而演变成一种全新的、颠覆性的营销模式。很多中小企业因为分销成本过大和自身实力太小等原因，纷纷采用网络直复营销，想通过其成本小、收入大等特点，达到以小博大的目的。

10. 网络口碑营销

网络口碑营销是把传统的口碑营销与网络技术有机结合起来的新的营销方式。它借用互联网互动和便利的特点，通过消费者或企业销售人员在互联网上以文字、图片、视频等口碑信息与目标客户之间进行互动沟通，如对企业的品牌、产品、服务等相关信息进行讨论，从而加深目标客户的印象，最终达到网络营销的目的。

11. 网络视频营销

网络视频营销指的是企业将各种视频短片放到互联网上，达到宣传企业品牌、产品及服务信息的目的的营销手段。网络视频广告的形式类似于电视视频短片，它具有电视短片的种种特征，如感染力强、形式内容多样、富有创意等，又具有互联网营销的优势，如互动性、主动传播性、传播速度快、成本低廉等。可以说，网络视频营销是将电视广告与互联网营销两者优点结合起来的一种营销方式。

12. 网络图片营销

网络图片营销就是企业把设计好的有创意的图片，在各大论坛、空间、博客和即时聊天工具上传播，通过搜索引擎的自动抓取，最终达到企业营销传播的目的。

13. 网络软文营销

网络软文营销又叫网络新闻营销，就是企业通过门户网站或行业网站等传播平台，发布一些有阐述性、新闻性和宣传性的文章，包括一些网络新闻通稿、深度报道、案例分析等，以此把企业、品牌、人物、产品、服务、活动项目等相关信息，及时、全面、有效、经济地向社会公众广泛传播。

14. RSS 营销

RSS 营销，又称网络电子订阅杂志营销，是指利用 RSS 这一互联网工具传递营销信息的网络营销模式。RSS 营销的特点决定了它比其他邮件列表营销具有更多的优势，它是对邮件列表的替代和补充。使用 RSS 的以行业业内人士居多，比如研发人员、财经人员、企业管理人员，他们会订阅一些科技、财经、管理等专业性网站的杂志和日志信息，以便满足了解行业新信息的需求。

15. SNS 营销

SNS 全称为 Social Networking Services，即社交网络服务，譬如人人网、开心网都是 SNS 型网站。这些网站旨在帮助人们建立互联网社交应用服务。SNS 营销是随着网络社区化而兴起的营销方式，它利用 SNS 网站的分享和共享功能，在六维理论的基础上实现营销。

11.3　关 系 营 销

关系营销理论最早由北欧学者在 20 世纪 70 年代提出，20 世纪 80 年代开始进入深入研究时期，其理论体系日臻完善。"关系营销"(Relationship Marketing)一词最早由 Berry L.L. (1983)首先提出，他认为关系营销就是通过多种服务来吸引、维持和促进顾客关系。1983 年，美国学者李维特的一篇被誉为关系营销领域里程碑式的文章《销售结束之后》，拉开了工业市场关系营销研究的帷幕。同一时期，美国学者里 Leonard L. Berry 将关系营销的概念引入服务的范畴，并对关系营销进行了初步界定——关系营销就是吸引和保持客户以及加强客户关系。菲利普·科特勒在其著作《营销管理》第六版中，也对关系营销作了论述，并从 80 年代起迅速风靡全世界。它是现代西方营销理论与实践在传统的"交易型营销"基础上的一个发展和进步，使人们对市场营销理论的研究又迈上了一个新的台阶，但在国内引起重视却是 2000 年之后的事。

11.3.1　关系营销的概念和特点

1. 关系营销的概念

有关关系营销的定义，不同专家、学者有着不同的表述。巴巴拉·本德·杰克逊是从服务业的角度来定义关系营销的，他认为关系营销就是在各种服务的组织中有吸引力地保持和改善顾客关系；摩根和亨特则认为，关系营销就是旨在建立、发展和保持成功的交换关系的所有营销活动；而佩恩则把关系营销看作是市场营销、顾客服务和质量管理的综合体。

一般认为，关系营销是识别、建立、维护和巩固企业与顾客及其他利益相关人的关系的活动，并通过诚实交换及履行承诺，使其涉及的各方面目标在关系营销活动中实现，强调营销活动要与顾客及其他利益相关者之间建立长期的互信互惠关系。

2. 关系营销的特点

关系营销把营销活动看成是企业与消费者、供应商、分销商、竞争者、政府机构及其他公众发生互动的过程，正确处理企业与这些组织及个人的关系是关系营销的核心，是企业经营成败的关键。与传统营销过程相比，关系营销具有以下特点。

(1) 信息沟通的双向性。关系营销是企业与顾客和其他相关利益者之间的双向信息交流过程。广泛的信息交流和信息共享，可以使企业赢得各个利益相关者的支持与合作。

(2) 战略过程的协同性。关系营销是企业与顾客和其他相关利益者之间的以协同为基础的战略合作过程。随着竞争的日益激烈以及经济全球化进程的加快，企业经营者开始寻求与利益相关者的合作，建立长期的、彼此信任的、互利的关系。各具优势的关系双方，互相取长补短，联合协作去实现对双方都有益的共同目标，这可以说是协同关系的最高形态。

(3) 营销活动的互利性。关系营销旨在通过合作增加关系各方的利益，而不是通过损害其中一方或多方的利益来增加其他各方的利益。关系营销的基础在于交易双方之间有利益上的互补，如果没有各自利益的实现和满足，双方都不会建立良好的关系。互利关系的建立要求互相了解对方的利益要求，寻求双方利益的共同点，并努力使双方的共同利益得到实现。

(4) 信息反馈的及时性。关系营销是利用控制反馈的手段不断完善产品和服务的管理系统。关系营销要求建立专门的部门，用以追踪利益相关者的态度，以便了解关系的动态变化，并及时采取措施消除关系中的不稳定因素和不利于各方利益共同增长的因素。

11.3.2　顾客关系层次

精明的企业不仅要创造顾客，还想要"拥有顾客的一生"，这就必须建立持久的顾客关系。企业可以在多个层次上建立顾客关系。一般情况，对于那些数量庞大、边际利润低的顾客，企业会更多地谋求与其建立层次较低的基本关系；但对那些数量很少且边际利润很高的顾客，如大用户、大型零售商，企业则希望与其建立全面的伙伴关系。在这两个极端之间，企业可根据不同情况建立多层次的顾客关系。

1. 一级关系营销(也称财务层次关系)

一级关系营销也叫财务层次关系，即企业通过价格优惠和其他财务措施与顾客建立长期交易关系，树立顾客价值和满意度。如宾馆为常客提供免费或降价服务；商场提供惠顾折扣券；民航公司对常客实施优惠方案等。

2. 二级关系营销

二级关系营销也叫社交层次关系，指企业不仅用财务上的价值让渡吸引顾客，而且通过加强社会交往来提高与顾客的社会化联系，与常客保持特殊关系。如企业主动与顾客保持联系，不断了解顾客需要和提供服务；向常客赠送礼品和贺卡，表示友谊和感谢；组织常客社交聚会，增强信任感等。

3. 三级关系营销

三级关系营销也叫结构层次关系，指企业和顾客相互依赖对方的结构性变化，即双方是合作伙伴关系。三级关系营销建立后，在存在专用性资产和重复交易的条件下，如果一方放弃关系会付出转移成本，因而这种关系的维持具有价值，能形成"双边锁定"。这种良好的结构性关系会提高客户转向竞争者的机会成本，同时也会增加客户脱离竞争者而转向本企业的利益。

11.3.3 关系营销的市场模型

关系营销理论自产生以来得到了广泛的传播和发展，对这种新的理论不同学者有不同的理解，主要有以下四种学派。

1. 英、澳学派的六市场模型

该理论把对企业营销有影响的因素划分为六个市场，即顾客市场(已有的和潜在的顾客)、供应商市场(要成为供货商的伙伴而不是对手)、分销商市场(协助企业销售其产品或劳务)、竞争者市场(寻求资源共享或优势互补)、影响者市场(财务分析人员、记者、政府)、内部市场(组织及其员工)。

(1) 顾客市场。顾客是企业存在和发展的基础，市场竞争的实质是对顾客的争夺。只有企业为顾客提供了满意的产品和服务，才能使顾客对产品进而对企业产生信赖感，成为企业的忠诚顾客。菲利普·科特勒指出，忠诚的顾客是企业最宝贵的财富，现代企业应重视并设计出最好的关系组合，以争取和保持顾客。好的顾客就是资产，只要管理得当和为其提供满意的服务，他们就能成为公司丰厚的终身利益来源。在激烈的市场竞争中，公司的首要业务任务就是持续地用最优的方法满足顾客的需要，以保持顾客的忠诚度。最新的研究表明，争取一位新顾客所需花的费用往往是留住一位老顾客所花费用的六倍。因此，企业在争取新顾客的同时，还必须重视留住老顾客，培育和发展顾客忠诚。在关系营销的过程中，企业可以通过了解顾客的需要，树立以消费者为中心的观念，采用数据库营销、发展会员关系、设立顾客关系管理机构等多种形式，更好地满足顾客需求，增加顾客信任度，密切双方关系。

(2) 供应商市场。供应商是指那些向企业提供各类产品以供企业进行生产或者销售活动的各经济单位。供应商可以通过提高产品价格、降低产品质量、拖延交货时间、减少供货数量来影响企业生产产品或销售商品的质量、价格和利润。企业必须对供应商市场开展营销活动，在精心挑选供应商的基础上与供应商建立长期紧密合作与互惠互利的关系，在产品开发、产品质量、制造、后勤、营销等方面与其进行全面的沟通与合作。在营销过程中，企业可以通过有组织、有计划地制定和推行维护供应商关系的相关政策，对采购部门进行升级，与供应商进行有效的沟通交流等措施，结成紧密的合作网络，巩固和完善企业伙伴关系，增强企业竞争能力。

(3) 内部市场。在关系营销理论中，一般把员工看作是企业的内部市场。在营销过程中，要想让外部顾客满意，首先需要让内部员工满意。只有工作满意的员工，才可能以更高的效率和效益为外部顾客提供更加优质的服务，并最终让外部顾客感到满意。内部市场不只是企业营销部门的营销人员和直接为外部顾客提供服务的其他服务人员，它包括所有的企业员工和部门。建立良好的内部营销策略是实施关系营销的基础，其目的是协调和促进企业内部所有员工之间、部门之间以及企业与股东之间的相互关系，使企业员工和部门转向关系营销的新视野，激励全体员工执行关系营销策略。

(4) 竞争者市场。在竞争者市场上，企业营销活动的主要目的是争取与那些拥有与自己具有互补性资源的竞争者的协作，实现知识的转移、资源的共享和更有效的利用。例如，在一些技术密集型行业，越来越多的企业与其竞争者进行了研究与开发的合作，这种方式的战略联盟可以分担巨额的产品开发费用和风险。种种迹象表明，现代竞争已发展为"协作竞争"，在竞争中实现"双赢"的结果才是最理想的战略选择。

(5) 分销商市场。在分销商市场上，零售商和批发商的支持对于产品的成功至关重要。销售渠道对现代企业来说无异于生命线，随着营销竞争的加剧，掌握了销售通路就等于占领了市场。优秀的分销商是企业竞争优势的重要组成部分。通过与分销商合作，利用他们的人力、物力、财力，企业可以用最小的成本实现市场的获取，完成产品的流通，并抑制竞争者产品的进入。

(6) 其他相关利益者市场。企业作为一个开放的系统从事经营活动，不仅要注意与顾客、员工、竞争者、供应商和分销商的关系，还必须考虑与金融机构、新闻媒体、政府、社区，以及诸如消费者权益保护组织、环保组织等各种各样的社会团体的关系。这些组织和团体都是企业经营管理的影响者，对于企业的生存和发展有着重要的影响。因此，企业有必要把它们作为一个市场来对待，并制定以公共关系为主要手段的营销策略。

2. 古姆松的 30R 理论

北欧学派的 30R 理论由瑞典学者古姆松提出，他认为关系营销就是从关系、网络和交互的角度看营销。他把企业的关系分为市场关系和非市场关系两大类，共 30 种。前者主要包括顾客与供应商关系、分销渠道关系、顾客与服务提供者等共 17 种关系，后者主要包括人际和社会网络关系、大众媒体关系、内部顾客关系、所有者关系等共 13 种关系，其中顾客关系是核心。

3. 价值、交互和对话过程理论

同为北欧学派的芬兰学者格朗鲁斯把关系营销看成是包含了价值、交互和对话的过程，即关系营销的目的是为了给顾客创造出价值，关系营销的表现形式是企业和顾客的一个交互过程，关系营销的沟通过程就是企业和顾客的对话过程。他认为关系营销是指为完成企业及其相关利益者的目标而进行的辨别、建立、维护、促进关系，并在必要时结束关系的过程，它通过相互交换和履行承诺实现。

4. 全面营销理论

科特勒提出全面营销概念，认为单一的顾客营销还不全面，企业有必要进行全面的营销。科特勒指出了企业面临的十个主要营销对象，包括直接环境中的供应商、分销商、最终用户和员工，间接环境中的金融机构、政府、媒体、联盟者、竞争者和公众。

11.4　体验营销

20 世纪 70 年代，阿尔文·托夫勒在《未来的冲击》一书中提出"继服务业发展之后，体验业将成为未来经济发展的支柱"的预言，但因当时社会沉湎于 4P 理论和关系营销而未引起广泛的关注。1998 年，约瑟夫·派恩二世(B.Joseph Pine)和詹姆斯·吉尔摩(James H. Gilmore)在《哈佛商业评论》中发表文章《欢迎进入体验经济》。他们将经济价值体验过程分为：商品、货物、服务和体验四个阶段。他们认为"服务与它之前的货物一样已经日益商品化，比如长途电话服务只靠价格出售，而体验的出现使所谓的经济价值过程向后延伸了一步。"

约瑟夫·派恩二世和詹姆斯·吉尔摩在 1999 年出版的《体验经济》一书中提出，体验是一种创造难忘经历的活动，即以企业服务为舞台，以商品为道具，围绕顾客创造出有回忆价值的活动。体验的本质是个人达到情绪、体力、智力甚至是精神的某一特定水平时，他意识到所产生的美好感觉。没有哪两个人能够得到完全相同的体验经历，因为任何一种体验其实都是某个人本身的心智状态与那些筹划事件之间互动的结果。

11.4.1　体验营销的概念

体验营销就是指企业以顾客需求为导向，向消费者提供一定的产品和服务，通过对事件、情景的安排、设计，创造出值得消费者回忆的活动，让消费者产生内在反应或心理感受，激发并满足消费者的体验需求，从而达到企业目标的营销模式。

体验营销建立在认真研究和充分了解消费者个性心理特征的基础之上，以激发顾客的情感为手段，使整个营销理念更趋于完善。体验营销的目的是为目标顾客提供超过平均价值的服务，让顾客在体验中产生美妙而深刻的印象或体验，以获得最大程度的精神满足。

体验营销并非仅仅是一种营销手段，确切地说，它是一种营销心理、一种营销文化、一种营销理念。在消费需求日趋差异化、个性化、多样化的今天，顾客更关注产品和服务的感知价值，比以往更为重视在产品消费过程中获得好的体验。

我们经常会看到这样的现象，消费者在购买很多产品时，如果有"体验"的场景和气氛，就会产生促进消费者购买的影响。例如在购买服装时，如果一家服装店不能让顾客试穿的话，很多顾客就会马上离开；购买品牌计算机时，如果不能亲自试试性能，感觉一下质量，大多数消费者就会对其质量表示怀疑；购买手机时，如果销售人员不太愿意让顾客体验效果，顾客就会扬长而去。因此对于企业来说，提供充分的体验就意味着能够获得更多的消费者。

11.4.2　体验营销的特征

1. 顾客参与

在体验营销中，顾客是企业的客人，也是体验活动的主人。体验营销成功的关键在于，要引导顾客主动参与体验活动，使其融入预设的情景当中。透过顾客的表面特征，挖掘其心底真正的需求，这是一种朦胧的、自己都说不清楚的、等待别人来唤醒的需求，发现它、唤醒它，消费者就自然愿意和企业产生互动。在企业与顾客的互动中，顾客的感知效果便是体验营销的效果。顾客参与程度的高低，将直接影响体验的效果。例如在采摘体验中，积极的参与者会获得比较丰富且愉悦的体验。

2. 体验需求

体验式营销感觉直观，形象生动，极易聚集人流、鼓舞人心，能促使消费者立即做出购买决定，具有立竿见影的促销效果。体验营销的基本思想仍然是"顾客至上"，强调消费者消费时是理性与感性兼具的，企业不仅要从理性的角度开展营销活动，而且要考虑顾客情感的需要，从物质上和精神上全面满足顾客的需求。企业要了解在体验经济中消费需求会发生多方面的变化：从消费结构看，情感需要的比重相对物质需要的比重增加；从消费内容看，个性化产品和服务的需求日益增多；从价值目标看，消费者日益关注产品使用时所产生的感受，并且日益关注环境保护和公益问题。在体验营销设计中，不仅要想到企业能创造什么，更要想到顾客想要什么，力求提供能更好地满足顾客体验诉求的产品和服务。

3. 个性特征

个性是一种区别于他人的、在不同环境中显现出来的、相对稳定的、影响人的外显和内隐行为模式的心理特征总和。在体验营销中，由于个性差异使得每个人对同一刺激所产生的体验不尽相同，而且体验又是个人所独有的感受，所以无法复制。因此，与传统营销活动中强调的提供标准化的产品和服务，满足消费者大众化的需求不同，体验营销要求企业加强与顾客的沟通并发掘其内心的渴望，从顾客体验的角度出发，在营销活动的设计中体现较强的个性特征，在大众化的基础上增加独特、另类的风格，以兼顾独特品位的顾客需求。

11.4.3　体验营销的主要原则

1. 适用适度

体验营销要求产品和服务具备一定的体验特性。顾客为获得消费过程中的"体验感觉"，往往不惜花费较多的代价。但是各地经济发展水平是不一致的，因而在体验营销的操作过程中要充分考虑顾客能够获得的实际利益，让消费者在进行愉悦体验的同时获得一定的实际利益。这样，营销活动才算是成功的。

2. 合理合法

体验式营销能否被消费者接受，与地域差异关系密切。各个国家和地区由于风俗习惯和文化的不同，价值观念和价值评判标准也不同，所以评价的结果也存在差异。因此，体验营销活动的安排必然要适应当地市场的风土人情，既要富有新意，又要合乎常理。同样的道理，各个国家和地区的法律体系，如《消费者权益保护法》《反不正当竞争法》《广告法》《商标法》《劳动法》《公司法》《合同法》等，既存在差别，又极其复杂，因而体验营销实施过程中具体的操作环节和内容，都应该在国家政策和法律法规允许的范围之内。

11.4.4　体验营销的主要策略

1999 年美国著名学者 Schmitt 在其所写的《体验式营销》一书中主张，体验营销是站在消费者的感觉(sense)、情感(feel)、思考(think)、行动(act)、联想(relate)五个方面，重新定义、设计了"体验营销架构"的概念，即应用"策略性体验模组"与"体验媒介"来为消费者制造不同的体验过程。Schmitt 认为顾客是理性与情感动物，认为企业除了重视使用价值外，更应把营销的重点放在体验及消费情境方面，并采用多元的方法与工具，将品牌形式塑造成体验。

1. 感官式营销策略

感官式营销策略的诉求目标是创造知觉体验的感觉，它是通过人的视觉、听觉、触觉、味觉与嗅觉等直接感官建立的感官体验。感官式营销可以突出公司和产品的识别，引发消费者购买动机和增加产品的附加值等。如，动感的音乐、时尚的模特、明亮的大厅，诱人的火锅香味等都是感官式营销。

2. 情感式营销策略

情感式营销策略通过诱发触动消费者的内心情感，以引导其消费。情感式营销旨在为消费者创造情感体验，挖掘情感的影响力、心灵的感召力。体验营销就体现了这一基本点，通过寻找消费活动中导致消费者情感变化的因素，掌握消费态度形成规律，真正了解什么刺激可以引起某种情感，以及如何在营销活动中采取有效的心理方法使消费者自然地受到感染，激发消费者积极的情感并使其融入这种情景中来，最终促进营销活动顺利进行。情感对体验营销的所有阶段都是重要的，在产品的研发、设计、制造、营销阶段都是如此，它必须融入每一个营销计划。情感式营销的一个经典案例就是迪士尼，它让所有年龄段的人都来到了童话世界，回到了童年。

3. 思考式营销策略

思考式营销策略通过启发智力，创造性地让消费者获得认知和解决问题的体验，引发消费者产生购买意愿。思考式营销策略往往被广泛使用在高科技产品的宣传中。在其他许多产业中，思考式营销也已经被使用在产品的设计、促销和与顾客的沟通上。

4. 行动式营销模式

人们生活形态的改变有时是自发的，有时是外界激发的。行动式营销策略就是一种通过名人、名角来激发消费者，增加他们的身体体验，指出替代的生活形态，丰富他们的生活，使其生活形态予以改变，从而实现销售的营销策略。在这方面耐克可谓是经典，其出色的"Just do it"广告，通过展现著名运动员充满激情的运动，进而深化身体运动的体验。

5. 关联式营销策略

关联式营销策略包含感官营销、情感营销、思考营销与行动营销各个层面。关联式营销让人和一个较广泛的社会系统产生关联，从而建立个人对某种品牌的偏好，同时让使用该品牌的人们形成一个群体。关联式营销已经在化妆品、日用品、私人交通工具等许多不同的产业中被使用。

11.5 服 务 营 销

随着服务业的崛起，世界经济开始步入"服务经济时代"，服务营销成为国内外营销学界的研究热点。1977 年，美国银行副总裁列尼·休斯旦克的《从产品营销中解放出来》一文拉开了服务营销的序幕。

11.5.1 服务营销的概念和特点

1. 服务营销的概念

美国市场营销协会(AMA)1960 年对服务的定义是：服务是用于出售或随产品一起被出售的活动、利益或满足感。后来服务的定义又被修改为：服务是可被区分界定的，主要为不可感知却可使欲望得到满足的活动，而这种活动并不需要与其他产品或服务的出售联系在一起。生产服务不一定需要利用实物，即使需要借助某些实物协助生产服务，这些实物的所有权也不涉及转移的问题。

2. 服务商品的特点

(1) 无形性。无形性也称不可触知性，主要指服务提供的是非物质产品，顾客在购买之前，一般不能看到、听到、嗅到、尝到或感觉到。服务产品是由服务提供者和顾客的主体感受共同构成的，这一本质的特点赋予服务产品区别于有形产品的特质。

(2) 易逝性。易逝性也称不可贮存性或"短暂性"，主要指服务产品既不能在体验之前和体验之后制造，也不能在生产之后贮存备用，消费者也无法购后贮存。由于服务的提供极具时间性，生产与消费极具同步性，所以决定了服务具有边生产边消费或边销售边生产边消费的重要特征。

(3) 异质性。异质性也称可变性，主要指服务的构成成分及其质量水平经常变化，很难统一界定。和制造业不同，服务是以人为中心的产业，它依赖于谁提供服务以及在何时、何地提供服务。由于人的气质、修养、文化与技术水平存在差异，而且同一服务可能由数人操作，所以品质难以完全相同；同一人做同样的服务，因时间、地点、环境与心态变化，其作业成果也很难完全一致。

(4) 同步性。同步性也称不可分割性，主要指服务的生产和消费是同时进行的，有时也与销售过程同步进行。服务具有直接性，服务与其供应者密不可分，服务过程是顾客同服务人员广泛接触的过程。服务的供应者往往是以其劳动直接为购买者提供使用价值，服务的生产过程与消费过程同步进行，如外科手术、理发。

11.5.2　服务营销组合

有形产品市场营销理论的核心之一就是 4P 营销组合，即产品、价格、促销和分销。由于服务有着与有形产品不同的特征和性质，所以进行服务营销时有必要对有形产品的市场营销组合作相应的修正。

1. 7P

许多学者认为，服务营销组合应在原有的 4P 策略基础上再加入 3P，扩充为七个策略，即产品策略(Product)、价格策略(Price)、地点或渠道策略(Place)、促销策略(Promotion)，人员策略(People)、有形展示策略(Physical-evidence)和过程策略(Process)，如表 11-1 所示。

表 11-1　服务营销组合

要素	内　　容
产品	服务范围、质量、水平、品牌、服务项目、保证、售后服务
价格	水平、折扣、付款条件、顾客认知价值、质量/定价、差异化
地点或渠道	所在地、可及性、分销渠道、分销范围
促销	广告、人员推销、营业推广、公共关系
人员	企业人力资源配置与激励、态度与行为、顾客参与
有形展示	环境(装潢、颜色、陈设、声音)、设备设施、实体性信息
过程	政策、手续、机械化程度、员工决断权、顾客参与度、顾客取向、活动流程

(1) 产品策略。服务产品是一种特殊的商品，包括提供的服务范围、服务质量、服务水平、品牌、保证以及售后服务等次级要素。这些次级要素的组合构成了企业的服务产品组合策略。

(2) 价格策略。价格是影响服务产品销售的最重要的因素之一。服务企业要特别重视价格在开拓服务市场中的作用，在加工方面要考虑价格水平、折让、折扣和佣金、付款方式和信用等因素。在区别一项服务和另一项服务时，价格是一种识别方式。顾客可以从一项服务的价格中感受到其价值的高低，而价格和质量间的相互关系也是服务定价所必须考虑的因素。

(3) 渠道策略。由于服务产品的生产过程和消费过程是不可分离的，提供服务的所在以及其他地缘的可传达性不仅是指物质上的，还包括传递和接触的其他方式，所以分销渠道的类型及其涵盖的地区范围都与服务的可达性密切相关。

(4) 促销策略。服务产品的市场营销包括广告、人员推销、营业推广、公共关系等各种方式。

(5) 人员策略。在服务企业中负责服务生产和操作的人员，在顾客眼里其实就是服务产品的一部分。美味佳肴的感觉并不仅仅是来自菜肴，它与服装整洁、精神饱满、谈吐高雅、彬彬有礼、热情洋溢、训练有素的服务员有很大的关系。温馨的服务总会给人留下美好的记忆，特别是那些提供高接触度服务业务的企业，人员的因素就更加重要了。一般来说，服务人员可能还要承担服务的销售工作，所以必须要重视对服务人员的挑选、培训、激励和控制。

此外，其他人员的作用也是不可忽视的，如顾客的态度会受到其他顾客特别是与之关系密切的人员的影响，这时就应加强对舆论领袖的影响工作，以及对顾客进行有效的管理。

(6) 有形展示策略。服务产品的主体部分是无形的，为增强顾客的信任感以便其把握产品，应给予顾客有形展示，这是十分重要的。

有形展示包含的因素有：实体环境(如装潢、颜色、陈设、音响等)、服务提供时所需的装备实体，以及其他实体性信息标志(如航空公司使用的标识、干洗店将洗好的衣物加上包装)等。

(7) 过程策略。由于服务的生产和消费是同时进行的，因而服务过程在服务营销中显得很重要。如顾客进门时的热情接待，对等待服务的顾客的周到安排，对偶尔的疏忽进行的得体解释，顾客离开时的欢迎再来等，都十分重要。为了提高服务质量，有必要像产品设计一样，对服务进行周密的过程策划，即制定出规范的服务流程。

2. 3R

美国哈佛大学的理查德和赛斯重新对市场份额与企业利润的关系进行了研究，发现在新的市场环境下，两者的关联性已大大减弱，并得出了顾客的满意和忠诚已成为决定服务企业利润高低的主要因素这一结论。在此基础上，提出服务企业应将营销重点放在如何保留顾客，如何使他们购买相关产品，如何让他们向亲友推荐公司的产品，所有的一切最终落实到如何提高顾客的满意和忠诚，这就产生了 3R+4P 的新的营销组合理论，其中的 3R 即顾客保留(Retention)、相关销售(Related-sales)和顾客推荐(Referrals)，如图 11-1 所示。

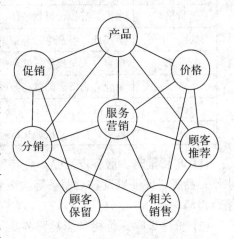

图 11-1　4P+3R 营销组合

(1) 顾客保留(Retention)。顾客保留是指通过持续地、积极地与顾客建立长期关系以维持和保留现有顾客，并取得稳定收入。据研究发现，顾客的保留率每上升 5%，公司的利润率将上升 75%，而吸引一位新的消费者所花费用是保留一位老顾客所需费用的数倍以上。随着老顾客对公司产品熟悉度的上升，对这类顾客的营销费用将下降，因而从长期来看，这将提高公司对这类顾客销售的利润率。

(2) 相关销售(Related-sale)。由于老顾客对公司的产品建立了信心，所以在新产品销售时的广告与推销费用会大大降低；同时，老顾客在购买公司的新产品时，对价格也不会很敏感，因而相关销售的利润率往往比较高。

(3) 顾客推荐(Referral)。顾客推荐是指老顾客通过对产品的了解和使用以及和其他产品的对比，对本公司产品产生了发自内心的喜爱，并由此而产生对公司产品的品牌忠诚。同时，老顾客会非常热心地向自己的亲戚朋友推荐自己使用过或者正在使用的产品，所谓好东西要和大家分享，描述的就是这样的境界。顾客口碑要比企业广告的可信度和宣传效果强的多。

11.5.3　服务利润链

服务利润链的理论认为，在利润、成长性、顾客忠诚、顾客满意、提供给顾客的产品与服务的价值、员工能力、满意、忠诚及效率之间存在着直接相关的联系。

(1) 顾客忠诚度的提高能促进企业盈利能力的提高。

忠诚顾客所提供的销售收入和利润往往在公司的销售额和利润总额中占有很高的比例，这些收入不仅是实际利润的主要来源，同时还弥补了公司在与非忠诚顾客交易时所发生的损失。因此，忠诚顾客的多少在很大程度上决定了市场份额的质量，这比用实际顾客的多少来衡量市场份额的"规模"更有意义。

(2) 顾客的忠诚度是由顾客的满意度决定的。

顾客之所以对某公司的产品或服务表现出忠诚，视其为最佳和唯一的选择，是因为他对公司提供的产品或服务感到满意。在经历了几次满意的购买和使用后，顾客的忠诚度就会随之提高。1991 年，施乐公司曾对全球 48 万个用户进行调查，要求他们对公司的产品和服务给予评价。评分标准从 1 分到 5 分，依次递进表示其满意程度。结果发现，给 4 分(满意)和 5 分(非常满意)的顾客，其忠诚度相差很大——给 5 分的顾客购买施乐设备的倾向性高出给 4 分的顾客 6 倍。这一发现使施乐后来一直致力于名为"革新者"的新战略计划的制定和实施。1992 年，他们提高了公司的发展目标，希望到 1996 年末力争达到顾客 100%的非常满意率，从而大幅度提高顾客忠诚度。事实证明，顾客的忠诚源于他们对公司产品和服务的满意。

(3) 顾客满意度由其所获得的价值大小决定。

顾客获得的总价值是指顾客购买某一产品或服务所获得的全部利益，它包括产品价值、服务价值、人员价值和形象价值等。顾客的总成本是指顾客为购买某一产品所耗费的时间、潜力、体力以及交付的货币资金等。市场学中，顾客的价值是指顾客获得的总价值与顾客付出的总成本之间的差额。顾客在购买商品时，总希望成本更低，利益更大，以使自己的需要得到最大限度的满足。因此，顾客所获得的价值越大，其满意度越高。

(4) 高价值源于企业员工的高效率。

企业员工的工作是价值产生的必然途径，员工的工作效率直接决定了其创造价值的高低。美国西北航空公司便是以高工作效率创造出高服务价值的典范。该公司在进行岗位设计时尽可能使每个员工独立负责更多的工作以提高工作效率，其 14 000 位职员中有 80%是独立工作的，而飞机利用率则比其主要竞争对手高出 40%，其驾驶员平均每月飞行 70 个小时，而其他航空公司只有 50 个小时；每天承运比竞争对手高出 3 到 4 倍。事实证明，顾客会因员工的高效率而获得更高的价值。

(5) 员工忠诚度的提高能促进其工作效率的提高。

员工的忠诚意味着对公司的未来发展有信心，为成为公司的一员而感到骄傲，关心公司的经营发展状况，并愿意为之效力。因此，忠诚度高的员工会自觉担当起一定的工作责任，为企业努力工作，工作效率自然会提高。

(6) 员工的忠诚度取决于员工对公司的满意度。

正如顾客的忠诚度取决于对公司产品和服务的满意度一样，员工的忠诚同样取决于员工对公司的满意度。根据 1991 年美国一家公司对其员工所做的调查，在所有对公司不满意的员工中 30%的人有意离开公司，其潜在的离职率比满意的员工高出 3 倍。这一结果表明，员工忠诚度与其满意度之间存在内在联系。

(7) 公司的内在服务质量是决定员工满意度的重要因素。

员工对企业是否满意主要取决于两个方面。一是公司提供的外在服务质量，如薪金、红包、福利和舒适的工作环境等；二是内在的服务质量，即员工对工作及对同事持有的态度和感情，若员工对工作本身满意，同事之间关系融洽，那么内在服务质量会比较高。

11.5.4　服务质量

1. 服务质量的概念和内涵

服务质量是指服务的效用及其对顾客需求满足程度的综合表现，是服务的特色和品质的综合。服务质量是顾客期望与顾客感受之间的对比，是顾客的主观感受，因而服务产品的质量水平并不能完全由企业来决定，它同顾客的体验有很大的关系，并受到顾客个性特征和消费情境的影响。服务质量的构成模式如图 11-2 所示。

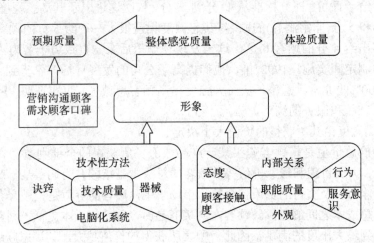

图 11-2　服务质量的构成模式

(1) 技术质量。顾客通常从技术和职能两个层面来感知服务质量，因而服务质量也就包括技术质量和职能质量两项内容。技术质量是指服务过程的产出，即顾客从服务过程中所得到的东西。对于这一层面的服务质量，顾客容易感知，也便于评价。

(2) 职能质量。技术质量并不能概括服务质量的全部。由于服务是无形的，而且提供服务的过程是顾客同服务人员打交道的过程，所以服务人员的仪表、行为、态度、言谈举止等将直接影响到顾客对服务质量的感知。

所以，顾客对服务质量的感知不仅包括他们在服务过程中所得到的东西，还要考虑他们是如何得到这些东西的，这就是服务质量的职能层面，即职能质量。显而易见，职能质量难以被顾客进行客观的评价，它更多取决于顾客的主观感受。

(3) 顾客对服务质量的感知。顾客对服务产品质量的判断取决于体验质量与预期质量的对比。在体验质量既定的前提下，预期质量将影响顾客对整体服务质量的感知。如果顾客的期望过高或者不切实际，那么即使客观上他们所接受的服务水平是很高的，他们仍然会认为企业的服务质量较低。

(4) 影响预期质量的因素。预期质量主要受四种因素的影响，即服务体验、服务环境、口碑和企业营销策略，如图 11-3 所示。

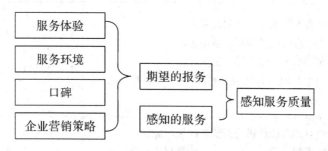

图 11-3 影响顾客期望的主要因素

2. 服务质量的评价标准

(1) 感知性。感知性是指提供服务的有形部分，即顾客可以看得见的部分，如各种设施、设备、服务人员的仪表等。顾客正是借助这些有形的、可见的部分来把握服务的质量。有形部分提供了有关服务质量本身的线索，同时也直接影响顾客对服务质量的感知。比如到饭店就餐，顾客首先会看店面是否整洁卫生，随即就会在心理产生对服务质量的初步感知。

(2) 可靠性。可靠性是指服务供应者能够准确无误地完成所承诺的服务的能力。可靠性要求避免服务过程中的失误，顾客认可的可靠性是最重要的质量指标，它同核心服务密切相关。许多以优质服务著称的服务企业，正是通过强化可靠性来建立自己的声誉的。例如，邮政部门进行准确无误的投递是其服务质量的重要指标。

(3) 反应性。反应性是指企业是否具有随时对顾客提供快捷有效服务的能力。对于顾客的各种要求企业能否及时满足，是否对顾客的反映采取了负责而又恰当的措施，这些都影响顾客对企业的评价。

(4) 保证性。保证性是指服务人员的友好态度与胜任能力。服务人员较高的操作技能和良好的服务态度，能增强顾客对企业服务的信心和安全感。当顾客同一位友善且技术精湛的服务人员打交道时，他会认为自己找对了企业，从而获得信心和安全感。

(5) 移情性。移情性是指企业要真诚地关心顾客，了解他们的实际需要，甚至是私人方面的特殊要求也应予以满足，使整个服务过程充满了人情味。

 知识链接

服务质量的度量：SERVQUAL

对于服务质量，常用的一种富有争议的度量方法是 SERVQUAL 量表，根据其开发者的意见，SERVQUAL 是一种揭示公司在服务质量领域中广泛的缺陷和优势的诊断工具。SERVQUAL 这种工具是从与顾客广泛的焦点群体面谈中得到的服务质量的五个维度标准，即感知性、可靠性、反应性，保证性和移情性，如表 11-2 所示。这五个维度提供了了解服务质量的基本"骨架"。

表 11-2　SERVQUAL 量表

维度	项　目	强烈反对　　　　　　　强烈赞同						
感知性	公司有看起来现代化的设备	1	2	3	4	5	6	7
	公司中设施的外观是有吸引力的	1	2	3	4	5	6	7
	公司中员工外表是整洁的	1	2	3	4	5	6	7
	公司中与服务有关的材料(例如小册子和报告)外观是有吸引力的	1	2	3	4	5	6	7
可靠性	公司对顾客所承诺的事情都能按时完成	1	2	3	4	5	6	7
	顾客遇到问题时，公司能为顾客解决问题	1	2	3	4	5	6	7
	公司第一次就能正确地提供服务	1	2	3	4	5	6	7
	公司会在他们承诺的时间提供他们的服务	1	2	3	4	5	6	7
	公司确保无差错的记录	1	2	3	4	5	6	7
反应性	公司员工能准确地告诉顾客何时能提供服务	1	2	3	4	5	6	7
	公司员工能立即为顾客服务	1	2	3	4	5	6	7
	公司员工总是乐意帮助顾客	1	2	3	4	5	6	7
	公司员工从来不会因太忙而疏忽回应顾客	1	2	3	4	5	6	7
保证性	公司员工的行为将逐渐获得顾客的信任	1	2	3	4	5	6	7
	顾客感到他们的交易是安全的	1	2	3	4	5	6	7
	公司的员工对顾客都是同样有礼貌的	1	2	3	4	5	6	7
	公司的员工具备解答顾客问题的知识和能力	1	2	3	4	5	6	7
移情性	公司会给予顾客个人的关心	1	2	3	4	5	6	7
	公司营业时间将方便它的所有顾客	1	2	3	4	5	6	7
	公司拥有能给顾客个人关心的员工	1	2	3	4	5	6	7
	公司心中想着顾客的最大利益	1	2	3	4	5	6	7
	公司员工理解其顾客的特定需要	1	2	3	4	5	6	7

　　说明：问卷采用 7 分制，7 表示强烈赞同，1 表示强烈反对，中间分数依次表示不同的程度。

　　资料来源：(1) 瓦拉瑞尔·A·泽丝曼尔，玛丽·乔·比特纳，德韦恩·D·格兰姆勒. 服务营销[M]. 6版. 张金成，白长虹译. 北京机械工业出版社，2014:81-82.

　　　　(2) parasurman A, Zeithamal v A, Berry L 1-SERVQUAI: A multiple-item scale for measuring con-sumer perceptions of service quality. JOUrnal of Retailing, 1988, 64 (1) : 12-40.

通过 SERVQUAL 搜集的数据有多种用途：

(1) 确定各服务属性(在顾客感知和顾客期望之间)的平均差距分。

(2) 在 SERVQUAL 的五个维度上分别评估公司的服务质量。

(3) 一段时间内追踪(在单个服务属性或五个 SERVQUAL 维度上)顾客期望和顾客感知的变化。

(4) 比较公司与竞争对手的 SERVQUAL 得分。

(5) 识别并考察在评价公司服务绩效时存在巨大差异的顾客细分市场。

(6) 评估内部服务质量(即同一公司内一个部门或分部传递给其他部门或分部的服务质量)。

该量表引发了许多以服务质量为焦点的研究,同时也被全世界各服务行业广泛使用。在不同的行业背景下,已出版的相关研究文献或直接使用了 SERVQUAL,或对它进行了调整,如房地产经纪商、私人诊所、公共娱乐项目、牙医、商学院的就业中心、轮胎商店、传送机公司、会计公司、折扣百货商店、医院、银行以及高等教育行业等。

3. 服务质量改进

服务质量在服务营销中至关重要。企业服务质量的标准和执行应贯穿于服务传递系统设计与运作的整个过程,而不是单单依赖于事后的检查和控制。因此,服务的过程、设施、装备及程序设计等,都将体现出服务水平的高低。而且,顾客对服务质量的评价是一种感知认可的过程,他们往往习惯于根据服务人员的表现及其与顾客的互动关系来进行评价。可见,人的因素在提高服务质量方面处于核心地位。提高企业的服务质量有两种常用的方法,即标准跟进和流程分析(蓝图技巧)。

(1) 标准跟进。企业提高服务质量的最终目的是在市场上获得竞争优势,而获得竞争优势最简捷的办法就是向竞争对手学习。标准跟进法是指企业将自己的产品、服务和市场营销过程同竞争对手,尤其是顶级竞争对手的标准进行对比,在比较和检验的过程中逐步提高自己的水平。

(2) 流程分析(蓝图技巧)。企业要想进一步提高自己的服务质量,还必须对整个服务流程进行系统分析。流程分析(又称蓝图技巧)正是通过分解组织系统和架构,鉴别顾客同服务人员的接触点,并从这些接触点出发来改进企业服务质量的一种方法。蓝图技巧借助流程图分析服务传递过程的各个方面、各个环节,包括从前台到后勤服务的全过程。① 将服务的各项内容绘入服务作业的流程图,使服务过程一目了然地、客观地展示出来;② 找出容易导致服务失误的接触点;③ 制定体现企业服务质量水平的执行标准与规范;④ 找出顾客能看得见的、作为企业与顾客服务接触点的服务展示;⑤ 针对服务过程中出现的问题进行服务流程改进。

11.6 微 营 销

我们把以新浪、搜狐、网易为代表的“资讯时代”称为 Web1.0 时代,这个时代是一个“他们说,我们听”的时代;把以猫扑、天涯、人人为代表的“社交时代”称为 Web2.0 时代,这是一个“一部分人说,我们听”的时代;把微博、微信、陌陌为代表的“碎片化沟通互动时代”称为 Web3.0 时代,这是一个“我们说,我们听,人人能够参与并乐此不疲”的时代。每一个互联网时代,品牌商家都会据其不同的时代特性而转变营销策略,“微营销”的概念正是在 Web3.0 时代伴随着社会化媒体的应用而产生的一种新的营销模式。

11.6.1 微营销的概念

微营销是传统营销与现代网络营销的结合体,是以移动互联网为主要沟通平台,配合传统网络媒体和大众媒体,通过有策略、可管理、持续性的线上线下沟通,建立和转化、强化顾客关系，实现客户价值的一系列过程。微营销更强调"潜移默化""细节入微"和"精妙设计"，其核心手段是客户关系管理，通过客户关系管理，实现路人变客户、客户变伙伴的过程。

微营销实际就是移动网络微系统，微营销=微博+微视(微电影)+个人微信+二维码+公众平台+公司微商城。其中微博、微信、微信公众平台、微网站、APP 或它们的组合都是实现微营销的工具和方法。通过微营销可以将线上线下营销整合起来，线下引流到线上支付，线上引流到线下(实体店面)体验。

11.6.2　微营销的特点

微营销具备网络营销的基本特点，如便捷性、节约性，突破了时间和空间限制。除此之外，由于微营销使用社会化媒体，所以其本身还具有不同于网络营销的独特性。

1. 微营销的时效性快

无论企业微博还是个人微博，都能将最新动态及时发布到网上，供网民了解。例如，某公司即将在某市进行新产品发布会，只要在微博上发布一条信息，立刻就会有对其感兴趣的粉丝关注。微博信息的时效性之强，既可以是几天后的，也可以是当天的，并不会耽误企业的，准备和实施，更能够让关注该活动的消费者在第一时间参与其中。

2. 营销运作周期长

微营销传播的信息量大且形式多样；每时每刻都处在营销状态和与消费者的互动状态，强调内容性与互动技巧；需要对营销过程进行实时监测、分析、总结与管理；需要根据市场与消费者的实时反馈调整营销目标等。

3. 精准定位目标客户

社交网络掌握了用户大量的信息，抛开侵犯隐私的问题，仅仅在用户公开的数据中，就有大量极具价值的信息。除了年龄、工作等一些表层信息外，还可通过对用户发布和分享内容的分析，准确判断出用户的喜好、消费习惯及购买能力。此外，随着移动互联网的发展，社交用户使用移动终端的比例越来越高，移动互联网基于地理位置的特性也将给营销带来极大的变革。这样通过对目标用户的精准人群定向以及地理位置定向，企业在社交网络投放广告自然能收到比在传统网络媒体更好的效果。

4. 互动性强

互动性曾经是网络媒体相较传统媒体的一个明显优势，但是直到社会化媒体的崛起，我们才真正体验到互动带来的巨大魔力。在传统媒体投放的广告根本无法看到用户的反馈，而在网络的官网或者博客上的反馈也是单向或者不即时的，互动的持续性差。往往是企业发布了广告或者新闻，然后看到用户的评论和反馈，而继续深入互动却难度很大，企业跟用户持续沟通的渠道是不顺畅的。而社交网络中的企业官方微博、企业微信公众号等，其先天的平等性和社交网络的沟通便利性使得企业和顾客能更好地互动，更易形成良好的企业品牌形象。

此外，微博等社交媒体是一个天然的客户关系管理系统，通过寻找用户对企业品牌或产品的讨论或者埋怨，可以迅速作出反馈，解决用户的问题。如果企业官方账号能与顾客或者潜在顾客形成良好的关系，让顾客把企业账号作为一个好友账号来对待，那企业所获得的价值将是难以估量的。

5. 大数据的广泛使用和深度挖掘

随着社交网络的普及，大数据也得到了很好的应用。企业如果能做好社交网络的数据分析与处理，也能从中获益匪浅。

首先，通过社交媒体企业可以降低舆论监控的成本。在社交网络出现以前，企业对用户进行舆论监控的难度很大，而如今社交媒体在企业危机公关时发挥的作用已经得到了广泛认可。任何一个负面消息都是从小范围开始扩散的，只要企业能随时进行舆论监控，就可以有效降低企业品牌危机产生和扩散的可能。

其次，通过对社交平台大量数据的分析以及市场调查，企业能有效挖掘出用户的需求，为产品设计开发提供准确的市场依据。比如一个蛋糕供应商发现社交网站上有大量用户在寻找欧式蛋糕的信息，就可以加大此类蛋糕设计开发。在社交网络出现以前，这几乎是不可能实现的，而如今只要拿出些小礼品在社交媒体做一次活动，就会收到海量的用户反馈。

最后，通过社交网络企业可以以很低的成本组织起一个庞大的粉丝宣传团队。而粉丝能带给企业多大的价值呢？举一个例子，小米手机如今有着庞大的粉丝团队，数量庞大的米粉成为了小米手机崛起的重要因素，每当小米手机有活动或者出新品，这些粉丝就会奔走相告，做足宣传，而这些几乎是不需要成本的！如果没有社交网络，雷军想要把米粉们组织起来为小米做宣传，必然要花费极高的成本。此外，社会化媒体的公开信息也可以帮助企业准确寻找到意见领袖，而对意见领袖的宣传攻势可以收获比大面积撒网更好的效果。

11.6.3　微营销模式

微营销的基本模式是拉新(发展新客户)、顾旧(转化老客户)和结盟(建立客户联盟)，企业可以根据自己的客户资源情况，使用以上三种模式的一种或多种进行微营销。微营销的九种标准动作是：吸引过客、归集访客、激活潜客、筛选试客、转化现客、培养忠客、挖掘大客、升级友客、结盟换客。

11.7　大数据营销

2011 年 5 月麦肯锡在《Big data: the next frontier for innovation，competition，and productivity》一书中，从经济和商业维度分析了大数据在不同行业的应用潜力，明确提出了政府和企业应对大数据发展的策略。

国际数据公司(IDG)归纳了大数据的四个特征，即海量的数据规模(Volume)、快速的数据流转和动态的数据体系(Velocity)、多样的数据类型(Variety)、巨大的数据价值(Value)。"大数据"的概念最早由维克托·迈尔·舍恩伯格和肯尼斯·库克耶在其著作《大数据时代》中提出，指不用随机分析法(抽样调查)的捷径，而是对所有数据进行分析处理。大数据的4V特点如下：

(1) Volume(大量)。数据体量大，指代大型数据集，一般在 10TB(1TB =1024 GB)规模左右，但在实际应用中已经形成了 PB、EB、ZB 级的数据量。

(2) Velocity(高速)。数据类别大，数据来自多种数据源，数据种类和格式日渐丰富，囊括了网络日志、视频、图片、地理位置信息，等等。所有数据分为结构性数据和非结构性数据。

(3) Variety(多样)。数据真实性高，随着社交数据、企业内容、交易与应用数据等新数据源的兴起，传统数据源的局限被打破，企业愈发需要有效的信息处理以确保其真实性及安全性。

(4) Value(价值)。数据处理速度快。

大数据和传统的数据挖掘技术有着本质的不同。物联网、云计算、移动互联网、车联网、手机、平板电脑、PC 以及遍布地球各个角落的各种各样的传感器，无一不是数据来源或者承载的方式。

11.7.1　大数据营销的概念

大数据营销是基于多平台的大量数据，将大数据处理技术应用于互联网广告行业的营销方式。大数据营销衍生于互联网行业，又作用于互联网行业。依托多平台的大数据采集，以及大数据技术的分析与预测能力，能够使广告更加精准有效，能给企业带来更高的投资回报率。大数据营销的核心在于让网络广告在合适的时间，通过合适的载体，以合适的方式，投放给合适的人。

11.7.2　大数据营销的特点

1. 多平台化数据采集

大数据的数据来源通常是多样化的，多平台化的数据采集能使对网民行为的刻画更加全面而准确。多平台采集可包含互联网、移动互联网、广电网、智能电视，未来还会有户外智能屏等数据。

2. 强调时效性

在网络时代，网民的消费行为和购买方式极易在短时间内发生变化，因而要在其需求欲最高时及时进行营销活动。全球领先的大数据营销企业 Ad Time 对此提出了时间营销策略，它可通过技术手段充分了解网民的需求，并及时响应每一个网民当前的需求，让网民在决定购买的"黄金时间"内及时接收到商品广告。

3. 个性化营销

在网络时代，广告主的营销理念已从"媒体导向"向"受众导向"转变。以往的营销活动需以媒体为导向，选择知名度高、浏览量大的媒体进行投放；如今，广告主完全以受众为导向进行广告营销，因为大数据技术可让他们知晓目标受众身处何方，关注着什么位置的什么屏幕。大数据技术可以做到当不同用户关注同一媒体的相同界面时，广告内容可以有所不同，因而可以说，大数据营销实现了对网民的个性化营销。

4. 性价比高

和传统广告"一半的广告费被浪费掉"相比，大数据营销能在最大程度上让广告主的投放做到有的放矢，并可根据实时性的效果反馈及时对投放策略进行调整。

 **案例 11-4**

麦当劳的大数据营销

2012 年初,英国三分之一的麦当劳餐厅开始实行 24 小时营业,而其营销人员需要推广这些餐厅。经过观察与分析,麦当劳发现大多数会在深夜来就餐的顾客都是游客和上夜班的人,而不是那些流连夜店的"派对动物"。于是麦当劳在游客和夜班族经常出没的取款机和加油站打出广告,鼓励他们下载新的"Restaurant Finder"(找餐厅)应用,并且在人们常在夜里访问的网站上投放宣传该应用的移动广告。该应用能把用户带到离他们最近的麦当劳 24 小时营业餐厅,还能利用"地理围栏"技术向来到餐厅周围的用户发送广告消息。

这一推广活动赢得了多个业内奖项,并且收到了很好的效果——"Restaurant Finder"应用在推广期间被访问 5.3 万次,而麦当劳投入的每 1 英镑都带来了 2 英镑的销售额。

5. 关联性

大数据营销的一个重要特点在于网民关注的广告与广告之间的关联性。大数据在采集过程中可快速得知目标受众关注的内容,并可知晓网民身在何处,这些有价信息可让广告的投放过程产生前所未有的关联性,即网民所看到的上一条广告可与下一条广告进行深度互动。

11.7.3　大数据营销策略

1. 大数据营销的渠道策略从原来找合适的媒体变为找合适的人

大数据营销的营销重点从原来找合适的媒体变为找合适的人。通过数据构建和挖掘,公司可以利用底层营销数据如历史客户交易、人口统计、模型评分、营销历史以及浏览行为等实时变量,进行细分和决策规则的配置,支持 Offer(针对不同特点客户所要提供的营销内容、素材等供给物)与渠道(网站、手机应用、邮件短信等)的关联配置。数据营销后台可对各触点的推送 Offer 中的推送规则、推送内容进行定义,还可实现多渠道、多层次的营销定义,并负责精准营销的推荐实施。

2. 受众策略从原来静态的人口特征划分变为按行为特征划分

传统的市场细分变量如人口因素、地理因素、心理因素等,由于只能提供较为模糊的客户轮廓,所以难以为精准营销的决策提供可靠依据。大数据时代,利用大数据技术能在收集的海量非结构性信息中快速筛选出对公司有价值的信息,并及时对客户行为模式与客户价值进行准确判断与分析以及深度细分。这使我们有可能深入了解"每一个人",而不止对"目标人群"来进行客户分析和提供营销策略。

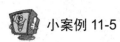 **小案例 11-5**

Target 的精准营销

一名男子闯入他家附近的一家 Target 连锁超市(美国第三大零售商塔吉特)进行抗议:

"你们竟然给我 17 岁的女儿发婴儿尿片和童车的优惠券！"超市经理立刻向来者道歉，但其实该经理并不知道这一行为是总公司运行数据挖掘的结果。一个月后，这位父亲来这家超市道歉，因为这时他才知道他的女儿的确怀孕了。Target 比这位父亲知道他女儿怀孕的时间足足早了一个月。

3. 创意策略从原来的"我想传递什么信息"到"我的受众想了解什么信息"

大数据只有积累足够的用户数据，才能分析出用户的喜好与购买习惯，甚至能做到"比用户自己更了解用户"。这一点，才是大数据营销的前提与出发点。如果能在产品生产之前了解潜在用户的主要特征，以及他们对产品的期待，那么你的产品即可投其所好。企业可以通过对粉丝的公开内容和互动记录分析，将粉丝转化为潜在用户，激活社会化资产价值，并对潜在用户进行多个维度的画像。大数据可以分析活跃粉丝的互动内容，设定为消费者画像的各种规则，关联潜在用户与会员和客服的数据，筛选目标群体，进而使传统客户关系管理结合社会化数据，丰富用户不同维度的标签，动态更新消费者生命周期数据，保持信息新鲜有效。

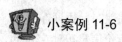 小案例 11-6

丰田汽车——让孩子在后座一起"开车"

丰田汽车推出了一款叫做"Backseat Driver"(意为"后座司机")的 LBS 移动应用，它能给坐在后座的孩子们带来很多乐趣，同时方便开车的家长们专心开车。该应用为用户提供了一辆造型很萌的虚拟汽车，而它的行驶路线与 GPS 识别出的真实行车路线相同。通过 Foursquare 的 API，用户可以沿途收集各种地标的积分，并用积分换取虚拟汽车的个性化配置和装饰物。

4. 营销执行过程从原来的不可控到可实时调整

要改善用户体验，关键在于真正了解用户及他们所使用的你的产品的状况，做最适时的提醒。例如，在大数据时代你正驾驶的汽车或许可以救你一命，只要通过遍布全车的传感器收集车辆运行信息，在汽车关键部件发生问题之前就会提前向你或 4S 店预警，这对保护生命大有裨益。事实上，美国的 UPS 快递公司早在 2000 年就利用这种基于大数据的预测性分析系统来检测全美 60 000 辆车辆的实时车况，以便及时地进行防御性修理。

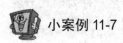 小案例 11-7

《纸牌屋》的数据库

《纸牌屋》，被称为"白宫甄嬛传"的美国政治悬疑剧，正在全球 40 多个国家热播。它的诞生是从 3000 万付费用户的数据中总结收视习惯，并根据对用户喜好的精准分析进行创作的。

《纸牌屋》的数据库包含了 3000 万用户的收视选择、400 万条评论、300 万次主题搜索。最终，拍什么、谁来拍、谁来演、怎么播，都由数千万观众的客观喜好统计决定。从受众洞察、受众定位、受众接触到受众转化，每一步都由精准、细致、高效、经济的数据引导，从而实现大众创造的 C2B，即由用户需求决定生产。

大数据时代，营销活动结束后应对营销活动执行过程中收集到的各种数据进行综合分析，从海量数据中发掘出最有效的企业市场绩效度量方法，并与传统的企业市场绩效度量方法进行比较以确立基于新型数据的度量方法的优越性和价值，同时对营销活动的执行、渠道、产品和广告的有效性进行评估，为下一阶段的营销活动打下良好基础。

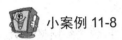 **小案例 11-8**

淘宝的大数据挖掘与运用

"淘宝现有一种运费保险，即淘宝买家退货时产生的退货运费原本由买家承担，如果买家购买了运费保险，退货运费就由保险公司来承担。这种购买的结果是保险公司经营亏损很严重，直接导致它们不愿意再发展和扩大运费保险。"运费保险真的必然亏损吗？

据统计，退货发生的概率和买家的习惯、卖家的习惯、商品的品种、商品的价值、淘宝的促销活动等都有关系。通过使用以上种种数据，应用数据挖掘的方法，建立退货发生的概率模型，再植入系统就可以在每一笔交易发生时，给出不同的保险费率，使保险费的收取与退货发生的概率相匹配，这样运费险就不会亏损了。在此基础上，保险公司才有可能通过运费险扩大客户覆盖面。由严重亏损到成本控制得当并获取客户，保险公司靠的就是分析、挖掘大数据所提供的价值，吸引客户。

11.7.4　大数据营销的应用

1. 网络精准营销

随着网络技术的发展，人们的生活逐渐全面向互联网和移动互联网转移，然而在享受网络带来的便利的同时，极速发展的互联网也给我们带来了信息爆炸的问题。在互联网里，我们面对的可获取的信息(如商品、信息等)成指数式增长，如何在这些巨量的数据中快速挖掘出对我们有用的信息已成为当前急需解决的问题，网络精准营销的概念由此应运而生。

大数据时代之前，企业多是采用 CRM 或 BI 系统中的顾客信息、市场促销、广告活动、展览等结构化数据，以及企业官网的一些数据。但这些信息只能达到企业正常营销管理需求的 10%，并不能发现足够重要的规律。而其他 85% 的数据，诸如社交媒体、邮件、地理位置、音视频等信息数据和物联网信息，以及移动 3G 互联网信息等，在几年前可能被置之不理。但现在，大数据进一步提高了算法和机器分析的能力，这 85% 的数据开始日显宝贵、作用突出了，并被大数据技术充分地挖掘和运用。

2. RTB 广告

RTB 系统，即当一个用户在全网浏览过某种商品或点击过特殊类目的广告后，其浏览痕迹都会通过 cookie 记录在案，而通过广告交易平台，他在下一次浏览网页时将被推送符合偏好的广告。大数据能通过互联网点击流跟踪个体用户的行为，更新其偏爱，并实时模仿其可能的行为，让点对点的 RTB(实时竞价广告)成为可能。在美国，在大数据的帮助下，RTB能把炙手可热的目标用户拍卖给广告商。以前，电梯里进来一个秃头的中年人，如果你在电梯里打的是洗发水广告，那肯定是失败的营销。而现在有了 RTB，广告会锁定喜欢看广告的目标人；广告市场上卖的也不是传统意义上的广告位了，而是访问这个广告位的具体用户。

假设潜在客户在浏览某网的页面，某网会立即向广告交易平台(Ad Exchange)请求广告；交易平台也会向所有需求端平台(DSP)发出公告，"某网有访客，要不要向他发广告"。同时，DSP 请求大数据管理平台(DMP)帮助分析这位访客的情况，并根据结果进行出价决策；Ad Exchange 会为出价高的 DSP 匹配相关广告代码，并最终作出广告。

今天，尖端的追踪技术和多种大数据管理平台(DMP)可以将受众以及广告效果数据整合于单一界面上，让广告主轻易撷取关键指标，包括转化率、流失率以及各个渠道的贡献比率等。

3. O2O

O2O 即 Online to Offline(在线到离线/线上到线下)，是指将线下的商务机会与互联网结合，让互联网成为线下交易的平台。O2O 的概念非常广泛，既可涉及线上，又可涉及线下。

例如，叫号和排队系统在移动设备上的便利性能让用户合理安排时间，并且能帮助企业挽回因传统排队方式而流失的顾客，同时帮助餐饮企业解决员工流失的问题。

知识链接

O2O 的发展

在 Web1.0 时代，O2O 线上线下初步对接，主要是利用线上推广的便捷性把相关用户集中起来，然后把线上的流量导至线下，其主要领域集中在以美团为代表的线上团购和促销等领域。在这个过程中，存在单向性、黏性较低等特点；平台和用户的互动较少，基本上以交易的完成为终结点；用户更多是受价格等因素驱动，购买和消费频率等也相对较低。

发展到 Web2.0 阶段后，O2O 基本上已经具备了目前大家所理解的要素。这个阶段最主要的特色就是升级为了服务性电商模式：包括商品(服务)展示、下单、支付等流程，把之前简单的电商模块转移到更加高频和生活化场景中来。由于传统的服务行业一直处在一个低效且劳动力消化不足的状态，在新模式的推动和资本的催化下，出现了 O2O 的狂欢热潮，于是上门按摩、上门送餐、上门生鲜、上门化妆、滴滴打车等各种 O2O 模式开始层出不穷。在这个阶段，由于移动终端、微信支付、数据算法等环节的成熟，加上资本的催化，用户出现了井喷，使用频率和忠诚度开始上升，O2O 开始和用户的日常生活融合，成为生活中密不可分的一部分。但是，这其中有很多看起来很繁荣的需求，其实是由于资本的大量补贴而产生的虚假泡沫，它掩盖了真实的状况；另外，还有很多并不是刚性需求的商业模式开始浮现，如按摩、洗车等。

到了 Web3.0 阶段，O2O 开始了明显的分化，一个是真正垂直细分领域的公司开始出现。比如专注于快递物流的速递易，专注于高端餐厅排位的美味不用等，专注于白领快速取餐的速位。另外一个就是垂直细分领域的平台化模式发展，由原来细分领域的解决某个痛点的模式开始横向扩张，覆盖到整个行业。

4. LBS 营销

LBS 营销就是企业借助互联网或无线网络，在固定用户或移动用户之间，完成定位和服务销售的一种营销方式。通过这种方式，可以让目标客户更加深刻地了解企业的产品和服务，最终达到宣传企业品牌、加深市场认知度的作用。

南美洲危地马拉的时尚运动鞋垫 Meat Pack 在旗下名为"Hijack"(意为"打劫")的顾客积分移动应用中添加了一个插件，当用户走进耐克、阿迪达斯等竞争对手的店里时，GPS 功能就会向他们显示倒计时优惠信息。开始的优惠幅度高达 99%，然后每过 1 秒钟就减少 1%，直到用户走进 Meat Pack 的店里才停止倒计时。

一周之内，有超过 600 名的顾客从竞争对手的店里跑了过来，其中有个人拿到了 89% 的超值折扣。

核 心 概 念

关系营销；网络营销；顾客满意；顾客感知；服务质量；体验营销；服务营销；微营销

思 考 题

1. 什么是网络营销，其主要特点有哪些？
2. 网络营销的工具有哪些，请分析你最喜欢的网络游戏所使用的网络营销策略。
3. 结合一个具体实例，谈一谈服务的特点。
4. 体验营销的策略有哪些？
5. 谈谈服务营销的组合策略。

案 例 分 析

麦当劳樱花跑酷：O2O 先锋创意实验

免费试吃的营销模式在餐饮行业中并不少见，那么如何吸引日渐审美疲劳的消费者参与呢？麦当劳用基于 LBS 的新营销模式给出了一种答案。

"樱花甜筒跑酷 0 元抢"是麦当劳在中国开始 O2O 模式探索的新尝试。2014 年 9 月 24 日开始，百度地图上的麦当劳标志旁出现了一支粉色冰激凌，这是麦当劳为新推出的樱花口味甜筒冰激凌量身定制的活动。

从麦当劳提供的数据看，这个在"十一"假期开展了 10 天的活动获得了超过 2000 万的页面访问量，以及 50 多万次的分享。同时，它在社交媒体上获得了近 7000 万的阅读量，并登上了新浪微博的搜索热门排行榜。

这次营销基于 LBS 技术的强大支持。LBS(Location Based Services，定位服务)是一种互联网的基本功能，它被认为是一种营销利器。LBS 通过用户饮食、消费的个人偏好数据收集，广告主不仅能准确知道消费者是谁，并能精准定位他们在哪儿。由此可见汹涌的流量背后有着巨大的商业价值。

这并不是一次简单的新品上市促销，樱花甜筒作为麦当劳新品的独特性，LBS 精准的推送与定位技术，新奇有趣的活动创意，三者结合独具"引爆点"，完成了一次基于 LBS 的 O2O 精准营销。这次创新营销实验证明，商家是时候要在多种移动端平台上建立与消费者的联系了。

个性化思维，打造营销新玩法

O2O 是个大市场，酒店、商铺、餐饮、影院各种传统商家纷纷置身其中。麦当劳是传统企业中快餐店的代表，而快餐店代表着便利，那么在移动互联网时代如何利用自身的便利条件，用更加便利的新技术来提升品牌形象、加强与消费者的沟通和市场认知、促进产品的销售呢？

麦当劳中国向《成功营销》的记者透露，这次推出限时新品樱花甜筒，主要是利用地图 App 里的智能定位和推送技术创造出 O2O 交互体验，让这个"线下"的产品有更多"线上"和可移动的接触点。在 O2O 市场中，个性化是整合营销的核心与关键，企业应该利用技术去理解消费者的需要，并全面地观察、理解、洞察消费者，然后进行个性化营销。麦当劳通过 LBS 数据来洞察、分析、发现、捕捉消费者的潜在需求，进行基于消费者潜在需求的"量体裁衣"。

新品推出的宣传效果。樱花甜筒在庞大的麦当劳产品体系中可能只是非常规的单品，所以在整个营销推广中并不适合大覆盖的商业电视广告，而快速轻便的移动端活动更适用于此类产品。地图的定位和推送技术带来了明显效果，一是触发点精准，当消费者身处距离麦当劳甜品站 3 公里的范围内时，LBS 会根据用户特征选择部分活动信息推送。这里对推送人群的选择是关键，通过分析这些人群对于趣味性、便利性活动的参与程度，来确定他们对于新奇活动的热衷度。二是趣味性，消费者对于小食、甜品、饮料等产品的购买源于突发性需求，比较有游戏趣味性的推荐会比单纯宣传更能引发消费者的兴趣，宣传新品效果显著。

与消费者情感沟通的搭建效果。

麦当劳 CMO 须聪描述了移动营销的愿景：利用技术为顾客带来综合生活便利与趣味性的全新体验。移动端的出现，又给了消费者一个具有活动性的媒介接触点。对于广告主而言，须聪表示，"这个接触点的产生能够帮助广告主实现更多的营销手段，但是营销的初始是站在消费者的角度先出发的，通过给消费者一个新鲜、好玩的感受，带来更快更多的消费实现。"

麦当劳需要吸引尽可能多的年轻一代的关注，需要通过新奇有趣的方式吸引年轻用户参与到麦当劳的活动中来。以往快餐企业促销仅凭借优惠券，很难和消费者引发情感沟通，而这次活动结合了跑酷这一年轻人所追求的城市街头运动，与消费者有了情感沟通，成功把消费者从线上引流到线下。这种以地图平台连接用户与商户的 O2O 营销策略，巧妙且高效地把消费者带入到了新奇体验中。

品牌形象的营销效果。须聪说："LBS 技术的地理定位数据是一笔巨大的财富，和我们这样的连锁餐厅结合，找到为消费者带来附加值的激活点，具有无限的想象和拓展空间。""跑酷"主题和产品的"樱花"特质的结合，能够以极高的便利性和趣味性增加消费者对品牌和产品的好感度。

作为全球快餐巨头，便利与快捷就是麦当劳品牌的魅力所在。而移动互联网时代的到来，拥有强大 LBS 技术能力和 O2O 连接能力的地图生活服务平台的崛起，为麦当劳这种餐饮巨头的"便利营销"提供了创新解决方案。不仅是参与这次活动的消费者，麦当劳推出的这一活动，将对移动端用户形成直接的认知影响。通过这一宣传，用户会对麦当劳甜品站与自己的距离远近有所了解，进而体会麦当劳品牌的方便快捷性。

升级优惠券体系，打造完整的 O2O 闭环

樱花跑酷实际上是麦当劳优惠券形式的一次线上进化，优惠券一直是麦当劳用来吸引消费者的重要手段。

麦当劳中国告诉《成功营销》记者："在美国，使用 iPhone 6 的顾客已经可以用 Apple Pay 在麦当劳买单，或享受先下单支付再到餐厅取餐的便利服务。我们一直在做很多业界领先的尝试。在中国，除了自身研发的"麦乐送"手机订餐 APP，我们也与百度、腾讯和阿里巴巴等公司有多种合作与尝试。除了此次与百度地图合作的樱花甜筒跑酷，我们还在微信使用了支付和优惠券卡包功能，麦咖啡在支付宝和天猫商城也有较多尝试。"

当手机支付终端成熟并得到广泛应用时，麦当劳在中国终于可以实现 O2O 的闭环。通过支付数据，麦当劳可以精准挖掘用户交易信息，分析消费者行为，包括用户的消费频次、经常光顾的店面、单次消费的金额、购买的食物品种等信息，然后向他们推送个性化的优惠券。比如可以向经常光顾的消费者发送他们热衷购买的产品的打折优惠券，可以对经常光顾但没有消费过新品的顾客推动免费兑换券，还可以向一段时间没有光顾的顾客发送过去经常购买的产品的优惠券。个性化的优惠券将实现精准营销，提高销售额。

显然，麦当劳推出的樱花甜筒跑酷活动，只是一个开始。我们可以看到，传统企业正在逐渐拥抱互联网开启新模式，而互联网技术也为整合营销提供了多种可能。

【相关链接】

麦当劳优惠券发展的几个阶段：

第一阶段：纸质优惠券。麦当劳的优惠券最早是通过印刷纸张的方式发放的，不仅发放成本高，而且印刷耗费时间长，且投放不精准。

第二阶段：在网站上下载优惠券，到店出示享受打折。这种方式并不能有效地收集消费者信息。

第三阶段：团购模式下的麦当劳。从诞生之日起，团购逐渐成为网络营销的一种重要模式。但是，国内许多团购平台为了吸引消费者对抗竞争者，采取线上线下不一致的价格策略，这与 O2O 所倡导的整合理念背道而驰。

第四阶段：社会化营销。麦当劳把微博当做一个与消费者互动的平台，还通过一系列活动令线上线下相融合。比如消费者发送和活动内容相关的微博，就可以获得手机短信优惠券，然后到门店出示并消费。通过微博，麦当劳可以搜集用户的转发、评论内容，以及阅读习惯，从而分析消费者行为。

(资料来源：http://www.vmarketing.cn/index.php?mod=news&ac=content&id=7934 2014.11.05 成功营销)

思考：

1. 麦当劳推广樱花甜筒为什么不用传统的广告方式？

2. 麦当劳的樱花跑酷使用了哪些营销新模式？

实　　训

一、实训目的

1. 使学生了解掌握营销新模式。

2. 帮助学生理解服务营销和体验营销的特点和策略。

3. 通过对某一公司服务的体验，分析其体验营销的策略。

二、实训内容

（一）实训资料

根据实训目的的要求，调查一家服务企业的背景资料。

（二）具体任务

到某一服务企业进行观察或消费，感知其服务质量，并对其体验营销策略进行分析。

（三）任务要求

1. 对服务有形环境设置进行调查分析。

2. 感知企业的服务质量，体验其体验营销。

3. 在授课教师的指导下分组讨论，分析所体验企业的服务有形展示和体验营销策略。

4. 小组讨论及分析材料要做好文字记录，包括图片和音乐。

5. 提出改进对策和建议。

三、实训组织

1. 按实训项目将班级成员以 3～6 人一组分成若干小组，以小组为单位开展实训，采用组长负责制，组员合理分工，每位成员各司其职，团结协作。

2. 相关资料和数据的收集主要通过实地调查，由专人负责记录和整理。

3. 小组充分讨论，认真分析，形成小组的实训报告。

4. 各小组在班级进行实训作业展示。

四、实训步骤

1. 由指导教师介绍实训的目的和要求，对"服务营销和体验营销"的实践意义给予说明，调动学生实训操作的积极性。

2. 分组，每组 3～6 人，选举组长一名，由组长负责本组组员的分工。

3. 各组明确实训任务，制定执行方案，指导教师通过之后执行。

4. 各小组进行分组讨论，选择要体验观察的企业。

5. 各组在实际体验、讨论分析的基础上，完成实训报告。

6. 各组将设计好的调研报告制成 PPT，并向教师和全班同学汇报，由其他组的同学提问，教师进行点评。

7. 每个小组上交一份设计好的纸质和电子版的研究报告。

第 12 章　营销道德与社会责任

引　例

快餐行业的过期肉

2014 年 7 月 22 日，据上海市政府新闻办公室官方微博"上海发布"消息称，麦当劳、肯德基、必胜客等国际知名快餐连锁店的肉类供应商——上海福喜食品有限公司存在大量使用过期变质肉类原料的行为。上海市食品药品监管局目前查实福喜食品五批次问题产品，涉及麦乐鸡、迷你小牛排、烟熏风味肉饼、猪肉饼，共 5108 箱。初步查明，麦当劳、必胜客、汉堡王、棒约翰、德克士、7-11 等 9 家企业使用了福喜产品，已封存产品约 100 吨。7 月 23 日，五名涉案人员已被警方刑拘，22 家餐饮企业被告约谈。随后各省市也纷纷对相关餐饮企业进行排查。

对于过期原料的使用，是工厂高层直接授意，还是多年来公司政策一贯如此？在调查组的约谈中，福喜公司相关负责人承认，对于过期原料的使用，公司多年来的政策一贯如此，且"问题操作"由高层指使。

(资料来源：http://www.china.com.cn/news/shehui/2014-07/23/content_33028573.htm)

随着经济全球化的纵深发展，企业的生产经营极大地满足了人们的物质文化生活。但企业在满足消费者需求、赚取利润的同时也影响了人们的生活，甚至忽略了消费者及社会的利益，以至引起极大的争议。美国安然公司的假账事件、中国山西黑砖窑事件、三鹿奶粉事件，以及引发全球金融风暴的次贷危机和麦道夫诈骗案，都无可辩驳地证明，任凭人性的自利和贪婪无节制发展，将会造成严重的恶果。因此，当前频繁出现的食品事件、环境污染事件已成为企业讨论营销伦理与社会责任问题的中心。十六大报告曾指出：要建立与社会主义市场经济相适应、与社会主义法律相协调、与中华民族传统美德相承接的社会主义道德体系。作为社会主义道德体系的重要组成部分，营销社会责任与道德的建设具有重大的社会意义。

12.1　营销道德的概念与意义

12.1.1　营销道德问题的提出

随着市场经济发展，企业的营销行为进入快速成长阶段，它为社会及广大消费者提供了日益丰富的产品，为国民经济繁荣昌盛做出巨大的贡献。然而，某些企业从狭隘利益出发，发生了一系列违反法律及营销道德的行为。诸如：在市场上销售的"一日鞋"；销售使消费者致命的假酒、假药；销售毁坏消费者皮肤的化妆品；销售使农民颗粒无收的种子；等等。这些没有营销道德的企业采用卑劣的手段牟取暴利，把成本价格几十元的服装以千元以上的市场价格出售，诱惑和强迫消费者做出错误的购买决策等。由此可见，强调企业营销道德规范至关重要。

西方国家对于市场营销道德的研究始于 20 世纪 60 年代，80 年代则成为学术界研究的热门之一。1987 年，美国证券交易委员会前主任约翰·夏德(Jhon Shad)捐资 2300 万美元在哈佛大学商学院建立起目前全球最大的企业伦理问题研究中心，其研究的重点就是企业营销道德。其他国家如英国、法国、意大利、德国、日本等也先后开展对市场营销道德的研究，许多学者著书立说，提出企业经营管理者应当遵循的道德标准；有的提出市场营销决策人应具备的社会与道德责任；有的提出经营管理道德已发生了危机，呼吁管理者重视树立营销道德观等。

我国学者于 20 世纪 80 年代开始研究营销道德，对企业的营销道德现状及其对策进行了研究，并出版了有关著作。然而，进入 21 世纪以来，市场营销中的道德危机、信任危机仍然十分严重。正如霍华德·鲍恩在论述业务人员责任问题时所指出的：他的推销方法是否侵犯了人们的隐私权？他采用的方法是否包含了夸大宣传、投机、赠奖、兜售和其他战术，以令人生疑的甜头使人晕头转向？他是否采用"高压"战术来说服人们购买？他是否企图用无止境地推出新模式和新式样来加快商品的废弃速度？他是否要求和试图强化物质主义动机，并"赶时髦"？从道德观念、道德标准、道德约束、道德行为等方面研究营销道德问题，仍是 21 世纪营销研究的重要问题。

12.1.2　营销道德的概念

1. 营销道德的含义

道德是社会意识形态之一，是一定社会中调整人与人之间，以及人与自然、社会之间的关系的行为规范的总和。老子在《道德经》中指出，道德是"内德于己，外施于人"。"内德于己"是探索人与人、人与自然之间的关系及其规律，并形成正确科学的认识及价值观；"外施于人"是利用已形成的价值观、伦理观及客观规律等，影响、引导、规范他人的行为。

从社会总体的角度来看，市场营销活动属于宏观市场营销，即一个社会经济活动的过程。宏观市场营销活动引导商品或劳务从生产者手中流转到消费者手中，可以有效地调节商品社会的供需矛盾，实现社会的发展目标，提高社会及广大消费者的福利。仅仅研究微观的市场营销并不能达到从全方位视角分析问题的目的，必须将企业营销活动放在社会整体系统中来分析并制定相应的策略，这就要求企业考虑营销活动对社会的影响。由此可见，营销活动不仅反映人与人的利益关系，还反映人、企业与自然的利害关系。作为微观组织市场活动的营销也是一种社会行为，需要有正确的价值观和符合人类社会发展的伦理道德。

道德是对某些决定和行为正确与否的价值判断。市场营销道德是指消费者对企业营销决策的价值判断，即判断企业营销活动是否符合广大消费者及社会的利益，能否给广大消费者及社会带来价值。换言之，市场营销道德即调整企业与中间商、竞争者、消费者等相关人群的利益关系，以及企业与自然、社会的利害关系的行为规范的总和。它被用来判断企业的营销行为是否正确，即判断企业营销活动是否符合消费者及社会的利益，能否为消费者和社会带来价值。营销道德涉及企业经营活动的价值取向，要求企业以道德标准来规范其经营行为，履行社会责任，杜绝危害消费者和社会利益的不道德营销行为。营销道德需要回答以下几个问题：

(1) 对于营销活动，社会上最常见的批评是什么？

(2) 对于营销中出现的道德问题，社会大众应采取什么行动来阻止或纠正？

(3) 对于营销中出现的道德问题，立法机关或政府机关采应取哪些步骤来阻止或纠正？

(4) 优秀的企业应采取哪些措施来实施对社会负责的营销活动？

2. 企业重视营销道德的必要性

(1) 营销道德问题兴起的社会基础。

在以儒家思想为主导的传统观念的指导下，我国在历史上早已形成了具有中华民族特色的营销道德观念。例如，"先义后利""以义求利""仁中取利""义内求财""货真价实""童叟无欺""君子爱财，取之有道"等，都是传统营销道德观念的精要概括。在美国，营销道德问题起源于消费者主义运动，它最早可以追溯到 21 世纪初。1906 年尼普顿·辛克莱在《丛林》上揭发肉类加工业的种种不道德行为，引起消费者的极大愤慨；20世纪 30 年代中期的经济大萧条、物价大战及药品行业的丑闻加剧了社会公众对营销道德的呼吁；60 年代，拉尔夫·纳德倡导并提出了企业应当承担社会责任的口号，强调企业之间的竞争应以道德为本；1962 年 3 月 15 日，美国总统肯尼迪在国情咨文中明确提出，消费者在市场营销活动中有四项基本权利，即安全权、认知权、选择权、呼吁权；此后，尼克松总统对消费者的权利进行扩展，在以上四项权利的基础上增加了索赔权。

(2) 我国市场营销活动中的道德问题。

我国正处于经济转轨的阶段，由于制度不完善、思想混乱等原因，企业市场营销行动中产生了许多不道德的现象。

① 假冒伪劣现象严重。企业市场营销活动中的假冒伪劣现象在我国已经到了严重破坏市场秩序、阻碍守法经营企业正常发展的地步。以近年来兴起的"充电宝"产品为例，充电宝的主要部件是电芯，一些伪劣产品生产厂家为追求利润，会选择较便宜的电芯或二手电芯，其价格只有五六块钱，容量在 1000 毫安时到 3000 毫安时。这种电芯在过充、高温情况下容易发生正负极短路、电解液泄漏、内部气体膨胀、内压加大，甚至自燃爆炸。事实上，近年来曝光的充电宝爆炸事件绝大多数是这些假冒伪劣产品造成的，但给社会造成的印象却是充电宝的问题，使整个充电宝行业蒙受了不白之冤，行业整体形象也受到负面影响。

② 竞相降价所带来的恶性竞争。价格竞争是企业市场竞争的有效手段，它可以促进市场的优胜劣汰，但是过度价格竞争的必然结局是多方的利益遭受损失。例如，企业盈利水平下降，资金积累和技术研发水平降低，进而危及企业的生存；政府税收因企业利润下降而受到影响；企业降低质量标准，消费者安全受到威胁。中国软件行业协会发布的《有关开放源代码软件与商业软件知识产权的研究报告》显示，中国软件业也出现了类似中国家电产业中的恶性价格竞争的现象。在一些信息系统建设项目中，由于恶性竞争，软件费

用被压得很低，开发商不但无利可图，甚至起码的开发和服务成本也难以为继。中标的企业被迫使用盗版或者"偷工减料"，不按要求开发软件和提供服务，导致出现经济学上的"劣币"驱逐"良币"的结果，即优秀的软件企业被报价最低的劣质企业逐出信息化市场，用户花了表面上的"低廉"费用，最终得到的却是达不到要求甚至无法应用的低劣产品和服务。

价格竞争本无可厚非，这是市场经济条件下的一种必要竞争方式，但是一旦超出理性的界限，将会给相关企业的正常经营带来灾难性的后果。控制这种现象的蔓延，要靠政府干预、行业协调，更要靠相关企业的自律，只有形成以承担社会责任为基础的营销道德，才是根本的出路。即使一些企业认识到超理性范畴的降价是一种自杀行为，但如果没有相互信任的道德基础，最终还是会违背协议。

③ 不守承诺的公关活动。捐款、赞助等公共关系活动是企业提高公众形象的一个有效方式，然而一些企业，甚至是一些知名企业，只是利用公共关系活动进行企业及产品的宣传，事后却不履约。例如在我国的慈善排行榜中，捐款数据经常有被夸大的现象，常见的做法是把承诺捐款数目当成实际捐款数目公布，即企业承诺捐款 1000 万元，但每年只拿出承诺捐款利息 50 万元。

④ 企业联手欺诈消费者。消费者在一次消费行为中可能会接触多个商家，这些商家有时会联合起来设置一个骗局，诱骗消费者进入圈套，最后瓜分从消费者那里骗到的钱款。中央电视台《经济半小时》的记者曾跟随某低价旅行团亲身体验了一次香港之行，结果触目惊心——在低价旅游费的背后，是旅行社与香港某商家精心布好的骗局，逼迫消费者以高价买回赝品，致使大量游客上当受骗。

⑤ 增加社会成本。企业在推出一些产品满足消费者个人需要的同时，往往会带来较大的社会成本，如果企业对此没有承担相应的社会责任，就会增加社会的负担。例如，汽车的普及加重了道路的负担，交通堵塞及车祸随之增多；又如，香烟在满足吸烟者需要的同时，损害了吸烟者的健康，也侵害了不吸烟者的健康，导致因吸烟和被动吸烟罹患疾病的人及其死亡率上升。

总之，企业营销中的各种不道德行为给企业、社会和消费者带来了不利的后果；严重影响了企业的收益，加大了营销成本；影响了企业形象，阻碍了企业的长期发展；影响了政府的税收；损害了消费者的权益，造成市场整体的失序。在这种失序的市场环境中，最终遭受损失的还是企业自身，所以企业应该对营销道德加以重视。

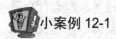 小案例 12-1

宁缺钱，不缺德

"缺钱不缺德"，不曾想到，这句出自网络红人"棒棒哥"的质朴之语竟成为 2011 年的第一句流行语。新年第一天，重庆一位以挑货物为生的"棒棒哥"郑定祥在帮人挑两包羽绒服时与雇主走丢，寒风中，他苦寻雇主五天的事让无数人感动。面对记者的采访，他喊出的"缺钱不缺德"，更是令人不禁动容。

流行语是时代的温度计，这句"缺钱不缺德"蹿红网络，折射出的却是尴尬的现实。

一些不缺钱的人会缺德：往奶粉里添加三聚氰胺，宠物主人逼人给狗下跪，开着宝马抢购经适房，住着洋楼争领低保金……以至于人们在毒奶粉事件后发现，某企业家所标榜的"大胜靠德"，原来靠的不过是"缺德"。

一些讲道德的人却遭遇困境：扶老太太过马路反被敲诈，见义勇为牺牲还遭"牵尸要价"。留意一下那些被作为道德模范宣传的人，许多要么贫病交加，要么非死即伤，以至于有人直言：这样的道德模范谁敢去学呀！

因此，"缺钱不缺德"的意义，不仅彰显了一位普通劳工的德性光辉，更提醒我们反思当下道德权利与义务的分配机制——我们是否对践行道德的人保护激励不足？是否为不讲道德的人安排了更多的获利机会？

确实有许多人像郑定祥那样，他们选择义举并不是为了索取回报，但社会却有义务使他们获得回报。如果一个社会总是英雄流血又流泪，德行成了有德之人的重负，缺德反成为无德之人的通行证，那么德行只会是少数人的奢侈品，公平正义的秩序也不可能建立起来。

从这个角度看，建立一种良性的道德奉献与利益分配机制，是整个国家和社会的事情。这些年来，无论是中组部强调的"不让老实人吃亏、不让投机钻营者得利"，还是各地纷纷设立的"见义勇为"奖励基金，都表明改革开放 30 多年"不差钱"后，中国对道德重建的努力。与此同时，"惩恶才能扬善"，还应建立对不道德获利行为的惩戒机制，比如对"血汗工厂"的打击，对腐败行为的严惩。

(资料来源：范正伟. 人民日报，2011-01-28.)

12.1.3　营销道德问题的表现形式

市场营销道德问题贯穿于企业营销活动的始终，纵观企业营销策略实施的每个环节，都有可能出现道德问题，而且表现形式多种多样。以下从企业营销基本组合的角度出发，逐一对营销道德加以分析。

1. 产品策略中的营销道德问题

产品中的营销道德问题主要体现在以下几个方面：

(1) 产品缺乏应有的质量，产品实际上提供的利益较少。

(2) 企业有时出于自身利益的考虑，不愿披露与产品有关的危险。例如，对儿童玩具中所含有的有害化学物质以及家用电器可能由于使用不当发生爆炸等危险未加以披露。

(3) 产品包装不能提供真实的商品信息，或包装过度造成社会资源的浪费及环境的污染。

(4) 某些行业故意使其产品很快过时，鼓励消费者在尚可使用时就丢弃不用。

(5) 制造厂家故意保留已开发成功且极具吸引力的产品特性，采用细水长流的方式推出，以促使消费者一再更新产品，造成社会资源的严重浪费。

一些企业在利益的驱使下，使用劣质或工业原料加工食品，严重危害了消费者的安全及健康；还有一些企业产品的生产造成环境污染，产品的包装及标签未能提供真实的商品信息，在产品说明书中成分标示不明或未提及产品的副作用，严重侵害了消费者的知情权。比如，2006 年质监局查出少数添加剂生产企业以苏丹红化工染料冒充食用添加剂辣椒红色素，销售给辣味制品生产企业，有 30 家企业生产的 88 种食品中含有苏丹红。企业生产合格产品，不仅是基本的道德要求，也是企业生存的根本保证，更是企业的一种社会责任。

2. 价格策略中的营销道德问题

掠夺性价格、歧视性价格、垄断性价格及未披露全部价格信息等，都是价格策略中违背道德的典型表现。如利用消费者对价格的无知漫天要价，攫取超额利润；以不实的厂价、批发价和成本价大做广告，先提高价格再做促销等。一般来说，差异价格不一定都是违法的，但从道德角度看，差异价格易于引起怀疑，而且如果价格差异是用来削弱或损害竞争对手的，就属于道德问题。价格策略中的营销道德问题还包括营销系统通过巧妙的安排，使价格比合理的水平高出许多，导致很多消费者指责现代商品的价格中所包含的广告及促销费用过高。另外，某些垄断性行业对产品实行超额加成，这也构成了营销道德问题。

由于市场信息的不对称，消费者对产品的成本、价格无法做出准确的判断，一些企业便把产品的销售价格定得远远高于生产成本，利用消费者求名买贵的心理牟取暴利。产品价格中含有过高的广告、推销费用，有些同类产品的生产商或销售商甚至为了阻止产品价格下跌而实行价格共谋，采取价格垄断等。这些做法都严重损害了消费者的利益，扰乱了正常的市场经济秩序。

3. 分销策略中的营销道德问题

分销中的营销道德问题主要源于企业与分销商之间的关系。制造商和中间商之间本应该是分工与协作的关系，但两者之间存在的利益上的矛盾常常导致协作中断，最终形成渠道陷阱。

(1) 中间商恶意拖欠厂家货款，致使货款不能及时回笼。

(2) 中间商见利忘义，跨区窜货，短期行为严重。

(3) 中间商为了避免积压，扩大销量以获得厂家的高额返利；恶意竞争，人为制造市场上的价格混乱。

(4) 中间商凭借其渠道优势，改变和控制制造商的销售政策。

(5) 中间商跳槽现象严重。

(6) 制造商铺货成本高昂。

(7) 中间商利用手中的货架资源，随意更换制造商产品的摆放位置。

制造商不仅要与其他企业、消费者建立良好的关系，还要与分销商建立长期的合作关系。分销商与制造商的合作关系不仅需要分销协议予以保证，也需要道德来维持。

4. 促销策略中的营销道德问题

在信息沟通中经常会产生道德问题，诸如虚假和误导性广告，操纵或欺骗性促销，欺骗性战术或过度宣传等。以广告中的不道德为例，它主要表现为以下几种。

(1) 欺骗性广告。过度夸大产品的功效，诱使消费者购买，这种广告在保健品中尤为明显。

(2) 误导性广告。在广告宣传中含糊其辞，故意利用易引起误解的广告语，使消费者做出错误的购买决策。

(3) 广告污染。广告中过多地向人们灌输"物质主义""性""权势"以及"地位"等观念，对社会造成严重的文化污染。

(4) 对竞争者的攻击性广告。通过含沙射影诋毁同行来抬高自己企业和产品的地位。

纵观企业市场营销活动的整个过程，在每个环节上都可能出现道德问题。这些道德问题，无论是对消费者的利益、企业自身的利益，还是对社会整体的利益均会造成严重的损害。对消费者而言，营销中的不道德行为轻则造成经济损失，重则影响身心健康甚至威胁生命安全；对企业而言，不道德行为一旦被揭穿，势必使企业名声扫地、一蹶不振；对整个经济而言，市场营销中不道德行为的泛滥必定导致社会资源的严重浪费和整个经济的不健康发展。由此可见，要使我国市场经济良性发展，构建市场营销道德非常必要。

12.1.4　企业市场营销道德的构建

营销道德的建设刻不容缓，但因涉及人们的思想观念、是非观念，所以企业营销道德的建设将是一个长期而艰难的过程，需要参与社会经济生活的各方面共同努力，从社会和企业两个角度去重点考虑，在达到利益和谐的基础上，尽可能地实现社会整体利益和个体利益的最大化。

1. 从社会的角度出发

(1) 加大执法力度。改革开放 30 多年来，我国为了市场经济的健康发展颁布了一系列法律法规，如《中华人民共和国消费者权益保护法》《中华人民共和国商标法》《中华人民共和国反不正当竞争法》《中华人民共和国食品安全法》等。但这些远不能满足经济发展的要求，许多现实问题无法可依，种种不道德的营销行为得不到制裁，造成社会道德水准下滑。因此，执法力度必须加强，一定要使丑恶的现象受到应有的惩罚，加大不道德行为的成本，充分发挥法律的预防与震慑作用，这样才能有助于企业营销道德水平的提高。

(2) 发挥行业协会的作用。行业协会是行业的群众性组织，由于其成员互为同行，所以容易辨别企业的行为，从而监督企业。企业营销道德问题普遍存在于企业活动之中，尽管从法律的角度看并不违法，但可能存在道德方面的问题。单个企业在行业中如同一个人处于一个群体中，会有一种"从众心理"，如果大家都遵守成文或不成文的规则，单个企业必然会迫于压力而遵守。行业协会应制定统一的行业职业道德标准、违规处罚办法等，以对企业营销活动加以规范和监督。

(3) 增强全体公民参与营销道德建设的责任感和自觉性。营销道德的建设与社会道德环境的建设密不可分，应加强公民道德意识，鼓励自学提高道德修养，信守"勿以恶小而为之，勿以善小而不为"，以德为本。以传统道德观念为基础提高全社会道德水平，使不道德的营销行为失去存在的社会基础。我国传统文化重视"君子爱财，取之有道""货真价实，童叟无欺"等道德标准，但法律的地位和尊严并没有得到足够的重视，致使这种建立在良心基础之上的道德观念在市场经济大潮中受到了一定的挑战。因此，应加强法制教育，使全体公民学法、守法，用法律武器保护自己的合法权利，并形成一种社会力量，自觉抵制不道德的营销行为；同时通过媒体的监督控制切断虚假广告的传播源头，对有悖营销道德的广告不予刊登及传播。

(4) 加强企业文化建设。企业文化就是在一定的社会文化背景下，以及企业长期的生产经营过程中，形成的具有明显特性的价值观、道德观、经营理念、战略思想的总和。它制约着企业营销决策的动机，规范着企业营销行为。企业文化是影响营销道德的重要内部因素，优秀的企业文化能形成巨大的感召力和凝聚力，能塑造员工共同的人生观、价值观，对提高营销道德水平起着重要作用。

(5) 认真解决信息不对称问题。不道德的营销行为能够得逞，导致消费者利益受损，往往是由于营销者掌握的信息较多，而消费者了解的情况较少，在交易中处于不利地位。要加强对消费者的宣传教育，增强其自我保护意识，积极与违法和不道德的营销行为作斗争。应通过报刊和各种广告为消费者提供更多的商品知识，培养更多的理性消费者。

2. 从企业的角度出发

(1) 树立社会营销观念，增强企业的社会责任感。

企业不仅要以实现盈利和满足消费者需求为经营目标，同时还要以社会营销观念为指导去承担社会责任。企业的社会责任是指企业为了所处社会的福利所必须承担的道义上的责任，它是市场营销道德在社会层面上的体现。企业的社会责任是企业营销的社会文化环境、政治法律环境和自然环境的具体要求。企业应把承担社会责任作为营销活动的有机组成部分，既要重视企业的经济产出，又要重视企业的社会产出，力求两者均衡发展，使企业成为促进社会进步的工具。

这就要求企业以"社会"的观点而非"产品"的观点来确定自己的使命，把社会的目标作为企业努力的方向。

① 承担社会责任。企业不但要提供传统的经济服务，而且要对人们所关心的社会事物提供令人满意的服务，为社会的发展作贡献。例如，为社会提供就业机会，为职工提供培训、福利，资助文化艺术事业，捐助各种社会公益活动，协助政府提供社会服务，等等。

② 提供具有社会价值的产品。企业营销的目标不能仅限于满足消费者的需求，而应着眼于全社会生活质量的提高。企业提供的产品和服务应在时间和空间上尽力全面达成社会价值，不应给社会带来危害或不经济的影响。这就要求企业尽力降低并自觉承担产品的社会成本，如尽量开发绿色产品、可回收产品，以减少环境污染，节约有限资源；采用正当的竞争手段，维护良好的社会风气；尽量避免过度需求，正确引导消费者形成健康的消费观念。

③ 重视社会的利益。企业的营销行为不仅要符合企业自身利益，而且要符合社会利益，这是企业与社会相互适应、共同发展的必要条件。企业应致力于维护社会及公众的当前利益和长远利益，制定履行社会责任、达成社会效益的营销行为规范并灌输给企业员工，以帮助他们避免营销活动中的道德问题，培养和造就一批具有高尚营销道德观念的营销人员。

④ 接受社会的监督。社会及公众对企业营销道德水平的评价能够影响消费者是否购买企业的产品，而且这种影响越来越大。如果社会对一个企业的营销道德水平评价很差，消费者就会对该企业及其产品持反感、戒备、疏远的态度。因此，企业应该自觉接受社会监督，及时了解消费者及公众对企业的评价和意见，把提高社会对企业营销道德水平的评价作为营销战略目标之一。

(2) 树立道德信念，确立营销工作的基本规范。

道德信念是指企业及其员工对某种营销道德规范、原则和理念的正确性深信不疑，并且具有履行这种道德义务的强烈责任感。它是一种主观的道德评价，主要通过良心来发挥作用。培育良好的道德信念，能够促使员工产生强烈的道德自立，自律意识，为企业营销道德的内化提供精神动力。

营销道德的基本规范就是公平、自愿、诚实和信用。公平，是指买卖双方在交易中要等价交换、互惠互利；自愿，是指买卖双方应该完全按照自己的意愿进行交易活动，不强买强卖；诚实，是指买卖双方应互通真实信息，实事求是，不弄虚作假；信用，是指买卖双方应信守诺言，遵从合约。

企业及其营销人员必须遵循这些基本规范，在满足消费者需求和保证消费者利益的基础上，通过正当的营销活动谋求企业利润，坚决杜绝以不正当手段损害消费者利益来谋求企业自身利益的行为。

12.2　营销社会责任的评价与控制

12.2.1　企业社会责任概述

在经济不断向前发展的过程中，资本处于明显强势地位，在这种情况下，企业社会责任问题已经引起人们的高度关注。赚取了利润且满足了顾客需求的企业，应该承担必要的社会责任，这种呼声一浪高过一浪。

企业社会责任的研究起源于 20 世纪 60 年代，最重要的事件要属 20 世纪 70 年代的"哈佛论战"。美国哈佛大学的贝尔(Berle)和多德(Dodd)两位教授就企业是否应该承担社会责任进行了一场辩论。贝尔教授代表了传统的企业理论观点，他认为企业的管理者受股东委托，是唯股东利益是从的股东权益受托人，所以应该只考虑股东的利益。而多德教授表示反对，他明确提出，企业是既具有营利功能又具备社会服务职能的一个经济机构。它既受托于股东，也受托于更为广泛的社会，包括对雇员、对消费者、对社会公众，应该承担一定的社会责任。二十多年以后，当时认为企业不应该承担社会责任的贝尔教授自己宣告，这场争论是以多德教授的观点获胜而告终，即他也认为企业是应该承担社会责任的。

关于企业社会责任的问题一直有一些争议。有代表性的反对观点之一就是自由经济学的代表人物弗里德曼提出的，"企业具有一种也只有一种社会责任，那就是在法律和规章制度许可的范围之内，利用它的资源从事旨在增加它的利润的活动"。赞成观点的代表者彼得·德鲁克认为，企业的目的必须在企业本身之外，必须在社会之中，工商企业是社会的一种器官，是社会的一个重要组成部分，所以企业必须为社会作出贡献，而非仅仅是营利。目前比较主流的观点认为，企业必须承担一定的社会责任。Carroll(1991)提出的企业社会责任模型(Corporate Soeial Responsibility，CSR model)，将企业社会责任分为经济责任、法律责任、道德责任、慈善责任四个方面，如图 12-1 所示。其中经济责任处于金字塔最底层，要求企业以盈利为目标；法律责任在金字塔塔腰上，要求企业在盈利的同时要遵纪守法；道德责任处在金

图 12-1　企业社会责任金字塔模型

字塔塔身，要求企业能够遵守一定的道德规范；慈善责任在金字塔顶层，要求企业参与慈善活动，成为优秀的企业。

企业社会责任的定义包括四个方面：一是遵守道德标准；二是对人的责任，即对员工和消费者的责任；三是对环境的责任；四是对整个社会发展的广泛贡献。

企业要履行社会责任，自有其理论依据。

(1) 企业要顾及股东的利益，要尽可能实现股东利益的最大化。但是，企业在获得社会资源具备生产能力的同时，也要承担对社会各方面利益相关者的责任，要考虑这些利益相关者的利益，而这已日益成为评价企业绩效和企业道德的一个重要标准。

(2) 关注企业长期资本收益率的最大化。从经济学角度来讲，企业的基本目标是追求利润最大化，这当然没错。但这有一个前提，要追求利润最大化，就要求得企业的长远发展。因此，任何一个好的企业经营者，都应该关心企业长期资本收益率的最大化。而为了使企业获得长远发展，他们就必须承担社会义务以及为了承担社会义务所发生的社会成本。

(3) 社会是企业利润的来源。企业作为社会的一部分，必须融入社会群体当中，与各种社会组织产生一种互动。从功利论的角度来看，企业通过承担社会责任，可以赢得声誉和各方面的认同，同时也可以更好地体现自己的价值观念，为企业赢得更好的社会氛围，从而使企业的发展更加顺利。星巴克的 CEO 说："星巴克的最大功绩之一，就是说服顾客付 3 美元的高价买一杯'有社会责任的咖啡'"，即星巴克以保证咖啡农的收入为前提而收购咖啡。

企业遵循良好的商业道德，履行必要的社会责任，不仅是企业自身发展的需要，也是社会和谐和持续发展的需要。每一个有社会责任的企业家都要清晰的认识到这一点，牢记中国商业古训"君子爱财，取之有道"，用自己的实际行动为企业经营创造良好的营销环境，为社会作出自己的应有贡献。

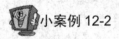小案例 12-2

富士康跳楼事件

富士康科技集团创立于 1974 年，是专业从事电脑、通讯、消费电子、数位内容、汽车零组件、通路等 6C 产业的高新科技企业。自 2010 年 1 月 23 日富士康员工第一跳起，至 2016 年 8 月 18 日，富士康已发生 30 起跳楼事件，引起了社会各界乃至全球的关注。在"十三连跳"的大背景下，也有大批富士康员工选择了辞职。根据一份民间团体亲身经历和实地考察后形成的"富士康情况报告"显示，富士康平均每月要流失员工几万人，而在跳楼事件频发的近三个月，每月竟然高达 5 万人以上。虽然富士康在媒体面前一再强调跳楼只是个体事件，与富士康本身及其管理无关，但自杀事件的发生和企业自身管理有着千丝万缕的联系。富士康作为全球最大的电子制造服务商，人们必然会以更严格的标准审视企业的各种行为，其一举一动都受到社会和媒体的关注，在一系列企业不能推卸责任的非正常死亡事件中饱受指责也是不可避免。

12.2.2　市场营销社会责任的内涵和外延

对于市场营销社会责任可以有广义和狭义两方面的理解。广义的市场营销社会责任应是企业在产品生产及流通的各环节，以履行一定的社会责任为己任，以关注及解决营销一定的社会问题为企业发展基石，从而追求企业和社会共同长远和谐发展的一种战略选择。狭义的市场营销社会责任是指企业在承担一定社会责任的同时，借助新闻舆论影响和广告宣传来改善企业的名声，美化企业形象，提升其品牌知名度，增加客户忠诚度，最终增加销售额的营销形式。广义的市场营销社会责任概念立足于企业的长远发展，立足于企业和社会的和谐共赢，是企业发展战略层面的选择。它把社会责任内化于企业的使命和宗旨，能够保证社会责任履行贯穿企业生命始终。狭义的市场营销社会责任概念考虑的是增加销售额的短期利益，把承担一定的社会责任作为一种市场营销策略，这就难免会出现企业一方面在承担一定的社会责任(如希望工程、扶贫、爱心捐赠等)，而另一方面又在践踏社会责任(如环境污染、商业欺诈、假冒伪劣产品等)的情形，使社会责任成为企业博取社会声誉的幌子和商业作秀，这当然是我们所不愿看到的结果。

Carroll 有关企业社会责任层次的观点，是较为完备并且合理的。我们不能要求所有企业履行的社会责任都是均等的，譬如不能要求正在为企业的盈利辛苦打拼的企业去过度关心慈善事业，这也是不太现实的。因此，企业社会责任的层次性对应着不同的营销形式。

当一个企业的社会责任仍然停留在经济责任层面时，企业的首要目标则是实现盈利，实现股东权益的最大化。而这就要借助于传统的市场营销手段，从顾客需求出发，以市场为核心设计营销策略，以实现利润的增长。

当一个企业的经济责任上升为法律责任时，企业就必须要考虑诚信问题。温州经济刚起步的时候，曾经出现过一段时期的造假现象，主要集中在鞋类方面。那时曾有人把温州鞋称为"礼拜鞋"，意思是穿一个礼拜就坏了，温州货一度在全国上下成为假冒伪劣的代名词，这严重损害了消费者的利益，也影响了企业声誉。所幸这一现象并未持续很久，很多企业在迅速完成原始资本积累之后就转入了正规经营，纷纷在重塑形象、锻造品牌上狠下工夫。通过制度建设、行业监督、自我监督、自我约束，温州已构建起了工商业诚信体系，并涌现出了一批全国知名品牌。

当企业的社会责任表现为道德责任时，道德营销方式就呼之欲出。所谓道德营销，是指企业以其广大用户及社会需求为动机，采用正当的营销手段，给社会和广大消费者带来最大的利益，并有利于企业自身良性发展的营销活动。这其中包括三个层次：一是为消费者提供安全而又性能良好的商品和服务；二是关心环境和减少资源消耗；三是履行企业作为一个道德共同体的责任。

企业社会责任最高层次的表现形式是慈善责任，与之相对应的营销称之为善因营销，也叫事业关联营销(Cause-related Marketing)。善因营销是将企业与非营利机构，特别是慈善组织相结合，将产品销售与社会问题或公益事业相结合，在对相关事业进行捐赠、资助的同时，达到提高产品销售额、实现企业利润、改善企业社会形象的目的。善因营销体现了社会道德营销观念，是最高层次的营销观念，它不仅注重营销的效率和效果，还考虑社会利益和道德问题。

依据上述观点，现代社会的经济生活中，企业营销的社会责任范围延展到三个层面，即保护消费者权益、保护社会的利益和发展、保护社会自然环境。

1. 保护消费者权益

保护消费者权益是企业的主要社会责任。具体地说，企业要为广大消费者提供花色品种多样的、优质的产品和服务，以满足消费者不同的需求。为此，企业要树立以顾客为导向的经营哲学，并根据市场环境的变化不断调整营销策略，以适应消费者不断变化的需求。在现实中，随着市场经济的发展，众多企业为广大消费者提供日益丰富及花色品种多样化的产品，大大提高了人们的生活质量，并考虑了广大消费者的权益。但是，某些企业出于自身狭隘的利益，追逐利润最大化，生产和销售假冒伪劣产品；哄抬物价或实行价格垄断；进行欺骗性广告宣传；诱惑及操纵、强迫顾客购买自己所不需要的产品；利用过多的包装而造成严重的浪费及环境污染，破坏了自然环境的生态平衡，破坏了人类生活的环境及生活质量。为了保护社会及广大消费者的权益，西方国家的消费者自发地掀起了保护消费者权益运动，迫使企业保护消费者的权益。我国则是在全国及各地消费者协会的领导下，有组织地开展保护消费者权益活动，从而推动企业承担有关方面的社会责任。

在保护消费者权益运动中，社会关心的焦点是要求企业承担社会责任即执行以下四项基本义务。

(1) 使消费者获得安全产品与服务的权利，即要求企业保证购入产品或服务的消费者的身体健康及生命安全。为此，生产者及经营者要对其所生产和出售的产品或服务所产生的后果负责任。

(2) 使消费者获得充分了解产品有关信息的权利，即要求企业向消费者提供充分的关于产品优劣、构成成分、使用方法及使用效果等信息，以避免误导消费者作出错误的购买决策。

(3) 使消费者具有自由选择产品的权利，即要求企业在任何时候都允许消费者自由选择自己需要和喜爱的产品，反对企业对消费者采取高压推销及垄断政策，反对诱惑消费者购买并不需要的产品。

(4) 使消费者具有申诉的权利，即要求企业对消费者因购入的产品或服务不满意而向有关部门进行的申诉持欢迎及支持态度，并对消费者的损失进行赔偿。

2. 保护社会利益及发展

保护社会利益及发展是企业义不容辞的社会责任。企业从事生产经营活动，一方面为社会创造日益丰富的物质财富，以保证社会各经济部门及国民经济的正常运转，以及保证中央及各级政府、各企事业单位职能正常运行所需的物质条件，亦即为保护社会利益及社会发展提供具用价值形态的财富；另一方面，企业为国家及各级政府提供一定的税收，即从价值形态上为国家作贡献，以帮助国家积累资金，促进国家建设事业迅速发展。此外，企业还应当支持和捐赠社会公益事业，帮助社会贫困地区的发展，这是近年来企业社会责任的延伸。例如，美国特快专递分公司建立了一种计算机培训计划，用以帮助残疾者应聘计算机工作；又如 IBM 公司捐赠或降价销售计算机给教育部门。在实践中，许多企业认真履行了为社会提供丰富优质的财富及照章纳税等社会责任，但有些企业由于经营指导思想不端正，一味追逐利润最大化，或生产和销售不符合社会要求的产品，或进行偷税漏税，严重违背了法律及道德原则。由于诸多原因，许多企业还不可能对社会公益事业进行支持和捐赠,更不能将这些纳入社会责任的范畴。

3. 保护自然环境及社会生态平衡

保护自然环境免遭污染,实现社会生态平衡是企业重要的社会责任。随着商品经济的发展,企业在为社会创造巨大财富和给广大消费者提供物质福利的同时,却严重破坏了自然生态平衡,污染了环境,并造成恶劣的社会环境,严重威胁着人类生存环境的良性循环。因此,保护自然环境,治理环境污染,解决恶劣的社会环境问题,实施社会可持续发展战略势在必行。通过绿色营销从微观方面实施可持续发展战略是企业的社会责任,通过绿色营销来保证消费者的绿色消费亦是企业的社会责任。

绿色营销是在绿色消费的驱动下产生的,企业应通过绿色营销满足消费者的绿色消费,提高消费者的生活质量。所谓绿色消费,是指消费者意识到环境恶化已经影响其生活质量及生活方式,要求企业生产和销售对环境影响最小的绿色产品,以减少伤害环境的消费。所谓绿色营销,是指企业以保护环境观念作为其经营哲学,以绿色文化作为其价值观念,以消费者的绿色消费为中心和出发点,通过制定及实施绿色营销,满足消费者的绿色需求,实现企业的经营目标。

绿色营销体现了以下四种绿色理念:

(1) 企业在选择生产何种产品及应用何种技术时,必须考虑尽量减少对环境的不利影响。

(2) 产品在生产过程中要考虑安全性,产品在消费中要考虑降低对环境的负面影响。

(3) 企业设计产品包装时,要减少原材料消耗,并减少包装对环境的污染。

(4) 从产品整体概念考虑产品的设计、包装及售后服务的节约,从而达到保护环境的目的。

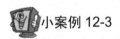 小案例 12-3

NIKE 的社会责任

2005 年开始,耐克特别设计了一个强调可持续环保概念的运动鞋系列——The Considered。这个系列的产品都不使用人造鞋材,能够尽可能地减少运输过程中需要消耗的能量,降低对气候变化的影响。例如,与耐克的典型产品相比,该系列产品在生产过程中的溶剂使用减少了 80% 以上;各式鲜艳夺目的产品颜色也都来源于植物染料,传递宛如赤足的舒适感;鞋面和鞋带用的是纤维和聚酯;尽量减少了使用有毒的胶粘;鞋的外底也用到了在"让旧鞋用起来"活动中产生出来的研磨橡胶产品。

所有这些活动让耐克的品牌形象不但有了积极、进取等元素,而且得到了环保人士的青睐。调查表明,耐克被消费者认为是最环保的运动产品品牌。

"让旧鞋用起来"活动已扩展到了许多国家,如加拿大、英国、荷兰、德国、澳大利亚和日本,而且还在继续扩大。而相应的信息都有网站可以查询,这使得这项工作可以更好、更快地进行下去。耐克的这一项目吸引了众多媒体的聚焦,使其成为运动产业产品回收的典范。2006 年,耐克荣获 G-ForSE 环境大奖。在塑造积极健康生活方式的同时,耐克还赢得了绿色的荣誉。

　　在 21 世纪，绿色营销是满足消费者绿色消费，保证消费者身心健康，提高消费者生活质量的根本途径，也是企业营销的主要社会责任。企业应通过绿色营销促进社会进行可持续发展战略。可持续发展战略是指社会经济发展必须同自然环境和社会环境相联系，使经济建设与资源、环境相协调，使人口增长与社会生产力发展相适应，以保证社会实现良性循环发展。从宏观方面看，可持续发展战略的实施，要求政府重视制定可持续发展战略的总体目标、方针政策；从微观方面看，要求企业将营销活动同自然环境、社会环境的发展相联系，使企业营销活动有利于环境的良性循环发展，即使企业从微观方面保证可持续发展战略的实施。这也是当今及未来企业的重要社会责任。

12.2.3　企业营销承担社会责任的市场价值

　　企业营销履行社会责任，可促使企业的营销决策不仅以客户需求为出发点，而且以社会责任为出发点；促使企业的营销目标将企业利益同消费者利益及社会利益三者有机结合；促使企业短期利益同长远利益更好地相结合。事实上，许多企业通过营销实践逐渐认识到，有社会责任心地从事企业经营活动所带来的长期利益比无社会责任心带来的短期利益更加重要。企业营销承担社会责任所带来的市场价值可以体现在以下几个方面：

1. 利于制定正确的企业使命

　　无论是刚刚创立的企业，还是历史久远且有多种经营业务的联合公司，在制定企业战略之前都应弄清楚企业应负担什么样的社会责任，应制定什么样的企业使命。所谓企业使命，就是企业在社会进步和社会经济发展中所应担当的角色和责任。企业在制定战略之前，必须先确定企业的使命，因为企业使命的确定过程，常常会从总体上引起企业发展方向的改变，使企业发生战略性的变化。此外，确定企业使命也是制定企业战略目标的前提，是战略方案制定和选择的依据，是企业分配企业资源的基础。在确定企业使命时，必须充分、全面地考虑与企业有利害关系的各方面的要求和期望。这些利害关系者包括企业内部的要求者，即股东和雇员，还包括企业外部的要求者，如顾客、供应商、政府、竞争者、当地社区和普通公众等。

2. 提升企业的形象和声誉

　　随着社会的发展和进步，公众对企业应该承担社会责任的期望急剧增长，企业的实际行为如果与公众支持并赞许的企业行为相一致，则必然能赢得良好的口碑，树立良好的企业形象，赢得更多的顾客，为企业营造良好的销售氛围。例如，2011 年 12 月 1 日至 2012 年 1 月 29 日，宜家商场每售出一个毛绒玩具，就会通过宜家社会工作团体向联合国儿童基金会(UNICEF)捐助 1 欧元，以及资助让中国农村贫困地区儿童能够受益的幼儿早期教育项目。作为联合国儿童基金会在全球最大的企业合作伙伴，宜家自 2003 年开始，每年年末在全球开展毛绒玩具活动，并资助全球各地所开展的儿童福利项目。到 2011 年，宜家已经通过该活动在全球范围内向联合国儿童基金会(UNICEF)及儿童救助会累计捐助了 4750 万欧元，切实帮助了 45 个国家的 800 多万名儿童。仅 2010 年，宜家就向联合国儿童基金会及儿童救助会捐出了 1240 万欧元，向中国地区捐出了 38.3 万欧元。

3. 促进企业产品的销售

　　从营销的角度来看，社会责任的承担还能直接增加产品的销量，增加利润。事实上，作为市场经济条件下的市场主体一方，企业的许多社会行为不排除直接功利性的目的。虽然它是由利润动机驱动的，但它也是一种双赢的活动。美国的莱兹科公司是一家小公司，它专门为青少年市场生产和销售山莓酸橙苏打饮料。多年来，反酒后驾车组织一直争取高中学校加入一个以反酗酒为主题的标语比赛，但几乎没有学校报名。莱兹科公司认为这是一个机会，它和该组织都想以青少年为目标，并且两者都对饮料消费问题感兴趣。故由莱兹科公司提供资金，为标语比赛开展了一场巧妙的直接邮寄活动，活动总费用为 25 000 美元，但其销售额在五年中从 25 万美元增加到 50 万美元。此外，一些超市甚至愿意提供展销专柜来支持中学生反酗酒行动。这可以看作是承担社会责任给企业带来的最显性、最直接的经济效益。

4. 融洽公共关系

企业通过承担社会责任，获得"更高层次"的形象，不仅有利于融洽企业和消费者的关系，还有利于融洽企业和社会公众、社会组织、政府机构的关系，同样有利于企业的各项公关活动。在中国，政府对企业的行政干预较多，因而企业和政府的关系是否融洽就显得非常重要。企业因承担社会责任而使自己与政府的关系融洽，有利于减少政府的干预，甚至获得较多的发展机会。例如，摩托罗拉公司总裁扎菲洛斯基在抗"非典"捐赠仪式上表示，"作为中国最大的外商投资企业之一，我们有责任帮助中国政府和人民抗击'非典'，共渡难关。"而我国发改委主任马凯在会见扎菲洛斯基时则表示，希望摩托罗拉公司进一步加深与中国有关企业的合作，扩大对华投资，积极参与中国的经济建设。

综上所述，企业的社会责任和经济效益间存在着一种正相关的关系。采用互利的方式把企业的产品和服务与相应的社会责任结合起来，能起到一种显性的效果，刺激利润的增长。但承担社会责任更是一种长期的投资，它对企业的积极影响需要较长时间方才见效，然而一经形成就会成为企业长期而稳定的利润源泉。从这个意义上说，企业的社会责任是一把特殊的营销利器。

12.2.4　企业社会责任领域

任何企业均具有双重身份。企业作为独立自主、自负盈亏的商品生产者和经营者时，它具有自己独特的经济利益，即追求利润最大化。由此而言，企业是"经济人"，势必会以追求利润为标准衡量自己的经营成果，从而决定自身的价值取向。同时，企业又是社会的经济细胞，是社会财富最基本的创造者，企业的这种社会属性决定了它是"社会人"。企业的生存和发展所需的各种资源(包括人、财、物等)及企业所生产的产品的实现条件都有赖于社会提供，因而企业应当承担一定的社会责任，其营销行为应当受到社会的约束和限制。对企业营销而言，履行社会责任要考虑自身的能量范围和能力大小，应在其业务领域之内承担相应的社会责任。

1. 提升社会生活质量

企业营销首先要担当为广大消费者提供质量合格、安全放心、让人满意的产品和服务的责任。如果企业的产品和服务出了问题，就无法改善人们的生活水平，还会给消费者带来很多的麻烦、苦恼，甚至利益损失、感情损失。因此，企业营销履行社会责任的首要任务是通过满足人们的需要，提升社会生活质量，促进社会进步。

2. 积累社会财富

企业营销通过商品交易活动推动经济发展，积累社会财富。企业所创造的社会财富包括有形与无形两种，有形财富如缴纳税收、解决就业、慈善捐赠等；无形财富即企业的创新精神、先进管理经验、对弱者的辅助与关爱举动等。企业创造的无形财富也会对社会经济进步产生巨大经济效用。

3. 引领行业发展方向，规范行业营销行为

作为行业领域中的市场主导型企业，坚守住行业营销准则，不断提升行业规范标准，不仅能够避免整个行业的恶性竞争，还可以维护社会的健康与发展。同时，主导型企业具有树立行业形象的义务，应真实地向社会公众反映出一个行业发展的水平，营造一个信息对称的购物环境，树立消费者对整个行业的信心。另外，主导型企业的产品与服务品牌还具有引领行业发展方向的作用，以及维护行业营销秩序的责任。

4. 树立品牌形象，增强核心竞争力

企业营销在不断积累的过程中，应逐渐确立品牌地位，提炼核心竞争能力；并有责任加入国际经济循环，合理阻挡国外经济对国内市场的冲击，将中国产品与服务推广到世界市场；通过商品的流通传播中国文化，在世界与中国之间架起文化交流、经济共荣的桥梁。在中国加入世贸组织后，这种责任意义更为重大。另外，阻止假冒伪劣产品的肆意横流，维护产品与服务的品牌形象，同样是企业营销的责任所在。

5. 保护环境，节省资源

在全球能源危机、环境污染严重的时刻，企业有必要强制自己的营销行为符合社会整体的发展利益。这具体体现在两个层面：一是不造成环境污染，不过度消耗资源；二是为环境保护和资源节约作贡献。地球上的自然资源分为三类：第一类是"无限"的资源，如空气、水等。但近几十年来，许多国家的空气、水污染日益严重，有些地区随着工业化和城市化的发展，缺水问题已被提到议事日程上了。第二类是有限但可以更新的资源，如森林、粮食等。这类资源中的木材资源，目前虽然不成问题，但从长远来说，可能会发生短缺。因此，许多国家政府都要求人们重新造林，以保护土壤，保证将来对木材日益增长的需要；至于粮食供应，有些国家和城市由于人口增长太快，以及连年的动乱和旱灾，已面临粮食严重短缺的问题。第三类是有限且不能再生的资源，如石油、锡、铀、煤、锌等矿物。这类资源在近期一直处于供不应求的态势。自然资源的发展变化既给营销造成威胁，也给营销带来机会，企业必须坚持"可持续发展战略"，为保护环境和节约资源尽一份力。

6. 维护员工基本利益

企业营销行为要为员工谋取福利，承担帮助企业内部员工及相关利益方(产业链上游的商家)发展和成长的责任。这属于社会安全责任范围，企业员工及相关利益方的安居乐业促进了社会和谐发展，增加了人们对未来的信心，对社会安定起到了很大的作用。同时，企业要关注股东的利益，这是容易被忽略的问题。股东是风险最大、贡献最大的一个社会群体，他们的投资固然是由获利动机驱使，但客观上他们也担当着重要的社会责任。如果不保护股东的利益，众多企业就要破产，成千上万的人将失业，甚至涉及家庭的存亡，这将直接影响社会经济的稳定。

12.3　营销社会责任的实现途径

12.3.1　市场营销社会责任的有关理论

1. 判断市场营销社会责任的基本理论

西方相关学者提出了判断市场营销社会责任的两大理论，即功利论及道义论。

(1) 功利论(Utilitarian Theories)。功利论主要以行为后果来判断行为的道德合理性，如果某一行为的施行能给大多数人带来利益，该行为就是道德的，否则就是不道德的。这种理论最有影响的代表人物是英国的杰米里·边沁和约翰·穆勒。迄今为止，功利论已经形成多种流派。尽管这些流派存在分歧和差异，但它们的基本出发点是相同的，都是以行为所产生的效果来衡量善恶，并依此判断行为的道德性。

功利论强调行为的后果，并以此判断行为的善恶。功利论对行为后果的看法主要有两种典型代表：一种是利己功利主义，它是以人性自私为出发点，但并不意味着在道德生活中会因自身利益而损害他人和集体的利益。因为自身利益有赖于集体和社会利益的增进，一味追求自身利益而不顾他人利益，最终会损害自己的利益。另一种是以穆勒为代表的普遍功利主义，它抛弃了利己主义原则。普遍功利主义认为，行为道德与否取决于行为是否普遍为大多数人带来最大幸福；为了整体的最大利益，必要时个体应不惜牺牲个人利益。当代功利主义大多倾向于采用普遍功利主义原则来确定行为的道德性。中国民间流行的一句谚语可以非常生动地描述这种道德观的基本精神，即 "不管白猫、黑猫，抓到老鼠就是好猫。"

(2) 道义论(Deontological Theories)。道义论主要从处理事物的动机来审查是否具有道德，而不是从行动的后果来判断。道义论从直觉和经验中归纳出了某些人们应当遵守的道德责任和义务，并以这些义务履行与否来判断行为的道德性。

道义论认为，某些行为是否符合道德不是由行为结果决定的，而是由行为本身的内在特性决定的。也就是说，判断某一行为是否具有道德性，只需要根据其内在特征就可以确定，而不一定要根据行为的"善""恶"后果判断，即符合义务原则的要求便是道德的。

道义论还强调行为的动机和行为的善恶的道德价值。例如，有三个企业都对同一项目进行投资(如希望工程)，甲企业是为了树立企业的良好形象以便今后打开其经营之路；乙企业是为了捞取政治资本；丙企业是为了履行企业的社会责任。很显然，丙企业的投资行为是来自尽义务的动机，因而更具有道德性。

道义论从人们在生活中应承担的责任与义务的角度出发，根据一些普遍被接受的道德义务来判断行为的正确性，这是有现实意义的。事实上，诚实信用、公正公平、不偷窃、不作恶和知恩图报等品行已经被大多数人视为一种基本的道德义务并付诸行动，而且这些义务准则已经被广泛应用于各种国家法律法规、公司政策及贸易惯例等方面。

在现实中，通常将功利论与道义论相结合来判断营销行为的道德性。

2. 市场营销社会责任标准与约束

(1) 有关法律和法规。最基本的道德标准已被规定为法律和法规，成为全社会应遵循的规范，也成为企业履行市场营销社会责任的硬性约束条件。企业必须遵守这些法律和法规，如《消费者权益保护法》《价格法》，以及反对不正当竞争的有关规定等。

(2) 其他市场营销社会责任标准。市场营销社会责任不仅限于法律范畴，还包括未纳入法律范畴而作为判断市场营销活动正确与否的道德标准。这些标准既符合与一定的社会文化相适应的行为规范、道德准则，又必须与各个行业的特点相适应，如针对商业行业所制定的"百城万店无假货"等有关规范。

企业经营者在经营活动中应当遵循上述两种类型的营销社会责任。

3. 企业营销社会责任行为

企业营销活动中社会责任问题的产生，或是由于经营者个人道德哲学观同企业营销战略、策略、组织环境的矛盾引起；或是由于经营者为实现短期利益同消费者要求获取安全可靠的产品、合理的价格、真实的广告信息之间的矛盾引起；或是由于企业领导者错误的价值取向迫使经营者违背社会责任经营，诸如为增加利润及提高产品市场占有率迫使经营者去窃取竞争对手的商业机密，或有意将伪劣产品推向市场等。

企业的营销社会责任体现于企业营销活动全过程，包括市场调研、产品和服务的提供、信息传递、价格的制定、渠道的选择和运用、广告促销等过程。

提高企业营销的社会责任水平必须从以下三个方面着手：第一，社会应尽可能地应用法律来规范违法的、反社会的或反竞争的行为；第二，公司必须采用和发布书面的道德准则，建立公司的道德行为习惯，要求其员工完全遵守道德和法律规范；第三，个别的营销者必须在与其顾客和各类利益相关者进行特定交易的过程中实践"社会自觉"。

12.3.2　企业营销社会责任的评价准则

一个成功的企业能否长期取得顾客及其他利益相关者的满意，是与其是否采用和执行高标准的企业营销道德准则紧密结合在一起的。世界上最令人羡慕的公司都遵守为人民利益服务的准则，而不仅仅是为了它们自己。为了促进企业的营销道德建设，美国市场营销协会拟定了相关社会责任准则，规定美国市场营销协会的成员必须遵守社会责任和职业品行。受到企业一致赞同的社会责任准则如下：

1. 营销责任

营销者必须对其活动的后果负责，并努力确保在他们做出营销行为前确认能服务和满足所有相关的公众，包括顾客、组织和社会。

(1) 职业行为准则。

营销者的职业行为必须受以下准则约束：

① 职业道德的基本原则，即不故意损害他人利益。

② 遵守所有适用的法律和规章。

③ 准确地介绍他们受过的教育、培训和经历。

④ 积极支持、实践和推广道德准则。

(2) 诚实和公正。

营销者要遵守和推进营销职业的诚信、荣誉和尊严。

① 诚实地为顾客、委托人、雇员、供应商、分销商和公众服务。

②　在没有事先通知所有当事人前，不故意参与冲突。

③　建立公平的收支费用标准，包括对日常的、惯例的和法律规定的营销交易报酬或收费。

2. 营销交易过程中各当事人的权利与责任

(1) 营销过程参与者的权利。

①　提供的产品和服务是安全的和符合使用期望的。

②　提供的产品和服务的传播无欺骗性。

③　有关当事人在履行他们的责任、财务和其他方面是真诚的。

④　有公正调换和重新修整不合格产品的一整套内部制度。

对上述内容应该理解，但并不仅限于这些。

(2) 营销者的责任。

①　在产品开发和管理方面：应说明关于产品或服务使用中的实际风险；注明可能影响产品性质或消费者购买决策的产品主要成分；注明额外成本追加的特征。

②　在促销方面：避免虚假和误导性的广告；拒绝高压操纵或误导性的销售战术；避免在促销中应用欺骗或操纵。

③　在分销方面：不要为牟取暴利而操纵产品；不要在营销渠道中使用强迫的方式；不对转售者所选择经营的产品施加不适当的影响。

④　在定价方面：不要参与价格协定；不搞掠夺性定价；告知所有人与购买有关的全部价格。

⑤　在营销调研方面：禁止在调研伪装下的销售或资金筹措行为；不许歪曲或删改有关调研数据，维护调研成果的完整性；公正地对待外部客户和供应者。

3. 组织关系

营销者应该知道他们的行为可能在组织关系上影响或冲击其他人的行为。营销者在与其他人如员工、供应商或顾客的关系上，不应该要求、鼓励或应用强迫手段以达到不道德的目的。

(1) 职业关系涉及特许信息时，采用保密和匿名的方式。

(2) 对合同和双方协议及时地履行义务和责任。

(3) 未经给予报酬或未经原创者或拥有者的同意，不得将他人成果全部或部分占为己有或直接从中获利。

(4) 不许操纵和利用形势，不公正地剥夺或损害其他组织，为自己谋取最大利益。

美国市场营销协会的任何成员若违反任何道德准则条款，其成员资格将被暂停或取消。

12.3.3　社会责任营销思路

1. 锁定特定的社会问题，并成为其倡导者和推动者

企业可以差异化的方式锁定一些特定的社会问题，成为这些社会问题的倡导者和推动者。企业应站在战略的高度上思考，如思考哪些是有社会意义但并未受到足够重视，且同自身行业密切相关，并可以使自身有限资源发挥出最大效用的社会问题？以从中发现促进企业自身发展和履行社会责任完美结合的切入点。

GE 的名为"绿色创想"(Ecomagination)的大型环保计划向社会作出五大承诺：确保到

2010 年，在更具节能性和环保性的产品的技术投入翻倍；使这些产品和技术的价值通过明确的经济指标得以展现；确保提升 GE 自身的环保业绩；确保在这个大型计划的支持下提升 GE 的销售和利润；确保时刻向公众汇报进展。

这项大型环保计划的独特之处在于，它并不是完全的利他行为，而是带有强烈的股东价值最优化的色彩。GE 相信，严重的全球环境问题本身就意味着商机，意味着领导性企业必须积极提供解决方案。GE 确信，在更环保更清洁的技术上的投入，可以极大地提高公司销售收入、公司价值以及利润。也就是说，GE 的做法兼顾了创造公司价值和利润与环保责任的履行。

2. 建立健全企业社会责任制度

凡是在企业社会责任方面走在前面的国内外企业，都有一个共同的特点，即企业社会责任的制度建设比较完备，有专设的负责社会责任事务的部门机构，有专门负责企业社会责任战略与策略制定、实施的首席责任官。在首席责任官领导下的负责社会责任事务的专门机构，可结合企业自身实际及国际普遍作法，制定企业社会责任守则，并协调其他部门的活动，使在企业决策和执行的各方面形成合力，共同体现出对股东、顾客、员工、供应商、商业伙伴、当地社区等相关利益者的关切。从对股东负责的角度，准确、及时地提供和发布经营信息；从对消费者负责的角度，不断开拓创新，向社会提供更加环保、资源利用更节约、更加安全便利的商品和服务；从对员工负责的角度，提供健康安全的工作环境，并使员工有不断学习和发展的空间；从对社区负责的角度，加强环保，避免各种污染；同时，能够做到定期向社会披露在履行社会责任方面的相关信息。

3. 积极参与国际责任标准认证

在国际贸易与投资领域，有很多国际惯例和国际标准，根据这些国际标准，企业可以将获得认证作为产品的一种优势，以此占领市场，甚至越过一些国际贸易壁垒。自 ISO9000 技术质量标准推出以来，国际社会继而推出了 ISO14000 环境标准、SA8000 社会责任标准，这些都是针对企业产品和服务的标准。如果说 ISO14000 标准尚未将环境保护以"社会责任"这一概念明确提出，那么 SA8000 标准则明确提出保护劳工权益是企业的社会责任。正因如此，ISO14001 标准颁布以来至 2003 年，已被 131 个国家和地区采用，共签发了 66070 张认证证书，这些证书成为企业产品进入国际市场的"绿色通行证"。同样，获得 SA8000 认证也可作为企业社会责任的行为指示器，可以大大增加企业的社会资本，降低交易成本。

12.3.4　SA8000 认证

1. SA8000 的基本内涵

SA8000 即"社会责任标准"，是 Social Accountability 8000 的英文简称，是全球首个道德规范国际标准。SA8000 的宗旨是确保供应商所供应的产品，皆符合社会责任标准的要求。SA8000 认证咨询标准体现着当今社会对工商企业发展趋势的一种期望，从较深层次提供了一个社会组织所应当规范的运作模式，是西方国家的企业已大多自愿遵循的道德标准。国内企业与国际通行标准有较大的现实差距，存在着客观条件的限制和主观认识上的误区困扰；消费者、政府和民间组织在短期利益上的过度关注，无形中纵容了企业以牺牲环境、员工与社会的长远利益为代价获取眼前的利润；加入 WTO 后与世界经济接轨，出口导向性企业首当其冲，发达国家对商品本身及其来源进行更为严格的调查，绿色壁垒、技术壁垒、环保壁垒、人权壁垒等形形色色的出口障碍凸现；海外投资设厂时，在欧美发达国家中 SA8000 标准已成为社会公认的企业行为准则。社会公众对企业的评价，重点一是社会责任心；二是名牌产品；三是财务绩效管理。

2. SA8000 认证的主要内容

(1) 童工。公司不应使用或者支持使用童工，应与其他人员或利益团体采取必要的措施确保儿童和应受当地义务教育的青少年接受教育，不得将其置于不安全或不健康的工作环境或条件下。

(2) 强迫性劳动。公司不得使用或支持使用强迫性劳动，也不得要求员工在受雇起始时交纳"押金"或寄存身份证件。

(3) 健康与安全。公司应具备避免各种工业与特定危害的知识，为员工提供健康、安全的工作环境，采取足够的措施，最大限度地降低工作中的危害隐患，尽量防止意外或伤害的发生；为所有员工提供安全卫生的生活环境，包括干净的浴室、厕所，可饮用的水，洁净安全的宿舍，卫生的食品存储设备等。

(4) 结社自由和集体谈判权。公司应尊重所有员工自由组建和参加工会，以及集体谈判的权利。

(5) 歧视。公司不得因种族、社会等级、国籍、宗教、身体、残疾、性别、性取向、工会会员、政治归属或年龄等而对员工在聘用、报酬、培训机会、升迁、解职或退休等方面有歧视行为；公司不得干涉员工行使信仰和风俗的权利并满足其涉及种族、社会阶层、国籍、宗教、残疾、性别、性取向、工会会员和政治从属需要的权利；公司不能允许强迫性、虐待性或剥削性的性侵扰行为，包括姿势、语言和身体接触。

(6) 惩戒性措施。公司不得从事或支持体罚、精神或肉体胁迫，以及言语侮辱。

(7) 工作时间。公司应遵守适用法律及行业标准有关工作时间的规定，员工的标准工作周不得经常超过 48 小时，且每 7 天至少有一天休息时间；所有加班工作应支付额外津贴，任何情况下每个员工每周加班时间不得超过 12 小时，且所有加班必须是自愿的。

(8) 工资报酬。公司支付给员工的工资不应低于法律或行业的最低标准，且必须足以满足员工的基本需求，以及提供一些可随意支配的收入，并以员工方便的形式如现金和支票支付；对工资的扣除不能是惩罚性的，并应保证定期向员工清楚详细地列明工资、待遇构成；应保证不采取纯劳务性质的合约安排或虚假的学徒工制度以规避有关法律所规定的对员工应尽的义务。

(9) 管理系统。高层管理阶层应根据本标准制定公开透明且各个层面都能了解并实施的符合社会责任与劳工条件的公司政策，并对此进行定期审核；委派专职的资深管理代表具体负责，同时让非管理阶层自选出代表与其沟通；建立并维持适当的程序，证明所选择的供应商与分销商符合本标准的规定。

核 心 概 念

市场营销道德；企业社会责任；功利论；道义论；营销社会责任；SA8000

思 考 题

1. 什么是市场营销道德，如何判断企业营销决策是否具有道德性？
2. 市场营销活动中营销道德的具体表现有哪些？
3. 构建市场营销道德的现实意义是什么？
4. 什么是营销的社会责任，营销承担社会责任有什么价值？
5. 市场营销社会责任的具体内容包括哪些？
6. SA8000 认证的主要内容有哪些？
7. 企业履行社会责任的营销思路有哪些？

案 例 分 析

苹果的营销与社会责任

iPad2 最大的卖点是什么？你会说，加上了摄像头且前后两个、减小了厚度、加了盖、"2x/9x"的速度提升。好，我们单说加了摄像头这一点。想一想，当今市面上的电脑、上网本、智能手机，能找到一款没有摄像头的么？难。摄像头已经成为移动电子产品的标配，那为什么 iPad2 上装了摄像头，大家就无比激动？因为 iPad1 没有摄像头。那么请想一想，为什么 iPad1 没有摄像头？

苹果的技术与营销

任何一家依靠技术立足的公司，都必须有源源不断的技术创新。然而，大家能在市场上买到的所谓"新"产品，其实并不一定是那家公司的最新技术。新技术是市场竞争中的筹码，筹码一定要攒在手中，适时再试用。如果产品在市场上业绩不错，一个公司没有必要打出筹码。只有当产品推出时间长了，销量下滑了，人们开始淡忘了，或者有竞争产品推出时，一个公司才会把之前已有的研发成果包装成新产品推向市场。总而言之，所有企业在推出新技术时都是有所保留的，这是基本的策略，不足为奇。

苹果却将这种策略推向了极致。苹果的技术保留，往往不是它的新技术，而是陈旧成熟的技术，或简单易得的技术。

iPad2 的摄像头就是一个明显的例证。摄像头是非常成熟的技术，安装摄像头对于苹果这样的公司简直没有任何技术难度可言。从工程设计上，恐怕苹果只要一个星期的时间就能完成，增加的成本也可忽略不计。那么，它为什么不在 iPad1 上安装摄像头？难道 Jobs 喝醉了，所以忘记了？明显不是，这就是为了让 iPad2 显得有所进步。

再说 iPad2 连接电视的 HDMI 接口。在苹果的官方网站上，有一个 iPad1 的 VGA 输出附件，利用这个附件可以把视频和 Keynote 输出到电视或投影。然而，如果你留意一下这个附件下面的留言，几乎所有用户的评价都是 2 星以下，因为大家都希望共享其他 App 的显示。但对于 iPad1，这是不能做到的。这是技术上的限制吗？显然不是，明明在发布会上 Jobs 都可以把自己的 iPhone/iPad 屏幕投影到大屏幕上。但用户不能这么做，完全是软件上的限制。现在，iPad2 支持了这个投屏功能，从技术上讲，或许仅仅是添加了几行代码，1 分钟的时间都用不了。这样的例子有很多，诸如 iPhone4 的 Video Call，即录像电话。

适当的技术保留使苹果获得了大利益，即它开发一代新产品的成本非常低廉。不了解技术的用户纷纷以为所有新产品的亮点都是技术革新，从而觉得新产品远远超越了原产品。其实这是一个假象，大部分新产品中的亮点，都是原本理所当然要出现，却硬生生被砍掉的。的确，新产品远远超越了原产品，不是因为新产品高端，而是因为原产品低端。总结起来，苹果的思路是，先用鲍鱼龙虾把你吸引来，然后饿着你，饿够了再高价给你加个宫爆鸡丁，你还激动得要命。殊不知，如果你不贪那鲍鱼龙虾的面子，可以在别家吃的酒足饭饱。

强势控制

所有企业都号称以用户为本，苹果也不例外，它号称每个产品的更新都听取了大量用户的反馈。但是苹果真的在乎用户么？苹果其实很强势。

苹果的每样产品，多样性都极其匮乏，并且这少得可怜的多样性也仅仅体现在一些"硬"指标上，诸如内存大小、闪存大小。消费者没有在功能上的选择余地，硬件软件皆如此。苹果的产品充斥着这样的信号："我说有的就有，我说没有的就没有，我说有但是不给你的，你就别想要"。Mac OS X 不支持最大化是众所周知的，"我们认为窗口的大小应该适合里面的内容。"好，就算你认为这是合理的，那么你应该考虑到世界上还有很多认为"内容应该被调整以填满整个窗口"的人，给个选项不好么？苹果的回答是，"给你什么你就用，抱怨也没用。"苹果故意在产品中保留一些非常廉价、简单、理所当然的功能。"大家都有的功能我偏不装"，一样是强势的表现。

苹果之所以这样强势，是为了树立威信。人总是对待弱者很专横，而对待强硬者就服服帖帖。苹果做出强硬的面孔，反倒利用了人的这种本性，让人觉得"苹果的概念都是真理，是我自己没见过世面、太老土；苹果的产品都是最高端的科技，是我自己的要求太科幻，太白日梦。"于是，人们也就不再抱怨了。

封闭的产品

苹果的野心可谓无穷，它试图以它的产品建立一个完全封闭的系统，以形成垄断。微软也曾经被指控垄断浏览器，但和苹果相比，简直是小巫见大巫。苹果经常藐视业界成文或不成文的标准、规范，藐视人们的习惯，只为建立自己的垄断之势。

iPhone 和 iPad 都有 1G 甚至更高频率的处理器，却不支持 flash 播放。flash 已经成为目前互联网上最常用的多媒体交互平台。即使我个人也不主张不必要的用 flash，但苹果直接选择不支持 flash 无疑又是挑战标准的一个例证。为什么？因为 flash 本身是一个完善的多媒体交互环境，很多 iPhone/iPad 的 app 其实完全可以在 flash 中实现，况且 flash 是完全跨平台的。但如果开放了 flash，就意味着开发人员或用户可能放弃苹果自己的环境，转而直接开发 flash 版本，使得苹果成为一个空壳。所以，为了商业利益，苹果还是牺牲了一下用户吧。

iPad 没有 SD 卡槽。SD 卡恐怕是当今最流行的存储卡格式，即便 Sony 的笔记本，也开始在支持记忆棒的同时支持 SD 卡了。而 iPad 不支持 SD 卡，这是为了避免用户买一个 8G 的 iPad 再配一个 8G 的 SD 卡，这样的价格远远低于 16G 的 iPad。

用过 iPhone 的人都知道，iPhone 号称支持蓝牙，其实只支持蓝牙耳机。市面上几乎全部的蓝牙手机都支持通过蓝牙共享文件，唯独 iPhone 不支持。猜测这是为了迫使用户用网络传输，产生流量费用。

营造产品的生态圈是人们所提倡的，但应该允许其他厂家的产品参与到竞争中来。苹果却努力排斥目前通行的行业标准，故意制造和其他厂商产品的不兼容，以便形成自己的封闭生态圈，这是明显的垄断。

苹果拥有绝对领先的工程技术，然而它却没有利用这样先进的技术千方百计造福人类，而是想如何敛财。我不否认敛财是一个公司最重要的目标之一，但是苹果作为一个世界上名列前茅的大型公司，理应在敛财之外担负起领导型企业所盈担负的社会责任。

苹果拥有领先的技术，却故意人为制造产品的瑕疵，以期为后续产品赢得市场，并故意抵制对自己垄断事业不利的行业标准。要知道，一个规范的定型是一件非常不易的事情，标准是人类智慧的结晶。只有有了标准，竞争才有准绳，技术的发展才有所依据，才能减少重复开发和浪费，提高效率。

作为消费电子的用户，我感到不被尊重，因为每当使用苹果的产品，就有被强迫、被束缚的感觉。作为电子工程师，我感到羞耻，因为我看到人们梦想的技术不能得以实现，不是被技术本身所限，不是被成本所限，而是被企业的野心与利益驱使所限；看到人类智慧的结晶被藐视，只因为企业的垄断野心。

苹果拥有领先的技术、地位、市场，却不能承担起应有的社会责任。这就是我对苹果哲学的看法。

(资料来源：http://wenku.baidu.com/view/b9f1ea20482fb4daa58d4bab.html)

思考：

1. 一个公司奉行什么样的营销哲学，有一定的判断标准，请研究这些标准，并认真分析苹果的营销哲学。

2. 苹果的营销哲学和营销技巧给渴望成功的国内其他企业带来了哪些启示？

3. 你认为苹果是重视社会责任，实行"科技以人为本"的高科技企业吗，为什么？

实　　训

一、实训目的

1. 了解市场营销道德对企业市场营销活动的影响。
2. 深化对企业社会责任的认识和理解。
3. 尝试思考如何改善目前我国市场营销的社会责任。

二、实训内容

（一）实训资料

(1) 根据实训目的的要求，调查研究几家熟悉的企业的社会责任。

(2) 描述这些企业的市场营销道德或市场营销社会责任，并对其进行评价。

(3) 根据市场营销道德或市场营销社会责任的要求对这些企业做出评价，并提出改进意见。

(二) 具体任务

对上述要求的企业进行市场营销道德或市场营销社会责任的分析，分析市场营销道德或市场营销社会责任是如何影响企业市场营销活动的，并提出相应对策。

(三) 任务要求

1. 注意市场营销道德或市场营销社会责任与企业营销活动的影响。

2. 对企业履行营销道德或营销社会责任要全面认识。

3. 收集和整理企业的营销道德或营销社会责任背景资料，并进行 SWOT 分析。

4. 针对相关企业市场营销道德或市场营销社会责任评估提出改进的对策建议。

三、实训组织

1. 按实训项目将班级成员以 3～6 人一组分成若干小组，以小组为单位开展实训，采用组长负责制，组员合理分工，团队协作。

2. 相关资料和数据的收集可以进行实地调查，也可以采用二手资料，由专人负责记录和整理。

3. 小组充分讨论，认真分析，形成小组的实训报告。

4. 各小组在班级进行实训作业展示。

四、实训步骤

1. 由指导教师介绍实训的目的和要求，对"市场营销道德或市场营销社会责任"的实践意义给予说明，调动学生实训操作的积极性。

2. 分组，每组 3～6 人，选举组长一名，由组长负责本组组员的分工。

3. 各组选定行业和企业，明确实训任务，制定执行方案，指导教师通过之后执行。

4. 各组收集资料并进行讨论分析和整理，形成讨论稿，完成实训报告。

5. 各组将设计好的市场调研报告制成 PPT，并向教师和全班同学汇报，由其他组的同学提问，教师进行点评。

6. 通过实训作业展示，各组互评成绩。其中，理论运用、资料翔实、文字表达 60 分，小组代表的语言表达和台风 30 分，团队协作和报告形式 10 分。

7. 每个小组上交一份设计好的纸质和电子版的市场调研报告。

参 考 文 献

[1]　菲利普·科特勒营销管理. 12 版. 梅清豪，译. 上海：上海人民出版社，2006.

[2]　菲利普·科特勒，凯文·莱恩·凯勒. 营销管理(中国版). 13 版. 卢泰宏，高辉，译. 北京：中国人民大学出版社，2009.

[3]　菲利普·科特勒，加里·阿姆斯特朗. 市场营销原理. 13 版. 楼尊，译. 北京：中国人民大学出版社，2010.

[4]　庞如春，刘文广. 市场营销学. 北京：科学出版社，2014.

[5]　陈和钦，张瑞珏. 市场营销理论与实务. 北京：北京理工大学出版社，2012.

[6]　吴泗宗. 市场营销学. 2 版. 北京：清华大学出版社，2002.

[7]　李桂陵，邵继红. 市场营销学. 武汉：武汉大学出版社，2015.

[8]　袁连升，成颖. 市场营销学：理论、案例与实训. 北京：北京大学出版社，2012.

[9]　王旭，吴健安. 市场营销学. 5 版：学习指南与练习. 5 版. 北京：高等教育出版社，2015.

[10]　徐文蔚. 市场营销学. 2 版. 北京：电子工业出版社，2012.

[11]　柳兴国. 市场营销学. 北京：中国人民大学出版社，2014.

[12]　吕一林，陶晓波. 市场营销学. 5 版. 北京：中国人民大学出版社，2014.

[13]　陈雄鹰. 市场营销原理与实务. 北京：中央民族大学出版社，2013.

[14]　吴勇. 市场营销. 3 版. 北京：高等教育出版社，2012.

[15]　吴健安. 市场营销学(精编版). 北京：高等教育出版社，2012.

[16]　郭国庆. 市场营销学. 2 版. 北京：中国人民大学出版社，2014.

[17]　刘莉，尚会英，陶晓波. 市场营销管理实训教程. 北京：清华大学出版社·北京交通大学出版社，2010.

[18]　叶陈刚. 商业伦理与企业责任. 北京：高等教育出版社，2016.

[19]　冯丽云，李宇红. 现代营销管理. 北京：经济管理出版社，2006.

[20]　王方华. 市场营销学. 2 版. 上海：复旦大学出版社，2005.

[21]　李晏墅，李金生. 市场营销学. 北京：高等教育出版社，2015.

[22]　纪宝成，吕一林. 市场营销学教程. 北京：中国人民大学出版社，2016.

[23]　钱黎春，胡长深. 市场营销学. 长沙：湖南师范大学出版社，2014.

[24]　吴健安，聂元昆. 市场营销学. 5 版. 北京：高等教育出版社，2015.

[25]　张秋林. 市场营销学：原理、案例、策划. 南京：南京大学出版社，2012.

[26]　里健. 从零开始做销售. 北京：化学工业出版社，2013.

[27]　孙健. 营销创意就这么简单. 北京：人民邮电出版社，2013.

[28]　丁兴良. 卡位. 杭州：浙江大学出版社，2010.

[29]　原一平. 原一平给推销员的十一个忠告. 李津，译. 北京：同心出版社，2006.

[30]　戴夫·埃文斯，乔·科瑟尔(著). 社会化客户体验. 姚军，译. 北京：机械工业出版社，2015.